NOUVEAU POINT DE VUE

NOUVEAU

D. C. HEATH AND COMPANY

Phonetic Symbols

Vowel Sounds

[a] la, à, moi

[ã] dans, lampe, agent, temps

[e] café, et, j'ai, les, parler

[ε] modèle, cher, seize, faire, être

[ɛ̃] vin, impossible, bien, pain, examen

[ə] je, petit, Monsieur

[i] si, maladie, stylo

[o] trop, côté, gauche, beau

[õ] bon, allons

[ɔ] bonne, modèle, Paul

[ø] peu, Monsieur

[œ] Europe, jeune, soeur

[œ̃] lundi, parfum

[u] vous, où

[y] tu, université

Consonant Sounds

[b] bon, double

[d] deux, grande

[f] français, neuf

[g] gare, goût, guerre

[k] coup, qui

[l] le, ville, simple

[m] mon, immédiat

[n] notre, innocent

[ŋ] champagne

[p] père, simple

[ʀ] russe, Paris, cher

[s] sur, assez, dix, ici, ça

[ʃ] cher, gauche

[t] ton, cette

[v] vers, livre

[z] zéro, chaise, dixième

[ʒ] je, rouge

[j] bien, fille

[ɥ] je suis, lui

[w] oui, moi

POINT DE VUE

JAMES S. NOBLITT
CORNELL UNIVERSITY

With the assistance of
MARTINE BOREL EKMAN
CORNELL UNIVERSITY

Cultural consultants

Jacques Béreaud
CORNELL UNIVERSITY

Emmanuel Jacquart
UNIVERSITY OF AUSTIN, TEXAS

LEXINGTON, MASSACHUSETTS · TORONTO

COVER ILLUSTRATION *The Conquest of the Air,* 1913,
by Roger de La Fresnaye. Collection, The Museum of Modern Art,
New York.

Published simultaneously in Canada.

Printed in the United States of America.

International Standard Book Number: 0-669-96545-6

Library of Congress Catalog Card Number: 77-80950

TO Mae Farris Noblitt

PREFACE

Nouveau Point de Vue is designed for use in an introductory program in college French. It is compatible with an audio-lingual methodology modified to stress meaningful drills, and is intended for a two semester course in which both spoken and written skills are stressed.

The innovative character of this text derives chiefly from an analysis of the objectives of language instruction at the college level. I have long been persuaded that language study provides a unique opportunity for enrichment in what is often referred to as General Education. The initiation of the process of becoming bilingual and bicultural involves both behavioral and cognitive changes in the student, and therein lies the potential for a qualitatively different kind of experience in one's liberal education. The point to be stressed here is that a language course is *dual* in nature, requiring at its best both new skills and new understanding.

The dual objective of this text has required careful attention to priorities in order to strike a reasonable balance between skill and content, to provide a satisfactory course for the student who may elect *not* to continue study of the language. I have thus attempted to present a sketch of the grammatical system in order to provide the skills for understanding and expressing points of view appropriate to the intellectual development of a college student; I have also attempted to include material which will be intrinsically valuable in the student's educational experience, raising questions which relate to the human condition from another cultural point of view. It may be useful to bear in mind that I have made the following basic assumptions which have influenced the text design: 1) The skill component of an elementary course is strengthened by giving a meaningful context for rehearsal at the rote level. 2) Language study is intrinsically interesting and has value for understanding human communication which goes beyond the purely practical benefits of speaking a foreign language. 3) Language study is essential to an understanding of a foreign culture and provides insights into the problems of ethnocentricity.

As the title *Nouveau Point de Vue* may suggest, the major objective of this text is to initiate the process of acquiring a point of view which is new from both a linguistic and a cultural perspective. "Culture," however, may be defined in a number of ways, and the user of this text should understand the particular aspect presented. Both dialogues and readings attempt to illustrate some of the unspoken assumptions upon which verbal behavior is based. Taken together, these assumptions represent what is sometimes called the "common sense" of a culture. I have attempted to illustrate the most common themes of the French *mentalité* rather than present the external aspects of the civilization, such as architecture, literature, and current events. These aspects make excellent material for the enrichment of an introductory course, but I leave this to the care of the instructor.

The format of the text may best be understood if it is viewed as being basically divided into two parts. In the first half of the book (Units 1–12), the student is in a position of observing how the French interact in dialogue situations and using the material as a model for exercises. Commentary in English, to be read at home, is provided to guide the learner's perception of both linguistic and cultural points of interest which give meaning to language study. Vocabulary, structure, and the sound system are stressed throughout in the context of language use. Readings illustrative of cultural themes are introduced beginning with Unit 6. Grammar summaries, provided in Units 6 and 12, offer preparation for midterm and end of semester testing. The second half of the book (Units 13–23) is organized around shorter units, allowing for the introduction of outside reading as selected by the instructor. In addition to reading selections for discussion, the student is first presented with half-dialogues in which the task is to find ways of interacting verbally with a French person. Then, beginning with Unit 19, the student is faced with verbal problem-solving situations. There is no commentary in English in the second half of the text, as the student's perceptions may now be guided by texts written in French. Some of the selections are quite sophisticated in structure and content, and are designed to stimulate debate. Units 18 and 23 are devoted to grammar systematization and again offer a good opportunity for midterm and final testing.

*   *   *

I would like to express my appreciation to Cathy Petrila, Sophie Griffin, Beth Goldsmith, Laura Klebanow, and Carol Roth for their help in preparing the manuscript for this text. The members of the editorial staff at D. C. Heath and Company, as well as the several readers of the manuscript, made many valuable improvements for which I am most indebted.

JAMES S. NOBLITT

CONTENTS

PART ONE

1

2

3

4

5

6 REVIEW

7

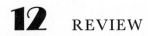

12   REVIEW

PART TWO

13

14

15

16

17

18 REVIEW

19

20

ADDITIONAL MATERIALS

Instructor's Manual

Workbook/Laboratory Manual

Tapes

Number of reels: 12 7″ double track

Speed: 3¾ ips

Running time: 14 hours (approximately)

Also available in cassettes.

PART ONE

UNIT 1

1.00 Dialogue Notes

It may come as a surprise that much of human language behavior is not directed solely to the communication of ideas or even the exchange of information. Our so-called "idle chit-chat" functions chiefly to establish the possibility of serious communication, to determine whether or not channels are open, to maintain good social relations and a feeling of well-being. Thus if someone says "The weather sure is nice," there is clearly no intent to convey new information. The remark serves primarily to start up a conversation. There are some minor differences between the French and Americans with respect to what is considered normal for this kind of speech. The French readily discuss their health and may appear to Americans to be preoccupied with the subject. On the other hand, Americans (and the English) are considered remarkable for their attention to the weather. The French are also amused by our habit of answering "Hello, how *are* you?" with "Hello, how are *you?*". This seems to avoid altogether a genuine concern for one's health. You will note in the dialogue that Monsieur Dupont speaks of "liver trouble." The same symptoms would likely be called "indigestion" in this country.

The French handshake *(la poignée de main)* is accomplished in a single grip executed both at greeting and upon leave-taking. It has the advantage of not leaving you uncertain as to how long to continue pumping the arm of an enthusiastic acquaintance. *La poignée de main* is practiced by men, women, and children alike. Formal etiquette requires that men wait for women to extend their hand and that the young wait for an older person to initiate a handshake. Neglect of this gesture will cause a Frenchman unaccustomed to the American habit of optional handshakes to feel somewhat ill-at-ease. The highly formalized kiss on each cheek is reserved chiefly for members of one's family and then on special occasions, such as prolonged absence. It is accorded to non-relatives only after a lasting relationship has been achieved.

As you observe the relationship of the characters in the first dialogue, you will note that they address each other with *vous,* the formal equivalent of the English "you." The familiar form *tu* would be entirely inappropriate, as it is reserved for intimate relationships or for an indication of superior social status. For example, an adult addresses a child with *tu,* but the child answers with *vous,* unless he's

2

speaking with a member of his own family. Students, however, readily use *tu* with one another. The shift from *vous* to *tu* is a delicate affair: an error creates an awkward situation and can easily be construed as insulting. A foreigner should simply use *vous* until invited to do otherwise.

a. When do you shake hands in this country? Is shaking hands a routine gesture as with the French?

b. How would you explain to a foreigner the difference between "hi" and "hello"?

NARRATEUR

Madame Vernet et ses enfants sont dans un parc. Elle est sur le point de partir quand Monsieur Dupont arrive. Il serre la main à Madame Vernet.

MME VERNET (*surprise*)

Tiens! Monsieur Dupont. Bonjour.

M. DUPONT

Bonjour Madame. Comment allez-vous?

MME VERNET

Très bien, merci. Et vous?

M. DUPONT (*sans émotion*)

Oh, pas mal. Je suis un peu fatigué, c'est tout.

MME VERNET (*soucieuse*)

Quel dommage. Vous êtes souffrant?

M. DUPONT

Non, ce n'est pas grave. C'est le foie, comme toujours.

NARRATEUR

On parle un peu de la maladie de Monsieur Dupont. Monsieur Dupont demande si la famille de Mme Vernet va bien. Après un silence, Mme Vernet demande l'heure à Monsieur Dupont.

MME VERNET

Pardon, quelle heure est-il, s'il vous plaît?

M. DUPONT (*Il regarde sa montre.*)

Voyons, il est presque six heures.

MME VERNET (*pressée*)

Ah, je vais chercher les enfants. Excusez-moi.

M. DUPONT

Mais je vous en prie. Au revoir, chère Madame; à bientôt.

MME VERNET

Au revoir, Monsieur. Mes amitiés chez vous.

NARRATEUR

Ils se donnent de nouveau une rapide poignée de main. Mme Vernet espère qu'elle ne va pas être en retard.

1.02 | Dialogue Translation: Politeness

(Note that the translation is equivalent at the phrase-level rather than at word-level.)

NARRATEUR. Mrs. Vernet and her children are in a park. She is about to leave when Mr. Dupont arrives. He shakes Mrs. Vernet's hand.

MME VERNET (*surprised*). Well! Mr. Dupont. Hello.

M. DUPONT. Hello. How are you?

MME VERNET. Very well, thanks. And you?

M. DUPONT (*without emotion*). Oh, not bad. I'm a little tired, that's all.

MME VERNET (*concerned*). What a shame. You are not feeling well?

M. DUPONT. No, it's not serious. It's the liver, as usual.

NARRATEUR. They speak a bit about Mr. Dupont's illness. Mr. Dupont asks if Mrs. Vernet's family is well. After a silence, Mrs. Vernet asks Mr. Dupont for the time.

MME VERNET. Excuse me, what time is it, please?

M. DUPONT (*He looks at his watch.*). Let's see, it's almost six o'clock.

MME VERNET (*in a hurry*). Ah, I'm going to look for the children. Excuse me.

M. DUPONT. Of course. Goodbye; see you soon.

MME VERNET. Goodbye. My regards to your family.

NARRATEUR. They exchange a quick handshake again. Mrs. Vernet hopes that she is not going to be late.

Vocabulary (see dialogue for context)

NOUNS AND MODIFIERS

l'ami (*m.*), l'amie (*f.*) friend
l'amitié (*f.*) friendship **mes amitiés à** my regards to
la **dame** lady **Madame**

(Mesdames) Madam (Ladies)
la **demoiselle** young lady **Mademoiselle**

(Mesdemoiselles) Miss
l'émotion (*f.*) emotion
l'enfant (*m. & f.*) child
la **famille** family

le **foie** liver
l'**heure** (f.) hour, time
la **main** hand
la **maladie** illness
le **monsieur** gentleman
    Monsieur (Messieurs) Sir,
    Mister
la **montre** watch
le **narrateur** narrator
le **parc** park
la **poignée de main** handshake
le **point** point **sur le point**
    de about to, on the point
    of
la **politesse** politeness

cher, chère dear
fatigué, -e tired
grave serious
pressé, -e in a hurry
rapide quick
soucieux, -se concerned
souffrant, -e ill, not well
surpris, -e surprised

à bientôt see you (until)
    soon
au revoir goodbye
bonjour hello
c'est tout that's all
en retard late

merci thank you
pardon pardon, excuse me
quel dommage what a
    shame, that's too bad

VERBS AND MODIFIERS

aller to go Comment
    allez-vous? Je **vais** bien,
    merci. Elle **va** être en
    retard.
arriver to arrive
chercher to look for, go get
demander to ask
donner to give **se donner**
    to give one another
espérer to hope
être to be
excuser to excuse
parler to speak
partir to leave, depart
regarder to look at
serrer to clasp

s'il vous plaît please
tiens well!
voyons let's see

dites say
écoutez listen
mettez place
répétez repeat

répondez answer
traduisez translate
transformez change,
    transform

bien well
comme as **comme**
    toujours as usual
de nouveau again
pas mal not bad, not badly
presque almost
si if
très very
un peu a little, a bit

comment? how?
où? where?
quand? when?
qui? who?

à to, at
après after
chez at the house, home of
    chez vous at your house,
    home
dans in
de of, from, about
sans without
sur on, upon

et and
mais but

1.03 Questionnaire

    A.   Répondez en français.

        1. Où sont Madame Vernet et ses enfants?
        2. Qui arrive?
        3. Comment va Madame Vernet?
        4. Et Monsieur Dupont?
        5. Quelle heure est-il?
        6. Qui va-t-elle chercher?

    B.   Dites en français.

    MODÈLE: Dites bonjour à Monsieur Dupont.
               —Bonjour, Monsieur.

1. Dites bonjour à Madame Vernet.
2. Dites au revoir à Mademoiselle Vernet.
3. Dites que vous allez chercher les enfants.
4. Dites que vous allez bien.
5. Dites que vous êtes un peu fatigué(e).

C. Demandez en français.

MODÈLE: Demandez à Madame Vernet si elle est souffrante
—Vous êtes souffrante, Madame?

1. Demandez à Mademoiselle si elle est en retard.
2. Demandez à Monsieur s'il va bien.
3. Demandez à Madame comment elle va.
4. Demandez à Pierre si ça va.
5. Demandez à Marie quelle heure il est.

1.10 The Sound System

The sound system of a given language does not appear to be *intrinsically* more or less difficult to learn than any other—children master the speech sounds of their native language at about the same age the world over. The difficulty for an adult language-learner lies in the carry-over of his first-language speech habits: thus a given second language may be considered *contrastively* more or less difficult than another depending on the kind and degree of differences.   Writing systems, however, differ greatly in their degree of complexity and pose problems even for native speakers of the language.

The differences between French and English will be analyzed progressively in subsequent lessons.   At this point, however, you should be aware that the accuracy of your pronunciation will vary with aptitude, motivation, and the time devoted to practice.   The time spent in rehearsal will yield maximum benefit if you attempt, from the outset, to imitate fully the model of the native speaker. 1) Approximate to the best of your ability the pronunciation and intonation: make your rehearsal sound meaningful.   2) Continue practice until you achieve the rate of speech: make your rehearsal sound fluent.

▲ NOTE: The French spelling system, like English, is traditional rather than purely phonetic.   The phonetic alphabet is provided as a means for indicating pronunciation consistently (see inside front cover for reference chart).

1.11 Alphabet

Familiarize yourself with phonetic notation as you learn the alphabet in French.

Voyelles:	a/a/	e/ə/	i/i/	o/o/	u/y/

Consonnes:	b/be/	f/ɛf/	j/ʒi/	p/pe/	v/ve/
	c/se/	g/ʒe/	k/ka/	q/ky/	w/dubləve/
	d/de/	h/aʃ/	l/ɛl/	r/ɛʀ/	x/iks/
			m/ɛm/	s/ɛs/	y/igʀɛk/
			n/ɛn/	t/te/	z/zɛd/

EXERCICE

A. Study the model below and be prepared to answer with your name.

MODÈLE: Comment vous appelez-vous? *(What is your name?)*
—**Je m'appelle Jeanne.**
Comment ça s'écrit? *(How is that written?)*
—**J E A deux N E.**
Quel est votre nom de famille? *(What is your last name?)*
—**Thibault.**
Comment ça s'écrit?
—**T H I B A U L T.**

1.12 Vowel System

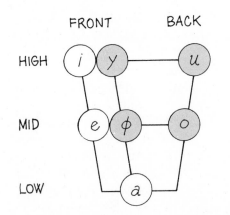

1. The terms *front, back, high, low* refer to the position of the tongue at its closest point of approach in the vocal tract.
2. The sounds on shaded background are made with lips rounded.

EXERCICE

A. Écoutez et répétez après le professeur.

/i/ si, silence, il, politesse, merci, maladie, Nice
/y/ tu, Dupont, public, surprise, université, Luc

/u/	tout, toujours, bonjour, vous, nouveau, Toulouse
/e/	et, Vernet, allez, fatigué, André
/ø/	deux, un peu, Monsieur, bleu, soucieux, Mathieu
/o/	oh, stylo, auto, nouveau, Thibault
/a/	ça va, la maladie, Madame, arrive, moi, Pigalle

1.13 Stress

French is fundamentally different from English in that, for any given word, there is no stressed syllable which must be made prominent. Compare as your instructor demonstrates the contrast:

ENGLISH	FRENCH
SYS•tem	sys•tème
GEN•er•al	gé•né•ral
u•ni•VER•si•ty	u•ni•ver•si•té
ad•o•LES•cent	a•do•les•cent

Each syllable is given equal stress in French, although the final syllable of a word pronounced in isolation may sound slightly prominent. In English, note how the pronunciation of the letter "a" varies according to stress:

legality / *LEgal*   *Canadian* / *CANada*

This change in pronunciation does not occur in French:

légalité / légal   canadien / Canada

EXERCICE

A.   Répétez après le professeur.

(Note that words or phrases with the same syllable count have identical rhythm. Equal stress aids in maintaining vowel quality throughout, and vice-versa.)

fatigué	/fa•ti•ge/
C'est dommage.	/se•dɔ•maʒ/
Mademoiselle	/mad•mwa•zɛl/
Comme toujours.	/kɔm•tu•ʒuʀ/
excellent	/ɛk•sɛ•lã/
S'il vous plaît.	/sil•vu•plɛ/
la maladie	/la•ma•la•di/
Bonjour Madame.	/bõ•ʒuʀ•ma•dam/
légalité	/le•ga•li•te/
Excusez-moi.	/ɛk•sky•ze•mwa/

déclaration	/de•kla•ʀa•sjõ/
Quelle heure est-il?	/kɛ•lœ•ʀɛ•til/
université	/y•ni•vɛʀ•si•te/
Comment allez-vous?	/kɔ•mã•ta•le•vu/
le jardin public	/lə•ʒaʀ•dɛ̃•py•blik/
Je suis fatigué.	/ʒə•sɥi•fa•ti•ge/
automatiquement	/o•tɔ•ma•tik•mã/
Il n'est pas souffrant.	/il•nɛ•pa•su•fʀã/

■■

1.20 Vocabulaire supplémentaire

New vocabulary must be studied in context, as it is most unusual for a word in a foreign language to have a perfect match in both meaning and usage to an English equivalent. Try to recall vocabulary by first looking at the context (verbal, pictorial, etc.). Use the English translation as a secondary memory aid if the context is inadequate.

1. Les **formules** *(f.)* **de politesse** formula, expression of politeness

    Les _____ sont indispensables dans la conversation.

    Allez-y. Go ahead.

    Oh, pardon. Après vous, Monsieur. Non non, _____.

    Vous permettez? May I?, Do you mind?

    _____ que je fume *(smoke)?* Mais oui, allez-y.

    Je vous en prie. Please do.

    Vous permettez, Madame? Mais oui, _____.

    désolé(e) very sorry

    Je suis _____. L'enfant ne va pas très bien.

    pas du tout not at all

    Je vous dérange? *(Am I disturbing you?)* Mais non, _____.

    De rien. It's nothing; You're welcome.

    Merci bien, Mademoiselle. _____, Monsieur.

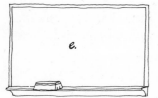

2. La **salle de classe** classroom

    Les étudiants *(students)* cherchent _____.

    a. le **livre** book

    b. le **sac** book bag; hand bag

    c. le **stylo** pen

    d. la **chaise** chair

    e. le **tableau (noir)** (black)board

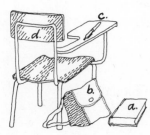

3. La **rencontre**
   encounter, meeting

La _____ avec Mme Vernet est très agréable pour M Dupont.

Comment ça va? How goes it?

Bonjour Jacques. _____?

Vous connaissez Do you know . . .?

_____ mon mari *(my husband)*?

Je ne crois pas. I don't believe so.

Vous connaissez ma femme *(wife)*? Non, _____.

Je vous présente . . . May I introduce *(present)* to you . . .

Georges, voici un ami *(friend)*: _____ André Grégoire.

Enchanté(e). Delighted *(to meet you)*.

Marie, Jacques Leclerc. _____, Monsieur.

4. **L'heure** *(f.)* hour, time *(of day)*

Elle ne va pas être en retard. Elle est toujours à _____ *(on time)*.

aujourd'hui today

Quelle est la date _____?

demain tomorrow

Je suis très occupé aujourd'hui, mais je suis libre *(free)* _____.

maintenant now

Quelle heure est-il _____?

plus tard later

Jacques est en retard. Il arrive un peu _____.

une autre fois another time, occasion

On va au cinéma. Êtes-vous libre? Non, merci. _____, peut-être *(perhaps)*.

5. Les **langues** *(f.)* language; tongue

Quelles _____ parlez-vous?

français *(m.)* French

On parle _____ en France, au Canada, et en Suisse *(Switzerland)*.

anglais *(m.)* English

On parle _____ en Angleterre *(Eng.)* et aux États-Unis *(U.S.)*.

russe *(m.)* Russian

On parle _____ en Russie.

allemand *(m.)* German

On parle _____ en Allemagne *(Ger.)*.

espagnol *(m.)* Spanish

On parle _____ en Espagne et au Mexique.

1.21 | **Variations sur le dialogue**

1. Take the part of Monsieur Dupont. You have a friend with you whom you introduce to Madame Vernet.
2. Take the part of Madame Vernet. You learn that Madame Dupont is not well. Express regrets.
3. Strike up a conversation with another student by asking if you may smoke. Introduce yourself, and find out if he or she speaks English. Explain that you speak very little French.

1.30 Comments on Language

Learning a language may be compared to learning an unfamiliar city. The task involves not only learning a new system but also learning the use made of this system by the inhabitants. Everything seems unfamiliar at the outset, and there is no one place where it is absolutely necessary to begin. Learning progresses on many levels simultaneously; things gradually fall into place and become systematic. This learning process can be frustrating for the student who is accustomed to a progression of well-defined data and rules. Languages, like cities, have unexpected inconsistencies, as they have changed slowly in time, adapting to historical events in ways that do not reflect a totally integrated and systematic plan. This requires the learner above all to accept things as they are, to be willing to devote as much energy to learning what the facts of the language are as to understanding the principles which underlie their organization. A relatively prolonged period of imitation takes place before one knows enough of the system to explore creatively and with pleasure.

We learn our hometown usually without the benefit of a map, and we may navigate very well even though we have no idea of North and South. If we wish to find our way in a strange city, we consult a map and try to orient ourselves to geographic reference points. The grammar of a language (in the sense of formalized statements about its organization) may be considered a kind of map: it aids in achieving a rapid orientation to unfamiliar territory. Naturally "knowing" a map is not the same thing as "knowing" the territory described. Direct knowledge (or knowing from experience) is infinitely more detailed, richer in information, subtler in meaningful associations. It is the objective of this course to initiate the process of acquiring a second language so that you may experience for yourself what it means to have a point of view of the world which is different both culturally and linguistically.

There are always plenty of people willing to lead us through the minds and feelings of our human counterparts in other parts of the world for the price of seeing things their way. But unless we can see with our own eyes, there is always a danger of being misled, however pure the motives of our guide. . . .

Language is the most intricate interweaving of our selves with the personalities of our own culture. To the outsider it is a mystery that shuts him off from anything but the crudest sharing with us. And us from him — which is the important point: to learn French is not to learn a new cipher but to recode ourselves as Frenchmen; in a sense it is to *be* French. No amount of telling, in English, of what French and French people are like can equal this, if it is penetrated in all its richness of gesture, stance, and inflection as well as word. The student of language learns to step into another's shoes, in no make-believe way.[1]

1.31 The Noun

The noun in French varies by number as either *singular* or *plural.* This alternation is reflected in its modifiers and in the verb form:

<blockquote>

L'enfant est dans le parc.   **Les enfants sont** dans le parc.

</blockquote>

Nouns are further divided by gender into two classes called *masculine* and *feminine.* Grammatical gender (except for the sex of human beings) is generally not predictable. It is reflected in the alternation of forms of noun markers (or articles) and adjectives:

<blockquote>

le livre **français**   **la** famille **française**

</blockquote>

(Noun markers and adjectives do not always indicate gender, as you will see.) Note in particular the difference between the sound system and the spelling:

<blockquote>

Quel ami?   /kɛlami/   **Quelle amie?**   /kɛlami/
Which friend *(masc.)*?   Which friend *(fem.)*?

</blockquote>

1.32 The Definite Noun Marker *(l'article défini)*

sing.	*masc.*	**le**	/lə/	le mari, le stylo, le silence
	fem.	**la**	/la/	la femme, la chaise, la maladie
	masc./fem. + *vowel*	**l'**	/l /	l'ami, l'amie, l'autre stylo, l'heure
plur.	*masc./fem.*	**les**	/le /	les stylos, les maris, les chaises
	masc./fem. + *vowel*		/lez/	les ‿ amis, les ‿ autres stylos, les ‿ heures

▲ NOTE: Do not pronounce crossed out consonants.

---

[1] Dwight Bolinger, in *Perspectives on Concentrations* (Harvard University, 1972), pp. 107–108.

A.   Mettez **l'autre,** selon le modèle.

MODÈLE: Voilà le livre.   *There is the book.*

→Voilà **l'autre** livre.   *There is the other book.*

1. Voilà la dame française.
2. Voilà le parc.
3. Voilà l'ami de Jacques.
4. Voilà la chaise.
5. Voilà l'étudiant français.

B.   Mettez au singulier, selon le modèle.

MODÈLE: Les livres sont là. *The books are there.*

→**Le livre est là.** *The book is there.*

1. Les chaises sont là.
2. Les tableaux sont là.
3. Les étudiantes françaises sont là.
4. Les enfants de Mme Vernet sont là.
5. Les livres sont là.

1.33   The Interrogative Noun Marker (*l'adjectif interrogatif*)

sing.	*masc.*	**quel**	⎫ /kɛl/	quel étudiant?, quel livre?
	fem.	**quelle**	⎭	quelle étudiante?, quelle chaise?
plur.	*masc.*	**quels** + *consonant* /kɛl/		quels stylos?, quels livres?
		quels + *vowel* /kɛlz/		quels‿amis?, quels‿étudiants?
	fem.	**quelles** + *consonant* /kɛl/		quelles dames?, quelles salles?
		quelles + *vowel* /kɛlz/		quelles‿amies?, quelles‿heures?

EXERCICES   A.   Répondez selon le modèle.

MODÈLE: Où est l'ami de Pierre?   *Where is Pierre's friend?*

→**Quel** ami?   *Which/What friend?*

1. Où sont les enfants?
2. Où est l'université?
3. Où sont les étudiants?
4. Où est la salle?
5. Où est le parc?

B.   Traduisez.

1. What is your last (family) name?
2. I go to the university.

3. The children are in the park.
4. There's the French book.
5. Where is the other chair?

1.34 The Verb: Subject Pronouns

Verb forms in French vary by *person* and *number,* and are marked as follows by subject pronouns:

1st person: Indicates the speaker. The plural form includes the speaker plus another person.

je I   **nous** we

2nd person: Indicates the person addressed. The singular form, as mentioned in the dialogue notes, indicates whether the social relationship is familiar or formal. This distinction is not marked in the plural.

tu you *(fam.)*
vous you *(formal)*   **vous** you *(all)*

3rd person: Replaces nouns and varies according to gender.

il he, it   **ils** ⎤
elle she, it   **elles** ⎦ they

These forms are used for both persons and non-persons:

le professeur, le livre: **il**
la femme, la maladie: **elle**

In the plural, when gender is mixed, the masculine form is used:

Monsieur Dupont et Madame Vernet: **ils** *(Referring to both.)*

An indefinite reference to a person or persons is indicated by the following form, which is always grammatically singular:

on one, someone, we, they, etc.

1.35 Verbs like *parler* (one-stem)

The verb in French is entered in the dictionary by its infinitive (uninflected) form: **parler** *(to speak),* **être** *(to be),* **aller** *(to go),* **partir** *(to leave, depart),* etc. For the beginner, the infinitive form gives little indication of the shape of inflected forms, which must be learned separately.

We begin with the *present indicative tense* of verbs like **parler.** This group or conjugation accounts for thousands of dictionary entries and is highly systematic. The pattern of subject + stem + ending, presented below, applies equally to these verbs, already introduced: **arriver** *(to arrive)*, **demander** *(to ask)*, **regarder** *(to look at)*, **chercher** *(to look for)*, **donner** *(to give)*. The same stem is used for all persons in the present with these verbs.

PARLER /paʀle/

je parle	/ʒə	⎤		nous parlons	/nu paʀlõ/	
tu parles	/ty	⎥		vous parlez	/vu paʀle/	
il ⎤	/il	⎥ paʀl/		ils ⎤	/il ⎤	
elle ⊢ parle	/ɛl	⎥		elles ⎦ parlent	/ɛl ⎦ paʀl/	
on ⎦	/õ	⎦				

The third person singular and plural forms are written differently, but sound alike:

il parle = ils parlent

elle parle = elles parlent

Ambiguity is usually resolved by context.

ARRIVER /aʀive/

j'arrive	/ʒ	⎤		nous‿arrivons	/nuzaʀivõ/	
tu arrives	/ty	⎥		vous‿arrivez	/vuzaʀive/	
il ⎤	/il	⎥ aʀiv/		ils‿ ⎤	/ilz ⎤	
elle ⊢ arrive	/ɛl	⎥		elles‿ ⎦ arrivent	/ɛlz ⎦ aʀiv/	
on ⎦	/õn	⎦				

---

1. For verbs beginning with a vowel, the third person forms are differentiated by the linked consonant of the pronoun:

il arrive ≠ ils‿arrivent

elle arrive ≠ elles‿arrivent

2. The vowel in **je** is elided (i.e., neither pronounced nor written) before a vowel: je parle / j'arrive.

EXERCICES

A. Transformez selon le modèle.

MODÈLE: *(familiar)* Tu parles français, Jacques? *Do you speak French, Jacques?*

→ *(formal)* **Vous parlez** français, Monsieur?

1. Tu arrives à six heures, Hélène?
2. Tu donnes le stylo à l'étudiant, André?
3. Tu cherches le professeur, Marie?
4. Tu regardes le tableau noir, Georges?
5. Tu demandes ça à l'enfant, Françoise?

B. Transformez selon le modèle.

MODÈLE: (definite) Les étudiants parlent français. *The students are speaking French.*

→(indefinite) **On parle** français. *They, People, We are speaking French.*

1. Nous arrivons à six heures.
2. Georges et Marie parlent français.
3. Les étudiants cherchent la salle de classe.
4. Georges et moi, nous parlons à Jeannette.
5. Les autres regardent le tableau.

C. Transformez selon le modèle.

MODÈLE: (singular) Il arrive en retard. *He arrives, is arriving late.*

→(plural) **Ils arrivent** en retard. *They arrive, are arriving late.*

1. Je parle anglais. —Marie et moi, nous . . .
2. Tu demandes l'heure à Monsieur Dupont. —Vous . . .
3. Elle regarde le livre. —Elles . . .
4. Je cherche la salle de classe. —Nous . . .
5. Elle arrive à Paris. —Elles . . .

1.36 The Verbs *être* and *aller*

The verbs **être** *(to be)* and **aller** *(to go),* which are irregular in many languages, do not pattern like other verbs in the present indicative tense. Mastery of their inflected forms is essential, as they enjoy an extremely high frequency of occurrence.

ÊTRE /ɛtR/			
je suis	/ʒə sɥi/	nous sommes	/nu sɔm/
tu es	/ty ɛ/	vous êtes	/vuzɛt/
il elle on — est /ɛ/	/il/ /ɛl/ /õn/	ils elles — sont	/il/ /ɛl/ — sõ/

ALLER /ale/			
je vais	/ʒə ve/	nous allons	/nuzalõ/
tu vas	/ty va/	vous allez	/vuzale/
il elle on — va /va/	/il/ /ɛl/ /õ/	ils elles — vont	/il/ /ɛl/ — võ/

EXERCICES

A. Transformez selon le modèle.

MODÈLE: Elle va bien.

➡**Elles vont** bien.

1. Je vais à l'université. —Alain et moi, nous . . .
2. Je suis fatigué. —Nous . . .
3. Tu es libre? —Cécile et toi, vous . . .
4. Il est souffrant. —Ils . . .
5. Tu vas bien? —Alain et toi, vous . . .

B. Répondez.

MODÈLE: Vous êtes fatigué?

—**Oui, je suis** fatigué(e).

1. Vous êtes libre maintenant?
2. Vous allez bien aujourd'hui?
3. Tu es à l'université?

4. Tu vas à la salle de classe?
5. On est dans le parc?

C. Transformez selon le modèle.

MODÈLE: Je parle espagnol. *I speak Spanish.*
→Je **vais parler** espagnol. *I'm going to speak Spanish.*

1. Je cherche mon livre.
2. Tu regardes le tableau noir.
3. On demande l'heure à Mme Vernet.
4. Nous arrivons à l'heure.
5. Vous donnez le livre à Marc?
6. Ils parlent à Monsieur Thibault.

D. Répondez.

MODÈLE: Vous allez bien?
—**Non, je suis** fatigué(e).

1. Les autres vont bien? —Non, ils . . .
2. Vous allez bien? —Non, nous . . .
3. Nous allons bien. —Non, vous . . .
4. Charles va bien? —Non, il . . .
5. Oh, je vais bien. —Non, tu . . .

1.37 Negation

Verbs are made negative with the form **ne . . . pas.**

je n̸ parle pa̸ /ʒən·paʀl·pa/	nous n̸ parlons pa̸ /nun·paʀ·lõ·pa/
tu n̸ parles pa̸ /tyn·paʀl·pa/	vous n̸ parlez pa̸ /vun·paʀ·le·pa/
il **ne** parle pa̸ /il·nə·paʀl·pa/	ils **ne** parlent pa̸ /il·nə·paʀl·pa/

In careful pronunciation, the vowel sound of the negative particle **ne** is retained in the third person forms, producing a different syllabic rhythm from the first and second persons.

The vowel of **ne** is elided in verb forms which begin with a vowel:

je n'arrive pa̸ /ʒə·na·ʀiv·pa/	nous n'arrivons pa̸ /nu·na·ʀi·võ·pa/
tu n'arrives pa̸ /ty·na·ʀiv·pa/	vous n'arrivez pa̸ /vu·na·ʀi·ve·pa/
il n'arrive pa̸ /il·na·ʀiv·pa/	ils n'arrivent pa̸ /il·na·ʀiv·pa/

A verb phrase consisting of a form of **aller** plus an infinitive is made negative as follows:

je **ne** vais **pas**
tu **ne** vas **pas**
il **ne** va **pas**
nous **n'allons pas**
vous **n'allez pas**
ils **ne** vont **pas**

⎫ parler, être, aller, etc.

I am not going to speak, be, go, etc.

EXERCICES

A. Transformez selon le modèle.

MODÈLE: *(affirmative)* Je parle anglais. *I speak English.*
→ *(negative)* Je **ne parle pas** anglais. *I don't speak English.*

1. Vous cherchez la salle de classe?
2. On va arriver demain.
3. Nous sommes en retard.
4. Les autres vont partir.
5. J'arrive toujours à six heures.
6. Elle est souffrante aujourd'hui.
7. Vous allez être en retard.
8. Ils regardent le professeur.

B. Répondez.

MODÈLE: Vous parlez russe? —Non, je **ne parle pas** russe, mais je parle anglais.

1. Vous cherchez Suzanne? —Non, je . . .
mais je . . . Marc.
2. Vous êtes souffrant(e)? —Non, je . . .
mais je . . . fatigué(e).
3. Vous allez à Chicago? —Non, je . . .
mais je . . . à Philadelphie.
4. Vous arrivez toujours à l'heure? —Non, je . . .
mais j' . . . toujours.
5. Vous allez parler à Henri? —Non, je . . .
mais je . . . à Pierre.

C. Traduisez.

1. I'm going to go to Paris.
2. He's looking for the book.
3. You are going to leave?
4. The students are not looking at the blackboard.
5. They are arriving at six o'clock.

1.40 Telling Time

The day is divided in French, as in English, into 12-hour segments on the clock. If there is ambiguity about a time reference, the expressions **du matin** (of the morning), **de l'après-midi** (afternoon), or **du soir** (evening) may be added.

Vous arrivez à neuf heures **du matin** ou **du soir?**	*Are you arriving at nine in the morning or evening?*

The greeting **bonjour** is used all day until it begins to get dark, when **bonsoir** is used. **Bonne nuit** is said to someone who is going to bed, or going home late at night.

1.41 The Hour

midi	/midi/
une heure	/ynœʀ/
deux heures	/døzœʀ/
trois heures	/tʀwazœʀ/
quatre heures	/katʀœʀ/
cinq heures	/sɛ̃kœʀ/
six heures	/sizœʀ/
sept heures	/sɛtœʀ/
huit heures	/ɥitœʀ/
neuf heures	/nœvœʀ/
dix heures	/dizœʀ/
onze heures	/õzœʀ/
minuit	/minɥi/

Note the pronunciation of the final consonant sound of each number.

EXERCICES

A. Répondez.

MODÈLE: Quelle heure est-il? (6 h.)
—**Il est** six heures.

1. Quelle heure est-il? (2 h.)
2. Quelle heure est-il? (4 h.)
3. Quelle heure est-il? (8 h.)
4. Quelle heure est-il? (10 h.)
5. Quelle heure est-il? (1 h.)

B. Répondez.

MODÈLE: À quelle heure allez-vous partir? (6 h. du matin)
—**Je vais partir** à six heures du matin.

1. À quelle heure allez-vous partir? (3 h. de l'après-midi)

2. À quelle heure arrivez-vous à l'université? (9 h. du matin)
3. À quelle heure arrive-t-elle? (7 h. du soir)
4. À quelle heure va-t-il partir? (5 h.)
5. À quelle heure allez-vous en classe? (11 h.)

C.   Répondez.

MODÈLE: Quand va-t-on partir? (matin / 7 ou 8 h.)

—**Demain** matin, **vers** *(towards, about)* sept ou huit heures.

1. Quand va-t-on partir? (après-midi / 3 ou 4 h.)
2. Quand va-t-on arriver? (soir / 8 ou 9 h.)
3. Quand va-t-on partir? (matin / midi)
4. Quand va-t-on arriver? (soir / minuit)
5. Quand va-t-on partir? (après-midi / 1 ou 2 h.)

1.42   Minutes; Numbers 1–30

Minutes after the hour are added until the half-hour:

3 h 10	trois heures dix	/dis/
3 h 15	trois heures et quart	/e kaʀ/
3 h 25	trois heures vingt-cinq	/vɛ̃tsɛ̃k/
3 h 30	trois heures et demie	/e dəmi/

After the half-hour, minutes are subtracted from the next hour:

3 h 40	quatre heures moins vingt	/mwɛ̃ vɛ̃/
3 h 45	quatre heures moins le quart	/mwɛ̃ ləkaʀ/
3 h 55	quatre heures moins cinq	/mwɛ̃ sɛ̃k/
4 h 00	quatre heures (précises)	/pʀesiz/

You have already noted (sect. 1.41) the pronunciation of numbers when followed by a vowel sound. The pronunciation of certain numbers varies when the number occurs either in final position or before a consonant. The number 1 is either **un** (with a masculine noun) or **une** (feminine).

1	un	/œ̃/		un quart d'heure
	une	/yn/		une demi-heure, une minute
2	deux	/dø/		deux minutes
3	trois	/tʀwa/		trois minutes
4	quatre	/katʀ/		quatre minutes
5	cinq	/sɛ̃k/, /sɛ̃/		cinq minutes
6	six	/sis/, /si/		six minutes
7	sept	/sɛt/		sept minutes
8	huit	/ɥit/, /ɥi/		huit minutes
9	neuf	/nœf/		neuf minutes
10	dix	/dis/, /di/		dix minutes

11	onze	/õz/	**21**	vingt et un	/vɛ̃teœ̃/
12	douze	/duz/	**22**	vingt-deux	/vɛ̃tdø/
13	treize	/tʀɛz/	**23**	vingt-trois	/vɛ̃ttʀwa/
14	quatorze	/katɔʀz/	**24**	vingt-quatre	/vɛ̃tkatʀ/
15	quinze	/kɛ̃z/	**25**	vingt-cinq	/vɛ̃tsɛ̃k/
16	seize	/sɛz/	**26**	vingt-six	/vɛ̃tsis/
17	dix-sept	/dissɛt/	**27**	vingt-sept	/vɛ̃tsɛt/
18	dix-huit	/dizɥit/	**28**	vingt-huit	/vɛ̃tɥit/
19	dix-neuf	/diznœf/	**29**	vingt-neuf	/vɛ̃tnœf/
20	vingt	/vɛ̃/	**30**	trente	/tʀɑ̃t/

EXERCICES

A. Dites en français.

1. 1, 11, 21	5. 5, 15, 25	8. 8, 18, 28
2. 2, 12, 22	6. 6, 16, 26	9. 9, 19, 29
3. 3, 13, 23	7. 7, 17, 27	10. 10, 20, 30
4. 4, 14, 24		

B. Dites en français.

1. 10 h 10	5. 12 h 20	8. 12 h 30
2. 1 h 15	6. 9 h 45	9. 3 h 30
3. 2 h 22	7. 2 h 50	10. 4 h 55
4. 9 h 19		

C. Dites en français.

MODÈLE: $2 + 2 = 4$ **deux et deux font quatre**

$5 - 3 = 2$ **cinq moins trois font deux**

1. $20 + 10 = 30$	6. $16 + 14 =$
2. $16 - 3 = 13$	7. $19 - 6 =$
3. $7 + 4 = 11$	8. $17 + 4 =$
4. $29 - 19 = 10$	9. $18 - 3 =$
5. $17 + 8 = 25$	10. $21 - 10 =$

UNIT 2

2.00 Dialogue Notes

You will note in the dialogue to follow that Madame Chabert is quite careful about making purchases. Middle-aged and older French people are typically conservative in their management of money: distrustful of purchasing on credit, delaying marriage until financially secure, frugal. But one must be careful of cultural stereotyping. In reality, one is faced with a great deal of individual variation, from which cultural norms must be deduced. Moreover, since the Second World War, France has gradually shifted its economic base from family-owned businesses to large corporations and foreign investment. The modernization of the economy has been termed *l'américanisation,* chiefly because of the introduction of countless vocabulary items from English relating to merchandizing and technological innovations. Thus young people in France tend to differ from their elders in the way they handle money, in dress, and in speech.

The liberal use of such terms as *le snack-bar, le meeting, le scooter,* etc., has been termed *"franglais"* by those who feel that this linguistic trend should be resisted. This reaction can only be understood within a historical perspective. For about 250 years after the Norman conquest of England in 1066, French enjoyed the status of a prestige language amongst the English, and a large number of vocabulary items entered the English language from French. By 1362, English was again the official language of law-courts and of Parliament; but no educated person failed to learn French, and it is interesting to note that French textbooks for speakers of English appeared in the 13th century and have been produced ever since.

> For some centuries after the Norman conquest, French was the first language of many Englishmen, and vast numbers of French words were naturalized. Every reader of *Ivanhoe* remembers how *swine, oxen,* and *calves* became *pork, beef,* and *veal* when served on the Norman nobleman's table. In many other fields also the English language presents a native word alongside a French word of nearly the same meaning: *yearly annual, hearty cordial, answer reply, body corpse, ghost spirit, room chamber, ship vessel, spring fountain.* Since French has ceased to be the language of the English aristocracy, loans from that source have become far less numerous, but there are still many of them.

24

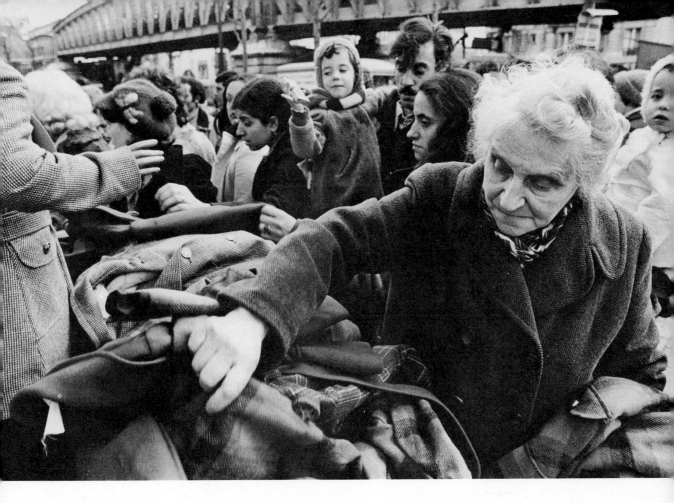

In fact, throughout the contact with French, English borrowing has been on a scale that is characteristic of the socially inferior of two languages in contact; even to this day nothing is easier than for a French word to make its way among speakers of English.[1]

Thus a speaker of English is conditioned to feel that words of French origin are rather more elegant than the Anglo-Saxon equivalent. A Frenchman is likely to feel that American terms are not the "proper" words to be taught in school or used in print. It must be noted, however, that certain borrowings from English have become fully legitimate (sporting terms, for example: *la boxe, le camping, le football* for soccer, etc.); and terms such as *l'interview, le leader,* and *le sweater* are used by many without hesitation.

How would you characterize the difference in meaning between Anglo-Saxon *yearly* and French *annual?* Does spoken French strike you as sounding elegant?

[1] Edgar H. Sturtevant, *An Introduction to Linguistic Science,* New Haven, Conn.: Yale University Press, 1947, p. 143.

2.01 **Au Magasin**

NARRATEUR

Madame Chabert fait des achats dans un grand magasin. Elle achète un jean pour son fils, malgré le prix: c'est trop cher pour un pantalon de cette qualité. Maintenant il faut trouver un cadeau pour l'anniversaire de sa fille, Françoise.

LA VENDEUSE

Bonjour, Madame. Vous désirez?

MME CHABERT

Je cherche un cadeau ... Qu'avez-vous pour une jeune fille?

LA VENDEUSE

Quel âge a-t-elle?

MME CHABERT

Elle va avoir seize ans dans quinze jours.

LA VENDEUSE

Un disque, peut-être? Nous avons une bonne sélection de rock.

MME CHABERT *(sévère)*

Non, je ne crois pas. D'ailleurs, je n'aime pas la musique moderne.

NARRATEUR

Il faut excuser Mme Chabert si elle est de mauvaise humeur. Elle trouve que les jeunes gens n'ont aucun goût ces jours-ci.

MME CHABERT (*curieuse*)

Cette chose-là: qu'est-ce que c'est?

LA VENDEUSE

Ça? C'est un transistor. Ce modèle-ci est en solde.

MME CHABERT (*intéressée*)

Voilà une bonne idée. C'est combien?

LA VENDEUSE

Voyons—moins vingt pour cent, ça fait quatre-vingts francs cinquante. C'est bon marché, n'est-ce pas?

MME CHABERT (*méfiante*)

Sans doute, mais c'est moi qui paie, Mademoiselle.

LA VENDEUSE (*patiente*)

Bien, Madame. Est-ce qu'il y a autre chose . . . ?

MME CHABERT

Non, merci quand même.

LA VENDEUSE

À votre service, Madame.

NARRATEUR

Mme Chabert pense qu'elle va faire des économies en achetant quelque chose de moins cher. Un pull-over, par exemple: c'est beaucoup plus pratique.

2.02 | Dialogue Translation: At the Store

NARRATEUR. Mrs. Chabert is making some purchases in a big department store. She buys a pair of jeans for her son, in spite of the price: it's too expensive for trousers of that quality. Now it is necessary to find a gift for her daughter Françoise's birthday.

LA VENDEUSE (*salesgirl*). Good morning, Madam. May I help you?

MME CHABERT. I am looking for a gift . . . What do you have for a girl?

LA VENDEUSE. How old is she?

MME CHABERT. She is going to be sixteen in two weeks.

LA VENDEUSE. A record, perhaps? We have a good selection of rock music.

MME CHABERT (*Stern*). No, I don't think so. Besides, I don't like modern music.

NARRATEUR. One must excuse Mrs. Chabert if she is in a bad mood. She finds that young people have no taste at all these days.

MME CHABERT (*curious*). That thing there—what is it?

LA VENDEUSE. That? It's a transistor radio. This model is on sale.

MME CHABERT (*interested*). There's a good idea. How much is it?

LA VENDEUSE. Let's see—less 20%, that comes to 80F50. It's a bargain, don't you think?

MME CHABERT (*distrustful*). No doubt, but I'm the one who pays.

LA VENDEUSE (*patient*). Very well, Madam. Is there anything else . . . ?

MME CHABERT. No, thanks just the same.

LA VENDEUSE. At your service.

NARRATEUR. Mrs. Chabert thinks she'll save money by buying something less expensive. A sweater, for example: it's much more practical.

Vocabulary (see dialogue for context)

NOUNS AND MODIFIERS

l'achat (m.) purchase
   faire des achats go shopping
l'âge (m.) age
l'an (m.) year
l'anniversaire (m.) birthday
le cadeau (les cadeaux) gift
la chose thing
le disque record
le doute doubt
l'économie (f.) economy
   des économies savings
l'exemple (m.) example
la fille girl, daughter
   la jeune fille young lady
le fils son
le franc franc
les gens (m.) people
le goût taste
l'humeur (f.) humor, mood
l'idée (f.) idea
le jean (le blue-jean) blue jeans
le jour day
le magasin store
le modèle model
la musique music
le pantalon trousers, pants
   pour cent per cent
le prix price

le pull-over pull-over sweater
la qualité quality
le rock rock music
la sélection selection
le service service
le transistor transistor radio
le vendeur, la vendeuse salesperson

bon, bonne good
   bon marché inexpensive
cher, chère expensive
curieux, -se curious
grand, -e big
intéressé, -e interested
jeune young
mauvais, -e bad
méfiant, -e distrustful, suspicious
moderne modern
ne ... aucun, -e no, not any
patient, -e patient
pratique practical
sévère stern

VERBS AND MODIFIERS

acheter to buy
aimer to like, love
avoir to have
   avoir 16 ans to be 16 years old

coûter to cost
   ça coûte cher that is expensive
croire to believe
désirer to want, desire
faire to make
falloir: il faut it is necessary, one must
payer to pay
penser to think

malgré in spite of
par by
   par exemple for example
pour for

beaucoup much, a lot, many
combien? how much?, how many?
d'ailleurs besides, moreover
en solde on sale
mais but
moins less, minus
peut-être perhaps, maybe
plus more, plus
quand même anyway, just the same
selon according to
trop too, too much, too many

2.03 Questionnaire

A. Répondez en français.
1. Où Mme Chabert fait-elle des achats?
2. Qu'est-ce qu'elle achète pour son fils?
3. Qu'est-ce qu'elle cherche pour sa fille?
4. Quel âge a la fille de Mme Chabert?
5. Que pense Mme Chabert de la musique moderne?
6. Combien coûte le transistor?
7. Comment va-t-elle faire des économies?

B. Dites en français.

1. Dites bonjour à la vendeuse.
2. Dites qu'on a une bonne sélection.
3. Dites que vous n'aimez pas la musique moderne.
4. Dites que c'est vous qui payez.
5. Dites merci quand même à la vendeuse.

C. Demandez en français.

1. Demandez à Mme Chabert si elle désire quelque chose.
2. Demandez à la vendeuse ce qu'elle a comme cadeau pour une jeune fille.
3. Demandez à la vendeuse ce que c'est, cette chose-là.
4. Demandez le prix à la vendeuse.
5. Demandez à Mme Chabert si elle désire autre chose.

2.10 Vowel System II

1. The terms *close* and *open* refer to the relative degree of height of the mid-range vowels.   Thus the new sounds /ɛ/ (as in **elle**), /œ/ (as in **jeune**), and /ɔ/ (as in **bonne**) are relatively open.
2. The sounds on shaded background are made with lips rounded.
3. The sound /ə/ (as in **je**) may be considered identical to /œ/ (as in **jeune**) for the present.   Further details are presented in unit 4.

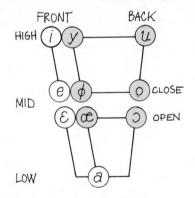

EXERCICE A. Écoutez et répétez après le professeur.

/ɛ/ elle, achète, cher, cette, anniversaire, seize, mauvaise, modèle, excellent, faire, Chabert, être

/œ/ jeune, peur, d'ailleurs, humeur, heure, sœur

/ɔ/ bonne, moderne, donner, solde, votre, économie, dommage, comme, au revoir, Paul, Rome

Although you must still pay careful attention to the pronunciation of individual words, it may be helpful to note that there is a general tendency for the mid-range vowels to alternate systematically: /ɛ/, /œ/, and /ɔ/ are usually followed by a *pronounced* consonant.

EXERCICE   B.   Écoutez et répétez.

et	/e/	être	/ɛtr/
ses	/se/	cette	/sɛt/
achⱦter	/aʃte/	achète	/aʃɛt/
café	/kafe/	faire	/fɛʀ/
peu	/pø/	peur	/pœr/
jeu	/ʒø/	jeune	/ʒœn/
eux	/ø/	heure	/œʀ/
feu	/fø/	fleur	/flœʀ/
au	/o/	Paul	/pɔl/
stylo	/stilo/	local	/lɔkal/
zéro	/zeʀo/	Rome	/ʀɔm/
trop	/tʀo/	bonne	/bɔn/

2.11 Accents

The acute accent (´), **accent aigu,** and the grave accent (`), **accent grave,** are used to indicate the close and open quality of the vowel sound represented by the letter **e.**

EXERCICE   A.   Répétez et comparez.

é /e/	è /ɛ/
André	Michèle
fatigué	très
bébé	après
répétez	elle achète
café	chèque

▲ NOTE: When used with letters other than **e,** the **accent grave** does not indicate a sound difference but serves to distinguish different words which have the same spelling.

plus **ou** moins   *more or less*   **Où** va Marie?   *Where is Mary going?*
la dame   *the lady*   Elle est **là.**   *She is there.*
Il **a** une idée.   *He has an idea.*   **à** Paris   *in, to Paris*

The circumflex (^), **accent circonflexe,** arose historically as a marker for vowels which were followed by another letter (usually **s**) in an earlier state of the language:

être (<estre)   goût (<gost)

vous êtes (<estes)   même (<mesme)

âge (<aage)   hôtel (<hostel)

The cedilla (‚), **cédille,** is used with the letter **c** to indicate the sound /s/ when it is followed by the letters **a, o,** or **u:**

	ça	/sa/
	leçon	/ləsõ/
	reçu	/ʀəsy/
BUT:	ici	/isi/
	cette	/sɛt/

The dieresis (¨), **tréma,** is used with vowels to indicate that they are pronounced separately from a preceding vowel:

Noël   /nɔɛl/   naïf   /naif/

2.12 Intonation

In Unit 1 it was pointed out that syllables receive equal stress in French. This is not to say, of course, that French is spoken in a monotone. On the contrary, the range of pitch variation or intonation for a typical speaker of French is greater than that of a typical speaker of English. A mastery of French pronunciation involves three elements: individual speech sounds, stress rhythm, and intonation.

Mastery of intonation is a gradual process since it is a complex phenomenon. You will observe variations from individual to individual; it communicates various shades of emotion, implication, and emphasis for a given speaker. Consequently the discussion which follows will be limited to some fundamental generalizations. The best strategy for the beginner is to imitate as closely as possible the total range of intonation of native speaker models.

In both English and French we note changes in pitch prominence to mark the boundaries of sentences and phrases within sentences. In English, however, there is a secondary pitch variation which marks the stressed syllables in a word.

Primary (sentence) prominence ➡

Secondary (word) prominence ➡ I'm GOING to PARIS.

In French, the secondary effect of the word is lacking.

Je vais à Paris.

Intonation shows the phrasing in longer sentences.   Note the contrast between English and French at the pauses.

I'm going to Paris, to Chicago, and to Montreal.

Je vais à Paris, à Chicago, et à Montréal.

EXERCICE   A.   Répétez après le professeur.   (Attention à l'intonation.)

MODÈLE:

1. Je cherche le livre.
2. Elle achète un pull-over.
3. Nous allons à Philadelphie.
4. Il parle français.
5. Voilà Madame Chabert.

—Je cherche le livre, la serviette, et le stylo.
—Elle achète un pull-over, un pantalon, et un cadeau.
—Nous allons à Philadelphie, à Moscou, et à Berlin.
—Il parle français, allemand, et anglais.
—Voilà Madame Chabert, son fils, et sa fille.

Both English and French use intonation to transform statements into questions, but the French question intonation rises more sharply.

She's making some purchases.   She's making some purchases?

Elle fait des achats.   **Elle fait des achats?**

EXERCICE   B.   Écoutez et transformez en une question.

1. Vous avez une bonne sélection.
2. Elle n'aime pas la musique moderne.
3. Les jeunes gens n'ont pas de goût.
4. Il y a autre chose.
5. Ils vont faire des achats.

2.20 Vocabulaire supplémentaire

1. La **famille**

   le **père** father

   la **mère** mother

   le **frère** brother

   la **sœur** sister

   le **parent** parent, relative

Le fils ressemble beaucoup à son ____.

La fille ressemble à sa ____.

Il y a deux enfants dans la famille, Françoise et son ____.

Le frère de Françoise a 20 ans. Il est plus agé *(older)* que sa ____.

Votre nom de famille est français. Avez-vous des ____ en France?

2. Les **vêtements** *(m.)* **d'homme** men's clothing

Je cherche un pantalon pour mon fils. Où sont les ____ dans ce magasin?

   a. le **chapeau** hat

   b. la **cravate** necktie

   c. la **chemise** shirt

   d. la **veste** jacket

   e. les **chaussettes** *(f.)* socks

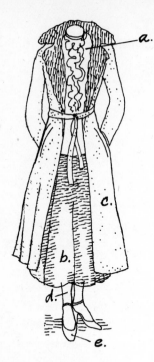

3. Les **vêtements de femme** women's clothing
   a. le **chemisier** blouse
   b. la **jupe** skirt
   c. le **manteau** coat
   d. les **bas** *(m.)* stockings
   e. les **chaussures** *(f.)* shoes

Les garçons *(boys)* et les jeunes filles portent *(wear)* un blue-jean: le pantalon est un _____ et d'homme.

4. Un **appareil** apparatus
   le **truc** thing, gadget, gimmick
   le **magnétophone** tape-recorder
   le **tourne-disque** record-player
   la **radio** radio
   la **moto** motor bike

Un caméra est un _____ photographique.
Qu'est-ce que c'est, ce _____-là?

On achète des cassettes pour le _____ portatif.

On achète des disques pour le _____.

Le transistor est une _____ portative.
L'automobile coûte trop cher pour un étudiant; la _____ est beaucoup plus pratique.

5. La **couleur** color

   rouge red
   orange orange
   jaune yellow
   vert, -e green
   bleu, -e blue
   violet, -te purple

Quelles sont les _____ d'un arc-en-ciel *(rainbow)*?

La rose est une fleur *(flower)* de couleur _____.
La carotte est _____.
Le citron *(lemon)* est _____.
L'herbe *(grass)* est _____.
Le ciel *(sky)* est _____.
De quelle couleur est la violette? _____.

6. Les **cheveux** *(m.)* hair
   noir, -e black
   blanc, -che white
   gris, -e gray

   blond, -e blond
   brun, -e brown, brunette
   roux, -sse red

On a des _____ sur la tête *(head)*.
Un Chinois a les cheveux _____.
Un vieil *(old)* homme a les cheveux _____.
Quand il n'y a pas de soleil *(sun)*, le ciel est _____.
Elle a les yeux *(eyes)* bleus et les cheveux _____.
Elle n'est pas blonde, elle est _____. Elle a les cheveux châtains *(chestnut)*.
On appelle quelqu'un "poil de carotte" *(carrot-top)* quand il a les cheveux _____.

| **Variations sur le dialogue**

1. Take the role of the salesperson. Ask Madame Chabert for a description of her daughter, and suggest a sweater of a color that goes well with her hair and eyes.
2. Take the role of Madame Chabert. Tell the salesperson what you are going to buy for three or four members of your family.
3. Describe your hair, eyes, and the clothes you have on.

2.30 Words as Names for Concepts

The unwary language-learner may begin the task of vocabulary acquisition with what amounts to a false hypothesis: that there is a French word corresponding to every word in English. The similarity in linguistic structure and close cultural contact between French and English make this hypothesis seem productive initially. (There would be little such effect in learning Chinese or Apache, for example.) Upon closer inspection we find that the real task is not to find one-to-one correspondences (which are quite rare if you expect a perfect match of both meaning and usage), it is rather to master a new system of names for concepts which reflects the French point of view.

We may note initially that the speakers of a language may simply have no word in common use for every-day concepts. In English, we have not named the area behind the back seat of a car and under the rear window (I have heard "package shelf," but there is no widespread agreement); there is no name for the pin attached to a belt buckle which is inserted in the belt hole; we have no name for the indentation in the upper lip just under the center of the nose; there is a great deal of hesitation in naming the symbols (#) and (/) which appear on most typewriters; and we make do with the Italian word "confetti" if asked to name the bits of paper produced by a paper-punch.

The lexical gaps mentioned above appear to occur in both English and French. More to the point are examples which do not match across languages. In English, a child may sit on your "lap"; the French, lacking an equivalent, refer to the same area as *les genoux* or "the knees." We call the familiar green citrus fruit a "lime"; the French refer to it as *un citron vert* or "green lemon." We speak of "fingers" and "toes," whereas the French speak of *les doigts* ("fingers") and *les doigts de pied* ("foot fingers"). The French refer to the two sides of an open jacket as *les pans* (also used for a double gate), whereas English has no term at all.

The French differentiate between "window in a house," *la fenêtre,* and "store-window," *la vitrine.* In French, a chair is *une chaise* as long as it has no arms; add arms and it is called *un fauteuil.* You have already noted that *femme* can be translated as either "wife" or "woman," depending on context. Likewise, *fille* can be translated as either "daughter" or "girl," although the term *jeune fille* is commonly used for an adolescent girl.

Professional translators do not attempt a word-for-word translation when faced with such difficulties as the book title, "A House is not a Home." Both English terms are covered by the French word *la maison.* "Thanksgiving," an exclusively American holiday, has no translation. When cultural concepts are adopted, words are often imported from the foreign language wholesale, though often with restricted meanings. The French have borrowed *le smoking* for a tuxedo or dinner jacket (from the British "smoking jacket"). *Le scotch* refers to cellophane tape, and *le whisky* refers usually to scotch whiskey. It is no wonder that bilinguals report difficulty in switching from one system to the other, and are often at a loss for translation, even when they speak both languages perfectly.

The term *le teen-ager* has recently made an appearance in French periodicals. Why would it be difficult to come up with an equivalent term in French? Compare:

10	ten	dix	16	sixteen	seize
11	eleven	onze	17	seventeen	dix-sept
12	twelve	douze	18	eighteen	dix-huit
13	thirteen	treize	19	ninteen	dix-neuf
14	fourteen	quatorze	20	twenty	vingt
15	fifteen	quinze			

2.31 The Indefinite Noun Marker I *(l'article indéfini)*

Nouns viewed as countable ("things") have a singular and plural. An indefinite reference is indicated by the following forms.

sing.	*masc.*	**un**	/œ̃/	un magasin, un cadeau, un franc
	masc. + *vowel*		/œ̃n/	un‿an, un‿étudiant, un‿autre disque
	fem.	**une**	/yn/	une jupe, une idée, une heure
plur.	*masc./fem.*	**des**	/de/	des frères, des sœurs, des bas
	masc./fem. + *vowel*		/dez/	des‿idées, des‿enfants

▲ NOTE: The singular indefinite may be translated as "a" or "an." The plural varies: **Avez-vous des disques?** may be translated as "Do you have records, some records, any records?" according to context.

EXERCICES   A.   Répondez selon le modèle.

MODÈLE: Qu'est-ce que c'est? (livre)

—**C'est un livre.**

1. Qu'est-ce que c'est? (jupe)
2. Qu'est-ce que c'est? (chapeau)
3. Qu'est-ce que c'est? (étudiant)
4. Qu'est-ce que c'est? (jeune fille)
5. Qu'est-ce que c'est? (autre cadeau)

B.   Transformez selon le modèle.

MODÈLE: Avez-vous un disque? *Do you have a record?*

➡Avez-vous **des disques?** *Do you have any records?*

1. Avez-vous une idée?
2. Avez-vous un blue-jean?
3. Avez-vous une chaussure?
4. Avez-vous un chapeau?
5. Avez-vous une sœur?

2.32 The Demonstrative Noun Marker (*l'adjectif démonstratif*)

sing.	*masc.*	**ce**	/sə/	ce prix, ce pantalon, ce modèle
	masc. + vowel	**cet**	/sɛt/	cet homme, cet après-midi, cet enfant
	fem.	**cette**	/sɛt/	cette chose, cette idée, cette fille
plur.	*masc./fem.*	**ces**	/se/	ces gens, ces choses, ces bas
	masc./fem. + vowel		/sez/	ces‿achats, ces‿idées, ces‿étudiants

▲ NOTES: 1.   The demonstrative noun marker may be translated as "this/that," "these/those," depending on context. When it is appropriate to indicate distance from the speaker, one adds **-ci** or **-là** to the noun:

Cette chose-ci ou cette chose-là?   *This thing or that thing?*
Ces gens-ci ou ces gens-là?   *These people or those people?*

2.   Expressions of time with the demonstrative pattern are as follows:

ce matin	*this morning*
cet après-midi	*this afternoon*
ce soir	*this evening, tonight*
but: **ce matin-là**	*that morning*

EXERCICES   A.   Demandez, puis répondez, selon le modèle.

> MODÈLE: (étudiant)   Donnez-moi le livre, s'il vous plaît.
> (professeur)   —Quel livre?
> (étudiant)   **—Ce livre-là.**

1. ... Quelle chose? ...   4. ... Quelles chaises? ...
2. ... Quels disques? ...   5. ... Quelle veste? ...
3. ... Quel enfant? ...

B.   Répondez selon le modèle.

> MODÈLE: Ces disques-là sont en solde?
> —Non, mais **ces disques-ci** sont en solde.

1. Ce modèle-là est en solde?
2. Ces livres-là sont en solde?
3. Cette chose-là est en solde?
4. Ces pull-overs-là sont en solde?
5. Ce stylo-là est en solde?

2.33   Adjective Agreement

Apart from a small number of adjectives which usually precede the noun (**une bonne idée, un jeune homme, la même chose,** etc.), adjectives normally follow the noun which they modify:

les cheveux **roux**   un cadeau **pratique**
la dame **française**   une maladie **grave**
le chapeau **noir**   un livre **excellent**

Adjectives agree in both number and gender with the nouns they modify, but a distinction must be made between the spoken and written language. With a relatively small number of exceptions, the distinction between singular and plural is marked in the spoken language by noun markers rather than by adjectives.

number agreement

SINGULAR	PLURAL
la dame française	le$ dame$ française$
un livre excellent	de$ livre$ excellent$
ce chapeau noir	ce$ chapeau$ noir$

▲ NOTE: If a noun or adjective happens to end in an **-s** in the singular, the same spelling is used for the plural: **un livre français/des livres français; le fils/les fils.** The same remark applies to final **-x,** historically a variant of **s: le cheveu roux/les cheveux roux; le prix/les prix.**

Gender agreement, however, is marked in the spoken language for most adjectives in a rather systematic way: the masculine form ends in a vowel sound; the feminine form adds a consonant sound.

gender agreement

MASC. (Vowel)		FEM. (+ Consonant)	
français	/fʀɑ̃sɛ/	française	/fʀɑ̃sɛz/
excellent	/ɛksɛlɑ̃/	excellente	/ɛksɛlɑ̃t/
curieux	/kyʀjø/	curieuse	/kyʀjœz/
gris	/gʀi/	grise	/gʀiz/
allemand	/almɑ̃/	allemande	/almɑ̃d/
bon	/bɔ̃/	bonne	/bɔn/
blanc	/blɑ̃/	blanche	/blɑ̃ʃ/
violet	/vjɔle/	violette	/vjɔlɛt/
roux	/ʀu/	rousse	/ʀus/

Exceptions to this tendency provide no gender marking in the spoken language:

MASC.		FEM.	
national	/nasjɔnal/	nationale	/nasjɔnal/
fatigué	/fatige/	fatiguée	/fatige/
noir	/nwaʀ/	noire	/nwaʀ/
cher	/ʃɛʀ/	chère	/ʃɛʀ/
bleu	/blø/	bleue	/blø/

Some adjectives are *invariable* for gender in written form as well:

MASC./FEM.	
jeune	russe
pratique	rouge
moderne	

EXERCICES

A. Mettez au masculin.

MODÈLE: une enfant française ➡ **un** enfant **français**

1. une étudiante anglaise   un étudiant . . .
2. la cravate grise   le manteau . . .
3. cette chose curieuse   ce truc . . .
4. quelle robe blanche   quel pull-over . . .
5. une idée excellente   un prix . . .

B. Mettez les exemples d'exercice **A.** au pluriel:

MODÈLE: une enfant française ➡ **des enfants françaises**
          un enfant français ➡ **des enfants français**

C. Traduisez.

1. a young man
2. this red book
3. the purple skirt
4. which red-headed girl
5. some modern ideas

2.34 Predication: *Il est* + adj. / *C'est un* + noun

An adjective following the verb **être** makes agreement with the noun or pronoun referent:

> Ma mère? **Elle est française.**
> Les étudiants? **Ils sont américains.**
> Le livre? **Il est excellent.**

This pattern has been extended to certain nouns, such as names of professions, which function as adjectives:

> Ma soeur? **Elle est professeur.**
> Monsieur Dupont? **Il est avocat** (*lawyer*).
> Jeanne? **Elle est étudiante.**
> L'ami de Marie? **Il est ingénieur** (*engineer*).
> Mon père? **Il est médecin** (*doctor*).

This construction contrasts with predication of a noun phrase where the noun marker is present, which requires **c'est** or **ce sont**:

C'est un avocat.	*He's / It's a lawyer.*
C'est une Française.	*She's / It's a French woman.*
Ce sont des Américains.	*They are / It's some Americans.*
C'est un transistor.	*It's a transistor radio.*

▲ NOTE: Adjectives of nationality are spelled with lower-case letter; nouns with capital letter: **américain / un Américain; français / un Français; russe / un Russe;** etc.

In practice, you will find that the use of the constructions **il est** + *adj.* and **c'est un** + *noun* is usually cued by the appearance of a form of **il** or **ce** in the question:

Qui est-**ce?**	Que fait-**il?**
—C'est un étudiant.	—Il est étudiant.
Cette dame-là, qui est-**ce?**	De quelle nationalité est-**elle?**
—C'est une Anglaise.	—Elle est anglaise.

Qu'est-ce que **c**'est?   Le cadeau, où est-**il?**
—C'est un cadeau.   —Il est sur la table.

A.   Répondez selon le modèle.

MODÈLE: Qu'est-ce que c'est?   (chapeau)

—**C'est un chapeau.**

1. Qu'est-ce que c'est?   (moto)
2. Qu'est-ce que c'est?   (magnétophone)
3. Qu'est-ce que c'est?   (cravate)
4. Qu'est-ce que c'est?   (radio)
5. Qu'est-ce que c'est?   (stylo)

B.   Répondez.

MODÈLE: Et ces choses-là?   (chapeaux)

—**Ce sont des chapeaux.**

1. Et ces choses-là?   (chaussures)
2. Et ces choses-là?   (bas)
3. Et ces choses-là?   (transistors)
4. Et ces choses-là?   (stylos)
5. Et ces choses-là?   (trucs)

C.   Répondez.

1. Qui est-ce?   (Allemand)
2. Qui est-ce?   (médecin)
3. Qui est-ce?   (touristes *pl.*)
4. Qui est-ce?   (Américaine)
5. Qui est-ce?   (étudiants *pl.*)

D.   Répondez.

1. Que fait-elle?   (professeur)
2. De quelle nationalité est-il?   (espagnol)
3. Que fait-il?   (avocat)
4. De quelle nationalité sont-ils?   (français)
5. Que fait-elle?   (étudiante)

2.35   Stem Shift with *-er* Verbs

The majority of verbs with an infinitive ending in **-er** follow the one-stem pattern presented in section 1.35.   New examples of the pattern introduced in this chapter are **trouver, désirer, aimer, excuser,** and **penser.**

Certain **-er** verbs, however, undergo a shift in the stem which causes the verb to conform to systematic features of French pronunciation:

PAYER /pɛje/

je paie tu paies il paie · /pɛ/	nous payons /pɛjõ/ vous payez /pɛje/
	ils paient /pɛ/

ACHÉTER /aʃte/

j'achète tu achètes il achète · /aʃɛt/	nous achętons /aʃtõ/ vous achętez /aʃte/
	ils achètent /aʃɛt/

RÉPÉTER /ʀepete/

je répète tu répètes il répète · /ʀepɛt/	nous répétons /ʀepetõ/ vous répétez /ʀepete/
	ils répètent /ʀepɛt/

Like **répéter: espérer** *(to hope),* **préférer** *(to prefer)*

▲ NOTE: The alternation of **é** and **è** in these verbs reflects the /e/ and /ɛ/ pattern presented in section 2.11.

EXERCICE   A.   Transformez.

1. Je répète la leçon.   Nous . . .
2. C'est moi qui paie.   C'est vous . . .
3. On achète des cadeaux.   Nous . . .
4. Tu préfères le rouge?   Vous . . .
5. J'espère que oui.   Nous . . .

2.36 The Verbs *avoir* and *faire* (irregular)

The verbs **avoir** *(to have)* and **faire** *(to do, make)* have a very high frequency of occurrence, like **être** and **aller.** This group of four verbs presents the least systematic set of forms for verbs in the present indicative.

AVOIR /avwaʀ/				
j'ai	/ʒe/		nous‿avons	/nuzavõ/
tu as	/ty/	⎤ a/	vous‿avez	/vuzave/
il a	/il/	⎦	ils‿ont	/ilzõ/

FAIRE /fɛʀ/				
je fais	/ʒə/	⎤	nous faisons	/nufəzõ/
tu fais	/ty/	⊢ fɛ/	vous faites	/vufɛt/
il fait	/il/	⎦	ils font	/ilfõ/

▲ NOTE: The spelling **ai** usually represents the sounds /e/ or /ɛ/. The sound /ə/ in **nous faisons** is exceptional.

A.   Répondez.

MODÈLE: Quel âge a-t-elle?   (15 ans)
   —**Elle a quinze ans.**

1. Quel âge avez-vous?   (20 ans)
2. Maman, est-ce que j'ai six ans?   (Non, 5 ans)
3. Quel âge ont les deux enfants?   (14 et 16 ans)
4. J'ai quel âge?   (21 ans, n'est-ce pas?)
5. Vous avez le même âge, vous et votre mari?   (Oui, 30 ans)

B.   Répondez.

MODÈLE: Vous êtes libre maintenant?
   —**Non, j'ai quelque chose à faire.**

1. Thérèse est libre maintenant?
2. Vous êtes libre ce soir, vous et votre femme?
3. Ils sont libres aujourd'hui?
4. Maman, tu es libre cet après-midi?
5. Vous êtes libre?

C.   Répondez.

MODÈLE: Il a les yeux *(eyes)* bleus?   (bruns)
   —**Non, il a les yeux bruns.**

1. Elle a les cheveux roux?   (blonds)
2. Vous avez les yeux verts?   (gris)
3. Il a les cheveux bruns?   (noirs)

4. Il a les yeux gris? (bleus) *[handwritten: hair]*
5. Monsieur Dupont a les cheveux gris? (blancs)

D. Répondez.

MODÈLE: Que fait Mme Chabert? (des achats)
—**Elle fait des achats.**

1. Que faites-vous, vous et votre ami? (une promenade *a walk*)
2. Ça fait combien? (12 francs)
3. Quel temps (*weather*) fait-il? (mauvais)
4. Combien font 5 et 6? (11)
5. Tu fais des achats? (Oui, je ...) *[handwritten: elle fera des achats?]*

E. Mettez au pluriel.

1. Elle est libre. *[handwritten: son]*
2. Elle va bien.
3. Elle a quelque chose.
4. Elle fait une promenade.
5. Tu es libre? *[handwritten: Vous et]*
6. Tu vas bien? *[handwritten: Vous alle]*
7. Tu as quelque chose?
8. Tu fais une promenade?

[handwritten: Vous fait]

2.37 Interrogative Syntax: Inversion

We are accustomed to the notion that different forms signal different messages: **mère / père, allons / allez,** etc. If we turn our attention from the word level to the sentence level, we find that meaning is signalled in more subtle ways: by intonation **(Il est là. / Il est là?),** and by the arrangement or position of forms in a sentence relative to one another **(Jean aime Marie. / Marie aime Jean.).** The arrangement of forms within a sentence is called "syntax". Speakers of English find the syntax of French relatively easy to acquire, as it is quite similar, but by no means identical, to English. If you have studied, for example, Classical Latin or German, you have experienced more difficulty with syntax.
The major syntactic device for signalling a question in French consists of *inversion,* or the placing of a noun or pronoun subject after the verb. The inverted form **est-ce que** /ɛskə/ may be thought of as an interrogative prefix roughly equivalent to "do you, does he", etc. (literally, "is it that").

Martine parle anglais. —**Est-ce que** Martine parle anglais?
Elle parle anglais. —**Est-ce qu'**elle parle anglais?

If the speaker adopts a slightly more formal style of speech, one simply inverts the verb and pronoun.

Elle parle anglais.   —Parle-t-elle anglais?

This pattern is required even when the noun is present.

Martine parle anglais.   —Martine parle-t-elle anglais?

Inversion of pronoun and verb is common for all persons except **je,** for which **est-ce que** is used (**ai-je** and **suis-je** are common as literary forms):

Est-ce que je suis . . .	Sommes-nous . . .
Es-tu . . .	Êtes-vous . . .
Est-il . . .	Sont-ils . . .

▲ NOTE: A /t/ sound is always heard in the third person singular and plural forms when inverted. The verb forms are written as follows: **arrive-t-il, arrivent-ils; a-t-il, ont-ils,** etc.

The examples cited above are typically spoken with the rising intonation which indicates that one expects either a "yes" or "no" reply:

Elle parle anglais?
Est-ce qu'elle parle anglais?
Parle-t-elle anglais?
Martine parle-t-elle anglais?

If one expects an affirmative reply, the negative form of **est-ce** is used: **n'est-ce pas.** The translation will depend on context.

Elle parle anglais, n'est-ce pas? She speaks English, doesn't she?
Vous êtes anglais, n'est-ce pas? You're English, aren't you?

EXERCICES   A. Demandez.

MODÈLE: Demandez au professeur s'il parle français.
        Parlez-vous français, Monsieur/Madame?

1. Demandez au professeur si Jacques arrive ce soir.
2.   . . . si la classe est intéressante.
3.   . . . si nous sommes en retard.
4.   . . . s'il cherche un cadeau.
5.   . . . si les enfants font une promenade.

B. Demandez.

MODÈLE: Demandez à un des étudiants s'il parle français.

Est-ce que vous parlez français?

1. Demandez à un des étudiants si les Dupont sont au parc.
2. *je suis* . . . si vous êtes à l'heure.
3. . . . si nous avons un tableau.
4. . . . si on a quelque chose de moins cher.
5. . . . si Madeleine va à l'université.

2.40 Numbers (cont.); Dates

30	trente	/tRãt/	trente et un, trente-deux, etc.
40	quarante	/kaRãt/	quarante et un, quarante-deux, etc.
50	cinquante	/sẽkãt/	cinquante et un, cinquante-deux, etc.
60	soixante	/swasãt/	soixante et un, soixante-deux, etc.

70	soixante-dix	80	quatre-vingts
71	soixante et onze	81	quatre-vingt-un
72	soixante-douze	82	quatre-vingt-deux
73	soixante-treize	83	quatre-vingt-trois
74	soixante-quatorze	84	quatre-vingt-quatre
75	soixante-quinze	85	quatre-vingt-cinq
76	soixante-seize	86	quatre-vingt-six
77	soixante-dix-sept	87	quatre-vingt-sept
78	soixante-dix-huit	88	quatre-vingt-huit
79	soixante-dix-neuf	89	quatre-vingt-neuf

90	quatre-vingt-dix	100	cent /sã/ cent un, cent deux
91	quatre-vingt-onze		
92	quatre-vingt-douze	200	deux cents
93	quatre-vingt-treize		
94	quatre-vingt-quatorze	1000	mille /mil/
95	quatre-vingt-quinze		
96	quatre-vingt-seize	1.000.000	un million /œ̃miljõ/
97	quatre-vingt-dix-sept		
98	quatre-vingt-dix-huit		
99	quatre-vingt-dix-neuf		

▲ NOTES: 1. The final consonant of **vingt** and **cent** is not pronounced in this series:

81 quatre-ving̸t-un /katʀ•vẽ•œ̃/
91 quatre-ving̸t-onze /katʀ•vẽ•õz/
101 cen̸t un /sã•œ̃/

2. Decimal points are indicated by a comma (**une virgule**): 3, 5. Long numbers are divided by periods (**un point**): 1.000.000, or one simply leaves a space: 1 000 000.

Quelques dates historiques de l'histoire de la France:

800	(huit cents)	Charlemagne devient empereur.
1066	(mille soixante-six)	La conquête de l'Angleterre
1346–1453	(treize cent quarante-six, quatorze cent cinquante-trois)	La guerre de Cent Ans
1431	(quatorze cent trente et un)	La mort de Jeanne d'Arc
1515–1547	(quinze cent quinze, quinze cent quarante-sept)	Le règne de François Ier, la Renaissance française
1661–1715	(seize cent soixante et un, dix-sept cent quinze)	Le règne de Louis XIV
1789	(dix-sept cent quatre-vingt-neuf)	La Révolution française: prise de la Bastille
1815	(dix-huit cent quinze)	La défaite de Napoléon à Waterloo
1914–1919	(dix-neuf cent quatorze, dix-neuf cent dix-neuf)	La première guerre mondiale
1939–1945	(dix-neuf cent trente-neuf, dix-neuf cent quarante-cinq)	La deuxième guerre mondiale

Years are most commonly given as multiples of one hundred, as follows: **19 cent 50** (The word **cent** may not be deleted.) The alternate system with **mille** is less used, except for dates in the 1000's (see, for example, 1066 above). Rulers are indicated simply by number: e.g., Louis XIV (**quatorze**). The first ruler by a given name, however, is referred to as **premier/première:** e.g., François Ier (**premier**).

EXERCICES   A.   Répondez.

        MODÈLE: Quand êtes-vous né(e)?

               —**Je suis né(e)** en 1955.   (dix-neuf cent cinquante-cinq)

B.   Lisez *(read)* en français:

1. 1871	4. 1984	7. Napoléon Ier
2. 1975	5. 1492	8. Henri IV
3. 1215	6. 1105	9. Charles VII

C.   Répondez.

        MODÈLE: C'est combien?

               —**Ça coûte** *(costs)* 3 F 50 (trois francs cinquante [centimes]).

1. 12 F 20	6. 17 F 70
2. 13 F 30	7. 18 F 80
3. 14 F 40	8. 19 F 90
4. 15 F 50	9. 5000F
5. 16 F 60	10. 210.000F

	LES MOIS *months*		
janvier	/ʒãvje/	juillet	/ʒɥije/
février	/fevʀie/	août	/u/, /ut/
mars	/maʀs/	septembre	/sɛptãbʀ/
avril	/avʀil/	octobre	/ɔktɔbʀ/
mai	/mɛ/	novembre	/nɔvãbʀ/
juin	/ʒɥɛ̃/	décembre	/desãbʀ/

The first day of the month is given as **le Ier janvier, le Ier mai,** etc. Other dates are given simply by number: **le 14 juillet** (le quatorze juillet), **le 25 décembre** (le vingt-cinq décembre), etc.

EXERCICES   A.   Répondez.

        MODÈLE: Quelle est la date aujourd'hui?

               —**C'est** le 15 septembre, n'est-ce pas?

1. 14 février	4. 11 juin
2. 31 mars	5. 13 août
3. Ier avril	6. 20 octobre

B.   Répondez.

MODÈLE: Quand êtes-vous né(e)?
           —**Je suis né**(e) le 2 novembre 1957.

LES JOURS DE LA SEMAINE

lundi	/lœ̃di/	*Monday*
mardi	/maʀdi/	*Tuesday*
mercredi	/mɛʀkʀədi/	*Wednesday*
jeudi	/ʒ∅di/	*Thursday*
vendredi	/vɑ̃dʀədi/	*Friday*
samedi	/samdi/	*Saturday*
dimanche	/dimɑ̃ʃ/	*Sunday*

The day of the week may be given as **C'est jeudi**, or **Nous sommes jeudi**. The day of the week is used without the definite article for a specific day:

Quel jour sommes-nous?
—**Nous sommes vendredi.**   *This is Friday.*

Quel jour êtes-vous libre?
—**Je suis libre samedi.**   *I am free on Saturday* or *this Saturday.*

The article is added to indicate a given day in general:

Quand êtes-vous libre?
—**Je suis libre le dimanche.**   *I'm free Sundays.*

All days of the week are masculine in gender.

EXERCICE   A.   Traduisez.

1. I'm going to leave Friday evening.
2. We are free Saturdays and Sundays.
3. Today is Wednesday.
4. I was born on Monday, the 12th of March.
5. Are you free Thursday?
6. He's going to speak Tuesday morning.
   Mardi matin

2.41   The Weather

Quel temps fait-il?   *What's the weather like?*

—**Il fait beau.**   *(beautiful, nice)*
—**Il fait mauvais.**   *(bad)*

—**Il fait chaud.** *(hot)*
—**Il fait froid.** *(cold)*
—**Il fait du soleil.** *(sunny)*
—**Il fait du vent.** *(windy)*

The verb **faire** is used for many expressions of weather.   To this list may be added:

pleuvoir	to rain	**Il pleut.**
neiger	to snow	**Il neige.**

EXERCICE   A.   Répondez en français.

1. Quel temps fait-il en été *(summer)*?
2. Quel temps fait-il en automne *(fall)*?
3. Quel temps fait-il en hiver *(winter)*?
4. Quel temps fait-il au printemps *(spring)*?
5. Quelle saison préférez-vous?

The verb **avoir** is used to express a person's feeling of warmth and cold:

Il fait du soleil, **j'ai chaud.**

Vous avez froid?   —Oui, **j'ai très froid.**

Où est mon pull-over?   **J'ai un peu froid.**

EXERCICE   B.   Traduisez.

1. It's going to be hot tomorrow.
2. I'm a bit chilly.
3. It's hot in this classroom.
4. Are you too warm?
5. It's very cold in February.

UNIT 3

3.00 Dialogue Notes

Finding one's way in a strange city always poses problems, but the difficulty is compounded when you encounter systematic differences which do not correspond to your expectations. For example, Americans in France are puzzled by the fact that house numbers are not organized by hundreds according to the block; a major avenue may suddenly change name at an intersection. In the following passage a noted anthropologist explains the organization of French cities, and draws some conclusions about the importance of radiating patterns in French society.

There are two major European systems for patterning space. One of these, "the radiating star," which occurs in France and Spain, is sociopetal [i.e. concentrates people]. The other, the "grid," originated in Asia Minor, adopted by the Romans, and carried to England at the time of Caesar, is sociofugal [i.e. spreads people out]. The French-Spanish system connects all points and functions. In the French subway system, different lines repeatedly come together at places of interest like the Place de la Concorde, the Opéra, and the Madeleine. The grid system separates activities by stringing them out. Both systems have advantages, but a person familiar with one has difficulty using the other.

For example, a mistake in direction in the radiating center-point system becomes more serious the farther one travels. Any error, therefore, is roughly equivalent to taking off in the wrong direction. In the grid system, baseline errors are of the 90-degree or the 180-degree variety and are usually obvious enough to make themselves felt even by those with a poor sense of direction. If you are traveling in the right direction, even though you are one or two blocks off your course, the error is easily rectified at any time. Nevertheless, there are certain inherent advantages in the center-point system. Once one learns to use it, it is easier for example to locate objects or events in space by naming a point on a line. Thus it is possible, even in strange territory, to tell someone to meet you at the 50 KM mark on National Route 20 south of Paris; that is all the information he needs. In contrast, the grid system of co-ordinates involves at least two lines and a point to locate something in space (often many more lines and points, depending on how

many turns one has to make). In the star system, it is also possible to integrate a number of different activities in centers in less space than with the grid system. Thus, residential, shopping, marketing, commercial, and recreation areas can both meet and be reached from central points.

As a general rule, the roads between centers do not go through other towns, because each town is connected to others by its own roads. This is in contrast to the American pattern of stringing small towns out like beads on a necklace along the routes that connect principal centers.

There are those, of course, who will say that the fact that the French school system also follows a highly centralized pattern couldn't possibly have any relationship to the layout of offices, subway systems, road networks, and, in fact, the entire nation, but I could not agree with them. Long experience with different patterns of culture has taught me that the basic threads tend to be woven throughout the entire fabric of a society.[1]

You will note in the dialogue that a stranger to a city is advised to buy *un guide* or guide book with maps. These are very well organized, and considered indispensable for major cities, even by long-term inhabitants.

---

[1] From *The Hidden Dimension* by Edward T. Hall. Copyright © 1966 by Edward T. Hall. Reprinted by permission of Doubleday and Company, Inc., and Lurton Balssingame.

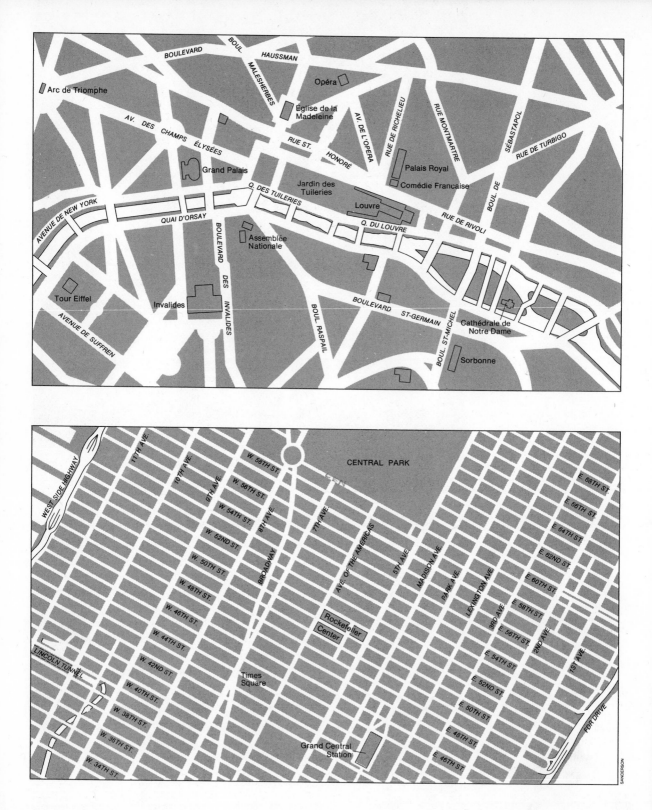

> a. The French do not have a word for "block". Compare the maps of Paris and New York for an explanation. After studying the dialogue, see if you can find an equivalent for "It's three blocks from here."
>
> b. Account for the fact that the French are puzzled by the ability of many Americans to indicate North and South, East and West in the city in which they live.

3.01 Trouver son chemin

NARRATEUR

Bernard est à l'université depuis quelques jours. Sa petite chambre à l'hôtel du Bon Vieux Temps n'est pas très chic, mais ça ne fait rien. Il est content d'être près de la bibliothèque. Il parle à la gérante de son hôtel.

BERNARD

Est-ce qu'il y a un bureau de poste par ici?

LA GÉRANTE

Certainement, Monsieur: dans la rue Valette. Vous y allez à pied?

BERNARD

Oui. Ce n'est pas trop loin?

LA GÉRANTE *(Elle hausse les épaules.)*

Ça dépend. Si vous aimez marcher . . . A mon avis, l'autobus est moins fatigant.

BERNARD *(perplexe)*

D'accord. Mais où est la rue Valette, s'il vous plaît?

LA GÉRANTE *(d'un geste vague)*

À droite, près du jardin public. Vous allez voir.

NARRATEUR

Les indications de la gérante ne sont pas très utiles. Bernard va dans la direction indiquée, jusqu'à la place Centrale. Mais il ne connaît pas le quartier, et il demande des renseignements à un agent de police.

L'AGENT

Vous voyez le feu rouge là-bas, au coin?

BERNARD *(Il hésite.)*

Attendez—ah oui, en face de la pharmacie.

L'AGENT

C'est ça. Tournez à gauche tout de suite après le feu.

BERNARD

Entendu. Et ensuite?

L'AGENT

C'est tout droit, à la troisième rue.

NARRATEUR

Bernard remercie l'agent, et décide de trouver une librairie où on vend des guides.

3.02 Dialogue Translation: Finding One's Way

NARRATEUR. Bernard has been at the university for several days. His little room at the Good Old Times Hotel is not very elegant, but that doesn't matter. He is happy to be near the library. He is speaking to the manager of his hotel.

BERNARD. Is there a post office around here?

LA GÉRANTE. Certainly, Sir: on Valette Street. Are you going there on foot?

BERNARD. Yes. It's not too far?

LA GÉRANTE *(She shrugs her shoulders.)*. That depends. If you like to walk . . . In my opinion, the bus is less tiring.

BERNARD *(puzzled)*. O.K. But where is Valette Street, please?

LA GÉRANTE *(with a vague gesture)*. To the right, near the public garden. You'll see.

NARRATEUR. The manager's directions are not very useful. Bernard goes in the direction indicated, as far as Central Square. But he doesn't know the district, and he asks a policeman for information.

L'AGENT. You see the stop light down there, at the corner?

BERNARD *(He hesitates.)*. Wait—oh yes, across from the drugstore.

L'AGENT. That's right. Turn left immediately after the light.

BERNARD. Understood. And then?

L'AGENT. It's straight ahead, at the third street.

NARRATEUR. Bernard thanks the policeman and decides to find a bookstore where they sell street guides.

Vocabulary (see dialogue for context)

NOUNS AND MODIFIERS

l'**accord** *(m.)* agreement
   d'accord O.K.
l'**agent de police** *(m.)*
   policeman
l'**autobus** *(m.)* bus
l'**avenue** *(f.)* avenue
la **bibliothèque** library
le **boulevard** boulevard
le **bureau de poste** post office
la **chambre** room, bedroom
le **chemin** way, path
le **coin** corner
la **direction** direction
l'**épaule** *(f.)* shoulder
le **feu** stoplight
le **gérant, la gérante** manager
le **geste** gesture
le **guide** guide
l'**hôtel** hotel
l'**indication** *(f.)* instruction,
   direction
la **librairie** bookstore
la **pharmacie** pharmacy,
   drugstore (limited to health
   products)
le **pied** foot
   à pied on foot
la **place** square, plaza
le **plan** diagram, street map
le **quartier** quarter, section

les **renseignements** *(m.)*
   directions, information
la **rue** street
l'**université** *(f.)* university

chic elegant
content, -e happy, content
fatigant, -e tiring
perplexe puzzled, perplexed
petit, -e little, small
quelques a few
utile useful
vague vague

VERBS AND MODIFIERS

attendre to wait
   attendez wait
connaître to know
décider to decide
dépendre to depend
   ça dépend that depends
entendre to hear,
   understand
   entendu understood,
   agreed
hausser (les épaules) to
   shrug
hésiter to hesitate
marcher to walk
remercier to thank
suivre to follow
   suivez follow

tourner to turn
traverser to cross
vendre to sell

ici here
   par ici around here
là there
   là-bas over there

loin far
près near

à droite to, on the right
à gauche to, on the left
en face facing, opposite
tout droit straight ahead

à mon avis in my opinion
certainement certainly
d'après according to
tout de suite right away,
   immediately

depuis since
ensuite next, then, following
   that
jusqu'à up to, as far as, until
pourquoi? why?
parce que because

ne ... rien nothing, not
   anything
   Ça ne fait rien. That
   doesn't matter.

3.03 Questionnaire

A. Répondez d'après le dialogue.

1. Où Bernard a-t-il une chambre?
2. L'hôtel est loin de la bibliothèque, n'est-ce pas?
3. Pourquoi Bernard demande-t-il des renseignements à l'agent de police?
4. Où est le feu rouge indiqué par l'agent?
5. Où Bernard va-t-il acheter un guide?

B. Examinez le plan et répondez.

1. L'hôtel est dans quelle rue?
2. La pharmacie est dans quelle avenue?
3. Est-ce que le bureau de poste est sur le boulevard Napoléon Ier?
4. Si vous allez de l'hôtel à la pharmacie, vous traversez quelle place?
5. Si vous allez de la pharmacie au bureau de poste, vous suivez quelle avenue?

C. Répondez d'après le plan.

1. Imaginez que vous êtes au bureau de poste. Où est la librairie?
2. Vous êtes à la librairie. Où est l'hôtel?
3. Vous êtes au jardin public, près du feu rouge. Où est la bibliothèque?

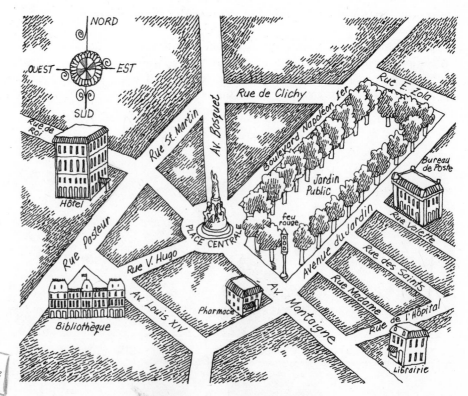

Un bon van blanc

3.10 Vowel System III

1. The nasal vowels do not correspond exactly to their non-nasal equivalents, as the symbols may suggest.
2. Many speakers of French do not differentiate between /ɛ̃/ and /œ̃/, but use /ɛ̃/ for both sounds.

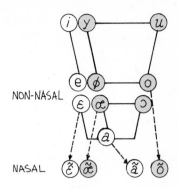

EXERCICE

A. Écoutez et répétez après le professeur.

/ɛ̃/ chem**in**, po**int**, co**in**, **in**diquer, r**ien**, magas**in**, dem**ain**, **im**-possible, Sa**in**t Mart**in**

/œ̃/ **un**, l**un**di, br**un**, parf**um**

/ã/ **an**, qu**and**, dem**an**dez, d**ans**, souffr**ant**, l'**en**fant, le pl**an**, l'**ag**ent, **en**t**en**du, c**en**tral, print**emps**, **en**

/õ/ **on**, pard**on**, la m**on**tre, voy**ons**, sélecti**on**, c**on**tent

3.11 Vowel / Consonant Alternation

i/nütile

im/por/tant

/n a /cceptable

You have noted that many words in French are spelled with a final consonant that is not pronounced: **d'accor̶d, l'agen̶t, là-ba̶s, tou̶t prè̶s, asse̶z, cherche̶r,** etc. The final written consonant is pronounced in a relatively small number or words: **cher, l'hôtel, chic, le fils.** It is important to realize that the pronunciation of final consonants is an all-or-none phenomenon: a word either ends in a fully released consonant **(cher),** or it ends in a vowel without the slightest trace of a consonant **(cherche̶r).**

The alternation of vowel and consonant endings has considerable grammatical importance. It marks, for example, gender agreement in adjectives. If we consider the feminine form as marked by a consonant sound, and the masculine form as marked by a vowel sound, we see that gender marking is quite systematic for a large number of adjectives:

feminine (+ *consonant sound*)		*masculine* (− *consonant sound*)	
petite	/pətit/	petit	/pəti/
souffrante	/sufʀãt/	souffrant	/sufʀã/
curieuse	/kyʀjœz/	curieux	/kyʀjø/
mauvaise	/movɛz/	mauvais	/movɛ/
surprise	/syʀpʀiz/	surpris	/syʀpʀi/

The same alternation applies with nasals, but the difference in pronunciation is more dramatic. Take care not to pronounce the consonant **n** after the masculine form in the exercise below.

EXERCICE

A. Écoutez et répétez après le professeur.

fem. (+ *consonant*)		*masc.* (− *consonant*)	
américaine	/ameʀikɛn/	américain	/ameʀikɛ̃/
canadienne	/kanadjɛn/	canadien	/kanadjɛ̃/
une	/yn/	un	/œ̃/
brune	/bʀyn/	brun	/bʀœ̃/
Anne	/an/	an	/ã/
Jeanne	/ʒan/	Jean	/ʒã/
bonne	/bɔn/	bon	/bõ/
il donne	/dɔn/	pardon	/paʀdõ/

The spelling system of French assists in determining how to pronounce words containing the letters **n** or **m**. The nasal consonant is pronounced if it is doubled or followed by a vowel:

pardonner	immédiat
Monique	imiter
université	humide

The letters **m** or **n** indicate a nasal vowel in final position or followed by another consonant:

pard**on**	parf**um**
i**n**ternational	i**m**possible
a**n**tique	a**m**bitieux

3.12 Liaison

The retention of final consonants in the spelling system might have been abandoned long ago had it not been for the fact that these consonants are pronounced under certain conditions. Compare:

vou~~s~~ parlez	vous‿arrivez
le~~s~~ Français	les‿Anglais
troi~~s~~ minutes	trois‿heures
u~~n~~ bébé	un‿enfant
le peti~~t~~ bébé	le petit‿enfant

This pronunciation of consonants before a following vowel sound is called liaison or linking. A potential liaison of final consonant and initial vowel is required only within a syntactic group, as follows:

before nouns: trois‿heures et demie
un‿enfant en France
les‿hommes en‿Amérique

before verbs: ils‿arrivent à la place
vous‿allez au jardin
nous‿écoutons un disque

▲ NOTE: As pointed out in the preceding chapter, liaison with the sound /t/ is required with inversion: **arrivent-ils,** etc.

Liaison is generally not made before verbs if this would involve linking after a noun:

Le petit‿enfant aime son frère.
Les‿amis attendent dans la rue.

EXERCICE   A.   Répétez après le professeur.

1. Ces étudiants américains ont une bonne idée.
2. On arrive en Italie à deux heures.
3. Vous voyez un agent au feu rouge?
4. Va-t-il trouver son hôtel sans une carte?
5. Les autres aiment-ils arriver à l'heure?

Certain liaisons are optional, tending to occur more frequently in careful speech. Don't be surprised to hear variation:

Il est‿anglais. / Il est anglais.

Do not, however, make liaison either before or after the conjunction **et** (the **t** is never pronounced):

Jean et Annette

And finally, liaison does not occur before a pause. If a native speaker of French hesitates, he is apt to repeat the entire group in which liaison occurs:

Pardon, vous . . . vous‿êtes Michèle?
Où sont les . . . les‿autres cadeaux?

EXERCICE   B.   Dites en français.

1. Il est petit et assez blond.
2. Avez-vous des . . . des amis en France?

3. Mes parents sont en Europe.
4. Les petits . . . les petits enfants aiment le parc.
5. Nous sommes ici depuis un quart d'heure.

3.20   Vocabulaire supplémentaire

1. Le **bâtiment** building

   Les monuments et les _____ de Paris sont très beaux.

   la **gare** station

   Les touristes arrivent à la _____ St. Lazare.

   le **musée** museum

   J'aime bien la sculpture. Allons au _____.

   un **immeuble** apartment, office building

   Mes parents ont un appartement dans cet _____ -là.

   une **église** church

   Il y a une _____ catholique sur la place.

   le **commissariat de police** police station

   Il y a un accident dans la rue. Téléphonez au _____.

2. Le **moyen de transport** means of transportation

   L'automobile est un _____ qui coûte assez cher.

   le **train** train

   Mon _____ quitte (*leaves*) la gare St. Lazare à 10 h 30.

   le **métro** subway

   Le _____ à Paris est un moyen de transport rapide, et un ticket ne coûte pas cher.

   le **taxi** taxi

   Allons au thêâtre en _____. C'est plus rapide que le métro.

   la **bicyclette** bicycle

   Dans les villages, on va souvent au travail (*work*) à _____.

   un **avion** airplane

   Il y a cinq ou six heures de New York à Paris par _____.

3. L'**endroit** (*m.*) place, spot, position

   Il y a un _____ charmant avec des bancs dans le parc.

   sous under

   Un enfant _____ la table

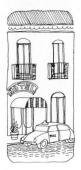

devant   in front of

derrière   behind

à côté de   beside

entre   between

un taxi ____ l'hôtel

une lampe ____ le fauteuil

une chaise ____ du bureau

un hôtel ____ la pharmacie et la banque

4. Les **études** (f.)   studies

la **chimie**   chemistry

la **psychologie** psychology

l'**histoire** (f.)   history; story

les **mathématiques** mathematics

la **philosophie** philosophy

Bernard fait ses ____ à l'université.

Il va être chimiste. Il étudie (is studying) la ____.

Elle est psychologue. Elle est spécialiste dans la ____ pour les enfants.

Elle aime le Moyen Âge (Middle Ages). Elle étudie la littérature et l'____ médiévale.

Je suis fort (strong) en économie, mais je suis faible (weak) en ____.

Un philosophe étudie la ____.

5. Le **caractère** disposition, temper

aimable   likable, nice

fort, -e   strong

désagréable disagreeable, unpleasant

triste   sad

doux, douce   kind, sweet, gentle

Le directeur a parfois mauvais ____.

La gérante n'est pas difficile. Je trouve qu'elle est bien ____.

Je suis faible en math, mais je suis assez ____ en langues étrangères (foreign).

Il faut excuser l'agent s'il est ____. La circulation (traffic) est épouvantable (terrible) à cette heure-ci.

Je suis toujours ____ quand il pleut.

Ma soeur est très ____ et rarement mécontente (discontent).

3.21 | Variations sur le dialogue

1. Take the role of the *gérant(e)* of the hotel. Bernard presses you for directions to the post office. Draw him a map (on the blackboard) and answer his questions.
2. Tell what courses you are taking and what you think of them.
3. Give someone directions where to place a familiar object (such as a book) in relation to other objects.

3.30 Thought and Language

Linguists and anthropologists, noting the extraordinary difficulty one finds in translating between unrelated languages, have long wondered whether speakers of other languages think differently. In other words, are our thoughts not only conditioned by the culture but also uniquely shaped by the structure of the language itself? This intriguing notion, termed "language relativity,"[1] is supported by the lack of lexical correspondences between languages. There are, to cite an often quoted example, many words for "snow" in Eskimo, depending on whether it is loose, hard-packed, icy, etc. English, on the other hand, has many words for "soil" depending on particle size, composition, moisture content, etc.: "clay," "loam," "mud," and so on. Languages may mark stages in a continuum at different intervals. Compare the English and French words for temperature as they apply to the weather:

English	cold	cool		warm	hot
French		**froid**		**chaud**	

The consensus of opinion on this question among psycholinguists is that our perceptions are certainly guided by our language, but not totally determined by it. After all, translation is possible, even though it may take many words to render a concept marked by a single word in another language. In the example above, French offers *pas très chaud* as an equivalent for "warm," and "cool" may be translated by *frais* (which also means "fresh").

The debate over linguistic relativity must eventually deal with the problem of what we mean by "thought." Taken in their usual senses, it is clear that the relationship between thought and language is intimate and complex.

> The relation of thought to word is not a thing but a process, a continual movement back and forth from thought to word and from word to thought. In that process the relation of thought to word undergoes changes which themselves may be regarded as development in the functional sense. Thought is not merely expressed in words; it comes into existence through them.[2]

---

[1] See B. L. Whorf, *Language, Thought and Reality,* J. B. Carroll (ed.), (Cambridge, Mass.: MIT Press, 1956).

[2] L. S. Vygotsky, *Thought and Language.* (Cambridge, Mass.: MIT Press, 1962), p. 125.

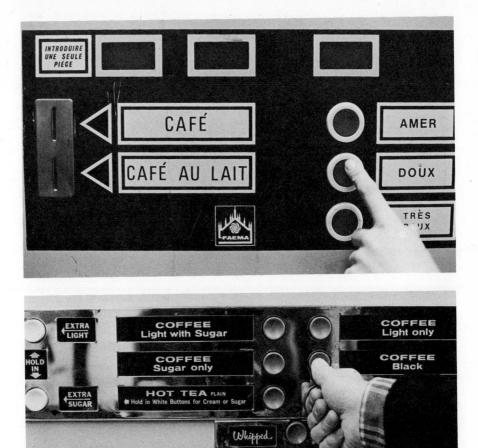

It is in this sense that it is meaningful to speak of "thinking in French" or any other foreign language. Bilinguals view their second language not only as another way of expressing themselves, but also as a different modality for thought.

a. A different scale for the perception of physical relationships is hard to get used to. Convert the following to the French (metric) system:

        your weight: **un kilo** (1000 **grammes**) = about 2.2 pounds

        your height: **un mètre** = about 3 feet 3 inches

                      un centimètre = about .39 inch

    the distance of a familiar trip: **un kilomètre** = about .62 mile

b. How difficult is translation of these terms? What would it mean to "think" in these terms?

3.31   Forms of the Definite Noun Marker after *à* and *de*

The preposition **à** combines with the noun markers **le, la, l'** and **les** as follows:

	le	*la*	*l'*	*les*
à	au	à la	à l'	aux

le coin	Vous allez **au** coin.
la concierge	Il parle **à la** concierge.
l'hôtel	Je suis **à l'**hôtel.
les garçons	L'agent parle **aux** garçons.
les étudiants	L'agent parle **aux**‿étudiants.

The preposition **de** combines in a similar fashion:

	le	*la*	*l'*	*les*
de	du	de la	de l'	des

le jardin	C'est près **du** jardin.
la pharmacie	Le feu rouge en face **de la** pharmacie.
l'agent	C'est un ami **de l'**agent.
les professeurs	Les étudiants parlent **des** professeurs.
les étudiants	Les professeurs parlent **des**‿étudiants.

EXERCICES

A.   Répondez selon le modèle.

MODÈLE: Vous allez à la gare?   (Non, le bureau de poste.)
—Non, je vais **au** bureau de poste.

1. Vous allez à l'hôtel?   (Non, le cinéma.)
2. Vous parlez à l'agent?   (Non, les étudiants.)
3. On va jusqu'à la pharmacie?   (Non, l'hôtel.)
4. Est-ce qu'il y a un taxi à l'hôtel?   (Non, le coin de la rue.)
5. Vous étudiez à la bibliothèque?   (Non, l'université.)

B.   Répondez.

MODÈLE: C'est près du bureau?   (Non, l'église.)
—Non, c'est près **de l'**église.

1. Vous êtes en face de la banque?   (Non, le musée.)
2. Vous parlez de la bibliothèque?   (Non, la librairie.)
3. C'est à côté de la banque, n'est-ce pas?   (Non, l'hôtel.)
4. Nous sommes près du métro?   (Non, l'autobus.)
5. On parle des Français?   (Non, les Américains.)

The form **des** was presented in section 2.31 as the plural of **un** or **une**:

un livre   *a book*   **des livres**   *some books*

The form **des** presented in this chapter functions as a prepositional phrase (**de** + **les**):

> **Il parle de l'étudiant.**   *He's talking about the student.*
> **Il parle des étudiants.**   . . . *about the students.*

Context will indicate whether you are dealing with the plural indefinite noun marker or the prepositional phrase.

EXERCICE   C.   Mettez au singulier.

> MODÈLE: Voilà **des** taxis.   ➡Voilà **un** taxi.
>
> À côté **des** taxis.   ➡À côté **du** taxi.

1. Donnez-moi des stylos.
2. Il parle des enfants.
3. Il y a des hôtels dans cette rue.
4. Avez-vous des guides de Paris?
5. La gare est tout près des hôtels.

3.32 The Possessive Noun Markers *(les adjectifs possessifs)*

je	**mon**	mon frère *(m.)* mon‿ami *(m.)*, *mon‿amie *(f.)*	*nous*	**notre**	notre frère *(m.)* notre ami *(m.)*
	ma	ma sœur *(f.)* ma petite amie *(f.)*			notre sœur *(f.)* notre amie *(f.)*
	mes	mes parents *(pl.)* mes‿enfants *(pl.)*		**nos**	nos parents *(pl.)* nos‿enfants *(pl.)*

tu	**ton**	ton livre *(m.)* ton‿exemple *(m.)*, *ton‿idée *(f.)*	*vous*	**votre**	votre livre *(m.)* votre exemple *(m.)*
	ta	ta cravate *(f.)* ta mauvaise idée *(f.)*			votre cravate *(f.)* votre idée *(f.)*
	tes	tes problèmes *(pl.)* tes‿études *(pl.)*		**vos**	vos problèmes *(pl.)* vos‿études *(pl.)*

il *elle* *on*	**son**	son quartier *(m.)* son‿hôtel *(m.)*, *son‿auto *(f.)*	*ils* *elles*	**leur**	leur quartier *(m.)* leur hôtel *(m.)*
	sa	sa rue *(f.)* sa petite auto *(f.)*			leur rue *(f.)* leur auto *(f.)*
	ses	ses chaussures *(pl.)* ses‿amis *(pl.)*		**leurs**	leurs chaussures *(pl.)* leurs‿amis *(pl.)*

The possessive noun markers indicate who the possessor is, as indicated by the subject pronoun forms, **je, tu, il,** etc. They agree in gender and number with the nouns they introduce, except the forms **mon, ton, son,** are used with feminine nouns beginning with a vowel, —see nouns marked with an asterisk in the table on page 67. This is done in order to permit liaison and, in effect, eliminates gender marking for nouns beginning with a vowel.

The French possessive noun markers are equivalent to the English noun markers, *my, your, his, her, our, their.*

EXERCICE

A. Employez la forme de l'adjectif possessif qui correspond au pronom sujet.

MODÈLE: Tu cherches . . . ? (cravate / chaussures)

Tu cherches **ta** cravate?   **Tu** cherches **tes** chaussures?

1. J'aime bien . . .   (frère / sœur / parents / auto)
2. Vous attendez . . . ?   (amis / père / mère / parents)
3. Elle va trouver . . .   (hôtel / chemin / robe / enfants)
4. Nous parlons à . . .   (avocat / amis / mère / parents)
5. Ils écoutent . . .   (père / amis / parents / mère)

Note that the possessive noun marker, like other noun markers, makes gender agreement only with the following noun.

le père de Jean
le père de Marie
}   **son père** *(masc.)* = *his/her father*

la mère de Jean
la mère de Marie
}   **sa mère** *(fem.)* = *his/her mother*

Context usually makes clear which translation is appropriate.

Dites à Marie que son père et sa mère sont ici.
Tell Marie that her father and mother are here.

EXERCICE

B. Utilisez la forme convenable *(proper)* de l'adjectif possessif.

MODÈLE: C'est la fille du concierge.

➡C'est **sa** fille.

1. Avez-vous le livre de Jacqueline?
2. Est-ce que vous voyez les parents de Marc et Hélène?
3. On attend l'amie de Gisèle, n'est-ce pas?
4. Où est la chambre de Bernard?
5. Êtes-vous d'accord avec les idées du professeur?

3.33 Adjectives Preceding the Noun

Although most adjectives follow the noun in French, a small number of high frequency adjectives regularly precede the noun.

jeune	bon, bonne
même	mauvais, -e
autre	
	petit, -e
	grand, -e
	gros, grosse

Adjectives which precede the noun often have a wide range of literal and figurative meanings; proper translation depends on context:

petit, -e	Ces chaussures sont trop **petites.**	*(small)*
	C'est un **petit** homme blond.	*(short, small)*
grand, -e	C'est une **grande** maison blanche.	*(big)*
	Le président est un **grand** homme.	*(great)*
	C'est un **grand** garçon roux.	*(tall)*
gros, -se	C'est une **grosse** femme aux cheveux gris.	*(stout)*
	Il est **gros** et grand.	*(big, heavy-set)*
	Il fait une **grosse** erreur.	*(big)*

▲ NOTE: Certain of these adjectives vary in meaning according to position: **un pauvre homme** *a pitiful man,* **un homme pauvre** *a poor man.* (This variation is not of concern here.)

These adjectives, like noun markers, make liaison with nouns beginning with a vowel:

le petit‿enfant	les petit͢s‿enfants
la petite enfant	les petites‿enfants
ce grand‿homme	ces gran͢ds‿hommes
cette grande idée	ces grandes‿idées

▲ NOTE: The letter **d** is pronounced /t/ in liaison: **un grand homme** /œ̃ grɑ̃tɔm/; **quand il arrive** /kɑ̃til aʀiv/.

EXERCICE

A. Transformez les phrases suivantes.

MODÈLE: Voilà les enfants. (petits)
→Voilà les **petits** enfants.

1. C'est un livre. (mauvais / bon / bon petit / gros / français)
2. C'est un homme. (grand / gros / jeune / autre / intelligent)

3. Voilà les étudiants. (autres / mêmes / bons / mauvais / américains)

4. Regardez ces autos. (petites / autres / autres petites / allemandes)

5. C'est une idée. (bonne / mauvaise / autre / intéressante)

The plural indefinite noun marker **des** is ordinarily reduced to **de** with preceding adjectives: *plural of une or une*

des idées	**de** grandes idées
des enfants	**de** bons enfants
des problèmes	**d'**autres problèmes

▲ NOTE: The expression **jeune fille** is considered a compound. Thus one says **des jeunes filles**, even though the adjective precedes the noun.

EXERCICE

B. Transformez les phrases suivantes.

MODÈLE: Il a des problèmes. (autres)
→Il a **d'autres** problèmes.

1. Ce sont des enfants. (bons)
2. Ce sont des étudiants. (mauvais)
3. Il a des problèmes. (petits)
4. Vous avez des idées? (autres)
5. Ce sont des filles. (jeunes)

The following adjectives, usually placed before the noun, have separate liaison forms in the masculine singular, which are pronounced like the feminine. This provides a linking consonant (compare **ce, cet; cette**):

nouveau, nouvel; nouvelle /nuvo/, /nuvɛl/ *new, novel*

un nouveau problème	de nouveaux problèmes
un nouvel ami	de nouveaux‿amis
une nouvelle chambre	de nouvelles chambres
une nouvelle idée	de nouvelles‿idées

vieux, vieil; vieille /vjø/, /vjɛj/ *old*

un vieux bâtiment	de vieux bâtiments
un vieil homme	de vieux‿hommes
une vieille femme	de vieilles femmes
une vieille amie	de vieilles‿amies

beau, bel; belle /bo/, /bɛl/ *beautiful, handsome*

un beau cadeau	de beaux cadeaux
un bel enfant	de beaux‿enfants
une belle maison	de belles maisons
une belle église	de belles‿églises

EXERCICES

C.   Répondez.

MODÈLE: Il est vieux, cet homme?

—Oui, c'est un **vieil** homme.

1. Il est beau, cet enfant?   *bel*
2. Elles sont nouvelles, ces idées?   *nouveaux/exemple*
3. Il est vieux, cet hôtel?
4. Elle est belle, cette femme?
5. Ils sont nouveaux, ces exemples?   *ma*

D.   Répondez au négatif (donnez le contraire).

MODÈLE: C'est un bon enfant, n'est-ce pas?

—Non, c'est un **mauvais** enfant.

1. C'est une nouvelle idée, n'est-ce pas?
2. C'est un jeune homme, n'est-ce pas?   *vieil*
3. C'est le même hôtel, n'est-ce pas?   *l'autre*
4. C'est un grand hôtel, n'est-ce pas?
5. Ce sont de vieux amis, n'est-ce pas?

nouveaux

3.34   Verbs like *attendre* (two-stem)

The present indicative of verbs in this group follows a pattern which is quite systematic outside of the **-er** group.   We find the same vowel-consonant alternation that characterizes the adjective system (section 3.12) in the spoken language.   Compare:

vowel	*consonant*
grand	grande
il attend	ils attendent

It is customary to group or conjugate (from a Latin verb meaning to join or yoke together) the following verbs which have the same endings in the spelling system: **attendre** *(to wait for)*, **répondre** *(to answer)*, **dépendre** *(to depend)*, **vendre** *(to sell)*, **entendre** *(to hear)*, **descendre** *(to descend, get off of)*.

ATTENDRE /atãdʀ/		
j'attends	nous attendons	/atãdõ/
tu attends /atã/	vous attendez	/atãde/
il attend	ils attendent	/atãd/
Vowel Stem	*Consonant Stem*	

▲ NOTE: As with all other verbs, a /t/ sound is heard in the inverted form. The letter **d** is pronounced /t/ in liaison: **Répond-il?** /ʀepõtil/

EXERCICES

A. Mettez le pronom et le verbe au pluriel. Attention à la consonne finale.
1. Il vend l'auto.
2. Elle entend la musique.
3. Il répond à la question.
4. Elle attend l'autobus.
5. Le résultat dépend de vous.
6. Il descend de l'autobus.

B. Mettez à la forme familière.

MODÈLE: Vous attendez votre femme?
→**Tu** attends ta femme?

1. Vous vendez votre auto?
2. Vous n'entendez pas votre père?
3. Vous attendez votre ami?
4. Vous ne répondez pas à votre sœur?
5. Vous attendez vos amis?
6. Vous descendez ici?

C. Répondez.

MODÈLE: Depuis quand attendez-vous Hélène? (un quart d'heure)
→**J'attends** Hélène **depuis** un quart d'heure.

1. Depuis quand attendez-vous? (3 h 20)
2. Depuis quand attend-elle? (ce matin)
3. Depuis quand attendez-vous la lettre? (lundi)
4. Depuis quand attendez-vous l'autobus? (5 minutes)
5. Depuis quand les autres attendent-ils? (le mois de septembre)

3.35 The Verbs *suivre* and *connaître* (two-stem)

Although the verbs **suivre** *(to follow)* and **connaître** *(to be acquainted with, to know)* have a slightly different spelling convention in the present indicative, they conform to the vowel and consonant-stem system in the spoken language.

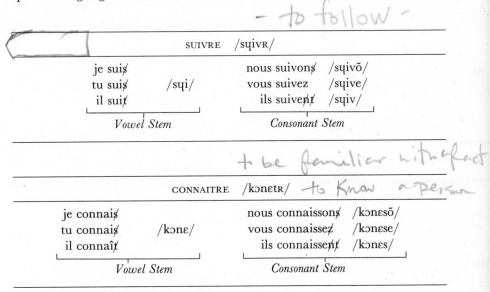

— to follow —

SUIVRE /sɥivʀ/		
je suis		nous suivons /sɥivõ/
tu suis /sɥi/		vous suivez /sɥive/
il suit		ils suivent /sɥiv/
Vowel Stem		*Consonant Stem*

+ be familiar with a fact

CONNAITRE /kɔnɛtʀ/ *to know a person*		
je connais		nous connaissons /kɔnɛsõ/
tu connais /kɔnɛ/		vous connaissez /kɔnɛse/
il connaît		ils connaissent /kɔnɛs/
Vowel Stem		*Consonant Stem*

EXERCICES

A. Répondez selon le modèle.

MODÈLE: Vous connaissez le professeur d'histoire?

—Oui, je **suis son cours** *(course)*.

1. Michèle connaît le professeur de français?
2. Marc et vous, vous connaissez le professeur de chimie?
3. Vos camarades connaissent le professeur de psychologie?
4. Tu connais le professeur d'histoire?
5. Elle connaît le professeur de philosophie?

B. Mettez le verbe à la forme convenable.

MODÈLE: C'est facile. **Vous suivez** cette rue jusqu'au bout *(end)*.

1. Nous . . .
2. Vos camarades . . .
3. Je . . .
4. On . . .
5. Tu . . .

C. Répondez au négatif.

MODÈLE: Est-ce que Bernard connaît le quartier?

—Non, il **ne** connaît **pas** le quartier.

1. Est-ce que Joseph connaît le latin?
2. Est-ce que vous connaissez sa femme?
3. Est-ce que vous connaissez la ville, Georges et toi?
4. Est-ce que les autres connaissent son amie?
5. Est-ce que tu connais l'hôtel du Bon Vieux Temps?

3.36 Interrogative Adverbs

Questions with interrogative adverbs and the interrogative noun marker conform to the inversion patterns introduced in section 2.37:

Comment ⎡ va votre frère?
⎣ va-t-il?

Où ⎡ vont les autres?
⎣ vont-ils?

Pourquoi ⎡ Jean est-il en retard?
⎣ êtes-vous en retard?

Combien ⎡ coûte cette robe?
⎣ est-ce?

Quand ⎡ Marie est-elle libre?
⎣ êtes-vous libre?

Depuis quand ⎡ Bernard est-il à Paris?
⎣ avez-vous cette auto?

Quelle heure est-il?
Quelle est son adresse?
Quel temps fait-il?
Quel est son numéro de téléphone?

▲ NOTE: You will observe some variation of the type **Quand Marie arrive-t-elle? / Quand arrive Marie?**

In a less formal style, the question word is followed by **est-ce que:**

Comment **est-ce qu'** on fait ça?
Où **est-ce qu'** on trouve un téléphone?
Pourquoi **est-ce que** vous suivez ce cours?
Combien **est-ce que** ça coûte?
Quand **est-ce que** le train de Paris arrive?

Depuis quand **est-ce que** vous connaissez les Chabert?
À quelle heure **est-ce qu'** il arrive au bureau?

The questions introduced in this section ask for information rather than a *yes/no* response; falling intonation is typical with these questions. Compare:

Êtes-vous libre ce soir?   À quelle heure êtes-vous libre ce soir?

A.   Demandez à quelqu'un . . .

1. . . . comment il va.
2. . . . pourquoi il est si fatigué.
3. . . . quand les autres vont arriver.
4. . . . quel est son numéro de téléphone.
5. . . . où sont ses parents.

B.   Voici la réponse; quelle est la question?

1. Parce que je vais acheter un livre.
2. Mon père va bien, merci.
3. C'est tout près.   Suivez cette rue jusqu'à la place.
4. Ça fait 3 F 50, Madame.
5. Je suis ici depuis le mois de septembre.

3.37 The Locatives *y* and *là*

In the context of indicating location, both of these forms may be translated by the English "there."   From the French point of view, however, two concepts are involved.

The locative **là:**
Là indicates something demonstrable, often in sight (literally) or immediately at hand (figuratively):

Où est mon chapeau? — **Là,** devant vous, sur la chaise.
Vous avez une bonne idée **là.**

It occurs, in contrast with **-ci,** in a number of compounds:

Vous préférez cette robe-**ci** ou cette robe-**là?**
Il n'est pas **ici.**   Est-il **là,** avec vous?

Voici votre chapeau, et **voilà** votre manteau.
C'est par **ici**, ou par **là**? *This way or that way?*

Other expressions: **là-bas** *down there, over there;* **là-haut** *up there.*

The locative **y:**
Y, on the other hand, does not have the force of a demonstrative. It is equivalent to a prepositional phrase indicating location, and is always attached to a verb.

Vous allez **au bureau de poste** ce matin?
—Non, j'y vais cet après-midi.

Its use in certain expressions has become idiomatic:

Il y a un restaurant de l'autre côté de la rue.
Y a-t-il un restaurant dans l'hôtel?
Est-ce qu'**il y a** de bons restaurants dans le quartier?

(Note that **il y a** may be translated as either *there is* or *there are*.)

Il y a un bon film au cinéma. **Allons-y.** *Let's go.*
Ça ne fait rien. **Allez-y** sans moi. *Go ahead without me.*
Il est presque minuit. On **y** va? *Shall we go?*

EXERCICES A. Traduisez.

1. Le directeur n'est pas là.
2. Il va y avoir des difficultés. *There are going to be difficulties*
3. On y va sans les autres?
4. Voilà vos achats. Y a-t-il autre chose, Madame?
5. Non, non, allez-y. Vous êtes pressé, n'est-ce pas?

B. Employez **voilà** ou **il y a**, d'après le contexte.

1. There's my wife.
2. There's a drug store at the corner, isn't there?
3. When is there a bus?
4. There are my shoes, under the chair.
5. Where is there a bookstore?

où est-ce qu'il y a

3.40 Ordinal Numbers

The following ordinals make gender agreement:

premier: François Ier, le premier mai
première: la Ière guerre mondiale

second /səgõ/: le second volume d'un livre
seconde /səgõd/: voyager en seconde classe

dernier /dɛʀnje/: le dernier jour de la semaine
dernière /dɛʀnjɛʀ/: la dernière semaine du mois

The other ordinals are formed by adding the suffix **-ième** to the cardinal numbers:

2e	deuxième	12e	douzième
3e	troisième	13e	treizième
4e	quatrième	14e	quatorzième
5e	cinquième	15e	quinzième
6e	sixième	16e	seizième
7e	septième	17e	dix-septième
8e	huitième	18e	dix-huitième
9e	neuvième	19e	dix-neuvième
10e	dixième	20e	vingtième
11e	onzième	21e	vingt et unième

▲ NOTE: The numbers 8 and 11 are not elided with the definite article:
le huit octobre, le huitième étage (*floor*)
le onze juillet, le onzième arrondissement (*postal zone*)
Liaison is blocked as well: les huit pages, etc.

A.   Répondez.

MODÈLE: Quelle est votre adresse à Paris?
—**J'habite** (*I live*) 10, rue Madame, Paris 7e.

1. 12, av. George V, Paris 8e.
2. 31, rue de la Poste, Paris 11e.
3. 5, rue de Passy, Paris 16e.
4. 50, rue des Plantes, Paris 15e.
5. 16, boul. St. Michel, Paris 6e.

Cardinal numbers are used with the word **an,** a unit of time:

J'ai **vingt ans.**
Je suis ici depuis **trois ans.**

Ordinal numbers are used with the word **année,** a period of time:

C'est ma **troisième année** à l'université.

The terms **second** and **deuxième** are interchangeable in most contexts.

EXERCICE   B.   Répondez comme indiqué.

1. Vous êtes au 2e étage? (non, au 3e)
2. Vous voyagez en 2e classe? (Non, en Ière)
3. C'est votre 3e année? (Non, 4e)
4. C'est la 7e leçon? (Non, la 8e)
5. C'est la première maison à gauche? (Non, la dernière)

3.41 Prepositions with Place Names

Depending on the verb, the prepositions **à** and **en** may be translated as "in" or "to."

Villes: The preposition **à** is used with cities.

J'habite **à** Paris, **à** Berlin, **à** Rome.
Je vais **à** Moscou, **à** Londres, **à** Genève.

Continents: The preposition **en** may always be used with continents.

Il voyage **en** Afrique, **en** Australie, **en** Asie.
Il est **en** Amérique, **en** Europe, **en** Afrique du Nord.

▲ NOTE: An alternate form is sometimes used with modified nouns:

dans l'Afrique du Nord, **dans** l'Amérique du Sud

Pays: Countries, however, require a preposition based on gender.

Masculine	*Feminine*
au Canada	en France
aux États-Unis	en Angleterre
au Mexique	en Italie
au Brésil	en Espagne
au Portugal	en Allemagne
au Japon	en Suisse

▲ NOTE: The French provinces and some American states are feminine:

en Bretagne, **en** Provence, **en** Alsace
en Californie, **en** Floride, **en** Virginie

but: **au** Texas, **dans le** Michigan (dans l'état du Michigan), **dans le** **Kentucky,** etc.

EXERCICES   A.   Répondez selon le modèle.

MODÈLE: Où est l'Italie?
            —L'Italie est en Europe.

1. Où est la France?
2. Où est le Sahara?
3. Où est la Chine?
4. Où sont les États-Unis?
5. Où est la ville de San Francisco?
6. Où est l'état de Floride?
7. Où est la ville de Houston?
8. Où est la ville de Berlin?

B.   Où parle-t-on les langues suivantes: le français / l'anglais / l'allemand / l'espagnol / le portugais / le japonais?

UNIT 4

4.00 Dialogue Notes

The French are quite justifiably renowned for their *cuisine,* and one may study and practice for years before becoming expert in the art of French cooking. There is a kind of logic which applies to food preparation in France, and which contrasts with the principles of American cooking. Whereas no single spice, meat, vegetable, etc., is typical, the way in which these elements are combined has received a great deal of thought over the years. Thus combinations are named: *le steak au poivre, le canard à l'orange, les filets de sole à la bourguignonne,* etc. A French guest, served an American dinner including roast beef and a fruit salad, remarks "I would never have thought of serving beef with fruit—what do you call it?" The presupposition is obviously that one would never serve at the same time dishes that were not complementary.

French cooking has the reputation of being exceedingly complex, but the principle involved, thoroughly imbedded in the culture, is simple: serve together what goes together. (The great French chef Escoffier was fond of saying to his students, "Et surtout, faites simple.") But what "goes together" for the French? Familiar elements in new combinations can come as a surprise to Americans: radishes served with butter, for example; or the children's after-school snack of a chocolate bar wrapped in fresh French bread. Cold chicken may be accompanied by thin slices of lemon topped with a dab of mayonnaise. One eats the lemon (rind and all) and mayonnaise with each bite of chicken.

The principle of simplicity is observed in the custom of serving in courses: unwanted combinations do not occur together. Depending on the degree of formality, one may be served from three to seven courses. An over-all logic applies to the meal: courses represent a progression of taste beginning with the most delicate and ending with the heartiest. From the French point of view, this progression is respected in the traditional sequence: soup, hors-d'oeuvre, fish, meat, salad, cheese, dessert. (French cookbooks are often arranged in this order.) Naturally a modest meal would not have as many courses, but the principle is still respected. Wines and the like must follow the same progression from delicate to strong: an *apéritif* is served before dinner (mild, often sweet), a light white wine with hors-d'œuvre or fish, a red wine with meat or cheese, coffee and brandy after dinner. Only very formal dinners would involve as many as

four wines, of course. Note that wine is generally not served with salad, as it contains wine vinegar, which is incompatible with a fine wine. Naturally a Frenchman is puzzled by the Anglo-Saxon custom of strong drinks before dinner, as this would reduce one's capacity to distinguish subtle flavors. (If you ask your French host for *un martini,* he will most likely understand you are simply asking for a brand of vermouth.)

A difference in logic applies to table manners as well. In France (and in Europe generally) one does not transfer the fork from left to right hand after cutting a piece of meat (why?, they ask); thus both hands remain in view, and the knife is used to assist in guiding food such as peas onto the fork. Bread is placed on the table cloth, and can be used when dining informally to absorb the remaining sauce you may wish to eat. Bread is served at every meal, and has a logic all its own. In the most common form, it is baked in a long thin loaf called a *baguette.* This is to produce as much crust as possible, which is the best part. (Frenchmen occasionally leave the center or *la mie;* Americans occasionally cut off the crust of the bread—a marked difference in point of view.) French bread must be bought daily, as it is impossible to store it. If it is placed in a plastic bag, the crust becomes tough and chewy, which is unacceptable. And left overnight, it becomes stale and hard. (Stale bread or *pain perdu* can be dipped in egg batter and fried, which is the origin of our "French toast." It is never, however, served for breakfast in France.)

Breakfast *(le petit déjeuner)* consists chiefly of *café au lait* or *chocolat* and bread and jam. Rolls called *croissants* may be served on Sunday morning. Lunch tends to be more elaborate than in America, and businesses may be closed for two to four hours at midday. This is not true everywhere, however, and *le self service* has increased in popularity since the war. Dinner remains the most important meal of the day and serves as a gathering point for the whole family.

a. Is the French system of eating in courses "logical" independently of the culture, or is it simply learned?

b. Why do elegant restaurants all over Europe and in this country boast of French cuisine?

4.01 | Déjeuner en famille

NARRATEUR

Jean-Michel invite son ami Sébastien à manger un morceau chez lui. Sébastien accepte volontiers, car il déjeune d'habitude sur le pouce dans un bistrot. Une fois arrivés, ils trouvent que l'ascenseur est en panne. Il ne marche jamais bien. Ils montent l'escalier; essoufflés, ils entrent dans l'appartement.

JEAN-MICHEL

Bonjour, tout le monde. Maman, ça va si Sébastien déjeune avec nous?

MME FARGEAUD

Bien sûr, mon chéri. Bonjour, Sébastien.

SÉBASTIEN

Bonjour, Madame. Je ne vous dérange pas au moins?

MME FARGEAUD

Mais non, voyons. D'ailleurs, Monsieur Fargeaud ne rentre pas déjeuner aujourd'hui.

JEAN-MICHEL

Qu'est-ce qu'il y a de bon?

MME FARGEAUD

Tu vas voir. A table—c'est prêt.

NARRATEUR

Madame Fargeaud a préparé du poulet, des pommes de terre sautées, de la salade, et du fromage. La petite soeur aide sa mère à servir et à changer les assiettes.

JEAN-MICHEL

Que veux-tu boire? Du vin, de la bière . . . ?

SÉBASTIEN

Rien pour moi, merci.

JEAN-MICHEL

Vraiment? Tu ne prends rien du tout?

SÉBASTIEN

Oh bon, peut-être de l'eau minérale. Je ne veux pas avoir sommeil cet après-midi.

MME FARGEAUD

Encore du poulet? Il reste deux beaux morceaux. . . .

SÉBASTIEN

Il est difficile de refuser—il est excellent, Madame.

NARRATEUR

L'ami de son fils plaît beaucoup à Mme Fargeaud. Il est sérieux, et il a l'air intelligent.

4.02 | Dialogue Translation: Lunch with the Family

NARRATEUR. Jean-Michel invites his friend Sébastien to eat a bite at his house. Sébastien accepts gladly, for he usually grabs a bite ("lunches on his thumb") in a bistro. Once there, they find that the elevator is out of order. It never works well. They go up the stairs; out of breath, they enter the apartment.

JEAN-MICHEL. Hello, everybody. Mom, is it O.K. if Sébastien has lunch with us?

MME FARGEAUD. Of course, dear. Hello, Sébastien.

SÉBASTIEN. Hello. I'm not putting you out in any way?

MME FARGEAUD. Why no, of course not. Besides, Monsieur Fargeaud is not coming home to have lunch today.

JEAN-MICHEL. What is there that's good (to eat)?

MME FARGEAUD. You'll see. (Come) to the table—it's ready.

NARRATEUR. Mme Fargeaud has prepared chicken, sauteed potatoes, salad, and cheese. The little sister helps her mother to serve and to change the plates.

JEAN-MICHEL. What do you want to drink? Some wine, some beer . . . ?

SÉBASTIEN. Nothing for me, thanks.

JEAN-MICHEL. Really? You're not having anything at all?

SÉBASTIEN. Oh well, perhaps some mineral water. I don't want to be sleepy this afternoon.

MME FARGEAUD. Some more chicken? There are two nice pieces left . . .

SÉBASTIEN. It's difficult to refuse—it's excellent.

NARRATEUR. Her son's friend pleases Mme Fargeaud very much. He is serious and he seems intelligent.

Vocabulary (see dialogue for context)

NOUNS AND MODIFIERS

l'**air** *(m.)* appearance
   avoir l'air ... to seem ...
l'**ascenseur** *(m.)* elevator
l'**assiette** *(f.)* plate
la **bière** beer
le **bistrot** cafe
  chéri, -e dear
l'**eau** *(f.)* water
   l'eau minérale mineral water
l'**escalier** *(m.)* staircase
la **fois** time, occasion
  une fois once
le **fromage** cheese
l'**habitude** *(f.)* habit
   avoir l'habitude de to be accustomed to, used to
   d'habitude usually
le **monde** the world, people
   tout le monde everybody
le **morceau** piece, bite

la **panne** breakdown
   en panne out of order
la **pomme de terre** potato
le **pouce** thumb
le **poulet** chicken
la **salade** salad
le **sommeil** sleep
   avoir sommeil to be sleepy
le **vin** wine

essoufflé, -e out of breath
excellent, -e excellent
intelligent, -e intelligent
prêt, -e ready
sauté, -e sauteed, pan fried
sérieux, -se serious, genuine

VERBS AND MODIFIERS

accepter to accept
aider to aid, help
boire to drink
changer to change

déjeuner to have lunch
entrer to enter
inviter to invite
manger to eat
monter to go up
prendre to take, have
préparer to prepare
refuser to refuse
rentrer to go back (home)
rester to remain, stay
servir to serve

bien sûr of course
du tout at all
  pas du tout not at all
  rien du tout nothing at all
volontiers gladly, willingly
vraiment truly, really

car for, because

4.03 Questionnaire

A. Répondez d'après le dialogue.

1. Pourquoi Jean-Michel et Sébastien montent-ils l'escalier?
2. Pourquoi Monsieur Fargeaud n'est-il pas là?
3. Qu'est-ce que Madame Fargeaud sert avec le poulet?
4. Comment la petite sœur aide-t-elle sa mère?
5. Est-ce que Sébastien veut du vin ou de la bière avec le déjeuner? Pourquoi pas?
6. Qu'est-ce qu'il prend?

B. Demandez ou dites à quelqu'un.

1. Demandez à Madame Fargeaud si vous ne la dérangez pas.
2. Demandez à Madame Fargeaud ce qu'il y a de bon.
3. Demandez à quelqu'un ce qu'il y a de nouveau.
4. Dites qu'il n'y a rien de nouveau.
5. Demandez à Sébastien s'il ne prend rien du tout.
6. Demandez à Sébastien s'il veut encore du poulet.

C. Regardez le menu. Dites au garçon ce que vous allez prendre:
1. ... comme entrée *(appetizer)*
2. ... comme poisson *(fish)* ou viande *(meat)*
3. ... comme légume *(vegetable)*
4. ... comme fromage ou dessert
5. ... comme boisson *(drink)*.

RESTAURANT *CHAMBORD*
DEJEUNER MENU

HORS-D'OEUVRE
Olives Vertes · Olives Noires · Céleri en Branche
Beurre de Normandie
Jus de Tomate · Pamplemousse · Prune
Sardines à la Catalane · Saumon Fumé d'Ecosse

POTAGES
Potage Charlotte
Consommé Véronaise

OEUFS
Omelette Granvald

POISSONS
Coquille Saint-Jacques au Gratin Quiberonnaise
Merlan de Rade Frit en Lorgnette

ENTREE
Aiguillette de Boeuf Braisée aux Racines

LEGUMES
Aubergine Sautée Persillade
Velouté de Chicorée à la Crême
Haricots Flageolets Etuvés Maître d'Hôtel
Riz Catalan
Pommes Idaho au Four · Pommes en Robe des Champs

GRILLADES
Selle d'Agneau Grillée au Feu de Bois
Rognon de Veau Laitier Grillé Brésilienne

BUFFET FROID
Jambon d'Issoire · Jambon des Pyrénées
Culotte de Boeuf en Gelée · Contrefilet aux Pickles
Langue à l'Ecarlate
Foie Gras du Périgord

SALADES
Salade de Laitue Vaucanson · Salade Cambacérès
Salade de Romaine aux Concombres

FROMAGES
Pont-l'Evêque · Munster · Boursin
Reblochon · Saint-Nectaire
Chabichou · Provolone

ENTREMETS
Tartelette à l'Ananas · Haricot au Café
Baba au Rhum · Chocolat Glacé Liégeois
Sorbet au Melon — Langues-de-Chat

COMPOTE
Compote de Reines-Claudes

FRUITS
Corbeille de Fruits

INFUSIONS
Café Français · Café Américain · Nescafé Décaféiné
Café Sanka · Café Medaglia d'Oro
Nescafé · Café Français Décaféiné
Thé de Chine · Thé de Ceylan
Verveine · Tilleul · Menthe · Camomille

VINS
Bourgogne Blanc · Bordeaux Rouge · Bordeaux Blanc

4.10 **Vowel System IV (final)**

1. The sounds /i/, /y/, and /u/ are transformed into semi-vowels, or glides, when followed by another vowel (see examples below).
2. The sound /j/ may occur in final position, spelled **-ille** or **-il.**

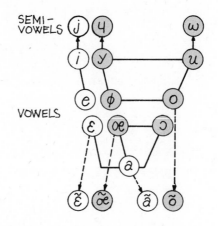

EXERCICE

A. Écoutez et répétez après le professeur.

/j/ Pierre, bien, voyons, national, méfiant, vieux
l'escalier, les assiettes, sérieux, Monsieur
d'ailleurs, vieille, jeune fille, sommeil, famille

/ɥ/ je suis, huit, depuis, suivre, ensuite, lui

/w/ oui, Louis
moi, voir, François

The alternation of the high vowels with glides may be illustrated with verbs whose stem ends in a vowel:

étudier /etydje/ *to study*

j'étudie	/etydi/	→ nous étudions	/etydjõ/
tu étudies	/etydi/	→ vous étudiez	/etydje/
il étudie	/etydi/	ils étudient	/etydi/

continuer /kõtinɥe/ *to continue*

je continue	/kõtiny/	→ nous continuons	/kõtinɥõ/
tu continues	/kõtiny/	→ vous continuez	/kõtinɥe/
il continue	/kõtiny/	ils continuent	/kõtiny/

échouer /eʃwe/ *to fail*

j'échoue	/eʃu/ ➡	nous échouons	/eʃwõ/
tu échoues	/eʃu/ ➡	vous échouez	/eʃwe/
il échoue	/eʃu/	ils échouent	/eʃu/

A comparison of cognate words (similar in spelling, often similar in meaning) in French and English demonstrates that the two languages may differ in the number of syllables when a glide is present in French. Compare:

English	*French*	
Lou·ise	Louise	/lwiz/
us·u·al	u·suel	/yzɥɛl/
Pi·erre	Pierre	/pjɛʀ/
con·tin·u·ing	con·ti·nuant	/kõtinɥã/

4.11 The "Mute" e

You have seen that the letter **e** is pronounced differently depending on accents, verb endings, and following consonants:

| /e/ | café, parlez, parler, les, etc. |
| /ɛ/ | achète, hôtel, cette, etc. |

A final, unaccented **e** is not pronounced at all, as in English:

polic∉, gauch∉, petit∉, etc.

And finally you have seen the letter **e** correspond to a sound which we have indicated as /ə/. For our purposes, this sound is the same as /œ/, as in *jeune.*

/ə/   le garçon, petit, remercier, chemin, je, demandez

The mute e (**e muet**) is sometimes called the falling e (**e caduc**) in order to characterize the alternation between the silent and the pronounced form. First note the difference in pronunciation within a word:

silent	*pronounced*	
av∉nue	appartement	/apaʀtə mã/
certain∉ment	autrement	/o tʀə mã/
All∉magne	Angleterre	/ã glə tɛʀ/

As illustrated above, the sound /ə/ is retained immediately after two pronounced consonants; this has the effect of preventing a cluster of three consecutive consonants.

Now observe that the same principle applies in phrases. The retention of the falling **e** with **je, le, ne, que,** etc., depends on whether two pronounced consonants precede. (The initial **e** in a phrase is usually retained.)

Je ne parle pas.	Il ne parle pas.
la petite fille	une petite fille
l'ami de Paul	la sœur de Paul
On a le temps.	On trouve le temps.
Je refuse.	Je ne refuse pas.

▲ NOTE: It is not unusual for the mute **e** to be retained in very deliberate or emphatic speech. You will also note the retention of mute **e**'s in poetry and song for metrical purposes. The comments above apply to rapid conversational speech.

EXERCICES

A.   Répétez.

1. Qu'est-ce que c'est que ça?
2. Bonjour, tout le monde.
3. Qu'est-ce qu'il y a de bon?
4. Tu ne prends rien?
5. Il est difficile de refuser.

B.   Faites le contraste.

1. dans le sac	/	sur le sac
2. sans le père	/	avec le père
3. sous le sofa	/	sur le sofa
4. à côté de Marie	/	en face de Marie
5. Oui Monsieur	/	Cher Monsieur
(Oui M'sieur)		
6. Mademoiselle	/	une demoiselle

C.   Avec ou sans **e muet**? Prononcez en français.

1. le coup de grâce
2. l'appartement
3. le souvenir
4. l'avenue
5. la rue de la Paix

4.12 Elision

Vowels which are replaced by an apostrophe in the writing system are said to be *elided*. This occurs in the context of a following vowel sound.

le petit hôtel	→	**l'**hôtel
la grande université	→	**l'**université
je vais arriver	→	**j'**arrive
il **ne** refuse pas	→	il **n'**accepte pas
Est-ce **que** vous . . .	→	Est-ce **qu'**il . . .
L'ami **de** Pierre	→	L'ami **d'**Henri

Elision with the word **si** is limited to a following **il** or **ils,** as in **s'il vous plaît** *if it pleases you.*

si elle refuse, **si** elles sont   **s'il** refuse, **s'ils** sont

Both **si on,** and **si l'on** are used, without a difference in meaning:

Ils demandent **si l'on** accepte leur proposition.

This variant is common in literary style.

EXERCICE   A.   Faites l'élision.

> MODÈLE: Est-ce que *Jean* est prêt? (il)
>
> Est-ce **qu'il** est prêt?

1. Est-ce que *Marie* est prête? (elle)
2. C'est le sac de *Francine.* (Hélène)
3. Je *reste* chez moi. (attends)
4. Il ne *refuse* jamais. (accepte)
5. Demandez si *elle* est prête. (il)

Neither elision nor liaison occur with certain words which begin with **h.** Although the **h** is not pronounced, it prevents elision and liaison just like a consonant:

le h̷aricot *(bean)*   les̷ h̷aricots verts
le h̷omard *(lobster)*   les̷ h̷omards
le h̷ors-d'œuvre   les̷ h̷ors-d'œuvre

▲ NOTE: These words are marked by an asterisk in the end vocabulary.

4.20 Vocabulaire supplémentaire

1. La **nourriture** food   On achète de la _____ au supermarché.

   le **pain** bread   On fait un sandwich avec du _____.

   les **légumes** *(m.)* vegetables   Les carottes, les tomates, les haricots verts *(green beans)* et les petits pois *(peas)* sont des _____.

   la **boisson** drink   Le vin, l'eau minérale, le thé, et le coca-cola sont des _____.

   la **viande** meat   Le boeuf et le veau *(veal)* sont des _____.

les **fruits** *(m.)* fruit	On mange souvent un _____ pour le dessert: une pomme *(apple)*, une pêche *(peach)*, une poire *(pear)*, ou une banane.
2. Le **magasin d'alimentation** food store	On vend de la nourriture de toutes sortes dans les petits _____.
la **boulangerie** bread store, bakery	On achète du pain et de la pâtisserie à la _____.
la **boucherie** butcher shop	On vend de la viande à la _____.
la **charcuterie** delicatessen (prepared foods and specialties)	Il faut aller à la _____ pour acheter des salades préparées, du jambon *(ham)*, etc.
une **épicerie** grocery store	On vend un peu de tout à l'_____: des conserves *(canned goods)*, de l'eau minérale, du café, du sel *(salt)*, du sucre *(sugar)*, etc.
la **laiterie, crèmerie** dairy store	On achète du lait, du fromage, du beurre *(butter)*, etc. à la _____.
3. La **cuisine** cooking; kitchen	Les restaurants français sont célèbres pour leur _____.
les **escargots** *(m.)* snails	Les _____ sont très estimés *(well thought of)* comme hors-d'œuvre.
le **ragoût** stew	Le bœuf bourguignon est un _____ fameux de la France.
les **fruits de mer** seafood	On appelle _____ le homard *(lobster)*, les crevettes *(shrimp)*, etc. On fait la bouillabaisse avec des _____.
la **soupe** soup	On commence le dîner avec de la _____. Par exemple, la _____ à l'oignon.
le **dessert** dessert	On sert des gâteaux *(cakes)* et de la glace comme _____.
4. Le **couvert** place setting	La sœur aide sa mère à mettre le _____.
a. le **verre** glass	
b. la **cuiller (cuillère)** spoon	
c. la **fourchette** fork	
d. le **couteau** knife	
e. la **serviette** napkin	
f. la **tasse** cup	

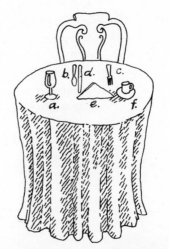

5. Expressions diverses avec **avoir.**

avoir faim to be hungry	Je n'ai pas très ____. Je vais prendre un sandwich et un œuf dur *(hard-boiled egg)*, c'est tout.
avoir soif to be thirsty	Le bébé a ____. Il veut un verre d'eau.
avoir envie de to feel like	Je n'ai jamais ____ de manger le matin. Du café au lait—c'est tout.
avoir l'intention de to intend	J'ai l'____ de faire tout ça demain.
avoir raison to be right	Ah oui, vous avez ____; c'est pour jeudi.
avoir tort to be wrong	Ah non, j'ai ____; c'est pour mercredi, n'est-ce pas?

4.21 | Variations sur le dialogue

1. Explain to your little sister or brother how to set the table.
2. Explain in detail how you would go about buying and making a ham sandwich in France.
3. Describe to a French friend a typical American student's lunch.

Première, tu va l'épicerie ou tu achètes du jambon et du pain. Ensuite

On mange d'habitude   tu mai un peu jambon sur

4.30 Language and Culture

One can produce grammatically correct sentences in a foreign language and still fail to communicate. A great deal of what we have to say reflects certain assumptions of shared values, and these values may be learned in a non-verbal way. (Thus one may speak of the "silent language" of a culture.) To speak of such things often strikes us as humorous since "everybody knows that"—everybody except the foreigner, that is. This can be illustrated by the following anecdote. A student from India tears open his teabag to empty the contents into a cup of hot water which he has been served at a restaurant. His American host explains that you simply dunk the teabag in the water until the desired strength is obtained. Having grasped the logic of the system, the Indian student then takes a packet of sugar and drops it into his tea.

The feeling of discomfort that accompanies being placed in a situation where the unspoken assumptions are not understood is part of what has been termed "culture shock." This can produce a kind of incomprehension which is not overcome by linguistic expertise alone. Henry Wadsworth Longfellow had a lasting interest in French literature (he taught the subject at Bowdoin and Harvard) and was very much impressed with the difficulty in thoroughly mastering a foreign language and literature. In 1827 he wrote the following to his father:

> Do not believe what people tell you of learning the French language in six months and the Spanish in three. Were I guided by such counsellors I should return from abroad a sheer charlatan: and though I might deceive others as to the amount of my knowledge, I cannot so easily deceive myself.

Even though dedicated as a scholar, and later to be a distinguished teacher and writer, this most thoroughly "cultured" man suffered from culture shock once abroad.

> His first reactions to France were not sympathetic. Political and moral prejudices are said to have been involved here. At one point he wrote his father that he had discontinued his diary, "chiefly on account of the little interest attached to anything in Paris, and a thorough disgust for French manners and customs."[1]

The term "ethnocentrism" is used to describe the emotional attitude that one's own race or culture is superior to all others. Foreign language study does not *necessarily* reduce ethnocentricity; it requires considerable objectivity to appreciate foreign cultural values, particularly when they are in conflict with our own. It is particularly interesting to note that those who are truly bi-lingual are usually bi-cultural as well. Learning French quickly leads from *how* things are said to *what* is said and *why* it is appropriate in a given context.

---

a. Is it easier for you to give an example of some behavior that is "typically" French (or Russian, Chinese, Italian, etc.) than it is to give an example that is "typically" American?

b. What is meant by "culture"?

4.31 The Indefinite Noun Marker *(l'article partitif)*

Nouns viewed as not countable ("stuff") are always singular. An indefinite amount is indicated by the following forms:

masc.	**du**	/dy/	du vin, du café, du poulet
fem.	**de la**	/dəla/	de la salade, de la soupe
masc./fem. + *vowel*	**de l'**	/dəl/	de l'eau, de l'alcool

▲ NOTE: **Voulez-vous du vin?** may be translated as "Do you want wine, some wine, any wine?" according to context.

---

[1] Quoted from G. B. Watts, "The Teaching of French in the United States: A History," *The French Review,* vol. 37, no. 1. pt. 2 (1963), p. 73.

A.   Transformez selon le modèle.

>   MODÈLE: Tu veux le poulet? *(Do you want the chicken?)*
>   ➡ Tu veux **du** poulet? *(Do you want some chicken?)*

1. Il va prendre le fromage.
2. Est-ce que tu as le pain?
3. Elle a préparé la soupe.
4. Tu vas boire l'eau minérale?
5. Je vais préparer la salade.

B.   Répondez.

>   MODÈLE: Qu'est-ce qu'il y a de bon? (poulet)
>   —Il y a **du** poulet dans le frigidaire.

1. (fromage)
2. (ragoût)
3. (glace)
4. (bière)
5. (coca-cola)

Certain nouns are used with both the count and non-count forms of the indefinite article, with a distinct difference in meaning:

Vous avez mal à la tête? Prenez **une aspirine**. *(Take an aspirin.)*
Si vous avez mal à la tête, prenez **de l'aspirine**. *(Take some aspirin.)*

Compare the stylistic difference in requests for food:

au café, au restaurant	*à table*
Un café crème, s.v.p.	**Du** café, s.v.p.
Une bière blonde, s.v.p.	**De la** bière brune, s.v.p.
Une salade de tomates, s.v.p.	**De la** salade, s.v.p.

In the examples above, the use of **un, une** renders the equivalent of "an order of."

singular	*plural*
le stylo	les stylos
ce stylo	ces stylos
un stylo	des stylos

Recall that nouns viewed as countable have both a singular and plural, (see examples above). Nouns viewed as not countable occur only in the singular:

l'**eau**

cette **eau**

de l'**eau**

EXERCICE   C.   Répondez selon le modèle.

MODÈLE: Qu'est-ce que vous prenez comme petit déjeuner *(breakfast)?* (café au lait, croissants)

—Du café au lait et des croissants, s.v.p.

1. Qu'est-ce que vous prenez comme déjeuner? (lait, sandwichs)
2. Qu'est-ce que vous prenez comme dessert? (glace, gâteaux)
3. Qu'est-ce que vous prenez comme légume? (petits pois)
4. Qu'est-ce que vous prenez avec le fromage? (pain, vin rouge)
5. Qu'est-ce que vous prenez dans votre café? (sucre, crème)
6. Qu'est-ce que vous prenez comme viande? (poulet)

4.32 The Negative Quantifiers *pas de, plus de*

The indefinite noun markers (both count and non-count) express an indefinite amount or quantity of the noun modified. To express a negative amount *(no, not any / a)* one uses the quantifier **pas de:**

Vous voulez **du** vin?	Vous ne voulez **pas de** vin?
Vous voulez **de la** salade?	**Pas de** salade?
Il y a **de** l'eau minérale dans le frigo.	Il n'y a **pas d**'eau minérale dans le frigo.
J'ai **un** gros couteau.	Je n'ai **pas de** couteau.
Jean a **une** auto.	Jean n'a **pas d**'auto.
Vous avez **des** amis à Paris?	Vous n'avez **pas d**'amis à Paris?

EXERCICE   A.   Répondez au négatif.

MODÈLE: Avez-vous une auto?

—Non, je **n**'ai **pas** d'auto.

1. Vous avez une bicyclette, n'est-ce pas?
2. Est-ce qu'il prend du café?
3. Y a-t-il des croissants?
4. Avez-vous un livre?
5. Elle veut de la soupe?

The negative quantifier **plus de** may be translated *as no more, no longer any/a.*

EXERCICE   B.   Répétez l'exercise **A.** avec **plus de.**

MODÈLE: Avez-vous une auto?

—Non, je **n**'ai **plus d**'auto.

4.33 Stress Pronouns *(les pronoms toniques)*

subject pr.	stress pr.	
Je	**moi**	Je ne vois pas de difficulté, **moi.**
tu	**toi**	Bon, je suis prêt à partir. Et **toi?**
il	**lui**	Max et **lui** vont préparer le déjeuner.
elle	**elle**	Il y a une place à côté d'**elle.**
nous	**nous**	C'est **nous** qui sommes en retard.
vous	**vous**	Et pour **vous,** Mademoiselle?
ils	**eux**	On va partir sans **eux.**
elles	**elles**	Il faut parler avec **elles.**

The subject pronouns, shown on the left on the table above, are not ordinarily stressed in French: *I have a question.* **J'ai une question.** In case the subject is to be stressed, a stress pronoun is added: *I have a question.* **J'ai une question,** *moi.*

The stress pronouns (also called **disjoints,** *disjunctive,* as they may be disjoined from the verb) are also used:

1. alone:
   Moi? Et toi?
2. with c'est (ce sont):
   C'est vous? C'est nous. Ce sont eux.
3. after prepositions:
   avec moi, sans eux, près de lui
4. in compound subjects:
   Lui et moi, nous sommes français.

EXERCICES

A. Mettez le pronom tonique pour accentuer le pronom sujet.

MODÈLE: Tu as faim?

➡ **Tu as faim, toi?**

1. Il n'a pas de livre.
2. Nous sommes un peu fatigués.
3. J'attends Philippe.
4. Ils n'ont jamais le temps.
5. Vous êtes content?

B. Remplacez le nom par le pronom tonique.

MODÈLE: Je vais partir sans Sébastien.

➡ Je vais partir sans **lui.**

1. Il est à côté de Jacqueline.

2. C'est Jacques qui a tort.
3. Je vais déjeuner chez les Fargeaud.
4. Nous restons ici, Marie et moi.
5. Vous déjeunez avec Francine et Monique?

C. Répondez selon le modèle.

MODÈLE: C'est vous, Henri?

—Oui, c'est **moi.**

1. C'est moi dans la photo?
2. C'est Jeanette qui a ton livre?
3. C'est Bernard qui reste chez vous?
4. C'est toi, chéri?
5. C'est vous, mes enfants?
6. Ce sont tes camarades qui arrivent?

The stress pronouns are used after **à** to show possession:

À qui est ce livre?   *Whose book is this?*
Il est à moi.   *It's mine.*

EXERCICE   D. Répondez à l'affirmatif.

1. Il est à vous, ce stylo?
2. Il est à Charles, n'est-ce pas?

3. Il est à Marianne, n'est-ce pas?
4. Il est à moi, ce café?
5. Il est à vous deux, n'est-ce pas?

4.34 Verbs like *partir* (two-stem)

In the present indicative, verbs in this group follow the normal two-stem pattern of alternation between the singular and plural. The stem of verbs like **partir** ends in **r** in the singular; a consonant is added in the plural, comparable to the adjective system. Compare:

verț	verte
il parț	ils partent
il serț	ils servent
il dorț	ils dorment

The added consonant in the plural stem is indicated in the infinitive form: **partir** *(to leave, depart)*, **sortir** *(to go out)*, **servir** *(to serve)*, **dormir** *(to sleep)*.

PARTIR /paʀtiʀ/		
je parș		nous partonș /paʀtõ/
tu parș /paʀ/		vous parteȥ /paʀte/
il parț		ils partenț /paʀt/

EXERCICES

A. Transformez selon le modèle.

MODÈLE: Je vais dormir jusqu'à midi.
→ Je **dors** jusqu'à midi.

1. On va partir demain.
2. Tu vas sortir avec Hélène?
3. À table—je vais servir le déjeuner.
4. La petite ne va pas dormir.
5. Va-t-il partir sans nous?

B. Mettez à la personne indiquée.

MODÈLE: Jean part à midi. (Jean et Pierre)
→ **Jean et Pierre partent** à midi.

1. Tu sors ce soir? (Vous)
2. Le bébé dort toujours? (Les enfants)
3. Je sers le dîner à huit heures. (Nous)

    4. Grand-père ne sort pas de l'appartement. (Mes parents)

    5. Je pars de la gare St.-Lazare. (Nous)

C.   Répondez.

    1. Quand partez-vous? (vers dix heures)

    2. Jusqu'à quelle heure dormez-vous? (jusqu'à sept heures)

    3. Servez-vous maintenant? (non, dans un quart d'heure)

    4. Sortez-vous ce soir? (non, demain soir)

    5. Partez-vous ce weekend? (oui, samedi) *je pairs samedi*

4.35 The Verbs *vouloir, boire, prendre* (two-stem, vowel shift)

The verbs **vouloir** *(to want),* **boire** *(to drink),* and **prendre** *(to take)*— along with the compounds **apprendre** *(to learn),* and **comprendre** *(to understand)*—are similar to other two-stem verbs in that the singular forms end in a vowel sound, and the plural stem ends in a consonant sound. These verbs, however, are marked by a shift of vowel in the plural stem.

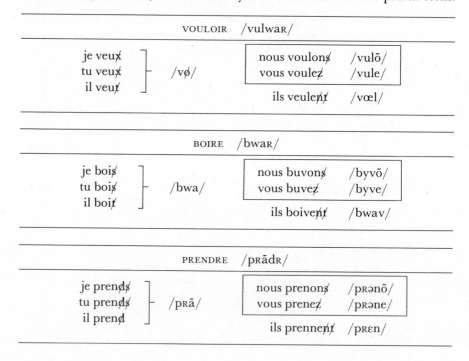

VOULOIR	/vulwaʀ/		
je veux		nous voulons	/vulõ/
tu veux	/vø/	vous voulez	/vule/
il veut		ils veulent	/vœl/

BOIRE	/bwaʀ/		
je bois		nous buvons	/byvõ/
tu bois	/bwa/	vous buvez	/byve/
il boit		ils boivent	/bwav/

PRENDRE	/pʀãdʀ/		
je prends		nous prenons	/pʀənõ/
tu prends	/pʀã/	vous prenez	/pʀəne/
il prend		ils prennent	/pʀɛn/

EXERCICES   A.   Répondez.

    MODÈLE: Vous voulez du vin rouge? (Non, du vin blanc.)

        —Non, **je veux du vin blanc.**

    1. Vous apprenez le latin? (Non, le grec.)

    2. Vous buvez du café? (Non, du thé.)

3. Vous voulez rester?   (Non, partir.)
4. Vous prenez la deuxième rue là?   (Non, la première.)
5. Vous voulez des petits pois?   (Non, des pommes de terre.)
6. Vous comprenez?   (Non, . . .)

B.   Mettez au pluriel.

MODÈLE: Marc veut partir.   Et les autres?

—**Ils veulent** partir aussi *(also)*.

1. Denise prend un taxi.   Et les autres?
2. Raoul boit de l'eau minérale.   Et les autres?
3. Mimi veut rester.   Et les autres?
4. Anne comprend.   Et les autres?
5. Christophe veut un sandwich.   Et les autres?
6. Alain apprend l'italien.   Et les autres?

C.   Mettez au négatif.

MODÈLE: Tu veux de la bière?

➡Tu **ne** veux **pas de** bière?

1. Tu prends du café?
2. Tu bois du vin?
3. Tu veux un sandwich?
4. Tu prends des pommes de terre?
5. Tu veux de la salade?

4.36   The Negatives *jamais, rien, personne*

Il parle quelquefois de la guerre?	—**Non, jamais** *(never)*.
Vous entendez quelque chose?	—**Non, rien** *(nothing)*.
Est-ce qu'il y a quelqu'un?	—**Non, personne** *(no one)*.

The negative particle **ne** is used when these expressions occur with a verb:

Il **ne** parle **jamais** de la guerre.
Je n'entends **rien. Rien** n'est facile.
Il n'y a **personne. Personne** n'est là.

EXERCICE   A.   Répondez d'après le modèle.

MODÈLE: Est-ce que vous voulez quelque chose?   (rien)
—Non, **je ne veux rien.**

1. Est-ce vous fumez?   (jamais)

2. Est-ce que vous prenez quelque chose? (rien)
3. Est-ce que vous attendez quelqu'un? (personne)
4. Que faites-vous maintenant? (rien)
5. Qui est là? (personne)

4.37 Contradictory *si*

Statements and questions in the negative are contradicted by using **si**.

Ce n'est pas vrai.	—Mais **si,** je vous assure.
Il n'y a plus de poulet?	—Mais **si,** il reste deux beaux morceaux.
Vous n'allez jamais au cinéma?	—**Si, si.** Mais rarement.
Personne n'a téléphoné pendant mon absence?	—**Si.** Un certain Monsieur Richard. Voici son numéro.
Alors, rien de nouveau?	—**Si.** J'ai enfin des nouvelles.

4.40 Adverb Formation

1. Certain adverbs, such as **vite** *(quickly)* and **volontiers** *(gladly)* have no corresponding adjective form. Other adverbs, such as **vraiment,** are formed from the adjective.

adjective	*adverb*
C'est un **vrai** gourmet.	Vous partez **vraiment** cet matin?
C'est une **vraie** Parisienne.	

To form the adverb, the ending **-ment** is added to the adjective. Other such adverbs are:

adjective	*adverb*
facile	facile**ment**
pratique	pratique**ment**
triste	triste**ment**
vague	vague**ment**

On peut faire ça **facilement.**
C'est **pratiquement** impossible.
L'enfant va **tristement** à sa chambre.
On parle **vaguement** d'un nouveau plan économique.

2. Most adverbs are formed from the feminine form of the adjective:

certain, certaine	certaine**ment**
doux, douce	douce**ment**
heureux, heureuse	heureuse**ment**

lent, lente	lentement
sûr, sûre	sûrement
sérieux, sérieuse	sérieusement

Mais oui, **certainement** Monsieur.
La mère parle **doucement** à son bébé.
Tout va bien chez nous, **heureusement.**
Le vieil homme marche **lentement,** à l'aide d'une canne.
Non, **sûrement** pas.
Il est **sérieusement** malade.

3.   A few adverbs, ending in **-amment** or **-emment,** both pronounced /amã/, do not correspond to the feminine form of the adjective:

constant, constante	constamment
patient, patiente	patiemment
évident, évidente	évidemment

Nicole parle **constamment** au téléphone.
Ils attendent **patiemment** le résultat.
Il a tort, **évidemment.**

UNIT 5

5.00 Dialogue Notes

Both French and Americans look forward to the summer holidays;
but *les grandes vacances* appear to have a special significance in French
life. Whereas an American businessman may remark that he "can't
afford the time" for a vacation, a Frenchman rarely fails to get away
from professional cares during the summer months. A vacation is
the cultural norm, and economic provision is normally made.
Tourists visiting Paris in August, for example, are struck by the
extent to which it is abandoned by the native inhabitants. (Those
taking their month of vacation in August are called *aoûtiens.*) Great
traffic jams are created by the number of automobiles on the high-
ways leaving Paris at this time.

You will note in the dialogue that M. Vincenot hesitates to approve his children's plans to visit Scandinavia during the summer as
it is "quite far." And yet, comparing actual distances involved, the
trip from Paris to Copenhagen is little more than a trip from Wash-
ington D.C. to Chicago.

It appears that the psychological distance is much greater for the
European. The number of frontiers crossed are as significant as the
actual miles travelled. Whereas an American student at a university
on the East Coast may travel up to 1000 miles (roughly the distance
from Paris to Stockholm) to spend a week in the Miami area during
spring vacation, a French student would reserve such a trip for *les
grandes vacances.* The French are very much impressed by the American habit of driving four or five hundred miles for a visit, with a
return trip the same weekend. It must be remembered that such a
distance travelled in France would take one out of the country, and
that, generally speaking, European cars and roads are not specialized
for travelling long distances in a short span of time. The average
Frenchman (i.e., not a member of the "jet-set") has internalized a
scale of distance which is relative to France, which is about the size of
the state of Texas. "Near" and "far" are concepts requiring a scale
which is relative to a cultural norm or other frame of reference.

If the summer vacation is relatively more important in France
than in the United States, the reverse appears to hold for the week-
end. Saturday morning is ordinarily a working day in France, and
children attend school (they usually have Wednesday off). *Le week-
end à l'américaine* has received some study in the last few years, but the
general opinion is that adopting such a system would detract from
the seriousness of studies and lead to increased absenteeism from
work.

5.01 | **Les Grandes vacances**

NARRATEUR

Comme d'habitude, Mme Vincenot a fait des projets pour les vacances d'été. Malheureusement, maintenant que les enfants sont grands, ils ont envie de faire un voyage à l'étranger. Jusqu'ici ils ont tous passé leurs vacances chez les grands-parents dans le Midi.

MME VINCENOT *(avec un soupir)*

Tu sais . . . les enfants nous abandonnent cette année.

M. VINCENOT

Qu'est-ce que ça veut dire?

MME VINCENOT

Ils ne viennent pas avec nous cet été.

M. VINCENOT

Vraiment? Où est-ce qu'ils ont l'intention d'aller?

MME VINCENOT

Ils veulent faire la Scandinavie avec une bande de copains à eux.

M. VINCENOT *(sceptique)*

Je ne sais pas. C'est bien loin! Qu'en penses-tu, toi?

NARRATEUR

On pèse le pour et le contre. Les enfants ne peuvent pas prendre la voiture—Monsieur Vincenot en a besoin. Faire de l'auto-stop? N'en parlons pas! Il n'est pas question d'y aller en avion—c'est trop cher. Donc, c'est le train ou rien. Les enfants ont assez d'argent pour un aller-retour en seconde. On finit par se mettre d'accord.

M. VINCENOT *(pensif)*

Tu pars toujours le 15 juillet avec ma sœur?

MME VINCENOT

Oui. Et tu viens à la fin du mois, n'est-ce pas?

M. VINCENOT

C'est que, sans les enfants, nous pouvons aller ailleurs.

MME VINCENOT *(ravie)*

Ta mère va être déçue, tu sais!

M. VINCENOT *(il sourit)*

Soyons francs. Elle ne tient pas tellement à nous avoir tout le mois d'août.

NARRATEUR

Mme Vincenot embrasse son mari. "Je peux téléphoner demain présenter nos excuses, pense-t-elle. Et maintenant, voyons, la montagne ou la plage?"

5.02 | Dialogue Translation: The Summer Holidays

NARRATEUR. As usual, Mme Vincenot has made plans for the summer vacation. Unfortunately, now that the children are grown, they feel like taking a trip out of the country. Until now they have all spent their vacation at the grandparents' in the south.

MME VINCENOT *(with a sigh)*. You know . . . the children are abandoning us this year.

M. VINCENOT. What does that mean?

MME VINCENOT. They're not coming with us this summer.

M. VINCENOT. Really? Where do they intend to go?

MME VINCENOT. They want to do Scandinavia with a bunch of their friends.

M. VINCENOT *(sceptical)*. I don't know. That's pretty far! What do *you* think about it?

NARRATEUR. They weigh the pros and cons. The children cannot take the car—M. Vincenot needs it. Hitch-hiking? Let's not talk about that! There's no question of going by plane—it's too expensive. Therefore, it's the train or nothing. The children have enough money for a round-trip in second class. They finally reach an agreement.

M. VINCENOT *(thoughtful)*. You're still leaving the 15th of July with my sister?

MME VINCENOT. Yes. And you're coming at the end of the month, right?

M. VINCENOT. It's (just) that, without the children, we can go somewhere else.

MME VINCENOT *(delighted)*. Your mother is going to be disappointed, you know!

M. VINCENOT *(he smiles)*. Let's be frank. She's not so eager to have us the whole month of August.

NARRATEUR. Mme Vincenot kisses her husband. "I can telephone tomorrow to make our apologies," she thinks. "And now, let's see, the mountain or the beach?"

Vocabulary (see dialogue for context)

l'**argent** money

l'**auto-stop** *(m.)* hitch-hiking
faire de l'auto-stop to hitch-hike

la **bande** band, group

la **carte** (world) map

le **copain**, la **copine** good friend, pal, buddy

l'**étranger** *(m.)* foreigner
à l'étranger out of the country, abroad

l'**excuse** *(f.)* excuse
les excuses apologies

la **fin** end

la **frontière** border, frontier

les **grands-parents** *(m.)* grandparents

la **mer** sea

le **Midi** the south of France

la **montagne** the mountain

l'**océan** *(m.)* ocean

la **plage** beach

le **projet** project, plan

la **réaction** reaction

le **soupir** sigh

les **vacances** *(f.)* vacation

le **voyage** trip, voyage
faire un voyage to take a trip

l'**est** *(m.)* east

l'**ouest** *(m.)* west

le **nord** north

le **sud** south

déçu, -e disappointed

franc, franche frank

ravi, -e delighted

sceptique sceptical

la **classe** (travel) class
en première, en seconde (classe) first, second class

le **retour** return
un (billet) aller-retour a round trip (ticket)

abandonner to abandon

avoir besoin de to have need of, to need

embrasser embrace, kiss

finir par to end up, finish by

marquer to mark

mettre to put
se mettre d'accord to reach an agreement

passer to spend (time)

peser to weigh

pouvoir to be able

présenter to offer

savoir to know

séparer to separate

sourire to smile

téléphoner to telephone

tenir to hold
tenir à to be eager to, to count on

venir to come

ailleurs elsewhere

donc so, therefore

jusqu'ici until now, up to here

malheureusement unhappily, unfortunately

tellement so, to such a degree

5.03 Questionnaire

A. Répondez d'après le dialogue.

1. Quel âge ont maintenant les enfants Vincenot?
2. Qu'est-ce qu'ils ont l'intention de faire cet été, les enfants?
3. Qu'est-ce qu'ils finissent par faire?
4. Comment les enfants vont-ils voyager?
5. Quelle est l'idée de M. Vincenot?
6. Quelle va être la réaction de la grand-mère d'après Mme Vincenot?

B. Demandez ou dites en français.

1. Demandez si les enfants viennent avec nous cette année.
2. Demandez où ils ont l'intention de passer leurs vacances.
3. Dites que vous ne savez pas.
4. Demandez à quelqu'un ce qu'il en pense.

5. Demandez à quelqu'un s'il vient à la fin du mois.
6. Dites que vous pouvez aller ailleurs.

C. Regardez la carte de la France.

1. Quel océan est à l'ouest de la France?
2. Comment s'appelle la partie de la mer qui sépare la France de l'Angleterre?
3. Quels pays se trouvent au nord-est de la France?
4. Et à l'est?
5. Comment s'appelle la mer qui se trouve au sud?
6. Quelles montagnes marquent la frontière entre la France et l'Espagne? entre la France et l'Italie?

5.10 Syllabification

In previous units we have analyzed intonation and stress, liaison and elision, nasalization and consonant release as individual phenomena. We now focus on the structure of syllables in order to show that these phenomena are related. The syllables of spoken French tend to begin with a consonant and end with a vowel, as illustrated in the following proverb meaning "Tit for tat," or "A good cat, a good rat."

À bon chat, bon rat.   /a-bõ-ʃa-bõ-ʁa/

We call this tendency *open syllabification* (consonant-vowel). English, by contrast, tends toward closed syllabification (consonant-vowel-consonant).

It is important to realize that this pattern of syllabification operates across word boundaries:

C'est un éléphant.   /sɛ-tœ̃-ne-le-fã/

Attempting to insert pauses or a glottal stop (that is, the sound which separates the syllables of "unh-unh") between words results in a marked foreign accent.

EXERCICE

A. Try to get a feeling for open syllabification as you repeat the following after your instructor. Rehearse until fluent.

1. C'est moins cher aux États-Unis.
   /sɛ-mwɛ̃-ʃɛ-ʁo-ze-ta-zy-ni/
2. C'est un homme intéressant.
   /sɛ-tœ̃-nɔ-mɛ̃-te-ʁɛ-sã/
3. Elle est à l'hôpital américain.
   /ɛ-lɛ-ta-lɔ-pi-ta-la-me-ʁi-kɛ̃/
4. Nous n'avons plus son adresse.
   /nu-na-võ-ply-sõ-na-dʁɛs/
5. Je peux vous aider si vous voulez.
   /ʒə-pø-vu-ze-de-si-vu-vu-le/

Naturally not all syllables end in a vowel sound in French. The dropping of mute e's in particular tends to produce closed syllables. In this case, syllables are divided between consonants. As before, pauses or glottal stops are not inserted between words.

B. Répétez après le professeur.

    1. Il n'a pas de voiture.
      /il-na-pad-vwa-tyʀ/

    2. Qu'est-ce qu'il en pense?
      /kɛs-ki-lã-pãs/

    3. Je ne sais pas si c'est vrai.
      /ʒən-sɛ-pa-si-se-vʀɛ/

    4. Que faites-vous la semaine prochaine?
      /kə-fɛt-vu-las-mɛn-pʀɔ-ʃɛn/

    5. Il n'y a plus de lait dans le frigo.
      /il-ni-a-plyd-lɛ-dãl-fʀi-go/

(Take care to maintain a smooth flow of syllables, without pauses, even when a vowel sound follows another vowel.)

C. Répétez après le professeur.

    1. Vous *y* allez?   4. Attend*ez* *u*n peu.
      /vu-zi-a-le/   /a-tã-de-œ̃-pø/

    2. Il *a* *u*n problème.   5. Il v*a* *e*n France.
      /i-la-œ̃-pʀɔ-blɛm/   /il-va-ã-fʀãs/

    3. Voil*à* *u*ne idée.
      /vwa-la-y-ni-de/

5.11 Consonant Clusters

You may have found that certain sound combinations are difficult to pronounce, even though the individual elements offer little difficulty in isolation. The problem lies in part with trying to use French sounds with the English system of syllabification. Using the French strategy is essential for ease in pronunciation.
Compare the English with the French:

        the piano   **le piano**   /le-pja-no/

English has 3 syllables (pi•an•o), but French has 2 (pia•no).

EXERCICES   A. Répétez après le professeur.

    1. en avion   /ã-na-vjõ/
    2. assez bien /a-se-bjɛ̃/
    3. la radio   /la-ʀa-djo/
    4. quel idiot   /kɛ-li-djo/
    5. étudiant   /e-ty-djã/
    6. Pierre   /pjer/

Pay particular attention to the /sj/ cluster, as the English habit is to make this combination into a /ʃ/ sound. Compare:

Pay attention. **Faites attention.** /fɛ-ta-tã-sjõ/

B.   Répétez après le professeur.

1. la patience /la-pa-sjãs/   4. la conscience /la-kõ-sjãs/
2. l'intention /lɛ̃-tã-sjõ/   5. une nation /yn-na-sjõ/
3. la solution /la-sɔ-ly-sjõ/

Clusters with /l/ followed by a vowel sound offer little difficulty. Compare:

It's simplistic. **C'est simpliste.** /se-sɛ̃-plist/

In final position, however, the /l/ of the English cluster becomes a vowel sound. The French cluster remains unchanged, regardless of position. Compare:

It's simple. **C'est simple.** /se-sɛ̃pl/

EXERCICE   C.   Répétez après le professeur.

1. impossible /ɛ̃-pɔ-sibl/
2. un vieux couple /œ̃-vjø-kupl/
3. un spectacle /œ̃-spɛk-takl/
4. C'est mon oncle. /se-mõ-nõkl/
5. payer double /pɛ-je-dubl/

Clusters with /ʀ/ are similar to those with /l/ in that the pronunciation does not alter with position in a word. A new difficulty arises with /ʀ/, however, as you may want to accomodate its pronunciation to the preceding consonant. For example, in the word **grand** the preceding /g/ helps: /gʀã/. But in the word **très** the /t/ may cause you to trill the /ʀ/ (as in Spanish). If you have this difficulty, try positioning the back of the tongue for an /ʀ/ and the front of the tongue for a /t/. Then release the cluster simultaneously: /tʀɛ/. The /ʀ/ should remain the same in **très grand.**

EXERCICE   D.   Répétez après le professeur.

1. gris /gri/   tigre /tigʀ/
2. vrai /vre/   livre /livʀ/
3. très /tʀɛ/   être /ɛtʀ/
4. trop /tro/   autre /otʀ/
5. entrée /ãtre/   centre /sãtʀ/

5.20 Vocabulaire supplémentaire

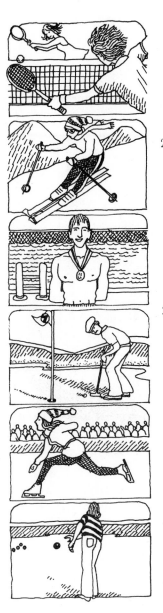

1. Le **voyage**   trip, travel

   Bon _____. Envoyez-nous *(send us)* une carte postale.

   l' **autocar** *(m.)* interurban bus

   Pour aller de chez moi à l' aéroport, je prends l' _____.

   le **billet**   ticket

   On peut acheter un _____ aller et retour au guichet *(ticket window)*.

   l' **horaire** *(m.)* timetable

   Regardez dans l' _____ ; le départ est à 8 h 32, et l'arrivée est à 13 h 05.

   la **voie**   track

   Le train arrive _____ no 4. Nous pouvons attendre sur le quai *(platform)*.

   le **passeport**   passport

   On ne peut pas voyager à l'étranger *(abroad)* sans un _____.

2. Le **sport**   sport

   On aime faire du _____ pendant les vacances.

   le **tennis**   tennis

   On joue au _____.

   le **ski**   skiing

   On fait du _____ dans les Alpes.

   la **natation**   swimming

   Un champion de _____.

   le **golf**   golf

   On joue au _____.

   le **patin à glace** iceskating

   On peut faire du _____ en hiver.

   la **pétanque**   a kind of bowling

   Une partie de _____ dans un village du Midi.

3. La **géographie** geography

   La description de la terre *(earth)* s'appelle la _____.

   le **lac**   lake

   On peut patiner sur le _____ quand la surface est gelée *(frozen)*.

   le **fleuve**   river

   La Seine et la Loire sont des _____ de la France.

   le **bord de la mer** seashore

   Beaucoup de gens passent leurs vacances au _____, surtout s'ils aiment les bains de soleil *(sunbathing)*.

   la **côte**   coast

   Les plages sont magnifiques sur la _____ d'Azur.

   une **île**   island

   La Corse est une _____ française dans la mer Méditerranée.

4. Les membres de la famille

   le **petit-fils**   grandson
   la **petite-fille** granddaughter

   Grand-mère gâte *(spoils)* son _____ et sa _____.

l'**oncle** uncle	_____ Max et _____ Christine sont le frère et la sœur de ma mère.
la **tante** aunt	
le **cousin** cousin	Mon _____ Richard et ma _____ Adèle sont les enfants de tante Christine.
la **cousine**	
le **gendre** son-in-law	Le mari de ma fille est mon _____.
la **belle-fille** daughter-in-law	La femme de mons fils est ma _____.
5. La **dimension** dimension	Quelles sont les _____ de cette chambre?
large broad, wide	C'est un homme très fort, avec de _____ épaules.
étroit, -e narrow	L'autobus ne peut pas entrer dans cette rue; elle est trop _____.
haut, -e high	Le Mont Blanc est une très _____ montagne.
bas, -se low	On appelle la Hollande "les Pays-_____."
long, longue long	Il fait un _____ voyage autour de la terre.
court, -e short	Je ne peux pas y aller. Je suis à _____ d'argent.

5.21 | Variations sur le dialogue

1. Take the role of one of the Vincenot children. Tell your parents of your vacation plans and meet all of their objections.
2. Discuss in detail what you must do in order to take a trip abroad.
3. Put a family tree on the blackboard with yourself in the center and name members of the family. Indicate marriages with a plus, offspring with a brace, and brothers and sisters with a dash:

ma tante—mon père + ma mère

moi — ma soeur

5.30 Relative vs. Absolute in Language

The grammatical forms of languages remind us that successful communication depends a great deal on being properly oriented to an appropriate reference point. The terms *à droit* and *à gauche,* for example, have relative rather than absolute value for indicating direction. Likewise *moi* and *toi* (or *ici* and *là,* for that matter) take on precise meaning only when you know who is speaking. Terms like *maintenant* and *alors* require a temporal point of reference. Even *petit* and *grand* are relative in value: a small elephant is bigger than a large mouse.

Language permits relative rather than absolute assignment of value in numerous instances. In section 5.31 you will study the French quantifiers which are equivalent to the notions of "a few," "enough," "too much." It is impossible to state absolutely the quantity indicated by these terms—their function is to express meanings relative to a context. For example, in the sentence "Few people showed up at the public hearing," we assume that there were not many in terms of the number that were expected—the actual count could be 5, 50, or 500.

Relationships in time and space are frequently indicated by similar vocabulary. The French expression *jusqu'ici* may be translated as either "until now," or "up to here," *jusque là* as "until then" or "as far as there." A "long" or a "short" street may be rendered by *une longue / une courte rue*, but a "long" or a "short" time are handled differently:

Il est ici depuis longtemps / depuis peu.

When we consider the role of cultural values in addition to the linguistic forms provided by a language, it becomes clear that mastery of a foreign language is a complex affair. For example, we say that the French equivalent of "He drinks too much" is *Il boit trop.* Both cultures would make this judgment concerning an alcoholic, especially when drinking has a disabling effect on his marriage or profession. The French, however, also make this judgment on those who appear visibly intoxicated in public. Anglo-Saxons are more tolerant in this respect, as evidenced by the quasi-affectionate terms for intoxication such as "tipsy," "bombed," "sloshed," etc. As one linguist puts it,

> "The synonyms of *drunk* have proliferated to the point where a nonsense word inserted in the blank *He was just a little bit* _____ will suggest it."[1]

French lacks an equally rich and diversified vocabulary of synonyms for *ivre* ("drunk") which reflects a tolerant point of view. Perhaps the adjectives *gris* ("gray"), *rond* ("round"), and *bourré* ("stuffed") are close equivalents in the context *être un peu* _____.

Alphonse: Je peux te prouver que tu n'es pas ici.
Gaston: Ce n'est pas possible!
Alphonse: Tu vas voir. Es-tu à Londres?
Gaston: Non.
Alphonse: Tu es ailleurs, donc?
Gaston: Oui.
Alphonse: Bon. Alors, si tu es ailleurs, tu n'es pas ici!

---

[1] Dwight Bolinger, *Aspects of Language.* (N.Y.: Harcourt, Brace and World, Inc., 1968), p. 264.

5.31 Quantifiers

The notion of an indefinite number may be expressed with shades of difference in meaning.

des	J'ai **des** choses à faire. (*some* things to do.)
quelques	Je vais inviter **quelques** amis. (*a few* friends.)
plusieurs	Ils ont **plusieurs** enfants. (*several* children)

A large number of expressions denoting quantity are formed with nouns followed by **de.**

un verre de	Voulez-vous **un verre de** vin? (*a glass of* wine)
une douzaine de	Une **douzaine de** croissants, s.v.p. (*a dozen* crescents)
une kilo de	Un **kilo de** pommes de terre, s.v.p. (*a kilo* [2.2 pounds] *of* potatoes)
un litre de	Un **litre d'**eau minérale. (*a liter* [1 qt. = 0.9 liter] *of* mineral water)
un peu de	Encore **un peu de** café? (*a little* coffee)

The following quantifiers are formed with adverbs followed by **de.**

beaucoup de	Il y a **beaucoup de** gens dans la salle. (*a lot of, many* people)
trop de	J'ai **trop de** travail cette semaine. (*too much* work)
assez de	Non, merci. J'ai **assez de** croissants. (*enough* crescents)
combien de	**Combien de** jours restez-vous en Scandinavie? (*How many* days . . . ?)
tant de	J'ai **tant de** choses à faire avant le départ. (*So many* things; *so much* to do)

EXERCICES   A.   Répondez selon le modèle.

MODÈLE: Du vin? (un peu)

—**Oui, un peu de** vin, s'il vous plaît.

1. Quelques croissants? (une douzaine)
2. De l'eau minérale? (un litre)
3. Encore du café? (une tasse)

4. Des tomates? (un demi-kilo)

5. Des cigarettes? (un paquet)

B. Remplacez l'article indéfini (en italiques) par la forme indiquée.

MODÈLE: Elle a *des* frère? (combien)

→Elle a **combien de** frères?

1. Vous avez *du* temps libre? (assez)
2. Il y a *des* étudiants dans la salle. (trop)
3. La situation pose *plusieurs* problèmes. (tant)
4. Ils ont *de l'*argent, n'est-ce pas? (beaucoup)
5. Voulez-vous *de la* salade? (un peu)

5.32 Object Pronouns *me, te, nous, vous*

The object pronouns **me, te, nous,** and **vous** can be translated as: "me, to me"; "you, to you"; "us, to us," depending on the verb. Note their position.

Vous	**m'attendez**	dans la voiture?
Elle	**te** donne	sa nouvelle adresse.
Les enfants	**nous** abandonnent	cette année.
Pardon, je	**vous** dérange?	

These pronouns are sometimes called *conjunctive,* as they are joined to the verb. Note that they cannot be separated from the verb by negation:

Vous ne	**m'attendez**	pas?
Elle ne	**te** donne	pas son adresse.
Ils ne	**nous** abandonnent	pas.
Je ne	**vous** dérange	pas?

EXERCICE

A. Répétez et mettez à la forme négative.

1. Il me parle de ses affaires.
2. Je vous écoute.
3. On nous connaît.
4. Elle t'attend au café?
5. Vous me cherchez?

Conjunctive pronouns are not stressed. Compare French with English:

He's talking to me.	Il me parle.
*He's talking to **me.***	C'est **à moi** qu'il parle.
He's waiting for you.	Il vous attend.
*He's waiting for **you.***	C'est **vous** qu'il attend.

B.   Transformez d'après le modèle.

MODÈLE: Il vous donne ça?

➔**C'est à vous** qu'il donne ça?

1. Ils me cherchent.   4. Elle t'écoute.
2. Je vous parle.   5. Je vous donne le problème.
3. On nous attend.

5.33 The Pronoun *en*

The pronoun **en** replaces phrases containing the preposition **de.** Its translation depends on context.

(Que pensez-vous *de cette idée?*)	Qu'**en** pensez-vous?	*What do you think of it?*
(Il a besoin *de la voiture.*)	Il **en** a besoin.	*He needs it.*
(Je suis sûr *de ça.*)	J'**en** suis sûr.	*I'm sure of it.*
(Il parle toujours *de la guerre.*)	Il **en** parle toujours.	*He's always talking about it.*

Note that **en,** like other conjunctive pronouns, is not separated from the verb by negation.

J'**en** suis sûr.   Je **n'en** suis **pas** sûr.

EXERCICES   A.   Répondez à l'affirmatif.

MODÈLE: Vous êtes sûr de la date?
—Oui, j'**en** suis sûr.

1. Vous êtes certain de la date?
2. Ils parlent toujours de la politique?
3. Tu es content des projets?
4. Elle a besoin d'un horaire?
5. Vous êtes sûrs de l'heure exacte, vous deux?

B.   Répétez l'exercice A. selon le modèle.

MODÈLE: Vous êtes sûr de la date?
—Non, je **n'en** suis **pas** sûr.

En as a prepositional phrase does not usually refer to persons. Compare:

Où est mon **passeport?**   J'**en** ai besoin.
Où est **Marie?**   J'ai besoin **d'elle.**

C. Utilisez le pronom convenable.

MODÈLES: Ils parlent du film. ➡Ils **en** parlent.

de l'acteur. ➡Ils parlent **de lui.**

1. Que pensez-vous de cette idée?
    de leurs copains?
2. Est-ce qu'elle a besoin de la voiture?
    des enfants?
3. Je ne suis pas sûr de la date.
    de son ami.
4. Nous sommes contents de ses progrès.
    de votre fille.
5. Tu n'as pas besoin de ton livre?
    de ton assistant?

No distinction between persons and non-persons is made when **en** replaces quantifiers.

Il y a beaucoup ⌈de gens.
⌊de voitures.   Il y **en** a beaucoup.

Elle n'a pas ⌈d'amis?
⌊de projets?   Elle n'**en** a pas?

D. Répondez.

MODÈLE: Combien de sœurs avez-vous? (deux)
—J'**en** ai deux.

1. Combien d'argent avez-vous? (assez)
2. Combien de vin y a-t-il? (un peu)

3. Combien d'étudiants y a-t-il dans la salle? (beaucoup)
4. Combien de travail avez-vous? (trop)
5. Combien d'amis a-t-il? (très peu)

E. Répondez selon le modèle.

MODÈLE: Vous avez une voiture? —Non, je **n'en** ai **pas.**

Vous avez toujours une voiture? —Non, je **n'en** ai **plus.**

1. Vous voulez du café?
   Vous voulez encore du café?
2. Vous avez des amis à Paris?
   Vous avez toujours des amis à Paris?
3. Vous voulez des croissants?
   Vous voulez encore des croissants?
4. Vous avez de l'eau minérale?
   Vous avez toujours de l'eau minérale?

5.34 Verbs like *finir* (two-stem)

In the present indicative, verbs in this group follow the normal two-stem pattern of alternation between the singular and plural. The added consonant in the plural stem is not, however, indicated in the infinitive. This group includes **finir** *(to finish),* **choisir** *(to choose),* **remplir** *(to fill, fulfill),* **rougir** *(to redden, blush),* **réussir** *(to succeed),* **applaudir** *(to applaud).*

FINIR /finiʀ/			
je finis		nous finissons	/finisõ/
tu finis	/fini/	vous finissez	/finise/
il finit		ils finissent	/finis/

EXERCICES A. Transformez selon le modèle.

MODÈLE: Je peux finir ce soir.

→Je **finis** ce soir.

1. Il ne peut pas choisir.
2. Il va remplir les verres.
3. Tu ne peux pas rougir?
4. Je vais réussir maintenant.
5. Elle va finir bientôt?

B. Mettez à la personne indiquée.

MODÈLE: Je finis par accepter. (nous)
→**Nous finissons** par accepter.

1. Tu ne rougis pas? (vous)
2. On applaudit l'acteur. (les gens)
3. Je choisis ce livre-ci. (nous)
4. Pourquoi ne remplit-il pas nos verres? (ils)
5. Tu finis? (vous)
6. Il réussit à trouver son copain. (Ils)

5.35 The Verbs *venir, pouvoir* (two-stem, vowel shift)

The verbs **pouvoir** *(to be able, can)* and **venir** *(to come)* plus its compounds **revenir** *(to come back)*, **prévenir** *(to forewarn)*, and **devenir** *(to become)* undergo a vowel shift in the plural.

		POUVOIR	/puvwaʀ/	
je peux			nous pouvons	/puvõ/
tu peux	/pø/		vous pouvez	/puve/
il peut			ils peuvent	/pœv/

		VENIR	/vəniʀ/	
je viens			nous venons	/vənõ/
tu viens	/vjɛ̃/		vous venez	/vəne/
il vient			ils viennent	/vjɛn/

▲ NOTE: The verb **tenir** *(to hold)*, **tenir à** *(to insist on, to be eager to)*, and its compound **retenir** *(to retain, reserve)* are conjugated like **venir**.

EXERCICES   A.   Répondez selon le modèle.

MODÈLE: Vous pouvez finir aujourd'hui? (Non, demain.)
—**Non,** je **peux** finir demain.

1. Vous venez cet après-midi? (Non, ce soir.)
2. Vous pouvez partir maintenant? (Non, pas maintenant.)

3. Vous revenez tout de suite? (Non, plus tard.)
4. Vous retenez une chambre à l'hôtel? (Oui, à l'hôtel Ambassadeur.)
5. Vous pouvez m'aider? (Oui, si vous voulez.)

B. Mettez au pluriel.

MODÈLE: Dominique revient samedi. Et les autres?
—**Ils reviennent** samedi **aussi.**

1. Paul vient en taxi. Et les autres?
2. Gisèle peut prendre le train. Et les autres?
3. Albert tient à partir tout de suite. Et les autres?
4. Je peux rester. Et les autres?
5. Anne devient impatiente. Et les autres?

C. Répondez selon le modèle.

MODÈLE: Tu viens?
—**Non,** je **ne** viens **pas.**

1. Tu peux rester?
2. Tu reviens dîner?
3. Tu tiens à partir?
4. Tu peux faire ça?
5. Tu deviens égoïste!

5.36 The Imperative

The imperative forms are in general formed by dropping the pronoun subject of the indicative. The **nous** form has the force of a suggestion (*Let's wait*), whereas the **tu** and **vous** forms have the force of a command (*Wait*).

regarder	*attendre*	*partir*	*finir*
regard**ons**	attend**ons**	part**ons**	finiss**ons**
*regarde, regard**ez**	attends, attend**ez**	pars, part**ez**	finis, finiss**ez**

aller	*faire*	*dire*
all**ons**	fais**ons**	dis**ons**
*va, all**ez**	fais, faites	dis, dites

Note that the **tu** form of verbs whose infinitive ends in **-er** (*) does not have a final **-s** except when followed by **y** or **en**: **vas-y** (*go ahead*), **parles-en** (*talk about it*).

Certain verbs have imperative forms which do not correspond to the indicative.

être	*avoir*
soyons /swajõ/	**ayons** /ɛjõ/
sois /swa/, **soyez** /swaje/	**aie** /ɛ/, **ayez** /ɛje/

EXERCICES

A. Répondez à l'impératif, selon le modèle.

MODÈLE: On part maintenant?

—Oui. **Partons.**

1. On entre maintenant?
2. On finit maintenant?
3. On est patient?
4. On attend les autres?
5. On commence maintenant?
6. On dit ça?

B. Mettez à l'impératif.

MODÈLE: Veux-tu être calme!

➡**Sois** calme.

1. Veux-tu faire attention!
2. Veux-tu avoir de la patience!
3. Veux-tu attendre!
4. Veux-tu être un peu plus prudent!
5. Veux-tu boire ton lait!

C. Mettez à l'impératif.

MODÈLE: Voulez-vous être calmes!

➡**Soyez** calmes.

1. Voulez-vous faire attention!
2. Voulez-vous avoir de la patience!
3. Voulez-vous attendre!
4. Voulez-vous être un peu plus prudents!
5. Voulez-vous boire votre lait!

Note the position and form of conjunctive pronouns with the imperative.

Affirmative:	**Donnez-moi** cinq minutes.
	Suivez-nous en voiture.
Negative:	**Ne me** dites pas ça.
	Ne nous attendez pas.

D. Mettez à la forme affirmative.

1. N'en parle pas.
2. Ne nous donnez pas les billets.
3. Ne m'écoutez pas.
4. Ne me présentez pas à votre ami.
5. N'y va pas.
6. Ne dis pas la vérité.

5.40 Comparisons

1. Adjectives may be modified as follows in comparisons.

Henri est	**aussi grand que**	son père.
Henri et son père sont	**plus grands que**	Suzie.
Suzie est	**moins grande que**	son frère.

The adjective **meilleur, -e** *(better)* is used as follows:

—Est-ce que les vins de Bordeaux sont aussi bons que les vins de Bourgogne?

—À mon avis, les Bordeaux sont **meilleurs que** les Bourgognes.

2. Adverbs are used in comparisons in a similar fashion; but note that there is no agreement in gender and number.

Les gens du Midi parlent **plus lentement que** les gens du nord.

The adverb **mieux** *(better)* is used as follows:

Est-ce qu'il joue au tennis aussi bien que son frère?

—A mon avis, il joue **mieux que** lui.

A. Répondez selon le modèle.

MODÈLE: Il est grand?

—Oui, **plus** grand que moi.

1. Il joue bien?
2. Elle est intelligente?
3. Il parle vite?
4. Il est bon?
5. Elle est petite?

B. Répondez selon le modèle.

MODÈLES: Henri est plus grand que son père?

—Non.   Ils sont **aussi** grands l'un que l'autre.

Hélène est plus grande que sa mère?

—Non.   Elles sont **aussi** grandes l'une que l'autre.

1. Anne est plus belle que sa sœur?
2. Marc joue mieux que son ami?
3. Dominique est plus intelligente que sa cousine?
4. Ce modèle-ci coûte moins cher que ce modèle-là?
5. Le vin rouge est meilleur que le vin blanc?

The superlative of adjectives and adverbs is formed by adding the definite article to the comparative. Adjectives maintain their normal position before or after the noun.

Quelle est **la meilleure** solution?
Jean a l'idée **la plus pratique.**
Annette et Robert sont **les plus intelligents** de la classe.

As before, no agreement is made with adverbs.

Ce sont les Français qui jouent **le mieux.**
C'est toujours Anne qui finit **le plus vite.**

C. Transformez selon le modèle.

MODÈLE: C'est un livre intéressant.

➔C'est **le livre le plus intéressant** de la collection.

1. C'est une étudiante exceptionelle.   C'est ____ de la classe.
2. C'est un bon vin.   C'est ____ de cette année.
3. C'est une vieille église.   C'est ____ de la ville.
4. C'est un musée intéressant.   C'est ____ du monde.
5. C'est un restaurant célèbre.   C'est ____ de Paris.

UNIT 6   REVIEW

No new grammatical forms are introduced in this unit, although some new uses of the forms already presented will be shown. The object is to systematize the elements already introduced and to explore their interrelation in the grammar.

Reading: A point of view concerning national snobism.

6.00 Grammar Summary

This unit consists of a grammar review; hence, no new grammatical forms will be presented.

The main purpose of the unit is to systematize the elements already introduced and to explore their interrelation in the grammar. Some new *uses* of grammatical forms already covered will be presented, however.

6.10 The Noun Phrase

Nouns are either masculine or feminine in gender, singular or plural in number. Noun markers and adjectives vary in form basically according to number and gender, but marking of these features is influenced by such factors as initial vowels. There are significant differences between the spoken and the written languages in the marking of gender and number.

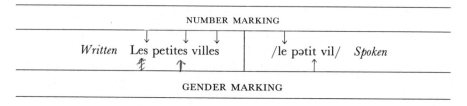

124

6.11 Adjectives and Noun Markers

	SINGULAR		PLURAL	
	masc.	*fem.*	*masc.*	*fem.*
adjectives (Review 2.33, 3.33)	blanc	blanche	blancs	blanches
	autre		autres	
interrogative (Review 1.33)	quel	quelle	quels	quelles
demonstrative (Review 2.32)	ce (cet)	cette	ces	
definite (Review 1.32)	le	la	les	
	(l')			

Certain adjectives occur before the noun: **l'autre jour;** others after: **la maison blanche.** Forms which end in a final **-e** in the masculine—**jeune, russe, difficile, etc.**—do not mark gender. Forms which end in **-s** or **-x** are spelled the same in the masculine singular and plural: **le/les Français, il est/ils sont heureux.**

EXERCICES   A.   Mettez les adjectifs **petit, américain, russe, autre, français.**

1. les étudiants
2. l'homme
3. la jeune fille

4. les villes
5. le livre

B.   Remplacez l'article défini de l'exercice **A.** par l'adjectif interrogatif **quel;** ensuite par l'article demonstratif **ce.**

6.12 Generic Use of Definite Article

The article may be omitted in English when a general rather than a specific sense is intended. This distinction is not made in French.

I like the white wine.
I like white wine.

J'aime **le** vin blanc.

Good accounting makes
good friends.

Les bons comptes font
les bons amis.

EXERCICE   A.   Traduisez.

1. I prefer French bread.
2. He likes sports.
3. French cars are small.

4. Do you like modern music?
5. She likes summer better than winter.

6.13 Adjective Nominalization

Adjectives may be used as nouns simply by adding a noun marker.

La petite cherche sa mère.	*the little girl*
Le noir est sénégalais.	*the black man*
Le vieux s'appelle Faral.	*the old man*
Les jeunes aiment le rock.	*young people*

6.14 Adjectives after *c'est*

Adjectives do not show agreement after **c'est,** regardless of the reference intended.

C'est bon, la soupe.

6.15 Indefinite Noun Markers and Quantifiers (Review 2.31, 4.31, 4.32, 5.31)

A distinction is made between count *(things)* and non-count *(stuff)* when using the indefinite noun markers. This applies to both concrete and abstract nouns.

un stylo / des stylos	du vin
une idée / des idées	de la patience

The indefinite noun markers may be replaced by **de** quantifiers. A few examples are given below.

INDEFINITE NOUN MARKERS

		count	*non-count*	
sing.	*masc.*	un	du	
	fem.	une	de la	(de l')
plur.	*masc.* *fem.*	des	—	
QUANTIFIERS		une douzaine de	un litre de	
		un kilo de un peu de beaucoup de trop de assez de combien de tant de (ne) pas de (ne) plus de		

A.   Remplacez l'article indéfini par l'expression indiquée.

1. Il a de la patience. (beaucoup de)
2. Vous avez une voiture? (pas de)
3. Il y a des étudiants dans la salle. (peu de)
4. On va acheter du vin. (un litre de)
5. Elle a des amies. (plus de)
6. Il y a de la confusion. (tant de)

6.16 The Indefinite — Special Cases

The indefinite noun markers are not replaced after **ce n'est pas:**

> **Ce n'est pas une** Peugeot, c'est une Renault.
> **Ce n'est pas du** vin, c'est du vinaigre.

Note the use of **un** as a numeral in the following:

Il n'a pas un sou.	*He doesn't have a cent, even one cent.*
Il n'a pas une voiture, il en a deux.	*He doesn't have one car, he has two of them.*

▲ NOTE: The generic **le** and the indefinite **du** are similar in meaning.

Le sucre coûte cher cette année.	*Sugar is expensive this year.*
On vend du sucre à l'épicerie.	*They sell sugar at the grocery.*

Nouns marked with the indefinite occur rarely in subject position.

6.17 *Du, de la, des* as Prepositional Phrases (Review 3.31)

The indefinite noun markers may be distinguished in meaning from the simple prepositional phrase which results from the contraction of **de** with **le, la, les.**

	plural	*singular*
prep. phrase:	Je parle **des** enfants de Mme Vernet.	Je parle **de** l'enfant de Mme Vernet.
indefinite:	Elle a **des** enfants.	Elle a **un** enfant.

Note that the prepositional phrase is not affected by negation:

> Je ne parle pas **des** enfants de Mme Vernet.

The indefinite, however, is replaced by **pas de:**

> Elle n'a **pas d'**enfant(s).

A.   Mettez à la forme négative.

1. Il vient des États-Unis.
2. Il veut de la bière.
3. On parle du cinéma italien.
4. J'ai des amis à Paris.
5. Il y a un problème.

6.20 First and Second Person Pronouns (Review 1.34, 4.33, 5.32) and Possessive Noun Markers (Review 3.32)

PRONOUNS			POSSESSIVE NOUN MARKERS		
			sing.		*plural*
subj.	*obj.*	*stress*	*masc.*	*fem.*	
je (j')	me (m')	moi	mon	ma (mon)	mes
tu	te (t')	toi	ton	ta (ton)	tes
nous			notre		nos
vous			votre		vos

EXERCICES   A.   Complétez la phrase.

MODÈLE: Et vous, vous avez _____ passeport?

➞Et vous, vous avez **votre** passeport?

1. Et moi, j'ai _____ billets.
2. Et nous, nous avons _____ passeports?
3. Et toi, tu as _____ voiture?
4. Et vous, vous avez _____ billets?
5. Et moi, j'ai _____ valise.

B.   Transformez selon le modèle.

MODÈLE: Il est à vous, ce livre?

➞**C'est votre** livre?

1. Il est à moi, ce livre?
2. Elle est à nous, cette valise?
3. Elle est à vous, cette place?
4. Il est à toi, ce billet?
5. Il est à moi, cet horaire?

C. Traduisez.

1. I understand you, sir.
2. He understands me.
3. They understand us.
4. He understands you, dear.
5. You understand me?

D. Mettez les phrases de l'exercice C. à la forme négative.

6.21 Third Person Pronouns and Possessive Noun Markers

PRONOUNS		POSSESSIVE NOUN MARKERS		
		sing.		*plural*
subj.	*stress*	*masc.*	*fem.*	
il elle	lui elle	son	sa (son)	ses
ils elles	eux elles	leur		leurs

EXERCICES

A. Complétez la phrase.

MODÈLE: Et lui, il a _____ passeport?
→Et lui, il a **son** passeport?

1. Et elle, elle a _____ billet?
2. Et eux, ils ont _____ passeports?
3. Et lui, il a _____ voiture?
4. Et elles, elles ont _____ valises?
5. Et lui, il a _____ valises?
6. Et elle, elle a _____ billets?

B. Transformez selon le modèle.

MODÈLE: Elle est à Marc, cette valise?
→**C'est sa** valise?

1. Il est à Jacqueline, ce livre?
2. Elle est à Pierre, cette voiture?
3. Elle est aux Vincenot, cette voiture?
4. Elle est à Christine, cette valise?

6.22 The Pronouns *y* (Review 3.37) **and** *en* (Review 5.33)

The pronouns **en** and **y** do not ordinarily refer to persons. **En** substitutes for a noun preceded by **de**.

Quand revient-il **du Mexique?**	—Il **en** revient demain.
Il parle **de la guerre?**	—Oui, il **en** parle toujours.
Vous avez besoin **de la voiture?**	—Non, je n'**en** ai pas besoin aujourd'hui.
Voulez-vous **des croissants?**	—Non, merci. J'**en** ai assez.

Note that **en** is required to render the French equivalent of "I have enough" or "There are three":

J'en ai assez.   **Il y en a trois.**

The pronoun **y** substitutes for a noun preceded by prepositions like **à (chez, dans, en).**

Vous restez **à Paris?**	—Oui, j'**y** reste jusqu'à l'été.
Quand allez-vous **chez les Dupont?**	—J'**y** vais demain.
Ils vont **en Scandinavie?**	—Oui, ils **y** vont avec des copains.
Le passeport n'est pas **dans la valise?**	—Non, il n'**y** est pas.

EXERCICE

A. Employez **y** ou **en** selon le cas.

1. Il est toujours *chez lui.*
2. Je suis sûr *de son adresse.*
3. On va *au restaurant* un peu plus tard.
4. Vos parents habitent toujours *en France?*
5. On n'a jamais assez *d'argent.*

6.23 Pronoun Objects with *penser*

The verb **penser** requires the preposition **de** when used with **Que?** or **Qu'est-ce que?** (What?).

Que pensez-vous **de Georges?**	➡	**Que** pensez-vous **de lui?**
Que pensez-vous **de la voiture?**	➡	**Qu'en** pensez-vous?

(Note that a distinction is made between persons and non-persons in the form of the pronoun used.)
Otherwise **penser** requires the preposition **à.**

Je **pense à Georges.**	➡	Je **pense à lui.**
Je **pense au** voyage.	➡	J'**y** pense.

EXERCICE   A.   Mettez le pronom nécessaire.

1. Je pense à *ma sœur.*
2. Que pensez-vous *de son idée?*
3. Est-ce que tu penses *à ton voyage?*
4. Que penses-tu de *son ami?*
5. Il pense *à mon idée.*

6.30   The Verb Phrase

The first five units have presented a broad sample of verb forms in the most irregular tense, the present indicative. Although new individual verbs will be presented in future units, they will conform to the general patterns summarized below.

6.31   Unpredictable Forms

The following verbs are at least partially unsystematic and do not offer a pattern which can be extended to other verbs: **être, aller** (Review 1.36), **avoir, faire** (Review 2.36). **Dire** *(to say)* is a normal two-stem verb except for the *vous* form:

DIRE /diʀ/	
je dis	nous disons
tu dis	*vous dites
il dit	ils disent

6.32   One-Stem Verbs

One-stem verbs usually have an infinitive ending in **-er.** The infinitive plus the **je** form provide enough information to predict the pronunciation of all the other present tense forms:

trouver: je trouve   (Review 1.35)
jouer: je joue   (Review 4.10)

Special cases in this group involve either a shift of the vowel or a spelling shift which is indicated in the infinitive. (Review 2.35).

acheter: j'achète   (nous achetons)
payer: je paie   (nous payons)
Compare also **voir:** je vois   (nous voyons)

▲ NOTE: Minor spelling changes are occasionally required to conform to the pronunciation of verbs in this group:

commencer: je commence   (nous commençons)
manger: je mange   (nous mangeons)

6.33 Two-Stem Verbs

Most verbs not in the **-er** group have two stems. The singular stem typically ends in a vowel sound (or /R/, as in **je pars**); the plural stem ends in a consonant sound. The **je** and **nous** forms provide enough information to predict the pronunciation of all the other present tense forms.

attendre:	j'attends	nous attendons (Review 3.34)
connaître:	je connais	nous connaissons (Review 3.35)
partir	je pars	nous partons (Review 4.34)
finir:	je finis	nous finissons (Review 5.34)

Special cases involve a shift of the vowel in the plural stem:

vouloir:	je veux	nous voulons (Review 4.35)
		(ils veulent)
prendre:	je prends	nous prenons
		(ils prennent)
boire:	je bois	nous buvons
		(ils boivent)
pouvoir:	je peux	nous pouvons (Review 5.35)
		(ils peuvent)
venir:	je viens	nous venons
		(ils viennent)

EXERCICES

A. Répondez.

MODÈLE: Vous acceptez?

—**Oui, j'accepte.**

1. Vous revenez?
2. Vous comprenez?
3. Vous payez?
4. Vous répétez?
5. Vous étudiez?
6. Vous dites ça?
7. Vous finissez?
8. Vous allez bien?
9. Vous sortez?
10. Vous attendez?
11. Vous êtes libre?
12. Vous avez le temps?

B. Mettez au pluriel.

MODÈLE: Il dit la vérité.

➔**Ils disent la vérité.**

1. Elle prend le train.
2. Il ne réussit pas.
3. Il dort.
4. Il espère.
5. Elle étudie.
6. Il ne vient pas.
7. Elle peut faire ça.
8. Il en boit.

9. Il n'attend plus.
10. Elle continue.
11. Elle y va.
12. Il apprend vite.

6.34 *Aller, pouvoir, vouloir* plus Infinitive

These verbs are frequently followed by an infinitive. Object pronouns precede the infinitive.

Il va	nous **donner**	son adresse.
Je veux	vous **dire**	quelque chose.
Vous pouvez	m'**aider.**	

EXERCICES

A. Répondez.

MODÈLE: Vous pouvez m'aider?

—**Oui, je peux** vous aider.

1. Vous allez me téléphoner?
2. Vous voulez m'aider?
3. Vous pouvez m'attendre?
4. Vous allez me donner l'adresse?
5. Vous pouvez me comprendre?

B. Mettez à la forme négative.

MODÈLE: Je vais vous téléphoner.

➔ Je **ne** vais **pas** vous téléphoner.

1. Je peux vous aider.
2. Je vais vous donner l'adresse.
3. Je veux vous dire la vérité.
4. Je peux vous comprendre.

6.35 The Imperative (Review 5.36)

The imperative may be paraphrased by the impersonal expression **il faut** plus an infinitive *(one must, one must not).*

Il faut me suivre.   Suivez-moi.

Il ne faut pas faire ça.   Ne faites pas ça.

EXERCICE

A. Mettez à l'impératif.

1. Il faut être à l'heure.
2. Il ne faut pas dire ça.
3. Il faut continuer tout droit.
4. Il faut avoir de la patience.
5. Il ne faut pas m'attendre.

6.40 Miscellaneous

Review numbers (1.42, 2.40, 3.40), telling time (1.40, 1.41, 1.42), dates (2.40), weather (2.41), prepositions with place names (3.41), adverb formation (4.40), and comparisons (5.40).

EXERCICE

A. Traduisez.

1. It's quarter of six in the morning.
2. The 13th of August, 1935. *C'est le trez aut, dix-neuf cent trate-c...*
3. Is she going to Canada or to France? *Est-ce qu'elle va au Canada*
4. Take the third street on the left. *Prenez la troisième rue.*
5. He is certainly as intelligent as I. *Il es certainmt aussi intelligt*
6. It's warmer in the spring. ~~c'est~~
    Il fait plus

6.50 Vocabulary Study (preparation for reading)

1. Adjectifs de nationalité

l'**Écosse** *(f.)*	Scotland	**écossais, -e**	scottish
		un Écossais	a Scotsman
l'**Albanie** *(f.)*	Albania	**albanais, -e**	Albanian
la **Belgique**	Belgium	**belge**	Belgian
la **Hongrie**	Hungary	**hongrois, -e**	Hungarian
la **République d'Haïti**	Haiti	**haïtien, -ne**	Haitian
le **Guatemala**	Guatemala	**guatémaltèque**	Guatemalan

2. Substantifs

le **monde** world, people — Il y a beaucoup de **monde** dans la salle.

le **mot** word — Il part sans dire un **mot.**

la **preuve** proof — Pour prouver la théorie, il faut donner des **preuves.**

la **vie** life, living — C'est la **vie.**
La **vie** dans les grandes villes coûte cher.

la **peau** skin, peel — Une crème pour la **peau.**
Une **peau** d'orange.

le **coureur** runner, racer — Un **coureur** à pied, un **coureur** cycliste.

3. Verbes

perdre to lose — (je perds — nous perdons) Notre champion ne **perd** jamais.

environner to surround — Les montagnes **environnent** la ville.

exagérer to exaggerate — (j'exagère — nous exagérons)

apporter to bring — Le garçon va nous **apporter** du vin tout de suite.

glisser to slide, slip   Attention, il y a de la glace sur le trottoir. Ne **glissez** pas.

4. Participes passés*

mené conducted

Elle va **mener** l'interview.
L'interview va être **menée** par elle.

dévoré devoured

Le lion va le dévorer.
Il va être **dévoré** par le lion.

sacrifié sacrificed

Les grands vont sacrifier les petits.
Les petits vont être **sacrifiés.**

vu seen, viewed

Tout le monde va voir ce film.
Le film va être **vu** par tout le monde.

battu beaten

On va battre le champion.
Il va être **battu.**

entendu heard

Tout le monde va entendre ses paroles.
Ses paroles vont être **entendus** par tout le monde.

connu known

Tout le monde connaît cet homme.
Cet homme est **connu** de tout le monde.

5. Adjectifs

chaque each, every

Papa regarde les matchs de football à la télévision **chaque** dimanche.

propre own

J'ai mes **propres** idées sur ce sujet.

plein, -e full

Il faut remplir son verre; il n'est pas **plein.**

frais, fraîche fresh; recent; cool

Ce pain n'est pas **frais.**
Il fait **frais** ce soir.

fier, fière proud

Il est **fier** de sa fille. Il est plein de fierté.

tout, toute, tous, toutes all

Tous les gens sont fièrs de leur pays.

6. Expressions diverses

une **dizaine** about ten

Les nombres approximatifs: 10 **une dizaine;** 12 **une douzaine;** 20 **une vingtaine;** 100 **une centaine**

surtout above all

La France est connue **surtout** pour sa cuisine et ses vins.

Qu'en dira-t-on? What will people say about it?

Tu vas porter un blue-jean à la réception? Mais **qu'en dira-t-on?**

venir (de) to have just

Je **viens d'**apprendre que Jacqueline et Pierre vont divorcer.

---

* Agreement is made when these forms are used as adjectives.

6.60 Reading Notes

Insight into the strengths and weaknesses of one's own culture is often heightened by the perspective of a different cultural point of view. Travelers abroad (especially after an extended residence) often report that "Things don't seem the same" at home upon their return. The integration of such an experience with one's own value system requires considerable objectivity. Edward Hall makes the following comment:

> Culture hides much more than it reveals, and strangely enough what it hides, it hides most effectively from its own participants. Years of study have convinced me that the real job is not to understand a foreign culture but to understand our own. I am also convinced that all that one ever gets from studying foreign culture is a token understanding. The ultimate reason for such study is to learn more about how one's own system works.... One of the most effective ways to learn about oneself is by taking seriously the cultures of others. It forces you to pay attention to those details of life which differentiate them from you.[1]

The reading passage which follows is in the form of a fictitious interview with a well-known French author who treats the subject of ethnocentrism. He relates excessive nationalism and individual insecurity in ways which are often humorous, sometimes tragic.

NOTE: Fluent reading requires practice from the outset. The following strategy is recommended:

1) Read the passage *straight through,* simply underlining portions which you do not understand. Make an effort to understand in French, without translating.
2) Go back and *solve difficulties* at the word level. You will find that some things that were puzzling at first have become clear due to context. Whenever you need to write a translation for an underlined portion, put it *in the margin.* (Interlinear translations distract your eye from the French—which is exactly what you need to rehearse.) Your marginal notes will make good review material.
3) Now *reread,* at the rate you normally read English. You will never read French with pleasure without achieving this rate.

6.61 Le Snobisme national

Nous sommes en 1964. Le livre *Snobissimo* de Pierre Daninos vient de paraître. L'interview avec l'auteur est menée par Lise Joubert, speakerine à la télévision.

---

[1] From *The Silent Language* by Edward T. Hall. Copyright © 1959 by E. T. Hall. Reprinted by permission of Doubleday and Company, Inc., and Robert Lescher.

JOUBERT

Monsieur Daninos, en quelques mots, pouvez-vous définir un snob?

DANINOS

Tout le monde est un peu snob. Nous adoptons tous, parfois, un comportement ou une opinion, non par penchant naturel, mais de peur de ne pas être «bien vu».

JOUBERT

Donc le snobisme est une manifestation du désir de paraître, si je vous comprends bien.

DANINOS

C'est ça. Pascal nous explique très bien l'origine de ce snobisme quand il dit: «Nous sommes si présomptueux que nous voulons être connus de toute la terre, et nous sommes si vains que l'estime de cinq ou six personnes qui nous environnent nous amuse et nous contente.»

JOUBERT

Pouvez-vous illustrer pour nous ce que vous voulez dire par snobisme national, par exemple, chez les sportifs?

DANINOS

Rien n'est plus facile. J'ai entendu à la radio l'autre jour: «Nos joueurs de rugby perdent 10 à 0, mais c'est une injustice flagrante; la France joue tout le bon rugby mais les Écossais marquent les points.»

JOUBERT

Cher Monsieur, n'exagérez-vous pas un peu?

DANINOS

Du tout! Chaque dimanche les informations sportives nous apportent la preuve que le Français rugbyman, skieur, coureur à pied, n'est jamais battu sur sa propre valeur, mais par la fatalité: notre tennisman a une crampe, mais l'Italien est en pleine forme; notre meilleur coureur glisse sur une peau de banane . . .

JOUBERT

Mais cela existe dans d'autres pays. Y a-t-il à votre avis des pays plus ou moins snobs?

DANINOS

Il est difficile à la vérité de choisir entre les Grands qui ont, disent-ils, le plus haut standing de vie du monde, et les Moyens, qui sont dévorés de complexes. Ces deux ont toujours tendance à dire, en parlant de tous les autres, les «petits», les «humbles».

JOUBERT

Les «petits» sont moins snobs alors?

DANINOS

Non, pas particulièrement.   Surtout si leur indépendance est de fraîche
date.   Un Albanais vous dit sur un ton confidentiel que ses compatriotes
sont des gens très fiers.   Eh bien, les Belges, les Hongrois, les Haïtiens, les
Guatémaltèques vous disent la même chose.

JOUBERT

Mais il n'y a pas de mal à être fier de son pays?

DANINOS

Non, bien sûr.   Malheureusement, cette fierté devient trop souvent une
préoccupation perpétuelle de ne pas perdre la face.   On peut d'ailleurs
sans hésitation citer par dizaines de millions le nombre de vies humaines
inutilement sacrifiées à cette forme monstrueuse du «qu'en dira-t-on?»

JOUBERT

Je vous remercie Monsieur de la part de nos téléspectateurs.

_____

Adaptation d'après Pierre Daninos, *Snobissimo* (Paris: Librairie Hachette, 1964).

6.62 | Résumé

1. Qui est snob?
—_____ est un peu snob.

2. Pourquoi?
—Nous avons peur de ~~na~~ *ne* pas être
«_____».   Et nous voulons être
_____ de tout le monde.

3. Donnez un exemple.
—Nos joueurs sont meilleurs que
les autres, mais ils sont _____.
Ce n'est pas leur faute, c'est la
_____.

4. Est-ce que les grands pays sont
plus snobs que les moyens?
—Il est _____ de choisir.   Les
Grands disent qu'ils ont le plus
haut standing de _____ du
monde.   Et les Moyens sont
dévorés de _____.

5. Et les «petits»?
—Ils vous disent qu'ils sont des
gens très _____.

6. On peut être fier de son pays, n'est-ce pas?

—Bien sûr. Le mal, c'est que cette _____ devient une préoccupation. On ne veut pas perdre _____.

7. Quelles sont les conséquences?

—On sacrifie des millions de _____ humaines dans la guerre.

UNIT 7

7.00 Dialogue Notes

Petit fonctionnaire may be translated as "civil servant" or "administrative employee." (Compare *haut fonctionnaire,* which is equivalent to "administrative official.") France is noted for its rather formidable bureaucracy, and the French express considerable irritation in dealing with its red-tape. The *petit fonctionnaire* is characterized in the popular stereotype as unsympathetic, rule-bound, and totally impervious to logical persuasion. In reality he holds his position by passing a rigorous competitive examination, and is likely to have held his job for many years. He thus considers himself as professional, the natural consequence of a highly centralized form of government. His role is to insure that the rulings of the central administration are properly executed.

This naturally produces a situation, familiar to all highly developed societies, in which the interests of the individual and the state are viewed as being in conflict. Paul Valéry expresses the problem thus: «L'État,—ami de tous, ennemi de chacun.» Each side has its *petite revanche* (little revenge): the *fonctionnaire* may simply insist on strict application of a ruling (*Le règlement c'est le règlement!*). The citizen, when he cannot avoid administrative requirements, expresses disdain for the *fonctionnaire* by referring to him as *un rond de cuir* (literally "a round leather cushion"), symbol of the sedentary habits of the bureaucrat. The citizen who feels unduly harassed by the government may resort to what is called *le système D.* This expression is somewhat difficult to translate. The verb *se débrouiller* means "to get oneself out of difficulty." *Un débrouillard* has mastered the art of looking after his own interests in resourceful ways. This includes strategies which, although not exactly illegal, require original interpretations of the law. I have heard a government employee, for example, complain that he could do nothing about his income taxes since his earnings were fixed (and known) by the state. Opposition to the income tax in France is active and widespread.

One is impressed by the careful attention to formalities of certification in France: seals, stamps, signatures, and photos are required for a wide variety of documents. For example, posting a simple notice of an article for sale in a store window may require one to purchase and affix a stamp. A student who does not enroll for the examination in a course of study may apply for a *certificat d'assiduité,* which amounts to a certification of attendance in lecture.

140

The originals of diplomas, birth certificates and the like are precious documents, as copies may be viewed with suspicion.   Thus, registering the birth of a child at the mayor's office *(la mairie)* is accompanied by a certain amount of ceremony.   The *fonctionnaire* carefully records all relevant information, and verifies that the *prénoms* chosen for the child are in order.   An American acquaintance reports that an attempt to use her maiden name for her child's "middle" name was disallowed, as it did not appear on the approved list.   A French friend remarks that "surely it could be arranged, if you know the right person to contact."   (Le système D!)

7.01 | Le Petit Fonctionnaire

NARRATEUR

Une étudiante étrangère cherche une chambre bon marché.   Elle se présente au bureau et on lui indique le fonctionnaire qui s'occupe des chambres d'étudiants.   Mais il y a d'autres gens avant elle.   Elle s'assied et attend patiemment son tour.

LE FONCTIONNAIRE

Au suivant.

L'ÉTUDIANTE *(très polie)*

Pardon, Monsieur, c'est ici qu'on peut obtenir une chambre?

LE FONCTIONNAIRE *(soupçonneux)*

Vous êtes étudiante, Mademoiselle?

L'ÉTUDIANTE *(elle hésite)*

Euh. . . Oui. C'est-à-dire que je vais m'inscrire à l'université.

LE FONCTIONNAIRE

Il faut avoir le certificat d'inscription. Allez à la salle B, au rez-de-chaussée.

NARRATEUR

L'étudiante fait le nécessaire et revient faire la queue. Elle se trouve enfin devant le fonctionnaire, ses papiers en main. Il les examine.

LE FONCTIONNAIRE

Et votre carte de séjour?

L'ÉTUDIANTE *(énervée)*

Mais je ne l'ai pas encore. Et je ne peux rien faire sans une adresse permanente.

LE FONCTIONNAIRE *(très calme)*

Bon, voyons . . . Remplissez ce formulaire, et revenez demain.

L'ÉTUDIANTE

Demain? Je voudrais bien en finir sur-le-champ.

LE FONCTIONNAIRE *(regardant la pendule)*

Impossible, Mademoiselle. On ferme à six heures précises.

NARRATEUR

Les heures d'ouverture sont affichées à la porte. Elle les écrit sur un petit bout de papier. Eh bien, se dit-elle, si je me lève de bonne heure je peux être là quand ça ouvre.

7.02 | Dialogue Translation: The Civil Servant

NARRATEUR. A foreign student is looking for an inexpensive room. She goes to the office and someone shows her the official who takes care of student rooms. But there are other people before her. She sits down and waits patiently for her turn.

LE FONCTIONNAIRE. Next?

L'ÉTUDIANTE (*very polite*). Excuse me, sir, is this the place where you can get a room?

LE FONCTIONNAIRE (*suspicious*). You're a student, Miss?

L'ÉTUDIANTE (*she hesitates*). Uh...

Yes. That is I'm going to enroll in the university.

LE FONCTIONNAIRE. You must have the registration certificate. Go to Room B, on the ground floor.

NARRATEUR. The student does what is required and comes back to stand in line. She is finally in front of the official, her papers in hand. He examines them.

LE FONCTIONNAIRE. And your residence card?

L'ÉTUDIANTE (*exasperated*). But I don't have it yet. And I can't do

anything without a permanent address.

LE FONCTIONNAIRE (*very calm*). O.K., let's see... Fill out this form and come back tomorrow.

L'ÉTUDIANTE. Tomorrow? I would like to finish with it on the spot.

LE FONCTIONNAIRE (*looking at the clock*). Impossible, Miss. We close at six o'clock sharp.

NARRATEUR. The hours are posted on the door. She writes them down on a small scrap of paper. Oh well, she says to herself, if I get up early I can be there when it opens.

Vocabulary

NOUNS AND MODIFIERS

l'**adresse** *(f.)* address
le **bureau** office, desk
la **carte de séjour** residence card
 la carte d'identité identification card
le **certificat** certificate
le **champ** field, ground
 sur le champ on the spot
le **fonctionnaire** official, civil servant
le **formulaire** form
l'**inscription** *(f.)* registration
la **naissance** birth
l'**ouverture** *(f.)* opening
 les heures d'ouverture work, open hours
le **papier** paper
 le bout de papier scrap of paper

la **pendule** clock
la **porte** door
la **queue** tail, line
 faire la queue to wait in line
le **rez-de-chaussée** ground floor
le **tour** turn

affiché, -e posted
calme calm
énervé, -e upset, exasperated
nécessaire necessary
 le nécessaire that which is required
permanent, -e permanent
poli, -e polite
soupçonneux, -se suspicious
suivant, -e following
 le suivant the following person, next

ou or

VERBS AND MODIFIERS

s'**asseoir** to sit down
 écrire to write
 examiner to examine
 fermer to close
 indiquer to indicate
s'**inscrire** to enroll, register
se **lever** to get up
 obtenir to get, obtain
s'**occuper (de)** to take care (of), to occupy oneself (with)
 ouvrir to open
 poser une question to ask a question
se **présenter** to appear, present oneself

 avant before
 c'est-à-dire that is (to say)
 de bonne heure early
 encore again
 enfin finally

 je voudrais I would like

7.03 Questionnaire

A. Répondez d'après le dialogue.

1. Qu'est-ce que l'étudiante cherche?
2. Pourquoi est-ce qu'elle s'assied?
3. Où faut-il aller pour le certificat d'inscription?
4. Qu'est-ce qu'il faut avoir pour obtenir une carte de séjour?
5. Est-ce qu'elle peut en finir sur le champ?
6. À quelle heure le bureau ferme-t-il?
7. Où est-ce qu'on peut trouver les heures d'ouverture?

B. Demandez ou dites en français.

1. Demandez à quelqu'un s'il est étudiant (si elle est étudiante).
2. Dites-lui qu'il faut avoir le certificat d'inscription.
3. Dites que vous allez vous inscrire demain.
4. Demandez-lui s'il (si elle) a sa carte d'identité.
5. Dites-lui de remplir ce formulaire.
6. Demandez si vous pouvez en finir sur le champ.

C. Un fonctionnaire remplit un formulaire; il vous pose les questions suivantes:

—nom et prénoms?   —date de naissance?
—adresse?   —marié ou célibataire?
—numéro de téléphone?   —(si marié) enfants?
—nationalité?

7.10 Hesitation

The student in the dialogue, when asked if she was a student, senses a difficulty and hesitates. The French typically make the sound /ø/ (spelled *euh*) when hesitating, whereas Americans make the sound "uh" or "ah." This hesitation sound indicates the neutral or preparatory set of the vocal tract prior to speaking; the accuracy of this sound, when made unconsciously, provides a reliable clue as to how well one controls the sound system of a foreign language.

Hesitation is often marked by a pause, or more frequently by a "pause filler," such as:

c'est-à-dire que	that is . . .
voyez-vous . . .	you see . . .
enfin . . .	finally, after all
si vous voulez . . .	if you like . . .

pour ainsi dire	so to speak . . .
n'est-ce pas?	right?
eh bien . . .	well . . .
alors . . .	so then . . .
donc . . .	therefore . . .

EXERCICE   A.   Répétez avec hésitation.

1. Euh . . . oui. C'est-à-dire que non, pas exactement.
2. Euh . . . non. Je n'ai pas, voyez-vous beaucoup d'argent sur moi.
3. Eh bien, si vous voulez, je peux expliquer.
4. Il y a, pour ainsi dire, des difficultés.
5. Alors, vous dites, n'est-ce pas, que ce n'est pas possible?
6. Euh . . . oui. Enfin, c'est plus ou moins ça.
7. Vous comprenez, donc, que c'est une affaire délicate.

7.20 Vocabulaire supplémentaire

1. La **bureaucratie** bureaucracy

Un gouvernement centralisé nécessite une vaste _____.

la **signature** signature

Il faut signer. La pétition n'est pas complète sans votre _____.

le **règlement** ruling, regulation

Impossible. Le nouveau _____ ne permet pas ça.

le **sceau** seal

Ce document n'est pas officiel: il n'y a pas de _____.

le **rapport** report

Le chef du bureau veut voir votre _____ tout de suite.

afficher to post

On va _____ le texte de la nouvelle loi *(law)*.

2. La **paperasserie** paperwork, red tape

la **machine à écrire** typewriter

taper to type

la **feuille de papier** piece (leaf) of paper

la **gomme** eraser

le **trombone** paperclip *le*

3. L'**immeuble** building

La Sécurité sociale n'est pas dans cet _____, Monsieur.

le **premier étage** second floor (first floor above ground level)	Prenez l'ascenseur au rez-de-chaussée et montez au ____ étage.	
l'**entrée** entrance	On ne peut pas entrer ici. Vous voyez la deuxième porte à gauche? Voilà l'____.	
la **sortie** exit	Vous êtes au premier étage. La ____ est au rez-de-chaussée.	
le **couloir** hallway	Le bureau 312 se trouve au bout *(at the end)* du ____.	
les **toilettes** *(f.)* rest rooms	Pardon, où sont les ____, s.v.p.?	

4. L'**employé(e)** employee — Les ____ sont en grève *(on strike)*.

la **secrétaire** secretary — Le directeur n'est pas là. Donnez votre numéro de téléphone à sa ____.

la **dactylo** typist — La ____ va taper votre rapport à la machine.

le **facteur** mailman — Le ____ apporte le courrier *(mail)*.

le/la **concierge** custodian — Le ____ s'occupe de l'immeuble et distribue le courrier.

la **standardiste** operator — Ne quittez pas *(stay on the line)*; je vais vous passer à la ____.

5. Le **coup de téléphone** telephone call — Il n'y a rien de nouveau. J'attends toujours un ____.

l'**appareil** phone (apparatus) — Allo? Allo oui. Qui est à l'____?

raccrocher to hang up — Il y a une erreur. ____ et appelez la standardiste.

l'**annuaire** directory — Je ne sais pas son numéro de téléphone. Il faut chercher dans l'____.

composer (un numéro) to dial — Voici le numéro dans l'annuaire. Veux-tu le ____ pour moi?

le **jeton** telephone token — En France, il faut souvent acheter un ____ pour utiliser un téléphone public.

7.21 | **Variations sur le dialogue**

1. Take the role of the **fonctionnaire.** Answer questions from the other students as to location of offices, buildings, a telephone, etc. Refer all complaints to someone else.
2. Explain to a foreign student how to register for courses at your school. (Use English for those words the foreign student will have to learn, such as Smith Hall, IBM card, etc.)
3. Explain how to type a term report.

7.30 Sound and Meaning

The speech sounds we use in our native language are so thoroughly familiar that it is virtually impossible to appreciate what our language sounds like to a foreigner. Years of practice have conditioned us to focus our attention on the message intended rather than on the speech sounds themselves. Through a long and extremely complex learning experience, the phonetic substance of our language has the power to evoke elaborate imagery; but the speech sounds themselves are only acoustic symbols which have no intrinsic meaning. The arbitrariness of the sounds used for words is readily apparent to anyone who has studied a foreign language. There is simply no way to deduce that the English word *girl* may be rendered in French by *jeune fille,* by *ragazza* in Italian, or by *Mädchen* in German. The sounds used for words are simply learned from the speech community which surrounds the speaker, and have no logical connection with the particular concept being expressed.

One source of insight into the arbitrariness of language comes from a phenomenon known as "semantic satiation," in which the meaning of a word is weakened or distorted through repetition.

> If one listens to a clear recording of a word or phrase repeated over and over, having only itself as context, illusory changes occur in what the voice seems to be saying. . . . These illusory words are heard quite clearly, and listeners find it difficult to believe they are hearing a single auditory pattern repeated on a loop of tape. As an example of the kind of changes heard, a subject listening to "tress" repeated without pause heard distinctly, within the course of a few minutes, such illusory forms as "dress," "stress," "Joyce," "floris," "florist" and "purse."[1]

Another source of insight is provided by foreigners who attempt, in subjective terms, to tell you what your language sounds like. A French woman, attempting to describe the rhythm of English, says it sounds "like a piano." When asked what French sounds like, she replies "more like an organ." An immigrant, only two days in the country, asks the English for the stinging insect called *la guêpe* in French. Upon hearing "Those are wasps," she expresses considerable delight in the sound of the word, as it reminds her of the noise of the insect in flight. A young man rejects the English word "girl" on first hearing, as such a "harsh" word seems inappropriate.

The reaction of the non-native speaker is similar to that of a native

---

[1] Richard M. and Roslyn P. Warren, "Auditory Illusions and Confusions," *Scientific American,* Vol. 223, no. 6, 1970, pp. 30–36.

speaker when listening to poetry. The poet, by careful choice of words, causes the listener to become aware of the sound symbolism offered by the language. Thus Edgar Allan Poe, by repeating the sound **s,** suggests both texture and sound in the line from "The Raven" which begins as follows:

And the silken, sad, uncertain rustling of each purple curtain . . .

The poet Paul Valéry offers the following definition: «Le Poème—cette hésitation prolongée entre le son et le sens.»

Apart from such poetic effects, there are relatively few examples of speech sounds used to suggest meaning directly. The sound /i/ is used in a number of languages for words or suffixes associated with smallness, as in the French word *petit.* In English, something which is extremely "tiny" may be called "teeny." It has been suggested that the approach of the tongue to the roof of the mouth in making the sound /i/ is similar to the gesture for smallness in which the thumb is brought very close to the index finger. Another source of sound symbolism is provided by association with the sounds of other words in the language. If my intent is to create a new word from the sounds of English to name something elegant, a new perfume for example, I would have difficulty in gaining acceptance for "glerk" or "shmung," even though these terms are technically meaningless. You may find that your native language is thus a source of prejudice when you attempt to learn a foreign language. For example, if you are told that "butterfly" may be translated by *papillon* in French, by *farfalla* in Italian, and by *Schmetterling* in German, which foreign word sounds "best" and which sounds "worst"?

All languages, of course, allow for direct imitation of sounds; but even these imitations undergo an arbitrary adjustment to the language once they are made into words. Thus to translate "knock, knock, who's there?" into French, you say, *"Toc, toc, qui est là?"* You may have some difficulty guessing which barnyard animals make the following sounds in French: *cocorico, miaou, meuh, ouah-ouah, couin-couin.*

The poet Paul Verlaine begins a poem as follows:

Il pleure dans mon cœur	*It is crying in my heart*
Comme il pleut sur la ville.	*As it is raining on the city.*
Quelle est cette langueur	*What is this languor*
Qui pénètre mon cœur?	*Which penetrates my heart?*

What is lacking in the English translation?

7.31 Direct and Indirect Object Complements

Complements may be considered as completing or further specifying the action of a verb:

Je parle.   Je parle <u>au directeur</u>.

complement

Elle écrit.   Elle écrit <u>une lettre</u>.

complement

Complements preceded by a preposition are called *indirect* objects:

Il parle <u>à l'étudiant</u>.

I.O.

Complements not preceded by a preposition are called *direct* objects:

Il connaît <u>l'étudiant</u>.

D.O.

As shown above, the kind of object required depends on the verb. Certain verbs are used with both direct and indirect objects:

Elle dit <u>quelque chose</u> <u>au fonctionnaire</u>.

D.O.   I.O.

On indique <u>le bureau</u> <u>à la jeune fille</u>.

D.O.   I.O.

Le professeur pose <u>une question</u> <u>aux étudiants</u>.

D.O.   I.O.

▲ NOTE: The indirect object in French is marked by a preposition. The preposition may be lacking in English in certain constructions.

Il donne un cadeau **à son amie**.   He gives a gift *to his friend*.

He gives *his friend* a gift.

Moreover, there is no guarantee that the two languages will require the same kind of object for verbs equivalent in meaning. The best strategy is to concentrate on the kind of object required with a given French verb.

✱ DIRECT OBJECT

regarder to look at	Il regarde **la télévision**.
chercher to look for	Je cherche **mon livre**.
écouter to listen to	Nous écoutons **la radio**.
attendre to wait for	Elle attend **l'autobus**.

INDIRECT OBJECT

répondre to answer	Il répond **à la question**.
	Il répond **au professeur**.
téléphoner to call, phone	Je vais téléphoner **à mes parents**.
entrer to enter	Nous entrons **dans le restaurant**.

demander to ask someone for something	Il demande **des renseignements à l'agent de police.**
montrer to show someone something	Le guide montre **les monuments aux touristes.**

EXERCICE   A.   Faites une phrase *(sentence)* avec les mots suivants.

1. Papa/ regarder/ télévision; moi/ écouter/ radio.
2. L'étudiante/ entrer/ immeuble; elle/ chercher/ salle B.
3. Je vais/ téléphoner/ ma femme; elle/ attendre/ coup de téléphone.
4. Pierre/ entrer/ restaurant; il/ demander/ quelque chose/ garçon.
5. Le guide/ montrer/ monuments/ touristes; il/ répondre/ leurs questions.

7.32   Pronoun Complements

A distinction in form is made for third person pronouns between direct and indirect objects.

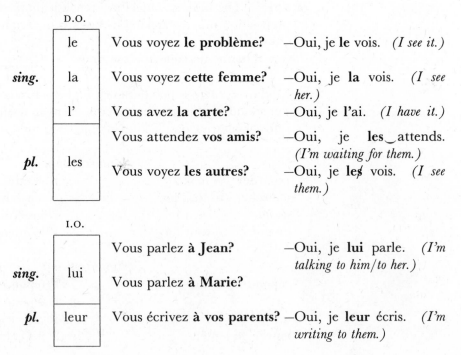

	D.O.		
sing.	le	Vous voyez **le problème?**	—Oui, je **le** vois. *(I see it.)*
	la	Vous voyez **cette femme?**	—Oui, je **la** vois. *(I see her.)*
	l'	Vous avez **la carte?**	—Oui, je **l'**ai. *(I have it.)*
pl.	les	Vous attendez **vos amis?**	—Oui, je **les** attends. *(I'm waiting for them.)*
		Vous voyez **les autres?**	—Oui, je **les** vois. *(I see them.)*

	I.O.		
sing.	lui	Vous parlez **à Jean?**	—Oui, je **lui** parle. *(I'm talking to him/to her.)*
		Vous parlez **à Marie?**	
pl.	leur	Vous écrivez **à vos parents?**	—Oui, je **leur** écris. *(I'm writing to them.)*

A. Remplacez les mots en italiques par le pronom nécessaire.

MODÈLE: Elle cherche *sa carte d'identité.*

➤ Elle **la** cherche.

1. Tout le monde connaît *les Dupont*. . ./*la concierge./*
2. Elle demande quelque chose *à Françoise*. . ./*à Pierre./*
3. Est-ce qu'il achète *la Renault?*. . ./*les disques?/*
4. Le professeur donne un examen *aux étudiants*. . ./*à l'étudiant./*
5. On trouve *le bureau*. . ./*la secrétaire/*au 2ᵉ étage.

B. Répondez au négatif.

MODÈLE: Vous le cherchez?

—Non, je **ne** le cherche **pas.**

1. Vous lui répondez?
2. Vous les écoutez?
3. Vous leur demandez pourquoi?
4. Vous l'aimez?
5. Vous la préférez?

Pronoun objects are placed after the affirmative imperative: **Dites-le.** *(Say it.).* They are placed before the negative imperative: **Ne le dites pas.** *(Don't say it.).*

C. Remplacez les mots en italiques par le pronom nécessaire.

MODÈLE: Prenez *le téléphone.*

➤ Prenez-**le.**

1. Demandez *à l'agent.*
2. Donnez *les billets* à Georges.
3. Mettez *le livre* sur la table.
4. Téléphonez *à Marie* tout de suite.
5. Montrez *la carte de séjour* au fonctionnaire.

D. Répétez exercice **C.** au négatif.

MODÈLE: Prenez-le.

➤ **Ne** le prenez **pas.**

Note that the indirect object forms are not ordinarily stressed.

Marc lui parle toujours.	Marc is still talking to her (to *him*).
C'est à elle (à lui) qu'il parle.	He's talking to *her* (to *him*).

With rare exceptions, the indirect objects **lui** and **leur** refer only to persons.

Je réponds **au professeur.**   Je **lui** réponds.
Je réponds **à la lettre.**   J'**y** réponds.

EXERCICE   E.   Remplacez les mots en italiques par le pronom nécessaire.

1. Il ne parle jamais *aux autres étudiants.*
2. On ne peut pas répondre *à cette question.*
3. Je vais dire *à Jean* que je ne suis pas libre.
4. Est-ce que vous restez *à l'université* ce semestre?
5. Comment pouvez-vous demander ça *à votre mère?*

7.33 The Reflexive Construction I

When both subject and object of a verb refer to the same person, the construction is called *reflexive.*

[Je me] demande si c'est vrai.   I ask myself (wonder) if it's true.

A construction in which subject and object are not the same is *non-reflexive.*

[Il] [me] demande si c'est vrai.   He asks me if it's true.

The reflexive pronoun **se** serves to differentiate reflexive from non-reflexive constructions in the third person.

[Jean] [le] présente aux autres.   Jean introduces him to the others.
[Jean se] présente aux autres.   Jean introduces himself to the others.

The reflexive construction has a high frequency of occurrence, as many verbs may be used reflexively. French reflexive constructions frequently do not correspond to reflexives in English.

lever   to raise, lift   **Il lève son chapeau.**
se lever   to get up, rise   **Il se lève de bonne heure.**

SE LEVER   /sə ləve/

je me lève	nous nous levons
tu te lèves	vous vous levez
il	ils
elle ⎬ se lève	elles ⎬ se lèvent
on	

Verbs commonly used reflexively:

se réveiller	to wake up	Je **me réveille** à 7 heures.
se laver	to wash up	Tu veux **te laver?**
s'habiller	to get dressed	Il n'est pas prêt; il **s'habille.**
se coucher	to go to bed	Vous **vous couchez** de bonne heure?
s'amuser	to have a good time	Ils **s'amusent** le samedi soir.
s'occuper de	to take care of, attend to	Nous allons **nous occuper** de tout ça.
s'arrêter	to stop	On **s'arrête** devant l'hôtel.
se trouver	to find oneself, to be	Je **me trouve** sans argent.
s'appeler	to be called	Je **m'appelle** Henriette.
se déranger	to go to trouble, bother	Il ne **se dérange** jamais.

EXERCICES

A. Mettez à la forme réfléchie.

MODÈLE: Elle le trouve devant le fonctionnaire.
→Elle **se trouve** devant le fonctionnaire.

1. Je lui demande pourquoi.
2. Ils m'amusent beaucoup.
3. Elle vous appelle Dominique?
4. Vous les lavez maintenant?
5. Nous les réveillons de bonne heure.

B. Répondez à l'affirmatif.

MODÈLE: Vous vous levez de bonne heure?
—**Oui, je me lève** de bonne heure.

1. Vous vous couchez maintenant?
2. Vous vous habillez toujours le matin?
3. Vous vous lavez avant le déjeuner?
4. Vous vous amusez le samedi soir?
5. Vous vous arrêtez au feu rouge?

C. Demandez à quelqu'un. . .

MODÈLE: s'il (si elle) se couche avant minuit.
→**Est-ce que tu te couches** avant minuit?

1. . . . s'il s'habille toujours le matin.
2. . . . s'il se lave avant de déjeuner.

3. . . . s'il s'appelle Dupont.
4. . . . s'il s'arrête toujours au feu rouge.
5. . . . s'il se lève toujours de bonne heure.
6. . . . s'il s'occupe de la voiture.

The position of the object pronoun in reflexive constructions is identical to that of object pronouns in non-reflexive constructions.

affirmative	Il	**le fait**	.	Il	**se lève**	.
negative	Il ne	**le fait**	pas.	Il ne	**se lève**	pas.
interrogative		**Le fait-**	il?		**Se lève-**	t-il?
verb + infinitive	Il va	**le faire**	.	Il va	**se lever**	.

EXERCICES   D.   Mettez à la forme négative.

1. Je me couche avant minuit.
2. Tu t'arrêtes au feu rouge?
3. Elle s'occupe des invités.
4. Nous nous habillons de la même façon.
5. Ils s'amusent.

E.   Transformez.

MODÈLE: Il se lève.
→ Il **va** se lever.

1. Je me lave.
2. Tu te couches?
3. On s'arrête?

4. Nous nous occupons de ça.
5. Vous vous amusez?

The verb **s'asseoir** is irregular (two-stem):

S'ASSEOIR /saswaʀ/			
je m'assieds		nous nous‿asseyons	/asɛjõ/
tu t'assieds	/asje/	vous vous‿asseyez	/asɛje/
il s'assied		ils s'asseyent	/asɛj/

The imperative of reflexive verbs is formed as follows:

affirmative	*negative*
Assieds-toi.	**Ne te** dérange **pas.**
Asseyez-vous.	**Ne vous** dérangez **pas.**
Asseyons-nous.	**Ne nous** dérangeons **pas.**

F. Mettez à l'impératif.

MODÈLE: Veux-tu te lever!

➔**Lève-toi!**

1. Voulez-vous vous asseoir!
2. Veux-tu te coucher!
3. Voulez-vous vous réveiller!

4. Veux-tu te laver!
5. Voulez-vous vous habiller!

7.34 Relative Pronouns *qui* and *que*

The relative pronouns are so named because they relate two clauses to make a complete sentence.

main clause	On lui indique le fonctionnaire
relative clause	**qui** s'occupe des chambres d'étudiants.

main clause	Je ne connais pas l'homme
relative clause	**que** vous cherchez.

The form (qui) is used as *subject* of the relative clause; the form ⬚que⬚ is used as *object*.

Voilà le fonctionnaire. (Il) s'occupe des chambres.

Voilà le fonctionnaire (qui) s'occupe des chambres.

Voilà l'homme. Vous ⬚le⬚ cherchez.

Voilà l'homme ⬚que⬚ vous cherchez.

The relative pronouns are used for persons or non-persons, singular or plural.

Je cherche **le train qui** va à Paris.
Il y a plusieurs **trains qui** vont à Paris, Monsieur.

Je n'aime pas **les cigarettes que** tu fumes.
Et moi, je n'aime pas **la musique que** tu écoutes.

EXERCICES A. Combinez les phrases suivantes en employant le pronom relatif **qui** ou **que**.

1. C'est un film. Il n'est pas très intéressant.
2. Voici une liste des cadeaux. Je vais les acheter.
3. C'est quelque chose. Vous pouvez le faire.
4. Est-ce-que vous connaissez l'étudiante? Elle parle au fonctionnaire.
5. C'est un homme. Tout le monde l'admire.

B.	Utilisez le pronom **qui** ou **que.**

1. Grand-père, _____ a 85 ans, se lève toujours à 5 h. du matin.
2. Le formulaire _____ vous remplissez est bien compliqué.
3. Le bureau, _____ se trouve au 2ème étage, ferme à 6 h.
4. Tante Marie, _____ vous ne connaissez pas, passe le weekend chez nous.
5. Les gens _____ s'occupent de l'inscription ne sont pas très polis.

7.35   **Verbs like *ouvrir* (one-stem)**

The present indicative of verbs in this group have a single stem, like **parler.** This group includes **ouvrir** *(to open)*, **offrir** *(to offer)*, **souffrir** *(to suffer)*, **couvrir** *(to cover)*.

	OUVRIR /uvRiR/	
j'ouvre		nous‿ouvrons /uvRõ/
tu ouvres ┐ /uvR/		vous‿ouvrez /uvRe/
il ouvre ┘		ils‿ouvrent /uvR/

A.   Transformez selon le modèle.

MODÈLE: On va ouvrir à 9 h.
→**On ouvre** à 9 h.

1. Vous allez m'offrir une bière?
2. Elle va couvrir les enfants.
3. Il fait chaud—je vais ouvrir la porte.
4. J'espère que tu ne vas pas souffrir.
5. À quelle heure vont-ils ouvrir?

7.36 The Verbs *savoir, mettre, écrire* (two-stem)

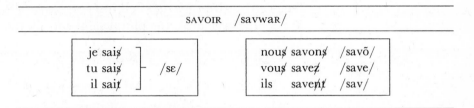

		SAVOIR /savwaʀ/		
je sais			nous savons	/savõ/
tu sais	/sɛ/		vous savez	/save/
il sait			ils savent	/sav/

Savoir may be translated as "to know how":

Savoir n'est pas pouvoir.
Savez-vous jouer au tennis?

or as "to know":

Je sais ma leçon; Je ne sais pas; Savez-vous l'anglais?

This verb contrasts with **connaître** (3.35), which may be translated as "to know," "to be acquainted/familiar with":

Vous connaissez mon mari? / Paris? / le latin?

		METTRE /mɛtʀ/		
je mets			nous mettons	/mɛtõ/
tu mets	/mɛ/		vous mettez	/mɛte/
il met			ils mettent	/mɛt/

Mettre may be translated as "to put," or "to put on" (clothing):

Je mets le livre sur la table; Elle va mettre son nouveau chapeau.

The reflexive construction **se mettre (à)** is equivalent to "to begin," "to start."

Elle se met à pleurer.

Se mettre en route means "to set out on a trip."

ÉCRIRE   /ekʀiʀ/

j'écris		
tu écris	/ekʀi/	
il écrit		

nous écrivons	/ekʀivõ/
vous écrivez	/ekʀive/
ils écrivent	/ekʀiv/

The verb **écrire** *(to write)* and **inscrire** *(to inscribe)*, **s'inscrire** *(to register)* are conjugated alike; the plural stem ends in the consonant /v/.

EXERCICES   A.   Mettez le verbe à la personne indiquée.

MODÈLE: Vous ne savez pas?—Non, je. . .
—Non, **je** ne **sais** pas.

1. Vous écrivez une lettre?—Oui, j'____.
2. Vous ne vous inscrivez pas?—Si, si, nous ____.
3. Est-ce qu'ils savent tout?—Non, ils ____.
4. Vous mettez votre manteau?—Non, je ____.
5. Tu te mets en route?—Oui, je ____.

B.   Répondez au négatif.

1. Vous lui écrivez?
2. Vous le savez?
3. Ils se mettent d'accord?
4. Elle t'écrit régulièrement?
5. Tu t'inscris?

7.40   Vocabulary study (preparation for reading)

1. Substantifs

le **citoyen** citizen	Les droits *(rights)* du **citoyen**.
la **caisse** fund, office; cashier's desk	La **caisse** de Sécurité sociale. Il faut payer à la **caisse**.
la **mairie** town hall	Le maire *(mayor)* est à la **mairie**.
la **préfecture** headquarters	On questionne l'assassin à la **préfecture** de police.
le **mur** wall	les **murs** d'une chambre

la **flèche** arrow   Voici une **flèche**: →

le **bras** arm   J'ai le **bras** long: j'ai de l'influence.

COGNATES:

A large number of vocabulary items (called cognates) are so similar in spelling to English as to be readily recognized.

Be alert to differences in meaning or usage between English and French cognates, as indicated by context.

l'**archer** *(m.)* archer

le **sarcasme** sarcastic comment

le **précédent** precedent; preceding case, person or thing

la **formalité**[1] formality

l'**assaillant** assaillant

l'**indifférence** *(f.)*[2] indifference

l'**ennemi** *(m.)* enemy

la **supériorité** superiority

la **terrasse** terrace

l'**avantage**[3] advantage

le **terrain** terrain, ground

2. Verbes

exiger to require, demand   On **exige** une explication *(explanation)*.

COGNATES:

pénétrer to penetrate, enter   je **pénètre**/nous **pénétrons**

dispenser to dispense with; to exempt

nécessiter to necessitate

posséder to possess   je **possède**/nous **possédons**

3. Participes passés; Adjectifs

armé(e) armed   **armer:** to arm

pourvu(e) provided   **pourvoir:** to provide

promené(e) walked, led   **promener:** to take for a walk, to lead
     se promener: to take a walk je me **promène**/nous nous **promenons**

appelé(e) called   **appeler:** to call

demandé(e) asked for   **demander:** to ask

seul(e) only, alone   **la seule chose; le seul:** the only one; il est tout **seul:** he is alone

assis(e) seated, sitting   **s'asseoir:** to sit down

---

[1] Nouns ending in **-té** are usually feminine [*exception:* **le comité**]. [2] Nouns ending in **-ence** are usually feminine [*exception:* **le silence**]. [3] Nouns ending in **-age** are usually masculine [*exception:* **la plage**].

READING SELECTION

7.41 Le Citoyen et le fonctionnaire: pas de problème—c'est la guerre

Le citoyen qui pénètre dans un commissariat de police, une caisse de Sécurité sociale, une mairie, me fait penser à un archer prêt à partir pour la guerre de Cent Ans. Armé de mauvaise humeur et pourvu de sarcasmes, il est d'avance certain qu'il ne va pas obtenir satisfaction, qu'il va être promené du bureau 223 du premier étage au guichet B du troisième étage, du troisième étage au commissariat de police, du commissariat à la préfecture, où il apprend qu'un nouveau règlement le dispense du certificat demandé pour en exiger un autre, qui est le même que le précédent, mais qui nécessite des formalités différentes.

En face de cet assaillant, appelé postulant dans le vocabulaire administratif, se trouve l'employé fonctionnaire. . . Contre le mur de son indifférence («Si vous croyez être le seul! . . . Ce n'est pas moi que fais les règlements. . .») les flèches du citoyen ne servent à rien («Vous allez voir, mon ami . . . J'ai le bras long!») . . . Derrière son guichet, le fonctionnaire reste froid: il possède sur l'ennemi la confortable supériorité des gens assis à la terrasse des cafés sur les gens qui passent. Et il a l'avantage du terrain.

(D'après Pierre Daninos, *Les Carnets du Major Thompson*, Paris: Hachette, 1954.)

| **Résumé**

1. On peut comparer un citoyen qui va voir un fonctionnaire à un _____ qui part pour la _____.

2. Il est armé de _____ et de _____.

3. Il est certain qu'il ne va pas obtenir _____.

4. On peut comparer _____ de l'employé fonctionnaire à un mur.

5. Les «_____» du citoyen ne servent à rien.

6. Le fonctionnaire reste _____, protégé par son guichet.

7. Il a l'avantage sur son «_____», le citoyen.

UNIT 8

8.00 Dialogue Notes

It is difficult to make more than a few generalizations about the educational system in France without going into a detailed study. Moreover, since the protests in 1968 by university students concerning the educational system, a number of reforms have taken place and others are under consideration. Nevertheless, certain themes can be discerned which offer a contrast between French and American educational values.

First, the granting of degrees in France is under government control. In the United States, it is necessary to ask both *what* degree one has and *where* it was obtained in order to evaluate an applicant's training. In France, the standards for granting a degree are uniform so that the identity of the institution, although naturally of interest, is quite secondary. Critics in France fear that the uniform standards of the French system may suppress innovation and creativity. Other systems (such as the American one) are under study, but most Frenchmen expect their children to undergo rigorous training and do not approve of permissive or undisciplined schooling.

Secondly, although the French student earns "credits" *(unités de valeur)* for individual courses passed, he cannot obtain a degree based on course work alone. Credits serve only to provide a record of required training *(le contrôle continu des connaissances).* In addition, the student must pass an *examen terminal* which is prepared by outsiders and administered upon completion of studies. The success of this exam determines the granting of a degree, regardless of course work completed.

The result is that the French system is highly competitive, only the best are encouraged to continue, and specialization takes place at a relatively early age. (School is compulsory until sixteen.) The C.E.P. *(Certificat d'Études Primaires)* marks the end of *l'école primaire. L'école secondaire* for some consists of an *école technique, école commerciale,* or *école d'apprentissage.* This training ends with the C.A.P. *(Certificat d'Aptitudes Professionnelles).* Those with academic aptitude go instead to a *lycée* or *collège* for study in literature, languages, math, sciences, etc. . . . At age 17 or 18, the student may take the *baccalauréat,* the prerequisite for higher education. A notoriously difficult exam, it is administered nation-wide, and the majority of the candidates fail on the first attempt. Those who are successful may go on to *les études universitaires.*

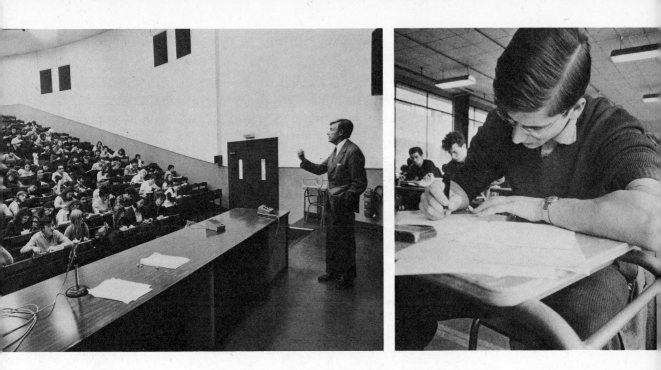

It is difficult to compare French and American degrees. The *baccalauréat* (or *bachot*) represents a level somewhat higher than a high school diploma; the *license* is roughly equivalent to a master's degree. The *agrégation* or C.A.P.E.S. (Certificat d'aptitudes pédagogiques à l'enseignement secondaire), which prepares the candidate for teaching at the secondary school level, is comparable to a Ph.D. The *agrégation,* again awarded through a national competitive examination, allows the successful candidate to teach in a university. Many *agrégés* teach in a *lycée,* either by choice or for lack of openings in universities. Secondary school teachers in general enjoy a higher social status in France than in the States.

French students in primary and secondary school have very little to say about their education. Classes begin at 8:00 or 8:30 and last to 4:00 or 4:30. Early schooling, with its emphasis on discipline, order and precision, contrasts with the American emphasis on creativity and self-expression. The French child is expected to respect authority and learn well his school subjects—there will be ample opportunity for freedom of thought as an adult. Education leads to acculturation; thus history, geography, science and literature are taught with the objective of giving the child a sense of orientation and belonging in time and space. *La civilisation française* provides a source of pride and cultural identity.

The French grade on a scale of 1 to 20. A grade below 10 is unsatisfactory. A grade of 10: *passable;* 12: *assez bien;* 14: *bien;* 16: *tres bien.* Grades above 16 are rather unusual at any level, and virtually unheard of at a university. How does this compare with the American system? What contrast is implied for standards of achievement?

NARRATEUR

La leçon de géographie a déjà commencé. Le petit Richard est très sûr de lui-même, parce qu'il a appris par cœur toutes les réponses. Il lève immédiatement la main quand l'institutrice pose la première question.

L'INSTITUTRICE

Quelle est la forme de la terre? Richard?

RICHARD (*Il se lève*)

La terre, qui paraît plate, est ronde comme une boule, Madame.

L'INSTITUTRICE

C'est ça. Et qu'est-ce que c'est que «l'horizon»?

RICHARD

C'est la ligne qui sépare la terre du ciel, Madame.

L'INSTITUTRICE

C'est bien. Tu peux t'asseoir.

RICHARD *(Il pousse du coude son voisin, et dit à voix basse:)*
Elle a sans doute encore oublié!

L'INSTITUTRICE *(qui a entendu)*
Silence! Richard, tu vas rester pendant la récréation.

NARRATEUR
On entend une cloche. Les élèves, les bras croisés, attendent à côté de leur banc. Quand l'institutrice leur dit «Allez», ils sortent deux par deux pour jouer dans la cour de récréation.

L'INSTITUTRICE
Qu'est-ce qui se passe, Richard? D'habitude tu es sage.

RICHARD *(inspiré)*
Je m'excuse, Madame. J'ai parlé à tort et à travers.

L'INSTITUTRICE *(amusée)*
Hum. . . Bon. Tu vas me copier cette phrase vingt fois.

RICHARD
Oui, Madame.

L'INSTITUTRICE
Et dépêche-toi; tu n'as que dix minutes.

NARRATEUR
Richard commence sa tâche avec indignation. Elle n'a même pas reconnu l'excellence de sa préparation!

8.02 | Dialogue Translation: In the Elementary School

NARRATEUR. The geography lesson has already begun. Little Richard is very sure of himself, because he has learned by heart all the answers. He raises his hand immediately when the teacher asks the first question.

L'INSTITUTRICE. What is the shape of the earth? Richard?

RICHARD (he gets up). The earth, which appears flat, is round like a ball.

L'INSTITUTRICE. That's right. And what is the "horizon"?

RICHARD. It's the line which separates the earth from the sky.

L'INSTITUTRICE. That's good. You may sit down.

RICHARD (He nudges the person next to him with his elbow, and says in a low voice): She no doubt forgot again.

L'INSTITUTRICE (who heard). Quiet! Richard, you will stay in during recess.

NARRATEUR. A bell is heard. The pupils, with arms crossed, wait beside their seat. When the teacher says "Go ahead," they go out two by two to play in the playground.

L'INSTITUTRICE. What's going on, Richard? You are usually good.

RICHARD (inspired). I beg your pardon. I spoke without thinking (wrongfully and thoughtlessly).

L'INSTITUTRICE (amused). Hmm. . . O.K., you will copy that sentence for me twenty times.

RICHARD. Yes, Ma'am.

L'INSTITUTRICE. And hurry; you only have ten minutes.

NARRATEUR. Richard begins his task with indignation. She didn't even recognize the excellence of his preparation!

Vocabulary (see dialogue for context)

la **boule** ball, spherical object
    une boule de neige
    snowball
la **cloche** bell
le **cœur** heart
le **coude** elbow
la **cour** courtyard
    l'**école** school
    l'**excellence** *(f.)* excellence
la **forme** form, shape
    l'**horizon** *(m.)* horizon
    l'**indignation** *(f.)* indignation
    l'**instituteur, l'institutrice**
    (primary) teacher

la **leçon** lesson
la **préparation** preparation
la **récréation** play, recess
la **réponse** answer
la **tâche** task
le **voisin, la voisine** neighbor
la **voix** voice

bas, -se low
cardinal, -e *(pl.:* **cardinaux,**
  -ales) cardinal
croisé, -e crossed
enfantin, -e childish
inspiré, -e inspired
plat, -e flat
scientifique scientific

copier to copy
se **dépêcher** to hurry
s'**excuser** to apologize
paraître to appear, seem
se **passer** to take place, happen
pousser to push
reconnaître to recognize,
    acknowledge

à tort wrongfully
à travers crosswise, out of
  line
autrement otherwise
immédiatement immediately
pendant during

8.03 Questionnaire

A.   Répondez aux questions suivantes d'après le dialogue.

    1. Pourquoi Richard est-il sûr de lui-même?
    2. Quelle est la forme de la terre?
    3. Qu'est-ce que «l'horizon»?
    4. Qu'est-ce que Richard dit à son voisin?
    5. Quelle est la réaction de l'institutrice?
    6. Comment les élèves sortent-ils de la salle de classe?
    7. Où vont-ils?
    8. Combien de fois Richard doit-il copier la phrase?
    9. Pourquoi doit-il se dépêcher?

B.   Demandez ou dites en français.

    1. Demandez à quelqu'un la forme de la terre.
    2. Demandez à quelqu'un ce que c'est que «l'horizon».
    3. Dites à quelqu'un qu'il peut s'asseoir.
    4. Dites à quelqu'un que vous avez oublié le mot.
    5. Dites à quelqu'un qu'il va rester pendant la récréation.
    6. Demandez à quelqu'un ce qui se passe.

C.   Questions enfantines / réponses non-scientifiques.

MODÈLE: Pourquoi le ciel est-il bleu? —Parce qu'il n'est pas
rouge.

—Il est bleu parce qu'il est
bleu.

—Parce que c'est comme
ça, et pas autrement.

1. Pourquoi la terre est-elle ronde?
2. Pourquoi l'horizon est-il si loin?
3. Pourquoi y a-t-il quatre points cardinaux sur la carte?
4. Pourquoi est-ce que 2 et 2 font 4?
5. Pourquoi est-ce que le soleil se couche à l'ouest?

8.10 Pronunciation in Verse

The use of liaison (see 3.12) and the pronunciation of mute **e**'s (see 4.11)
have changed over the centuries. The tendency in modern conversational French is to use minimal liaison and to pronounce mute **e**'s only to
prevent certain consonant clusters. Classical verse, however, is read
with maximum liaison, and the pronunciation of mute **e**'s is retained.
This convention is retained in modern poetry and song, as well as in
some dialects of French.

First note how English poetry works. English verse is based on the
count of stressed syllables only—the number of unstressed syllables between stresses may vary. This produces what is called stress-timed
rhythm.

Humpty-dumpty sat on a wall

Humpty-dumpty had a great fall

All the King's horses and all the King's men

Couldn't put Humpty together again.

French verse, on the other hand, is based on *syllable* count. (All syllables
have equal stress.) Mute **e**'s are retained everywhere except before
vowels. (They do not count for meter at the end of a line.) The
following children's song, with seven counted syllables per line, shows
how syllable-timed rhythm works. The tune is the same as our "Alphabet Song."

Ah vous dirais-je maman	*Ah should I tell you mama*
Ce qui cause mon tourment?	*That which causes my torment?*
Papa veut que je raisonne	*Papa wants me to reason*
Comm' une grande personne.	*Like a grown person.*
Moi je dis que les bonbons	*I say that candies*
Valent mieux que la raison.	*Are worth more than reason.*

EXERCICE   A.   Répétez après le professeur.

(This fable in verse form is well-known by every French school child.)

LE CORBEAU ET LE RENARD

Maître Corbeau, sur un arbre perché

Tenait en son bec un fromage.

Maître Renard, par l'odeur alléché,

Lui tint à peu près ce langage:

Hé! bonjour, Monsieur du Corbeau,

Que vous êtes joli! que vous me semblez beau!

Sans mentir, si votre ramage

Se rapporte à votre plumage,

Vous êtes le phénix des hôtes de ces bois.

À ces mots le Corbeau ne se sent pas de joie;

Et, pour montrer sa belle voix,

Il ouvre un large bec, laisse tomber sa proie.

Le Renard s'en saisit, et dit: Mon bon Monsieur,

Apprenez que tout flatteur

Vit aux dépens de celui qui l'écoute.

Cette leçon vaut bien un fromage sans doute.

Le Corbeau honteux et confus,

Jura, mais un peu tard, qu'on ne l'y prendrait plus.

Jean de la Fontaine (1621–95)

THE CROW AND THE FOX
Master Crow, perched in a tree
Held in his beak a piece of cheese.

Master Fox, enticed by the odor,
Addressed him in these words:
Ah, hello, Monsieur du Corbeau,
How pleasing you are! How handsome you seem!
It's no lie, if your singing
Can be compared to your plumage,
You are without compare among the inhabitants of these woods.
At these words, the Crow is beside himself with joy;
And, to show his beautiful voice,
He opens his beak wide, lets fall his prey.
The Fox seized it and said: My good Sir,
Learn that every flatterer
Makes a living at the expense of the one who listens to him.
This lesson is well worth a piece of cheese, no doubt.
The Crow, ashamed and embarassed,
Swore, but a bit late, that he wouldn't be taken like that again.

8.20 Vocabulaire supplémentaire

1. **L'écriture** (f.) writing, handwriting

   Il faut recopier cette dictée; l'____ est mauvaise.

   la **faute** mistake, fault

   C'est un accident—ce n'est pas ma ____.

   la **copie** copy, written paper

   Je ne peux pas accepter cette ____. Il y a six fautes en trois lignes!

   l'**orthographe** (f.) spelling

   Les idées sont bonnes, mais il y a plusieurs fautes d'____.

   effacer to erase

   Veux-tu ____ le tableau, Henri?

   le **cahier** notebook

   Il y a une tache d'encre (ink spot) sur cette page de ton ____.

   la **craie** chalk

   Voici une ____. Écrivez la phrase au tableau.

2. La **conduite** conduct, behavior

   Richard n'est pas toujours sage; il a eu un zéro de ____.

   la **honte** shame

   Tu ne sais pas la table de multiplication? N'as-tu pas ____?

   gronder to scold

   L'instituteur ____ les élèves qui n'ont pas fini leur devoir (homework).

   méchant, -e bad, mean, naughty

   Christine est une enfant difficile mais elle n'est pas ____.

   doué, -e gifted

   Cet élève est ____ pour les maths.

travailleur, -euse hard-working	Elle va certainement réussir. Elle n'est pas très douée, mais elle est _____.
3. **L'examen** examination	C'est un _____ difficile. J'espère qu'il va réussir.
passer (un examen) to take (an exam)	Je vais _____ l'examen à la fin de cette année.
échouer to fail	Tu vas _____ si tu n'étudies pas.
tricher to cheat	On ne peut pas _____ ; on nous surveille (*they're watching us*).
la **note** grade	Une _____ de 13, ce n'est pas mal du tout.
enseigner to teach	On apprend bien quand le professeur _____ bien.
4. **Faire sa toilette** to clean up	On fait sa _____ avant d'aller en classe.
1, 2 **se brosser les dents, les cheveux** to brush one's teeth, hair	
3 **se peigner** to comb one's hair	
4, 5 **se laver la figure, les mains** to wash one's face, hands	
6, 7 **prendre une douche, un bain** to take a shower, a bath	
8 **se raser** to shave	

5. Expressions populaires

C'est formidable. terrific	Tu as réussi? C'est ____!
C'est mortel. deadly, dull	Encore 100 pages à lire? C'est ____!
C'est sensationnel. fantastic	Quoi? Seize en latin! C'est ____!
C'est idiot. stupid	Un zéro de conduite à ton âge? C'est ____!
C'est dément. mad, crazy	Tu n'as pas étudié pour l'examen?! C'est ____!

8.21 | Variations sur le dialogue

1. Take the role of the teacher. Send students to the board to spell words or do arithmetic problems.
2. Take the role of Richard's parent and act out a conference with the teacher concerning his behavior and school work.
3. Explain what you do in the morning before going to class. Give the time schedule for a typical day.

8.30 The Prestige Dialect

To speak of "learning French" glosses over an important question: which variety of French? Languages are never perfectly uniform, but are composed of dialects which vary according to geographical region. These dialects offer differences in pronunciation, vocabulary, and grammar in varying degrees.

The dialect of French presented in this book is that of Northern France, around Paris. (The French often say that the "best" French is spoken in Touraine.) The primary justification for this choice is that foreigners generally prefer to learn the prestige dialect of a language. (Surprisingly, native speakers of language frequently share this desire, even when they are raised in an area which speaks a non-prestige dialect.)

But what defines the prestige dialect? Those who learn it as a child claim it's "more logical," or simply "sounds better," and not infrequently convince those who "speak with an accent" that this is true.

The linguist searches for more objective reasons. Historical events cause a certain segment of the population to hold economic and political power, and thus it comes to be admired and imitated (as in the case of "The King's English," for example). The prestige of a given dialect is further enhanced by great works of literature produced in it. When a dialect becomes the standard for teaching "correct" usage in school, when learned societies (such as the *Académie Française*) compile dictionaries and grammars to describe it, and when actors and radio announcers take lessons in it to "speak better," there is no wonder that speakers of other dialects feel insecure about the way they speak.

The amount of agreement on the proper way to speak French is surprisingly widespread. (For Spanish you must decide on either a Latin American or Peninsular variety; for English, either British or American.) Throughout the world, speakers of French appear to feel that *le français international* (the dialect represented in this text) is the best model for correct usage. Thus French-speaking Belgians, Canadians, Vietnamese, and Algerians tend to say that Parisian French "sounds best." Of course, these value judgements do not always determine the way people try to speak. Political independence may produce a reaction against the prestige dialect. Even though Americans evaluate the British accent as "elegant" or "pleasing," they do not generally adopt it, as to do so would sound "affected."

You may get some insight into how people are judged by their accent in the following way. Imagine you are in need of major surgery, and a specialist has been called in to perform the operation. What are your feelings if his accent is British? German? Spanish? Irish? French? One's reaction of confidence or alarm tends to vary according to an elaborate set of prejudices which are conditioned by previous ethnic contact. There is overwhelming evidence that the children of immigrants do not learn to speak English with an accent as their parents do, but select the English of their peers as a model. Small children sometimes understand, but refuse to speak, the native language of their immigrant parents. The power of the prestige dialect to influence our judgements about people is immense. You might repeat the above experiment by imagining the surgeon to be an American who speaks with a Midwestern, Southern, Boston, or New York accent. Some speakers of non-standard dialects, acutely aware of the prejudice their speech evokes, solve the problem by becoming bi-dialectal. They use the prestige dialect for professional contacts and reserve their native dialect for friends and family.

A standard dialect has the virtue of facilitating communication among the people who speak it. If historical events disrupt communication and isolate the speakers of a language from one another, dialectal differences tend to increase over time. The Latin language used to unite people over a wide area; but the fall of Rome caused the various dialects of Latin to become mutually unintelligible in just a few hundred years. Today, these dialects are called French, Spanish, Portuguese, Italian, and Romanian. The difference between "dialect" and "language" is a matter of degree.

8.31 The Reflexive Construction II

The reflexive construction in French has a higher frequency of occurrence than the English reflexive construction. The French reflexive may often be translated by a passive:

Strasbourg se trouve à l'est de Paris.	Strasbourg is found to the east of Paris.
Cela ne se fait pas.	That isn't done.

Reflexive constructions with a plural subject may be reciprocal in meaning:

Ils se parlent de temps en temps. They talk to each other from time to time.

Nous nous voyons tous les jours. We see each other every day.

The following reflexive constructions correspond to various non-reflexive verbs in English:

se méfier de to distrust	Il **se méfie** de tout le monde.
se moquer de to make fun of	Les autres **se moquent** de moi.
se souvenir de to remember	Vous **vous souvenez** de votre oncle?
se tromper (de) to be mistaken (about)	Je suis sûr que je ne **me trompe** pas (de route).
se passer to take place	Qu'est-ce qui **se passe?**

EXERCICES

A. Give an equivalent expression in French, using a reflexive.

MODÈLE: Qu'est-ce qui arrive? ➔ Qu'est-ce qui **se passe?**
On ne fait pas cela. ➔ Cela ne **se fait pas.**

1. Il n'a pas confiance en vous.
2. On ne dit pas cela.
3. Vous avez tort.
4. Paris est situé sur la Seine.
5. Jean aime Marie, et Marie aime Jean.
6. Il n'oublie pas ses amis.

8.32 Interrogative Pronouns

The interrogative pronoun **qui** (who?) refers to persons.

subj.	**Qui** est là?	*Who is there?*
obj.	**Qui** cherchez-vous?	*Who are you looking for?*
prep.	De **qui** parlez-vous?	*Who are you talking about?*
		(Of whom are you speaking?)

The pronouns **que** and **quoi** refer to things.

obj.	**Que** faites-vous ce soir?	*What are you doing this evening?*
prep.	De **quoi** avez-vous besoin?	*What do you need?*

▲ NOTE: The question form **Quoi?** (What?) may be used alone, as in **Quoi? Tu es sûr?** (What? Are you sure?). This usage is considered familiar. The polite equivalent is **Comment?** (Pardon?).

The interrogative pronouns may be followed by a relative pronoun, which indicates subject or object. These long forms serve to add emphasis.

PERSONS	*subject*	Max est là.	**Qui est-ce qui** est là?
	object	Je vois Max.	**Qui est-ce que** tu vois?
THINGS	*subject*	Ça ne va pas.	**Qu'est-ce qui** ne va pas?
	object	J'aime ça.	**Qu'est-ce que** tu aimes?

The short form **que** is not used as subject; the long form **qu'est-ce qui** is always used instead. One may say either **Que faites-vous?** or **Qu'est-ce que vous faites?**, but only **Qu'est-ce qui se passe?**

EXERCICES

A. Traduisez en employant **qui?**, **que?** ou **quoi?**

1. Who's talking to Mme Lebrun?
2. What's she doing?
3. What's going on?
4. Who is he talking with?
5. What is he talking about?

B. Transformez.

MODÈLE: Qui est là?

➤**Qui est-ce qui** est là?

1. Que faites-vous?
2. Qui cherchez-vous?
3. Que voulez-vous?
4. Qui sait la réponse?
5. Que veut dire ce mot?

C. Posez la question.

MODÈLE: Il y a quelque chose qui se passe dans la rue.

—**Qu'est-ce qui** se passe?

À quoi pense-t-il?

1. Quelqu'un parle à la concierge.
2. Il pense à quelque chose.
3. Je vois quelqu'un.
4. Elle écrit quelque chose.
5. Elle sort avec quelqu'un.

The expression **Qu'est-ce que c'est que...?** is invariable in form, and calls for a definition of the noun or pronoun which follows:

Qu'est-ce que c'est qu'un cancre?
—C'est un élève qui n'est pas intelligent.

Qu'est-ce que c'est que ça?
—C'est un truc qui sert à ouvrir les boîtes de conserves.

This may be shortened to **Qu'est-ce que ...?**, which is less emphatic.

Qu'est-ce que la democratie?

D.   Donnez une définition avec les mots indiqués.

1. Qu'est-ce qu'un élève?   (enfant / aller / école primaire)
2.   la craie?   (quelque chose / servir à / écrire / tableau
3.   un instituteur?   (quelqu'un / enseigner / école primaire)
4.   un chapeau?   (chose / vous / mettre / sur la tête)
5.   le C.E.P.?   (examen / on / passer / à la fin de l'école primaire)
6.   un professeur?   (quelqu'un / enseigner / école secondaire / université)

8.33 Passé Composé I *(avoir)*

The *passé composé* is so named because it is a past tense of the verb and is composed of an auxiliary and a past participle.   Note these examples from the dialogue (translation always depends on context).

	auxiliary	*past participle*	
la leçon	**a**	**commencé.**	*(the lesson has begun, began)*
il	**a**	**appris sa leçon.**	*(he has learned, learned his lesson)*
elle	**a**	**oublié sa leçon.**	*(she has forgotten, forgot her lesson)*
elle	**a**	**entendu. . .**	*(she has heard, heard)*
j'	**ai**	**parlé. . .**	*(I have spoken, spoke)*
elle	**n' a pas**	**reconnu. . .**	*(she hasn't recognized, didn't recognize)*

The *passé composé* of the verbs shown consists of the present tense of **avoir** followed by the past participle:

j'**ai**	
tu **as**	**commencé**
il **a**	**entendu**
nous **avons**	**appris**, etc. . .
vous **avez**	
ils **ont**	

The form of the past participle varies as follows:

	infinitif	*présent*	*passé composé*
1.	**parler**	je parle	**j'ai parlé**
	commencer	je commence	**j'ai commencé**
	oublier, etc. . .	j'oublie	**j'ai oublié**

2.	**attendre**	j'attends	**j'ai attendu**
	entendre	j'entends	**j'ai entendu**
	répondre, etc...	je réponds	**j'ai répondu**
3.	**finir**	je finis	**j'ai fini**
	choisir, etc...	je choisis	**j'ai choisi**
	dormir	je dors	**j'ai dormi**
	servir	je sers	**j'ai servi**
4.	**ouvrir**	j'ouvre	**j'ai ouvert**
	offrir, etc...	j'offre	**j'ai offert**

▲ NOTE: A few verbs in these groups form the *passé composé* with **être,** for example: **arriver**   je **suis arrivé; partir**   je **suis parti** (These will be studied in Chapter 9).

Apart from the patterns shown above, it is impossible to predict the form of the past participle from other forms of the verb.

infinitif	*présent*	*passé composé*
avoir	j'ai	**j'ai eu** (eu: /y/)
boire	je bois	**j'ai bu**
connaître (reconnaître)	je connais	**j'ai connu**
dire	je dis	**j'ai dit**
écrire	j'écris	**j'ai écrit**
être	je suis	**j'ai été**
faire	je fais	**j'ai fait**
mettre	je mets	**j'ai mis**
pouvoir	je peux	**j'ai pu**
prendre (comprendre, apprendre)	je prends	**j'ai pris**
savoir	je sais	**j'ai su**
suivre	je suis	**j'ai suivi**
voir	je vois	**j'ai vu**
vouloir	je veux	**j'ai voulu**

EXERCICES   A.   Répondez à l'affirmatif.

MODÈLE: Vous avez commencé?
   —Oui, j'ai commencé.

1. Vous avez fini?
2. Vous avez entendu?
3. Vous avez ouvert la lettre?
4. Vous avez oublié?
5. Vous avez dormi?
6. Vous avez compris?

B. Répondez selon le modèle.

MODÈLE: J'ai choisi. Et vous deux?
—Nous avons choisi **aussi.**

1. J'ai fait le nécessaire. Et Jean?
2. J'ai eu mal à la tête. Et Hélène?
3. J'ai répondu à la première question. Et les autres?
4. J'ai bu un peu de vin. Et vous deux?
5. J'ai été en France. Et toi?

The *passé composé* is likely to be used with adverbial expressions indicating past time.

déjà	already	Il **a déjà vu** ça.
hier	yesterday	Il **a fait** beau **hier.**
hier soir	last night	J'ai bien **dormi hier soir.**
l'année passée	last year	Tu **as suivi** ce cours **l'année passée?**
la semaine dernière	last week	Nous **avons passé** l'examen **la semaine dernière.**
il y a . . .	. . . ago	Elle **a quitté** le bureau **il y a trois** minutes.

EXERCICE

C. Transformez comme indiqué.

MODÈLE: Je lui parle. (hier)
→Je lui **ai parlé hier.**

1. Il prend sa décision.   (hier)
2. Je réponds à sa lettre.   (la semaine dernière)
3. Nous buvons du vin.   (hier soir)
4. Elle finit.   (il y a un quart d'heure)
5. Je vois mes parents.   (l'année passée)
6. La classe commence.   (déjà)

The negative and interrogative processes are performed on the auxiliary. This has the effect of placing the past participle last in the *passé composé* construction.

	auxiliaire		*participe passé*
affirm.	on	**a**	dit
interr.		**a-t-on**	fini?
negat.	on **n'a**	**pas**	vu
neg. interr.		**n'a-t-on pas**	commencé?

D.   Mettez au négatif.

> MODÈLE: Il a fini.
> →**Il n'a pas fini.**

1. J'ai voulu partir.
2. Tu as compris.
3. Elle a mis son chapeau.
4. Nous avons pu finir.
5. Ils ont entendu la réponse.

E.   Répondez au négatif.

> MODÈLE: Avez-vous répondu? (Non)
> —Non, je **n'ai pas répondu.**

1. Avez-vous écrit cette lettre?
2. As-tu échoué?
3. A-t-elle dormi?
4. Avez-vous vu le cahier?
5. A-t-il ouvert la lettre?

8.34 The Verbs *lire* and *rire*

INFINITIF		PRÉSENT	PARTICIPE PASSÉ
lire *to read*	je lis tu lis il lit	nous lisons vous lisez ils lisent	**lu** j'ai lu, etc...
rire *to laugh*	je ris tu ris il rit	nous rions vous riez ils rient	**ri** j'ai ri, etc...

EXERCICES   A.   Répondez selon le modèle.

> MODÈLE: Qu'est-ce que tu lis? (un livre)
> —**Je lis un livre.**

1. Qu'est-ce que vous lisez? (un roman [*novel*] de Balzac)
2. Où avez-vous lu ça? (dans le journal [*newspaper*])
3. Qu'est-ce qu'ils lisent, les élèves? (une histoire [*story*] amusante)
4. Est-ce que je lis en silence? (Non, à haute voix [*aloud*])
5. Qu'est-ce qu'on va lire? (un article intéressant)

B.   Répondez selon le modèle.

> MODÈLE: Pourquoi est-ce qu'on rit? (à cause de ses grimaces
> [*funny faces*])
> —**On rit à cause de ses grimaces.**

1. Pourquoi riez-vous? (à cause de cette histoire amusante)

2. Ils ont ri de vous? (Oui, à cause de ma prononciation)
3. Pourquoi ris-tu? (parce que c'est comique)
4. Ils ne rient pas? (Non, parce que c'est tragique)
5. Vous n'avez pas ri? (Non, parce que cette histoire m'a touché)

■■

8.40 Vocabulary Study (preparation for reading)

1. Substantifs

le **témoin** witness	La police a interrogé **le témoin.**
la **paresse** laziness	Elle ne travaille pas—c'est de la **paresse.**

Cognates:

la **sanction** sanction, punishment

la **scène** scene, stage

le **sens** meaning, sense, direction

le **candidat** candidate

le **visiteur** visitor

l'**accusé (e)** the accused

2. Verbes

dresser to draw up, organize	Il **a dressé** une liste de mots à étudier.
rêver to dream	Je **rêve** aux vacances.
pleurer to cry	Ne **pleure** pas. Ce n'est pas si grave que ça.

3. Adjectifs

efficace effective	Cette méthode est très **efficace.**
peu soigné (e) careless	Son travail est **peu soigné.**
bête stupid, unintelligent	Je suis **bête**—j'ai oublié mon cahier.
moqueur (-se) mocking	Elle est **moqueuse;** elle ne prend rien au sérieux.

4. Expressions diverses

par-dessus le marché into the bargain; to boot	La phrase n'a pas de sens et il y a une faute de grammaire **par-dessus le marché.**
au lieu de instead of	Il rêve aux vacances **au lieu d'**étudier.

READING SELECTION

8.41　À l'école

En classe, une des sanctions les plus efficaces consiste à faire honte à l'élève et à dresser les autres contre lui.　Un jour, dans la classe de Madame Vernet, j'ai été témoin de la scène suivante:

«Ah, Monsieur, vous arrivez au bon moment,» dit l'institutrice.　«Regardez cette dictée.　Avez-vous jamais vu quelque chose de si peu soigné, de si mauvais?　Six fautes en trois lignes, et une tache d'encre par dessus le marché!　Regardez, Monsieur, elle a écrit *ses* au lieu de *c'est,* et la phrase n'a plus de sens.　C'est stupide, stupide!　Et pourtant, elle n'est pas bête, cette petite.　C'est de la paresse.　Elle travaille bien quand elle le veut.　Mais non, elle préfère rester là à rêver sur sa chaise!　Et dire qu'elle veut se présenter au Certificat!　Quelle honte pour l'école et pour ses parents!　Je ne vais pas la présenter.　Un candidat qui écrit *ses* dans une dictée au lieu de *c'est* ne peut pas réussir!»

Situation délicate pour le visiteur.　Les autres élèves rient d'un air moqueur.　L'accusée se met à pleurer.

«C'est ça.　Maintenant vous pleurez.　Cela ne vous aide pas à écrire une dictée.　Non, vous allez rester à l'école après la classe.　Et nous allons refaire cette dictée!»

D'après Laurence Wylie et Armand Bégué, *Village en Vaucluse.*
(Boston: Houghton Mifflin Co., 1961)

8.42 Vocabulary Study (preparation for reading)

1. Substantifs

le **cancre** poor student, dunce	Il ne va jamais réussir à l'école—c'est un **cancre.**
le **cœur** heart	Il n'est pas intelligent, mais il a bon **cœur.**
le **fou rire** fit of laughter	Le **fou rire** me prend quand la situation est comique.
le **chiffre** figure, number	Cette addition n'est pas correcte. Il faut vérifier les **chiffres.**
le **piège** trap, trick question	C'est une question difficile, un **piège.**
la **menace** threat	Le silence a suivi les **menaces** du maître.
la **huée** hoot, jeer	Les **huées** des élèves m'ont énervé.
le **prodige** prodigy	C'est un génie cet enfant; un vrai **prodige.**
le **malheur** unhappiness, misfortune	Un zéro de conduite? Quel **malheur!**
le **visage** face	Il y a de nouveaux **visages** dans la classe cette année.
le **bonheur** happiness, good fortune	Il a obtenu la mention «très bien»? Quel **bonheur!**

2. Verbes

dessiner to draw	Les enfants aiment **dessiner** au tableau.

3. Adverbes

debout standing	Il n'y a pas de place; ils restent **debout.**
soudain suddenly	J'ai **soudain** oublié la réponse.

8.43 Le Cancre

Those who are not gifted academically find the French educational system less than satisfying. The following poem expresses a touching protest.

LE CANCRE

Il dit non avec la tête
mais il dit oui avec le cœur
il dit oui à ce qu'il aime
il dit non au professeur
il est debout

on le questionne
et tous les problèmes sont posés
soudain le fou rire le prend
et il efface tout
les chiffres et les mots
les dates et les noms
les phrases et les pièges
et malgré les menaces du maître
sous les huées des enfants prodiges
avec des craies de toutes les couleurs
sur le tableau noir du malheur
il dessine le visage du bonheur.

Jacques Prévert
Paroles (Paris: Gallimard, 1949)

8.44 | Résumé

a) 1. En classe, on n'hésite pas à faire ____ à l'élève.

2. L'institutrice montre au visiteur une mauvaise ____.

3. L'élève n'est pas bête: elle fait des fautes à cause de la ____.

4. L'institutrice dit qu'elle ne va pas présenter l'élève au ____.

5. Le visiteur trouve que la situation est ____.

6. Il faut ____ la dictée après classe.

b) 1. Le cancre ne peut pas répondre quand le professeur le ____, et le ____ le prend.

2. Il ____ tous les mots au tableau.

3. Il dessine le visage du ____, malgré les ____ du maître et les ____ des enfants.

UNIT 9

9.00 Dialogue Notes

A comment often heard from the French who visit or live in the United States is that the people are "open" and "cordial." (This generalization is naturally dependent on the nature of one's social contact—a negative assessment of the entire population can sometimes be traced to a small number of disagreeable encounters!) If Americans appear "friendly" to the French, it seems to be due to our love of the "informal" (almost impossible to translate in French). We are quite ready to adopt a first-name basis with strangers, and it is not unusual to receive an invitation to the home of an acquaintance in a relatively short time.

Since these cultural features are not the custom in France, an American abroad may feel that the French are "too formal," and that it is "hard to make friends." But the careful observer will note that social contact is made in France by gradual steps. One's general character is observed for a prolonged period before overtures are made, and the process cannot be rushed. An event such as an invitation to dinner occurs after a friendship has been established.

This difference between the two cultures results in an interesting paradox. The same Frenchman who finds Americans friendly often complains that his social contacts are "superficial," that a meaningful relationship is difficult to achieve. There seems to be no follow-up after the initial overtures. And the American, once he has established a friendship, discovers that the French make a sharper distinction between "friend" and "acquaintance" than Americans do. A friendship may thus make him feel uncomfortable, too involved.

A reconciliation of these differences in points of view requires an understanding of what one is expected to talk about in the two cultures. The French are generally willing to discuss with friends the fundamental aspects of life, such as birth, sex, pleasure, pain, and death. Individuals naturally vary in their personal value judgements about *la condition humaine,* and differences of opinion are expected. But this does not prevent one from discussing openly life's problems. The American usually avoids areas of disagreement with friends, as well as any subject which may be "unpleasant." Expressions of emotions are typically met with embarassed silence. This is puzzling to the French, who are less inhibited in this respect. As a result, Anglo-Saxons are stereotyped as "cold" and given to "understatement"; the French are viewed as "passionate" and "excitable."

The French willingness to discuss openly emotional concerns accounts for their annoyance at expressions like "he passed away" for "he died." Such euphemisms, or substitutions for unpleasant words, make it difficult to express what is considered the reality of the situation. The French, moreover, are inclined to be somewhat pessimistic about life, and this runs counter to the Americans' relatively more optimistic point of view.

The following lines are from a poem entitled *Consolation à M. du Périer* by Malherbe (1555–1628), which was written for a friend whose daughter died young.

> Mais elle était du monde, où les plus belles choses
> Ont le pire destin;
> Et rose elle a vécu ce que vivent les roses,
> L'espace d'un matin.

> *But she was of the world, where the most beautiful things*
> *Have the worst fate;*
> *And rose, she lived as the roses live,*
> *The space of a morning.*

NARRATEUR

Jacques est venu passer la soirée chez son vieil ami, Lucien. Ils sont en train d'achever une bonne bouteille et restent un moment à table après le dîner pour parler du bon vieux temps.

LUCIEN

Dis-donc, Jacques, ça va bien faire 12 ans que je ne t'ai pas vu?

JACQUES *(il calcule)*

Plutôt 15. C'est en soixante que je suis allé m'installer à Rennes.

LUCIEN *(rêveur)*

Comme les années passent. Tu n'as pas beaucoup changé!

JACQUES

Oh que si. Je suis grand-père, tu sais.

LUCIEN

Pas vrai! Ta petite Claudine est maman?

JACQUES

Eh oui. Mon premier petit-fils est né le 3 février.

NARRATEUR

Lucien pousse un grand soupir, ferme les yeux et se passe la main sur le front. Il pense à son fils qui est mort en Algérie.

JACQUES

Qu'est-ce que tu as, mon vieux?

LUCIEN

Rien. C'est que Philippe me manque toujours autant.

JACQUES

Je comprends. La vie est vraiment cruelle.

LUCIEN

À qui le dis-tu? Il est tellement difficile d'accepter sa mort.

JACQUES

On se demande parfois «à quoi bon?»

LUCIEN

Allez, assez de vieux souvenirs. Viens prendre le café.

NARRATEUR

Les deux amis se lèvent et passent au salon.

9.02 | Dialogue Translation: That's life

NARRATEUR. Jacques has come to spend the evening with his old friend Lucien. They are in the process of finishing a good bottle (of wine) and remain a moment at the table after dinner to talk about the good old days.

LUCIEN. Say, Jacques, will it really be 12 years since I've seen you?

JACQUES (he figures). More like 15. It was in '60 that I went to settle in Rennes.

LUCIEN (musing). How the years pass. You haven't changed much!

JACQUES. Oh yes I have. I'm a grandfather, you know.

LUCIEN. You're not serious! Your little Claudine's a mother?

JACQUES. Oh yes. My first grandson was born February 3rd.

NARRATEUR. Lucien heaves a great sigh, closes his eyes, and rubs his forehead. He thinks about his son who died in Algeria.

JACQUES. What's the matter, old man?

LUCIEN. Nothing. It's just that I miss Philippe just as much as ever.

JACQUES. I understand. Life is truly cruel.

LUCIEN. You're telling me? It is so difficult to accept his death.

JACQUES. One sometimes wonders what for.

JACQUES. Come on now—enough old memories. Come have coffee.

NARRATEUR. The two friends get up and go into the living room.

Vocabulary

la **bouteille** bottle
l'**expérience** *(f.)* experience
le **front** forehead, brow
la **maman** mother, mama
l'**œil** *(m.)*, les **yeux** eye
le **salon** living room
la **soirée** evening (as a period of time, event)
le **souvenir** memory
la **tragédie** tragedy
la **vie** life

cruel, -le cruel
gai, -e gay, happy
personnel, -le personal

rêveur, -se musing, dreamy
triste sad
vrai, -e true

mort, -e dead
né, -e born

VERBS AND MODIFIERS

achever to finish (off), bring to a conclusion;
achever une bouteille de vin,
discuter to discuss
une discussion
s'installer to establish oneself, settle
manquer to miss

manquer un train
manquer à quelqu'un; Le fils manque à son père.
The father misses his son.
pousser un soupir to heave a sigh, to sigh

(être) en train de (to be) in the act of, engaged in
autant as much
autant de as much, as many
comme how: **comme les années passent**
parfois sometimes
plutôt rather, sooner

9.03 Questionnaire

A. Répondez d'après le dialogue.

1. Ça va faire combien d'années que Lucien n'a pas vu Jacques?
2. En quelle année Jacques est-il allé s'installer à Rennes?
3. Est-ce que Jacques a beaucoup changé?
4. Où est-il mort, le fils de Lucien?
5. Est-ce que Philippe lui manque?
6. Où vont-ils prendre le café?

B. Demandez ou dites en français.

1. Dites à quelqu'un que c'est en soixante que vous êtes allé à Rennes.
2. Dites à quelqu'un qu'il n'a pas beaucoup changé.
3. Dites à quelqu'un que votre petit-fils est né le 3 février.
4. Demandez à quelqu'un ce qu'il a.
5. Dites à quelqu'un que Philippe vous manque.
6. Dites à quelqu'un de venir prendre le café.

C. Répondez d'après votre expérience.

1. Avez-vous un ami qui est mort jeune? Comment est-il mort?
2. Avec qui peut-on discuter une tragédie personnelle?
3. Trouvez-vous que c'est plus tragique d'être mort à la guerre ou dans un accident d'automobile?
4. La vie, est-elle gaie ou triste?

9.10 Pronunciation of Consonants

The all-or-none nature of word-final consonants was stressed in section 3.11. A clear distinction between pronounced and unpronounced final consonants is essential. The distinction often serves to mark masculine and feminine in the adjective system, as well as singular and plural in the present tense of two-stem verbs:

vert	verte	il part	ils partent
gros	grosse	il finit	ils finissent
américain	américaine	il vient	ils viennent
gris	grise	il lit	ils lisent

EXERCICE A. Répétez après le professeur.

1. mon premier petit-fils
   ma première petite-fille
2. une bonne bouteille
   un bon vin
3. la petite Française
   le petit Français
4. il prend un verre
   ils prennent un verre
5. elle met son chapeau
   elles mettent leur chapeau
6. il ne sait pas
   ils ne savent pas

A further refinement of your pronunciation is possible once you have achieved even stress (see 1.13) and smooth syllabification (see 5.10). Initial consonants in French are pronounced without aspiration — that is, a burst of air which accompanies an energetic release of a consonant. (American radio announcers have to learn not to "pop" their **p**'s, **t**'s, and, to a lesser extent, their **k**'s, as the puff of air on a microphone makes a disagreeable noise.)

Compare your instructor's pronunciation:

That's *t*errible!	**C'est terrible!**
It's im*p*ortant!	**C'est important!**

Aspiration of consonants in French is less likely to occur if all syllables receive equal stress, and there are no slight pauses between words.

EXERCICE B. Répétez après le professeur.

1. Ils restent à table.
2. On parle du bon vieux temps.
3. Comme les années passent.
4. Tu n'as pas beaucoup changé.
5. Ta petite Claudine est maman?
6. Il pense à son fils.
7. Qu'est-ce que tu as?

1. Le **sentiment** feeling

   Quels sont vos _____ à cet égard? *(in this matter)*

   éprouver to feel, experience

   Il n'a rien compris, il n'a rien _____.

   le **bonheur** happiness

   J'ai éprouvé un sentiment de _____ à son succès.

   le **désespoir** despair

   Sa femme est morte. Il est au _____.

   l'**amitié** *(f.)* friendship

   Ils sont amis. Leur _____ dure depuis longtemps. *(has lasted a long time)*

   la **tristesse** sadness

   Sa _____ est devenue une mélancolie habituelle.

2. **Sensible** sensitive

   Elle est très _____ à nos besoins.

   rendre *(+ adj.)* to make someone *(+ adj.)*

   Cette nouvelle va le _____ furieux.

   pénible painful

   Je ne veux pas vous dire des choses _____.

   soulagé relieved

   Nous sommes _____; tout va bien.

   heureux, -se happy

   Son mariage l'a rendue _____.

   cynique cynical

   Il est toujours _____; il n'a confiance en personne.

3. Les **expressions du visage** facial expressions

   le **sourire** smile

   lever les sourcils to raise one's eyebrows

   froncer les sourcils to frown

   faire un clin d'oeil to wink

   le **visage fermé** guarded expression

4. **Pour ainsi dire** so to speak

   Il est, _____, mort de fatigue.

   mettre les pieds dans le plat to make a blunder (to put one's foot in the plate)

   Il a dit quelque chose d'embarrassant. Il a mis _____.

   avoir les yeux plus gros que le ventre to have eyes bigger than one's stomach

   Il est beaucoup trop ambitieux. Il a _____.

taper sur les nerfs to get (strike) on one's nerves	Ça me rend nerveux. Ça me tape _____.
La moutarde lui monte au nez. He's getting angry. (The mustard is rising to his nose.)	Il se met en colère *(anger)*. La moutarde _____.
se **tourner les pouces** to twiddle *(turn)* one's thumbs	Il n'a rien à faire. Il se tourne _____.
5. La **passion** strong emotion, passion	Sa _____ pour elle est devenue une obsession.
l'**amour** love	Il est allé à la guerre pour _____ de la patrie *(homeland)*.
la **haine** hate	Sa famille a beaucoup souffert. Sa _____ pour les nazis n'a jamais diminué *(diminished)*.
le **dégoût** disgust	J'ai éprouvé du _____ pour cet homme répugnant.
la **colère** anger	Il est devenu rouge de _____.
la **joie** joy	Elle est toujours gaie. Elle a une grande _____ de vivre.

9.21 | Variations sur le dialogue

1. Imagine a conversation with an old friend whom you've not seen for years. Bring each other up to date on what you are doing now.
2. Give a definition by example of the abstract terms introduced in the *Vocabulaire Supplémentaire*. Examples:

PROFESSEUR: Qu'est-ce que le bonheur? La colère?
ÉTUDIANT(E): Le bonheur, c'est quand j'ai beaucoup d'argent.
La colère, c'est quand on se moque de moi.

9.30 Le Mot Juste

In the preceding chapter (section 8.30) it was pointed out that studying a language involves selecting a particular dialect to imitate. The dialect chosen can usually be identified geographically and is considered by speakers of the language as a standard which should serve as a model of correct usage.

— Moi, je ne trouve pas que ça
vous change tellement !

— N'ayez pas peur, toréador,
il n'est pas méchant !

But this does not present the full picture. In addition to the geographic dimension of *dialect,* one must also consider the social dimension of *register,* or style of speech. We all vary our vocabulary, pronunciation, and sentence construction according to the social context. You can easily supply the circumstances in which the following expressions, roughly equivalent in meaning, are appropriate:

"Oh, I beg your pardon."	"Whoops, sorry about that."
"Certainly not, Sir."	"No way, man."
"The child has been over-indulged."	"The kid's spoiled rotten."

These examples of formal and informal styles of expression do not exhaust all of the distinctions which can be made to reflect relative social status, professional identity, degree of familiarity, psychological distance, and position of authority in the culture.

The different levels of language usage, from refined expression to slang, indicate that speaking a language like a native involves learning a number of alternate ways of saying the same thing. It is as if we learn several grammars, with partially overlapping vocabularies and constructions. After the common core (or that part of the language which is necessary for any speech register) has been mastered, one begins a learning task which must be viewed as open-ended, since not even native speakers control all the possibilities of a language.

The complexities and subtleties of choosing the right way to say things does not become a problem until the ability for basic communication has been achieved. Children, for example, are excused for the straightforward style of their speech, especially if they are polite. This courtesy is usually extended to foreigners as long as their accent and speech pattern signal that they are not to be held responsible for the normal adult standards of correctness. This yields an interesting problem for talented language-learners: as soon as their speech can be judged as nearly native, they are held more strictly accountable for what they say. Small errors can then produce large misunderstandings. (A sense of humor, in this situation is helpful.)

Foreigners are expected not to use slang, familiar expressions, insults, or swear words. The most acceptable speech for second-language learners is bland, rather impersonal, and a bit bookish. When you are fluent in this style of speech, you may receive the curious compliment to the effect that you speak "better than most native speakers," as the way you talk is judged to be like that of educated speakers and free of "sub-standard" expressions. Of course the fact that any comment at all is made about the way you speak indicates that you are judged to be a foreigner. You may even be told that you sound "just like the French," which is naturally never said to a Frenchman.

The French have the reputation of insisting that if you speak French, you should speak it well. This may derive in part from the fact that French children are schooled in *le bon usage,* and are quite accustomed to being corrected. Thus the French consider it helpful rather than offensive to correct a foreigner's speech. A concern for *le mot juste* (the exact word) is taught at an early age, and one likes to quote the 18th century writer Antoine de Rivarol: «*Ce qui n'est pas clair n'est pas français.*» Moreover it is not unusual for French people to have studied English as a second language for 8 to 10 years. If it is apparent that your host's English is better than your French, you may have the frustrating experience of asking a question in French and getting an answer in English. (You may feel a bit put down, even if your host is simply eager to practice his English.) The impression that French people are intolerant of poorly spoken French can be traced more directly to the experience of tourists in Paris, where foreigners are by no means a novelty and busy people are impatient to get about their business.

Linguistic chauvinism, or the notion that one's own language is inherently superior as a means of communication, is simply one aspect of ethnocentrism. Americans are often accused of being chauvinistic with regard to English. Travelers abroad expect, sometimes unconsciously, that speakers of English will be available to assist in all essential functions. The widespread knowledge of English as a second language is occasionally offered as a reason for not studying foreign languages.

---

a. What sort of experience would a non-English speaking tourist have with a cab driver in New York?

b. What style of English do you expect foreigners to speak?

9.31   The Demonstrative Pronoun

SING.	*masc.*	celui
	fem.	celle
PLUR.	*masc.*	ceux
	fem.	celles

Ce café-là. **Celui** qui est en face du parc.
Cette page-là. **Celle** que vous lisez.

Ces hommes-là. **Ceux** qui parlent.
Ces femmes-là. **Celles** qui sont assises.

The demonstrative pronoun points out something. It corresponds to a noun modified by a demonstrative noun marker, and may be translated as "the one," "the ones," or "this one," "that one," "these," "those." The demonstrative pronoun is always modified by a relative clause, by **-ci** or **-là,** or by a prepositional phrase:

Quelle voiture?   **Celle** qui est blanche. *(the one which is white)*
                    Celle-ci ou **celle-là?** *(this one or that one?)*
                    Celle de Pierre. *(Pierre's)*

EXERCICES   A.   Répondez en employant le pronom démonstratif qui convient.

MODÈLE: Vous voulez ce livre-ci ou ce livre-là?

—**Celui-là,** s'il vous plaît.

1. Vous préférez cette robe-ci ou cette robe-là?
2. Vous achetez ces cigarettes-ci ou ces cigarettes-là?
3. Vous prenez ce sandwich-ci ou ce sandwich-là?
4. Vous voulez ces disques-ci ou ces disques-là?
5. Vous choisissez cette photo-ci ou cette photo-là?

B.   Répondez selon le modèle.

MODÈLE: Quel livre lisez-vous?   (Le livre que vous m'avez donné.)

—**Celui** que vous m'avez donné.

1. Quelles photos préférez-vous? (Les photos qui sont en couleur.)
2. Quel film voulez-vous voir? (Le film de Truffaut.)
3. Quelle voiture va-t-on acheter? (La voiture de Pierre.)

4. Quels auteurs faut-il lire? (Les auteurs qui sont sur la liste.)

5. Quelle lettre cherchez-vous? (La lettre que vous lisez.)

9.32 The Indefinite Demonstratives *(ceci, cela; ce qui, ce que)*

The demonstrative pronouns **celui, celle, ceux, celles,** mark gender and number and therefore replace some noun which has been mentioned previously. (This noun is called the "referent".) If you do not refer to a particular noun, an indefinite pronoun must be used.

Écoutez **ceci:** Marc et Claudine vont divorcer.	*Listen to this: Marc and Claudine are going to get divorced.*
Que pensez-vous de **cela?**	*What do you think of that?*
Cela m'est égal.	*It's all the same to me. I don't care.*

▲ NOTE: **Cela** may be contracted to **ça,** which is a bit less formal.

Ça ne fait rien. *It doesn't matter.*

Ceci and **cela** may be contrasted:

L'un dit **ceci,** l'autre dit **cela.** *One says this, the other says that.*

The pronoun **ce** is quite restricted in usage. It is used with the verb **être** simply to present what follows. (cf. section 2.34)

C'est toi, Marie?
Est-ce vrai?
Ce sont des insectes, n'est-ce pas?
C'est que j'ai des choses à faire.

Ce plus a relative pronoun indicates an indefinite referent. You will recall (section 7.34) that the relative **qui** indicates subject and **que** object, in the dependent clause.

Ce qui and **ce que** correspond to "that which" or "what."

subject	*object*
Faites ce qui est nécessaire.	**Faites ce que vous voulez.**
Do that which is necessary.	Do that which you want.
Dites-moi ce qui se passe.	**Dites-moi ce qu'il a dit.**
Tell me what is going on.	Tell me what he said.

EXERCICES　　A.　Traduisez.

1. Mon petit-fils n'est pas plus grand que ça.

2. Ils ont parlé un peu de ceci et un peu de cela.

3. Ce n'est pas possible, ça!

4. Ceci va être très intéressant.

5. Ça lui est égal si on reste ou si on part.

6. C'est que je suis très pressé ce matin.

B. Faites une phrase avec **ce qui** selon le modèle.

MODÈLE: C'est intéressant.

—Dites-moi **ce qui** est intéressant.

1. C'est amusant.   4. C'est bizarre.
2. C'est impossible.   5. C'est nécessaire.
3. C'est formidable.

C. Faites une phrase avec **ce que.**

MODÈLE: J'ai dit quelque chose.

—Dites-moi **ce que** vous avez dit.

1. J'ai fait quelque chose.
2. Je vais faire quelque chose.
3. Je veux quelque chose.
4. J'ai acheté quelque chose.
5. J'ai vu quelque chose.

The indefinite relative is used as follows after questions:

Qu'est-ce **qui** se passe?   —Je ne sais pas **ce qui** se passe.
Qu'est-ce **qu'**il a dit?   —Je ne sais pas **ce qu'**il a dit.

▲ NOTE: The following construction is possible in emphatic style:

Qu'est-ce que c'est que   —Je ne sais pas ce que c'est que
«l'horizon»?   «l'horizon».

EXERCICE   D.   Répondez avec **«Je ne sais pas. . .»**

1. Qu'est-ce qu'il a dit?
2. Qu'est-ce qui est amusant?
3. Qu'est-ce qu'elle a vu?
4. Qu'est-ce que c'est qu'un «bachot»?
5. Qu'est-ce qu'on va faire?

9.33 Object Pronouns with the *Passé Composé*

You learned (section 8.33) that the negative and interrogative involve the auxiliary in the *passé composé* construction. The past participle is always added last.

	AUXILIAIRE			PARTICIPE PASSÉ	
Ils	ont				
Ils n'	ont	pas		passé	leurs vacances ensemble.
	Ont-	ils			

Object pronouns are always placed immediately before the auxiliary.

	AUXILIAIRE		PARTICIPE PASSÉ	
Je	t'ai		vu,	Jacques.
Je	vous ai		vue,	Madame.
Je	les ai		vus,	les gosses.
Je ne	t'ai	pas	vu,	Jacques.
Je ne	vous ai	pas	vue,	Madame.
Je ne	les ai	pas	vus,	les gosses.

▲ NOTE: The past participle reflects agreement in gender and number when a direct object *precedes* the auxiliary **avoir.**

J'ai vu Hélène.   ➡ Je l'ai vu**e.**

J'ai vu Hélène et Marie. ➡ Je **les** ai vu**s.**

This applies only to a direct object. No agreement is made for the indirect object.

J'ai parlé à Hélène.   ➡ Je **lui** ai parlé.

J'ai parlé à Hélène et à Marie. ➡ Je **leur** ai parlé.

EXERCICES A. Remplacez le nom par le pronom convenable.

MODÈLE: J'ai vu les autres.

➡ Je **les** ai **vus.**

1. Il a vu les autres.
2. Nous avons vu les autres.
3. Elles ont vu les autres.
4. Vous avez vu les autres.
5. On a vu les autres.

B. Répondez au négatif.

MODÈLE: Est-ce que vous les avez vus?

—Non, je **ne** les ai **pas** vus.

1. Est-ce que vous l'avez trouvé?
2. Est-ce que vous lui avez parlé?

3. Est-ce que vous les avez achetés?
4. Est-ce que vous leur avez écrit?
5. Est-ce que vous l'avez vue?

Since the past participle is always added last, certain combinations of subject, object, and auxiliary have a high enough frequency of occurrence to be learned as a unit. Rehearse the patterns in the following exercises until fluent.

C.   Répondez à l'affirmatif.

	PROFESSEUR		ÉTUDIANT	
1.		compris(e)?		compris(e).
2.		vu(e)?		vu(e).
3.	Vous m'avez	parlé?	Oui, je vous‿ai	parlé.
4.		écouté(e)?		écouté(e).
5.		écrit?		écrit.
6.		entendu(e)?		entendu(e).

D.   Répondez au négatif.

	PROFESSEUR		ÉTUDIANT	
1.		compris(e)?		compris(e).
2.		vu(e)?		vu(e).
3.	Vous m'avez	parlé?	Non, je ne̸ vous‿ai pas	parlé.
4.		écouté(e)?		écouté(e).
5.		écrit?		écrit.
6.		entendu(e)?		entendu(e).

E.   Répondez au négatif.

	PROFESSEUR		ÉTUDIANT	
1.		dit?		dit.
2.		fait?		fait.
3.	Est-ce qu'il l'a	oublié?	Non, il ne l'a pas	oublié.
4.		pris?		pris.
5.		vu?		vu.
6.		fini?		fini.

9.34 Passé Composé II (être)

A small set of verbs, referring in general to change of location or state, require a form of être as auxiliary in the *passé composé*. The past participle in this construction is treated as an adjective and makes agreement in gender and number with the subject.

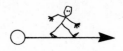

aller
Je **suis allé(e)** à Rennes.
(I went to Rennes.)

venir
Elle **est venue** me voir. *(She came to see me.)*
Il **est revenu** de la France. *(He has come back from France.)*
Jacques **est devenu** grand-père. *(Jacques has become a grandfather.)*

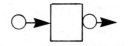

arriver
Le train **est arrivé.** *(The train has arrived.)*

partir
Ils **sont** déjà **partis.** *(They have already left.)*

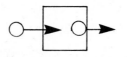

entrer
Nous **sommes entrés** dans le café. *(We entered the cafe.)*
Quand **êtes-vous rentré(e)?** *(When did you go home?)*

sortir
Marie **est sortie** avec ses amies. *(Marie went out with her friends.)*

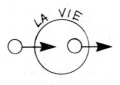

naître
Mon petit-fils **est né** le 3 février. *(My grandson was born the third of February.)*

mourir
Son fils **est mort** en Algérie. *(His son died in Algeria.)*

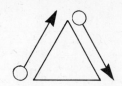

monter

Nous **sommes montés** dans
l'autobus. *(We got on the bus.)*

descendre; tomber

Elle **est descendue** dans
l'ascenseur. *(She came down in the elevator.)*

Je **suis tombé(e)** à cause de la
glace. *(I fell because of the ice.)*

rester

Je ne **suis** pas **resté(e)** chez
eux. *(I didn't stay at their place.)*

retourner

Pierre **est retourné** en France.
(Pierre has returned to France.)

EXERCICES

A. Mettez au passé composé.

MODÈLE: Il va à Rennes.

→ Il **est allé** à Rennes.

1. Je vais voir Henri.
2. Philippe part pour l'Algérie.
3. Vous sortez?
4. Ils restent pour le dîner?
5. Nous arrivons vers 9 heures.

B. Répondez selon le modèle.

MODÈLE: Tu es venu(e) me voir? (Non, ta sœur.)

—**Non,** je suis venu(e) voir **ta sœur.**

1. Vous êtes rentré(e) tard? (Non, de bonne heure.)
2. Tu es revenu(e) seul(e)? (Non, avec Jean.)
3. Vous êtes monté(e)s au 2ème étage, vous deux? (Non, au 6ème.)
4. Tu es devenu(e) communiste? (Non, socialiste.)
5. Vous êtes né(e) en 50? (Non, en 55.)

9.35 The Verbs *vivre* and *mourir*

INFINITIF		PRESENT	PARTICIPE PASSÉ
vivre *to live, be alive*	je vis tu vis il vit	nous vivons vous vivez ils vivent	**vécu** j'ai vécu, etc...
mourir *to die*	je meurs tu meurs il meurt	nous mourons vous mourez ils meurent	**mort(e)** je suis mort, etc...

le mort
la morte
la mort = death

▲ NOTE: **habiter** means to live at a place, dwell: **J'habite à Paris.**

EXERCICES

A. Répondez.

MODÈLE: Tu es fatigué(e)?
—Ah oui. **Je meurs** de fatigue.

1. Tu as soif?
2. Vous avez faim, Robert et toi?
3. Elle est fatiguée?
4. Tu as très faim?
5. Vous êtes fatigués, vous deux?

B. Transformez.

1. Son père vit toujours. (Ses parents . . .)
2. J'habite à Montréal. (Nous . . .)
3. Je vis pour le weekend. (Nous . . .)
4. Elle habite 15, rue Saint Jacques. (Marie et Jeanne? Elles . . .)
5. Tu vis avec tes parents? (Vous . . .)

C. Mettez au passé composé.

1. Il vit au 19ème siècle.
2. Il meurt d'un cancer.
3. Elle vit pour ses enfants.
4. Elle meurt d'un accident.
5. Les enfants meurent de cette maladie.

9.40 Vocabulary Study (preparation for reading)

1. Substantifs

la **naissance** birth (*cf.* **naître**)

la **pensée** thought (*cf.* **penser**)

la **journée** day   J'ai passé la **journée** chez moi.

le **corps** body   **corps** et **âme** (body and soul)

le **chagrin** grief, sorrow   causer du **chagrin** à quelqu'un

l'**esprit** spirit, mind, wit   Cela m'est venu à l'**esprit**. (That came to my mind.)

la **vérité** truth (*cf.* **vrai**)

la **pluie** rain (*cf.* **pleuvoir**)

la **lutte** struggle   la **lutte** contre l'ennemi

le **rêve** dream (*cf.* **rêver**)

la **patrie** homeland   Il est mort pour sa **patrie**.

2. Adjectifs et participes

perdu lost (*cf.* **perdre**)

salutaire beneficial   L'exercise est **salutaire**.

insupportable unbearable   une conduite **insupportable**

délicieux, -se delightful, delicious   un dîner **délicieux**

affreux, -se frightful   un spectacle **affreux**

amer, amère bitter   un souvenir **amer**

commun, -e common   l'intérêt **commun**

3. Verbes

tromper to deceive (*cf.* **se tromper** to be mistaken)

manquer to be lacking, missing   Elle me **manque**. I miss her.

réunir to unite   Je réunis/nous réunissons.

4. Expressions diverses

ne ... point a literary equivalent of **ne ... pas**

ne ... ni neither ... nor	ni l'un ni l'autre: neither one nor the other
si so	C'est si facile.
à la fois at the same time	deux choses à la fois
en effet in effect	C'est ça, en effet.

READING SELECTION

9.41 La Vie et la mort

Il faut pleurer les hommes à leur naissance, et non pas à leur mort. *pessimist*

Montesquieu

La pensée de la mort nous trompe, car elle nous fait oublier de vivre. *optimist*

Vauvenargues

La plus perdue de toutes nos journées est celle où on n'a pas ri. *laugh* *length of day*

Chamfort

Le bonheur est salutaire pour le corps, mais c'est le chagrin qui développe les forces de l'esprit.

Proust

Nous sommes malheureux par ce qui nous manque, mais nous ne sommes pas heureux par les choses que nous avons. Dormir n'est point un bonheur; ne point dormir est insupportable. *that which*

Voltaire

On n'est jamais si heureux ni si malheureux qu'on s'imagine.

La Rochefoucauld

Quand on dit que la vie est bonne et quand on dit qu'elle est mauvaise, on dit une chose qui n'a point de sens. Il faut dire qu'elle est bonne et mauvaise à la fois, car c'est par elle, et par elle seule, que nous avons l'idée du bon et du mauvais. La vérité est que la vie est délicieuse, horrible, charmante, affreuse, douce, amère, et qu'elle est tout.

Anatole France

Cet idéal de la communication universelle est en effet celui de tout grand artiste. . . . Mais pour parler de tous et à tous, il faut parler de ce que tous connaissent et de la réalité qui nous est commune. La mer, les pluies, le besoin, le désir, la lutte contre la mort, voilà ce qui nous réunit tous. Nous nous ressemblons dans ce que nous voyons ensemble, dans ce qu'ensemble nous souffrons. Les rêves changent avec les hommes, mais la réalité du monde est notre commune patrie.

Albert Camus
Discours de Suède,
Éditions Gallimard, Paris, 1958.

1. Faut-il pleurer les hommes à leur mort?
2. Qu'est-ce qui peut nous faire oublier de vivre?
3. Si on ne rit pas, c'est une journée _____.
4. A quoi bon est le bonheur?   le chagrin?
5. Sommes-nous heureux par les choses que nous avons?
6. Est-on vraiment heureux ou malheureux?
7. La vie, est-elle bonne ou mauvaise?
8. De quoi faut-il parler pour la communication universelle?

UNIT 10

10.00 Dialogue Notes

There is a deep-rooted respect in French culture for the power of reason. The philosophical tradition of Montaigne (known for the maxim *Que sais-je?*) and Descartes (equally famous for *Je pense, donc je suis.*) permeates the school system, where every child is led to develop an abiding respect for intelligence. School children report feeling considerable anger at the epithet, *imbécile.*

Independence of thought is more or less a cultural norm. When responding to public opinion polls, a Frenchman may preface his remarks with words to the effect that he has no idea what others may think, "but as for me personally . . ." De Gaulle's vision of Europe as an independent power, without economic or political commitments to East or West, was an expression of the same state of mind. Examples of this feature of the French *mentalité* (or way of thinking) abound: independent development of a nuclear weapon, withdrawal of support for NATO, development of a television system incompatible with TV sets made in other countries.

The student of French would do well to appreciate the implications of *l'esprit critique* (or critical spirit) in his everyday encounters. I can recall listening to a French porter go on at some length concerning the placement of a latch under the handle of my suitcase. Showing me his scratched knuckle, his final words were, "Votre système n'est pas logique!" Outside of formal debate or academic arguments, Americans are likely to search for areas of agreement in social conversations. Differences of opinion are minimized in order to enhance a feeling of solidarity. You will note in the dialogue to follow, however, that the two Frenchmen do not hesitate to explore in detail their differences and to maintain their own point of view. This kind of argument does not necessarily indicate any feeling of hostility. Differing, sometimes sharply, is a perfectly acceptable way of interacting socially with peers, just so long as the approach is logical and objective.

206

10.01 | L'Esprit critique

NARRATEUR

Hier soir André et Christophe sont allés voir le dernier film d'un célèbre metteur en scène. Ils se sont mis à en discuter tout de suite après dans un café. Voici ce qui s'est passé:

ANDRÉ

Alors, que penses-tu de son nouveau film?

CHRISTOPHE *(sans enthousiasme)*

C'était un peu bizarre. Ce genre de film ne me plaît pas.

ANDRÉ *(incrédule)*

Pas possible! Moi, je l'ai trouvé passionnant.

CHRISTOPHE

Qu'est-ce qui t'a donc tant plu?

ANDRÉ

Eh bien, par exemple, les personnages. Ils étaient si réels. . .

CHRISTOPHE

Même trop, presque sans interêt. Je regrette, mais je ne suis pas d'accord avec toi.

NARRATEUR

La conversation est devenue animée. L'un prétendait que le film n'avait ni queue ni tête. L'autre voulait à tout prix démontrer le contraire.

CHRISTOPHE

Ce qui m'a frappé, c'est qu'il n'y avait pas de continuité.

ANDRÉ *(exaspéré)*

Mais ça n'a aucune importance! Ce qui compte c'est l'aspect psychologique.

CHRISTOPHE *(ironique)*

Dans ce cas-là, c'était sans doute trop profond pour moi.

ANDRÉ *(taquin)*

En bien! voilà une idée qui vaut la peine d'être examinée.

NARRATEUR

Et ainsi de suite, chacun sur sa position, jusqu'à minuit. Enfin, ravis de leur soirée, ils se sont quittés sans mettre fin à leur débat.

10.02 | Dialogue Translation: The Critical Mind

NARRATEUR. Yesterday evening André and Christophe went to see the latest film of a famous director. They began to talk about it immediately afterwards in a café. Here is what happened:

ANDRÉ. Well, what do you think about his new film?

CHRISTOPHE (*without enthusiasm*). It was a bit strange. I don't like that kind of film.

ANDRÉ (*incredulous*). Really? I found it exciting.

CHRISTOPHE. So what did you like so much?

ANDRÉ. Well, for example, the characters. They were so real.

CHRISTOPHE. Too real even, almost without interest. I'm sorry, but I can't agree with you.

NARRATEUR. The conversation became animated. One was maintaining that the film didn't make any sense. The other wanted at all costs to demonstrate the opposite.

CHRISTOPHE. What struck me was that there was no continuity.

ANDRÉ (*exasperated*). But that doesn't make any difference! What counts is the psychological aspect.

CHRISTOPHE (*with irony*). In that case, it was no doubt too deep for me.

ANDRÉ (*teasing*). Well, there's an idea which is worth examining.

NARRATEUR. And so on, each one defending his position until midnight. Finally, delighted with their evening, they left each other without putting an end to their debate.

Vocabulary (see dialogue for context)

NOUNS AND MODIFIERS

l'**aspect** (*m.*) aspect
le **cas** case
la **continuité** continuity
le **contraire** contrary, opposite
le **débat** debate
l'**enthousiasme** (*m.*) enthusiasm
l'**exemple** (*m.*) example
    par exemple for example
le **genre** type, kind
l'**importance** (*f.*) importance
l'**intérêt** (*m.*) interest
le **metteur en scène** (movie) director
la **peine** trouble
le **personnage** (movie, novel) character
la **position** position

    animé, -e animated
    bizarre strange, odd

célèbre famous
dernier, -ière last, latest
exaspéré, -e exasperated
incrédule unbelieving, incredulous
ironique ironical
passionnant, -e exciting
profond, -e deep, profound
psychologique psychological
réel, -le real
superficiel, -le superficial
taquin, -e teasing

chacun, chacune each one

VERBS AND MODIFIERS

compter to count
démontrer to demonstrate
examiner to examine
frapper to strike
mettre to put
    mettre fin à to put an end to

plaire to please
prétendre to maintain
quitter to leave
regretter to regret
valoir to be worth
    ça vaut la peine that's worth the trouble

ainsi de suite and so on
à tout prix at any cost
jusqu'à until
(ne) ni ... ni ... neither ... nor ...
    ni queue ni tête neither head nor tail
sans doute without doubt
tout de suite right away

même even
    Il n'a même pas répondu. He didn't even answer.

10.03 Questionnaire

A. Répondez d'après le dialogue.

1. De quoi André et Christophe discutent-ils?
2. Est-ce que le film plaît à Christophe?
3. Comment André a-t-il trouvé le film?
4. Que pensent-ils des personnages?
5. Qu'est-ce qui compte pour André, la continuité ou l'aspect psychologique?
6. Est-ce qu'ils ont mis fin à leur débat?

B. Demandez ou dites en français.

1. Demandez à quelqu'un ce qu'il pense d'un nouveau film.
2. Dites à quelqu'un que ce genre de film ne vous plaît pas.
3. Dites à quelqu'un que vous l'avez trouvé passionnant.
4. Dites à quelqu'un ce qui vous a frappé.
5. Dites à quelqu'un ce qui compte dans un film.
6. Demandez à quelqu'un si c'était trop profond pour lui.

C. L'étudiant A prétend que quelqu'un ou quelque chose est _____.
L'étudiant B prétend le contraire.
Le professeur met fin au débat.

1. bon/mauvais
2. intéressant/sans interêt
3. passionnant/mortel
4. profond/superficiel
5. normal/bizarre
6. fort/faible
7. intelligent/stupide

10.10 Vowel Length

In unit 5.10 you learned that syllables tend to receive equal stress in French. You may have noticed, however, that final syllables appear to be more prominent. Under the proper conditions, certain syllables are noticeably *lengthened*. Long vowels are noted in phonetic script by /:/; for example, **grammaire** /gʀamɛːʀ/.

Vowel lengthening occurs only when a word is stressed, as before a pause or at the end of a sentence. Lengthening is then characteristically limited to vowels followed by a consonant sound, as with

1) nasals:

Elle est **ronde.**   /ʀɔ̃ːd/
Mais ils **mentent.**   /mã:t/
Il y en a **cinq.**   /sɛ̃ːk/

210   *Nouveau Point de Vue*

2) any vowel followed by /R/:

La vie est **dure** /dy:R/, mon ami.

C'est ce que je vais **faire.** /fɛ:R/

also /z/, /ʒ/, /v/:

Ça, c'est autre **chose.** /ʃo:z/

Tournez la **page** /pa:ʒ/, s'il vous plaît.

Qu'est-ce qu'ils **savent?** /sa:v/

3) the vowel /o/ followed by any consonant:

Où sont les **autres?** /o:tR/

as well as vowels written with a circumflex accent:

J'ai mal à la **tête.** /tɛ:t/

EXERCICE   A.   Répétez après le professeur.

1. À mon avis, c'est *bizarre*.
2. Quel *dommage*.
3. Qu'est-ce que ça veut *dire?*
4. Il n'a pas de *chance*, cet homme.
5. Oui, c'est ça. J'en suis *sûr*.
6. Mais ce n'est pas la même *chose*.
7. La discussion était *longue*.
8. Elle est *charmante*, n'est-ce pas?
9. Il est devenu tout *pâle*.
10. Ce n'est pas ma *faute*.

Stress may be placed on the initial syllable of a word for particular emphasis (called an *accent d'insistance* in French).

C'est <u>mal</u>heureux.

EXERCICE   B.   Répétez après le professeur.

1. C'est **for**midable.
2. C'est **sen**sationnel.
3. C'est **ma**gnifique.
4. C'est **in**croyable.
5. C'est **la**mentable.

10.20 Vocabulaire supplémentaire

1. L'**opinion** *(f.)* opinion
   Ils sont d'accord. Ils ont la même _____.

   ridicule ridiculous
   On ne peut même pas parler de cette idée. Elle est _____.

   incroyable unbelievable
   C'était une représentation *(performance)* extraordinaire. C'était _____.

   favori,-ite favorite
   Quel auteur *(author)* préférez-vous? Quel est votre auteur _____?

discutable debatable

invraisemblable unlikely

Il y a une divergence d'opinion. C'est ____.

Je ne le crois pas. Il a donné une excuse ____.

2. **Avoir le courage de ses opinions.** To have the courage of one's convictions.

Cela m'est égal. It's all the same to me.

Il me semble que... It seems to me that...

En ce qui me concerne... As far as I'm concerned...

Je n'en sais rien. I don't know anything about it.

Si je ne me trompe pas... If I'm not mistaken...

3. **L'artiste** *(m.)* artist

l'**auteur** *(m.)* author

l'**acteur** *(m.)* actor

l'**actrice** *(f.)* actress

l'**écrivain** *(m.)* writer

le **peintre** painter

le **musicien** musician

4. **La critique** criticism, critical opinion

L'art est difficile, la ____ est aisée.

la **pièce (de théâtre)** play

L'actrice était excellente, mais la critique de la ____ n'était pas favorable.

la **télévision** television

Que pensez-vous des programmes à la ____?

le **roman** novel

L'auteur de ce ____ n'a rien publié depuis son best-seller.

l'**article** *(m.)* article

J'ai lu un ____ très intéressant sur cette question.

la **réussite** success

Cet écrivain a eu un grand succès. Son roman est une ____.

5. **Analyser** to analyze

On ne peut pas prendre de décision sans ____ le problème.

préciser to make precise, clarify

Cela n'est pas très clair. Pouvez-vous ____ votre idée?

juger to judge	Je n'affirme rien. Il faut _____ par vous-même.
nier to deny	Vous avez dit le contraire tout à l'heure. Vous allez le _____ maintenant?
signaler to point out	Permettez-moi de vous _____ que cela n'a aucune importance.
signifier to mean, signify	Qu'est-ce que ça veut dire? Qu'est-ce que ça _____?

10.21 | Variations sur le dialogue

1. Take the role of Christophe. Whatever André is for (a novel, an actor, an article, etc.), you're against.
2. Take the role of critic and evaluate the arguments put forward by André and Christophe in the preceding exercise.
3. The professor asks you your opinions about some topic about which you know nothing. Be evasive.

■■

10.30 The Semantic Problem

It is impossible to study a foreign language without confronting what is commonly called "the semantic problem": what do people *mean* by the words they use? Put more simply, what are people really saying when they talk to you, and how much of what *you* say is really understood?

A foreign language begins by being totally impenetrable for us. Gradually the sound system, vocabulary, and grammar become more transparent. With enough time and effort devoted to mastering the new linguistic point of view, a certain degree of communicative ability is achieved. We continue to wonder, however, if we catch everything that's being signalled. The gradual nature of the learning process, moreover, makes it difficult to answer simply "yes" or "no" to the question, "Do you speak French?"—you may find yourself answering "a little," even when you are at an advanced level by academic standards. Many have wondered if even our native language is ever totally transparent. After all, misunderstandings are common whenever our words do not properly convey our intent. Professional writers sometimes complain that language is a clumsy tool of expression, and go to great lengths to liberate their thought from its constraints. It is an artistic achievement of considerable merit to have both expressed to one's own satisfaction and communicated to others a totally original concept.

Another problem arises from the fact that language is a convenient device for hiding as well as revealing our intent. "May I borrow a cigarette?" does not necessarily imply that it will be returned. The functions of the War Department were not necessarily revised when it was renamed The Department of Defense. "The vase got broken" seems to soften the impact of "I broke the vase." Likewise, the difference between "I made an A" and "the teacher gave me an F" allows us to report events in a personally advantageous way by manipulating the language. Thus it is not surprising that "fast talkers" are viewed with distrust, and that we fear the power of the highly verbal to exploit the looseness of fit between language and reality.

Word play is common to all cultures, and you saw illustrated in the dialogue for this unit the strategy of taking literally what was said ironically. As long as both participants are aware of the game and accept "the rules," no semantic problem arises. The danger lies in the ambiguity of the situation: whenever a double meaning is expressed, "playing" may mask hostility. The victim of a disguised verbal assault cannot object, as his opponent is "just joking." Everyone, sooner or later, finds himself maneuvered into a similar no-win situation.

Semantics, or the study of meaning in language, has been defined as the relation between language, thought, and behavior. The scope of an introductory course is necessarily focused on the acquisition of the linguistic elements used by speakers of the language. The emphasis is on *how* things are said. *What* is said, and *why* quickly become matters of sociology and psychology.

a. What is the difference in meaning between the following:

>   She's a very nice person.
>   She's a very nice person, I'm sure.

b. What does it mean to be told that you are "over-qualified" for a job?

10.31 Passé Composé III: Reflexive Construction

The *passé composé* or any verb used reflexively is formed with a form of **être** as auxiliary.

présent	*passé composé*	
je me couche	je **me suis**	couché(e)
tu te lèves	tu **t'es**	levé(e)
il se demande	il **s'est**	demandé
elle s'habille	elle **s'est**	habillée
nous nous voyons	nous **nous sommes**	vu(e)s
vous vous trouvez	vous **vous êtes**	trouvé(e)(s)
ils se quittent	ils **se sont**	quittés
elles se réveillent	elles **se sont**	réveillées

A.   Mettez au passé composé.

  1. Ils se lèvent vers 8 heures.
  2. Je me demande pourquoi.
  3. Vous vous voyez souvent?
  4. Qu'est-ce qui se passe?
  5. Tu te couches de bonne heure?

B.   Répondez à l'affirmatif.

  1. Vous vous êtes déjà lavé(e)?
  2. Vous vous êtes couché(e) tard?
  3. Vous vous êtes levé(e) avant midi?
  4. Vous vous êtes assis(e)?
  5. Vous vous êtes réveillé(e)?

The placement of reflexive pronouns in the *passé composé* with reflexive constructions is identical to that of non-reflexive constructions (see 9.33).

	non-reflexive			*reflexive*	
Il	**l'a**	amusé(e).	Il	**s'est**	amusé.
Il ne	**l'a**	pas amusé(e).	Il ne	**s'est**	pas amusé.
	L'a- t-il	amusé(e)?		**S'est-** il	amusé?

▲ NOTE: The past participle indicates agreement in both reflexive and non-reflexive constructions with the *preceding direct object:*

direct object	Elle **les** a vus.	Elles **se** sont vues.
indirect object	Elle **leur** a demandé pourquoi.	Elles se sont demandé pourquoi.

C.   Répondez au négatif.

  MODÈLE: Vous m'avez vu(e)?
    —**Non,** je **ne** vous ai **pas** vu(e).

  1. Vous m'avez écrit?   4. Vous m'avez cherché(e)?
  2. Vous m'avez entendu(e)?   5. Vous m'avez attendu(e)?
  3. Vous m'avez parlé?

D.   Répondez au négatif.

  MODÈLE: Vous vous êtes levé(e)?
    —**Non,** je **ne** me suis **pas** levé(e).

  1. Vous vous êtes arrêté(e)?   4. Vous vous êtes occupé(e)
  2. Vous vous êtes amusé(e)?   de l'addition?
  3. Vous vous êtes couché(e)?   5. Vous vous êtes dérangé(e)?

E. Répondez.

1. À quelle heure s'est-elle couchée? (vers minuit)
2. Quand se sont-ils parlé? (hier)
3. Où m'avez-vous attendu(e)? (devant l'hôtel)
4. Quand lui avez-vous écrit? (la semaine passée)
5. Quand vous êtes-vous levés, vous deux? (de bonne heure)

F. Mettez au passé composé.

MODÈLE: Je parle.   →J'ai parlé.
         J'arrive.   →Je suis arrivé(e).
         Je me lève. →Je me suis levé(e).

1. Il ne répond pas.
2. Je descends devant l'hôtel.
3. Tu te dépêches?
4. Ils disent le contraire.
5. Vous vous couchez tard?
6. Nous venons lundi.
7. On ne veut pas.
8. J'ai envie de manger.
9. Vous sortez avec lui?
10. Elle se met au travail.

10.32 Preposition + Infinitive Construction

An infinitive is used after the prepositions **sans, avant de:**

| sans **mettre** | fin à leur débat *(without putting an end to their debate)* |
| avant d'**aller** | au café *(before going to the café)* |

The preposition **après** requires a past infinitive:

| après **avoir vu** | le film *(after having seen the film)* |
| après **être allé** | au cinéma *(after having gone to the movies)* |

EXERCICES   A. Transformez d'après le modèle.

MODÈLE: Il pense. Et puis il parle.
           →Il pense **avant de** parler.

1. Il faut penser. Et puis il faut répondre.
2. Pensez. Et puis parlez.
3. Il hésite. Et puis il décide.

4. Il a hésité. Et puis il a signé.
5. Il a pensé. Et puis il a parlé.

B. Transformez selon le modèle.

MODÈLE: Il a signé. Il n'a pas lu.

→Il a signé **sans** lire.

1. Je suis parti. Je n'ai pas vu mon ami.
2. Ils signent. Ils ne discutent pas.
3. Il répond. Il n'hésite pas.
4. On a écrit l'article. On n'a pas analysé le problème.
5. Il a pris une décision. Il n'a pas consulté sa femme.

C. Transformez selon le modèle.

MODÈLE: Ils ont vu le film. Ils sont allés au café.

→**Après** avoir vu le film, ils sont allés au café.

1. J'ai étudié le problème. J'ai pris une décision.
2. Elle est rentrée. Elle a écrit une lettre.
3. Ils ont bu. Ils ont discuté.
4. Je suis allé au café. J'ai trouvé mes amis.
5. Il a pensé. Il a décidé.

10.33 Imparfait

The *imparfait* (imperfect) is a past tense which indicates that the speaker views the verbal action generally as a description or state of affairs rather than as an event. Note these examples from the dialogue:

être: C'**était** un peu bizarre.
Ils **étaient** si réels.

avoir: Le film n'**avait** ni queue ni tête.
Il n'y **avait** pas de continuité.

prétendre: L'un **prétendait** que. . .
vouloir: L'autre **voulait** démontrer. . .

The endings for the *imparfait* are the same for all verbs. The verb **être** has the following forms:

ÊTRE /εtʀ/		
j'étais ⎤	nous étions	/etjõ/
tu étais ⎬ /ete/	vous étiez	/etje/
il était ⎦	ils étaient	/ete/

All other verbs have as stem of the **imparfait** the same form which occurs in the **nous** form of the present indicative.

Verbs like:

	présent		*imparfait*	
parler:	je parle/nous	**parl**ons	je **parl**ais	nous **parl**ions
			tu **parl**ais	vous **parl**iez
			il **parl**ait	ils **parl**aient
partir:	je pars/nous	**part**ons	je **part**ais	nous **part**ions
			tu **part**ais	vous **part**iez
			il **part**ait	ils **part**aient
finir:	je finis/nous	**finiss**ons	je **finiss**ais	nous **finiss**ions
			tu **finiss**ais	vous **finiss**iez
			il **finiss**ait	ils **finiss**aient
attendre:	j'attends/nous	**attend**ons	j'**attend**ais	nous **attend**ions
			tu **attend**ais	vous **attend**iez
			il **attend**ait	ils **attend**aient

Other verbs:

	présent	*imparfait*
prendre:	je prends/nous prenons	je **pren**ais
vouloir:	je veux/nous voulons	je **voul**ais
avoir:	j'ai/nous avons	j'**av**ais
savoir:	je sais/nous savons	je **sav**ais
faire:	je fais/nous faisons	je **fais**ais
aller:	je vais/nous allons	j'**all**ais
pouvoir:	je peux/nous pouvons	je **pouv**ais
écrire:	j'écris/nous écrivons	j'**écriv**ais

EXERCICES A. Mettez à l'imparfait.

1. Il fait beau.
2. Je veux vous parler.
3. Vous me cherchez?
4. Ils sont au café.
5. Nous ne savons pas.

B. Répondez à l'affirmatif.

MODÈLE: Vous étiez au café?
         —**Oui, j'étais** au café.

1. Vous parliez au téléphone?
2. Vous attendiez l'autobus?
3. Vous sortiez?
4. Vous finissiez?
5. Vous saviez son adresse?

There is no single English translation for the French **imparfait**. It is used to indicate either a state of mind or a state of affairs in the past. The action of the verb is viewed as being in progress.

State of mind:

Je ne savais pas.	I didn't know.
Je voulais partir.	I wanted to leave.
Je ne pouvais pas expliquer.	I couldn't/wasn't able to explain.

State of affairs:

Je n'étais pas libre.	I wasn't free.
Il y en avait trois.	There were three of them.
Il faisait du soleil.	The sun was shining. It was sunny.

An action may be considered as a state of affairs if it is habitual or often repeated.

Nous allions à la campagne pendant les vacances.	We went/would go/used to go/to the country during vacation.
Elle me téléphonait quelquefois quand elle était à Paris.	She called/would call/used to call/me sometimes when she was in Paris.

Action in progress:

Elle me regardait avec tendresse.	She was looking/looked at me with tenderness.
Le soleil se couchait.	The sun was going down.
Je vous cherchais.	I was looking for you.
Ils parlaient toujours à minuit.	They were still talking at midnight.

C. Mettez le verbe en italiques à l'imparfait.

MODÈLE: Il était en train de *faire* ses bagages.
(He was in the process of packing his bags.)
→Il **faisait** ses bagages. *(He was packing his bags.)*

1. J'étais en train d'*écrire* une lettre quand Pierre est entré.
2. Vous étiez en train de *dîner* quand j'ai téléphoné?
3. Elle était en train de *quitter* le bureau quand Paul l'a appelée.
4. Nous étions en train de *partir* quand la jeune fille est arrivée.
5. Ils étaient en train de *finir* leur conversation quand je les ai remarqués.

D. Répondez selon le modèle.

MODÈLE: Qu'est-ce que vous faisiez? (lire un article intéressant)
—Je **lisais un article intéressant.**

1. Qu'est-ce que vous faisiez? (regarder la télévision)
2. Qu'est-ce que vous faisiez? (penser aux vacances)
3. Qu'est-ce que vous faisiez? (prendre une douche)
4. Qu'est-ce que vous faisiez? (attendre l'autobus)
5. Qu'est-ce que vous faisiez? (discuter la politique)

E. Répondez au négatif.

1. Tu le savais?
2. Tu pouvais le faire?
3. Il y en avait?
4. Tu te demandais pourquoi?
5. Tu voulais continuer?

10.34 Imparfait / Passé Composé I

The use of either the **imparfait** or the **passé composé** is determined by
the speaker's point of view concerning the past action. As was shown in
section 10.33, the **imparfait** indicates action in progress or a state of
affairs: it answers the question, "What was going on?"

1. **Qu'est-ce qui se passait?**   What was going on?
    —Elle me parlait, c'est tout.   She was talking to me, that's
                                             all.

The **passé composé,** on the other hand, indicates action viewed as an
event: it answers the question, "What happened?"

2. **Qu'est-ce qui s'est passé?**   What happened?
    —Elle m'a parlé, c'est tout.   She spoke to me, that's all.

Note the uses of the **imparfait** to indicate a state and the **passé composé**
to mark an event in the following sentences.

Il se couchait quand vous avez téléphoné. He was going to bed when
    imparfait   p. comp.
you called.

Il n'a pas répondu quand je lui ai parlé. He didn't answer when I spoke
    p. comp.   p. comp.
to him.

Il pleuvait quand je suis sorti du bureau. It was raining when I left the
    imparfait   p. comp.
office.

J'adorais mon grand-père quand j'étais petite. I adored my grand-
imparfait   imparfait

father when I was little.

Note that one is free to use the tense that expresses the desired point of view. The tenses suggested for Ex. 1, without futher context, are likely choices.

EXERCICES   A.   Mettez au passé d'après le modèle *(passé composé/imparfait)*.

              MODÈLE: Je pars parce qu'il est tard.

                       Je suis parti parce qu'**il était** tard.

        1. Elle refuse parce qu'elle ne veut pas.
        2. J'attends pendant qu'ils finissent.
        3. Vous la voyez au moment où elle traverse la rue.
        4. Nous le faisons parce que nous ne pouvons pas refuser.
        5. Ils vont au café pendant que j'étudie.

The probability of using the **imparfait** is enhanced by the occurrence of adverbs which indicate duration or habitual action in the past.

Nous allions au cinéma **le samedi soir.**	*We went/used to go to the movies on Saturday night.*
Elle m'écrivait **de temps en temps.**	*She would write/wrote to me from time to time.*

The **passé composé** is more likely with time expressions which indicate a single event.

Nous sommes allés au cinéma **samedi dernier.**	*We went to the movies last Saturday.*
Elle m'a ecrit **une seule fois.**	*She wrote me only once.*

EXERCICES   B.   Mettez au passé.

        1. Il lit toujours des romans.
        2. Je commence à travailler lundi.
        3. Nous arrivons souvent en retard.
        4. On part à huit heures.
        5. Il vient me voir tous les weekends.

        C.   Mettez au passé d'après le dialogue.

        1. Ce soir, André et Christophe *vont* voir un film.
        2. Ils *se mettent* à en discuter tout de suite après.
        3. Voici ce qui *se passe.*s'est
        4. André *demande* ce que son ami en *pense*.

5. Christophe *répond* que c'est un peu bizarre.
6. André *est* surpris. Il le *trouve* passionnant.
7. Christophe n'*est* pas d'accord. Les personnages n'*ont* pas d'intérêt.
8. La conversation *devient* animée.
9. L'un *prétend* que le film n'*a* ni queue ni tête.
10. L'autre *veut* démontrer le contraire.
11. Ils *se quittent* sans mettre fin à leur débat.
12. Mais ils *sont* ravis de leur soirée.

10.35 The Verbs *plaire* and *croire*

INFINITIF		PRÉSENT		PARTICIPE PASSÉ
plaire *to please*	je plais tu plais il plaît	nous plaisons vous plaisez ils plaisent		plu
				PASSÉ COMPOSÉ
	IMPARFAIT: je plaisais			j'ai plu
croire *to believe*	je crois tu crois il croit	nous croyons vous croyez ils croient		cru
				PASSÉ COMPOSÉ
	IMPARFAIT: je croyais			j'ai cru

EXERCICES

A. Répondez à l'affirmatif.

1. Vous le croyez?
2. Les personnages vous ont plu?
3. Tu croyais ce qu'il disait?
4. Le film lui plaît?
5. La pièce leur plaisait?

B. Transformez d'après le modèle.

MODÈLE: Elle aime ça?

→Ça lui **plaît?**

1. Elle a aimé la pièce?
2. Nous aimons beaucoup ce peintre.
3. J'aimais ses idées.
4. Tu aimes cet article?
5. Il aimait le roman?

C. Quelle est votre opinion?   Continuez le dialogue.

> MODÈLE: J'aime cet auteur. —**Moi aussi! / Pas possible!**
> Je n'aime pas ce film. —**Moi non plus! / Pas possible!**
> Est-ce qu'il a raison? —**Je crois que oui / non.**
> C'était magnifique. —**Je suis d'accord. / Je ne suis pas d'accord.**

1. Moi, j'adore l'art moderne.
2. Le film, c'était un désastre.
3. Je n'aimais pas son dernier roman.
4. Est-ce qu'il disait la vérité?
5. Elle est belle, la Tour Eiffel.

■■

10.40 Vocabulary Study (preparation for reading)

1. Substantifs

l'**événement** (m.) event   un **événement** historique

le **fait** fact   être sûr de son **fait**

le **goût** taste   Chacun à son **goût.**

le **caractère** character, personality   avoir bon **caractère**

le **rapport** connection, interrelation   Je ne vois pas le **rapport.**

l'**enchaînement** (m.) interconnection (cf. la **chaîne** chain)   l'**enchaînement** des effets et des causes

le **témoignage** testimony (cf. **témoin** witness)   Le faux **témoignage** est un crime.

2. Adjectifs et Participes

propre own   C'est sa **propre** idée.

dénué, -e stripped, bare (cf. **dénuer** to denude)   Ce livre est **dénué** d'intérêt.

dit, -e so-called (cf. **dire**)   le fait **dit** scientifique

amené, -e brought forth (cf. **amener**)   Il a **amené** le témoin au juge.

inconnu, -e unknown (cf. **connaître**)   C'est un artiste **inconnu.**

tel, -le such a   Une **telle** femme. *(Such a woman.)*

3. Verbes

constituer to constitute   Cela **constitue** un problème.

4. Expressions diverses

quelconque whatever,   un écrivain **quelconque**
    just any

or now, well (*at*   **Or,** les conséquences sont claires.
beginning of sentence,
marking a logical
continuation)

car for, because (*literary*
equivalent of **parce que**)

doit-il should he   **Doit-il** continuer?

quant à as for   **Quant à moi,** je ne crois pas.

tandis que whereas,   J'écoutais **tandis qu'**il parlait.
    while

ne ... que only   Je **ne** parle **que** le français.

READING SELECTION

10.41 Qu'est-ce que l'histoire?[1]

Y a-t-il une histoire impartiale? Et qu'est-ce que l'histoire? La représentation écrite des événements passés. Mais qu'est-ce qu'un événement? Est-ce un fait quelconque? Non pas! c'est un fait notable. Or, comment l'historien juge-t-il qu'un fait est notable ou non? Il en juge arbitrairement, selon son goût et son caractère, à son idée, en artiste enfin. Car les faits ne se divisent pas de leur propre nature en faits historiques et en faits non-historiques. Un fait est quelque chose d'infiniment complexe. L'historien doit-il présenter les faits dans leur complexité? Cela est impossible. Il les représente dénués de presque toutes les particularités qui les constituent, par conséquent, mutilés, différents. Quant aux rapports des faits entre eux, n'en parlons pas. Si un fait dit historique est amené, ce qui est possible, ce qui est probable, par un ou plusieurs faits non-historiques, et par cela même inconnus, comment l'historien peut-il marquer la relation de ces faits et leur enchaînement? Et je suppose, dans tout ce que je dis là, que l'historien a sous les yeux des témoignages certains, tandis qu'en réalité on le trompe et qu'il n'accorde sa confiance à tel ou tel témoin que par des raisons de sentiment. L'histoire n'est pas une science, c'est un art. On n'y réussit que par l'imagination.

Anatole France

10.42 | Résumé

1. L'histoire consiste en _____ notables.
2. Comment l'historien choisit-il entre les faits historiques et les faits non-historiques?
3. Il est _____ de présenter les faits dans leur complexité.
4. Il est difficile de marquer la relation entre ces faits à cause des faits non-historiques, qui sont _____.
5. L'historien ne peut pas toujours avoir _____ en ses témoins.
6. L'histoire, donc, est-ce un art ou une science?

---

[1] The French put great emphasis on disciplined learning for children. However, upon reaching *l'âge de raison*, young adults are expected to re-examine what they have been taught and to challenge *les idées reçues* ("received ideas"). The following excerpt from Anatole France is a good example of *l'esprit critique* at work.

UNIT 11

11.00 Dialogue Notes

Individuals vary a great deal in what they find funny, as is evident in the dialogue which follows. When we attempt to characterize a nation's sense of humor, the difficulties are enormous. And yet such a thing seems to exist, as is evident to the foreigner who (initially at any rate) never seems to be able to understand the punch line to jokes. It takes quite a while to learn humorous themes, veiled references, plays on words, and the countless allusions to cultural assumptions which are presumed known by everyone. Naturally a joke which has to be explained is no longer funny, and the foreigner must accept the role of smiling foolishly until he is able to comprehend the intricacies of the game.

The French sense of humor relies heavily on *esprit*, which may be translated as "wit" or "cleverness." Compared to British humor, it is somewhat more biting. It is said that the French have *esprit*, the British *humour*. Joseph Joubert has written as follows: *Les Anglais sont élevés dans le respect des choses sérieuses, et les Français dans l'habitude de s'en moquer.* In order to draw a distinction, Pierre Daninos *(Tout l'humour du monde,* 1958) quotes Carlyle as saying, *L'esprit rit des choses. L'humour rit avec elles.*

The French call their sense of humor *l'esprit gaulois*—it is often sarcastic, sometimes licentious or bawdy, and frequently pokes fun at pretentiousness. When it was mentioned that a certain important personality always seemed to be chasing after wit *(Il court après l'esprit),* the Frenchman Boufflers is reported to have remarked "I'm betting on wit" *(Je parie pour l'esprit).*

Understanding ethnic humor requires a knowledge of conventional stereotypes. For the French, the Corsican (in addition to being fiercely proud and given to interminable feuding) is traditionally lazy. He may be compared to the American stereotype of a mountaineer. Thus the effect of humor of a statement such as "I don't like to work between meals" *(Je n'aime pas travailler entre mes repas)* is enhanced by attributing it to a Corsican.

The French admiration for *le système "D"* (mentioned in unit 7.00) provides a theme for humor. A traveler arrives at an inn very late on a cold and rainy evening. After seeing to the care of his horse, he finds that all the places near the fire are taken by the other guests. He asks the inn-keeper to prepare a dozen oysters, and to take them to his horse. This produces quite a sensation, and everyone except

our traveler goes out to the stable to observe this wonder. After a few minutes the inn-keeper and guests return to report that the horse wouldn't eat the oysters. The traveler, now seated by the fire, says with a shrug, *"Tiens, il n'a pas faim. Mais ça va—je veux bien les manger moi-même."*

The French consider a sense of humor a part of *le savoir-vivre.* Without humor, life is too difficult. This philosophical theme is often noted in French culture, and is well expressed in the following maxim from La Bruyère: *Il faut rire avant d'être heureux, de peur de mourir sans avoir ri.*

---

a. How well do you have to know someone before you can use an insult for humor?
b. In what ways is humor sensitive to the social setting in which it is used?

11.01 | Le Sens de l'humour

NARRATEUR

Sophie a emmené sa tante Irène à un café-théâtre la veille au soir.
Sophie a adoré le spectacle et rit encore en y pensant. Tante Irène, par
contre, l'a trouvé totalement dénué d'humour. Sophie parle de cette
soirée avec une amie le lendemain.

SOPHIE

J'ai enfin entendu ce chansonnier dont tu m'as tant parlé... Je suis
sortie avec ma tante.

SON AMIE

Et elle, qu'est-ce qu'elle en a pensé?

SOPHIE

Écoute un peu: elle n'a même pas souri!

SON AMIE

Ça m'étonne! Il a un succès fou.

SOPHIE

Et bien mérité! Mais ma tante ne voit jamais le côté amusant des
choses.

SON AMIE

Qu'est-ce qui te fait dire ça?

NARRATEUR

Sophie raconte l'histoire suivante, qui s'est passée quelques jours auparavant, à l'heure de pointe. Son oncle et sa tante roulaient paisiblement en voiture quand une petite Renault conduite par une <u>ravissante</u> blonde les a doublés, au moment même où le feu tournait au rouge. Son oncle, en penchant la tête pour admirer la jeune femme, est rentré dans un camion qui le précédait.

SON AMIE *(en riant)*

Ça lui apprendra à faire le joli cœur!

SOPHIE

C'est ce que j'ai dit à ma tante. Mais elle lui a fait une scène terrible et l'a traité de tous les noms.

SON AMIE

Le pauvre. Elle a un caractère chagrin, ta tante!

SOPHIE

Oui. Elle prend tout au sérieux.

NARRATEUR

La fin de la conversation de nos deux amies peut se résumer en ces quelques mots: Il y a toujours un côté du mur à l'ombre; il vaut mieux prendre les choses du bon côté. Savoir rire c'est savoir vivre.

11.02 | **Dialogue Translation: A Sense of Humor**

NARRATEUR. Sophie took her Aunt Irène to a café-théâtre on the preceding evening. Sophie adored the show and still laughs thinking about it. Aunt Irène, on the other hand, found it totally devoid of humor. Sophie is talking about this evening with a friend the next day.

SOPHIE. I finally heard that chansonnier you told me so much about... I went out with my aunt.

HER FRIEND. What did <u>she</u> think about it?

SOPHIE. Listen: She didn't even smile!

HER FRIEND. That surprises me! He has had a great success.

SOPHIE. And well deserved! But my aunt never sees the funny side of things.

HER FRIEND. What makes you say that?

NARRATEUR. Sophie tells the following story, which took place a few days before, at rush hour. Her uncle and her aunt were driving along peaceably when a small Renault driven by a stunning blonde passed them, at the very moment when the light was turning red. Her uncle, while leaning out to admire the young woman, crashed into a truck which was going in front of them.

HER FRIEND *(laughing)*. That'll teach him to act cute!

SOPHIE. That's what I said to my aunt. But she made a terrible scene and called him all sorts of names.

HER FRIEND. The poor guy. She has a sad disposition, your aunt!

SOPHIE. Yes. She takes everything seriously.

NARRATEUR. The end of our two friends' conversation can be summed up in these few words: there's always one side of the wall in the shade; it is better to take things on the good side. To know how to laugh is to know how to live.

Vocabulary (see dialogue for context)

NOUNS AND MODIFIERS

le **camion** truck
le **chansonnier, la chansonnière** satirical song-writer and singer
le **côté** side
l'**histoire** (*f.*) story
l'**humour** (*m.*) humor
le **lendemain** next day, day after
le **mur** wall
l'**ombre** (*f.*) shade, shadow
la **pointe** point, peak
l'**heure de pointe** rush hour
le **portrait** portrait
le **sens** sense
le **spectacle** show
le **succès** success
la **veille** eve, day before

la veille de partir the eve of departure

chagrin, -e sorrowful, surly
conduit, -e driven, conducted
dénué, -e devoid
fou, folle mad, crazy
joli, -e pretty
mérité, -e deserved
pauvre poor
ravissant, -e ravishing
terrible terrible

VERBS AND MODIFIERS

admirer to admire
adorer to adore
doubler to pass (a car)
emmener to convey, take away, take out
étonner to surprise, astonish
faire le joli coeur to act

cute, to flirt (with a woman)
pencher to lean
précéder to precede
raconter to tell (a story)
rentrer dans to crash into
résumer to sum up
rouler to roll, drive along
sourire to smile
traiter to treat

ça lui apprendra (à) that will teach him/her (to)
il vaut mieux it is better

auparavant previously, earlier
encore still
paisiblement peacefully
par contre on the other hand
totalement totally

11.03 Questionnaire

A. Répondez d'après le dialogue.

1. Comment Sophie a-t-elle trouvé le spectacle?
2. Et sa tante Irène?
3. Pourquoi son oncle est-il rentré dans un camion?
4. Quelle a été la réaction de sa tante?
5. La tante Irène, a-t-elle le sens de l'humour?

B. Demandez ou dites en français.

1. Demandez à quelqu'un ce qu'il pense de la soirée/du spectacle/de votre idée.
2. Dites à quelqu'un que votre tante n'a même pas souri/parlé/dit merci/.
3. Demandez à quelqu'un ce qui lui fait dire ça/penser ça/ faire ça/.
4. Dites à quelqu'un que ça vous étonne/que ça ne vous étonne pas/.
5. Dites à quelqu'un que c'est ce que vous avez dit/pensé/fait/.
6. Dites à quelqu'un qu'il (elle) prend tout au sérieux.

C. Répondez d'après votre expérience personnelle.

1. Faites le portrait d'un oncle ou d'une tante.
2. Racontez une histoire amusante.
3. Qu'est-ce qui vous fait rire?
4. Faites le portrait d'un ami qui a un caractère gai.
5. Faites le portrait d'un ami qui a un caractère chagrin.

■ ▪ ▪■ ▪ ▪■ ▪ ▪ ▪ ▪ ▪ ▪ ▪ ■ ▪ ▪ ▪ ▪ ▪ ■ ▪ ▪ ▪ ▪ ■ ▪ ▪ ▪ ■ ▪ ▪ ■ ▪

11.10 Expressive Intonation

The reading aloud (or repetition from memory) of printed material can easily produce a dead intonation, no matter what language you are speaking. Professional actors are quite skilled at avoiding this. Expressive intonation in a foreign language is particularly difficult, as we have a strong inclination to use the patterns of our first language. However, appropriate and expressive intonation makes what you are trying to say much easier for a Frenchman to understand. (You can get away with mispronunciation of words if the intonation is right. The French mumble, too.)

EXERCICES Try to mimic as closely as possible the French intonation in the following variations.

A.   NEUTRAL   EMPHATIC

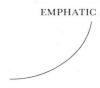

NEUTRAL	EMPHATIC
1. Ça m'étonne.	Oh, ça m'étonne!
2. Et bien mérité.	Oh, et bien mérité!
3. Elle n'a même pas souri.	Oh, elle n'a même pas souri!
4. Elle prend tout au sérieux.	Oh, elle prend tout au sérieux!

B.   NEUTRAL   EMPHATIC

NEUTRAL	EMPHATIC
1. Vous partez?	Comment? Vous partez?!
2. Vous êtes certain?	Vous êtes certain?!
3. La voiture ne marche pas?	La voiture ne marche pas?!
4. Est-ce qu'il y a eu un accident?	Est-ce qu'il y a eu un accident?!

NEUTRAL	EMPHATIC
1. Qu'est-ce qu'il veut?	Mais qu'est-ce qu'il veut?!
2. Qu'est-ce qu'on va faire?	Mais qu'est-ce qu'on va faire?!
3. Qu'est-ce qu'elle en a pensé?	Mais qu'est-ce qu'elle en a pensé?!
4. Qu'est-ce qui te fait dire ça?	Mais qu'est-ce qui te fait dire ça?!

11.20   Vocabulaire supplémentaire

1. **L'esprit** *(m.)* wit, humor   C'est un homme amusant; il a de l'_____.

   le **jeu (de mots)** play (on words)   Les chansonniers font beaucoup de _____ de mots.

   la **plaisanterie** joke   Il ne prend rien au sérieux. Il tourne tout à la _____.

   plaisanter to joke   C'est vrai. Je ne _____ pas!

   drôle funny; odd   Raconter une anecdote _____. C'est une _____ d'aventure.

   la **répartie** retort; witty reply   Elle donne toujours une réponse spirituelle. Elle a la _____ facile.

2. Pour ainsi dire:

   avaler sa langue to swallow one's tongue   La petite ne disant rien, on lui demande si elle a _____.

   (monter sur) ses grands chevaux (to get on) one's high horse   Ma tante était vexée. Elle est montée sur _____.

   éclater (de rire) to burst out (with laughter)   Le maître avait l'air sévère, mais les enfants ont _____ de rire.

   l'esprit d'escalier belated wit (the retort which comes to mind too late, as on the staircase when departing)   Ayant _____, j'ai trouvé la réponse à son insulte bien trop tard.

(rire) du bout des dents (to laugh) with the tip of one's teeth, without humor	C'était une mauvaise plaisanterie. Il riait _____ .
3. **Le contretemps** unexpected difficulty, hitch	Excusez-moi d'être on retard. J'ai eu un _____ .
les **ennuis** *(m.)* troubles	Je suis déprimé *(depressed)*. J'ai eu des _____ avec ma femme.
casser to break	Ah non! J'ai _____ mes lunettes *(glasses)*.
marcher to work, function	Ma montre ne _____ plus depuis que je l'ai laissée tomber.
à court d'argent short of money	Je ne peux pas payer l'addition. Je suis _____ .
la **contravention** ticket	J'ai brûlé un feu rouge, et l'agent m'a donné une _____ .
4. **L'automobile** *(f.)*	
Voulez-vous vérifier l'huile et la batterie?	Will you check the oil and the battery?
Faites le plein d'essence, s'il vous plaît.	Fill it up (with gas), please.
Il y a un bruit dans le moteur.	There's a noise in the motor.
J'ai un pneu crevé.	I have a flat tire.
Ma voiture est tombée en panne.	My car has broken down.

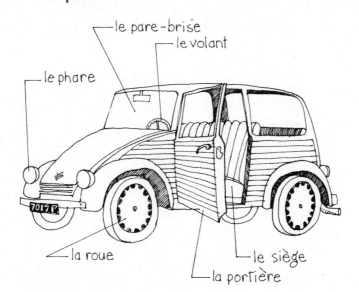

le pare-brise
le volant
le phare
la roue
le siège
la portière

5. Le **sort**   fate

Il n'a pas pris de décision.   Le _____ en a décidé.

la **chance**   luck

Encore des ennuis?   Vous n'avez pas de _____.

inattendu, -e
unexpected

Quelle surprise—c'était tout à fait _____.

l'**ironie** *(f.)*   irony

On ne sait jamais ce qui va arriver.   C'est l'_____ du sort.

ainsi soit-il   so be it

S'il faut l'accepter je l'accepte.   _____.

le **miracle**   miracle

C'était un accident bizarre.   J'ai échappé *(escaped)* à la mort par _____.

11.21 | Variations sur le dialogue

1. Take the role of Sophie.   First describe what your Aunt Irène is like.   Then describe her husband, your Uncle Max.
2. Imagine you have had a minor automobile accident.   Describe what happened and the damage to your car.
3. Recount an instance when you have an unexpected piece of good or bad luck.

11.30   Language as a Symbolic System

There is something unsettling about focusing attention directly on the way we speak.   The words we need to express ourselves come to mind rather automatically and for the most part unconsciously.   The process may be compared to the performance of a skilled musician: His attention is fixed primarily on the music, not on the position of his fingers on the instrument.   Naturally, considerable practice is required before one reaches this stage, and you've undoubtedly discovered at this point that the same is true in learning a language.   An adult speaker, in addition to effortless pronunciation, has a vocabulary which may be measured in the tens of thousands of words.

It would be a mistake, however, to view language solely in terms of motor skills and memorized items.   Language is a symbolic system with the capacity for infinite variety in expression—it is not simply a set of sounds, or words, or sentences.   Comprehension of a spoken language is more like computation than recognition of meaning.   (Our present understanding is inadequate to solve what would appear to be a simple problem for modern technology, namely a device which would type out the words spoken into a microphone.   This elementary task for humans presents a technical problem of such complexity that, at present, only very crude results are obtained.)

A small bit of insight into the workings of language may be gained from considering a case of ambiguity, in which a sentence may be interpreted in more than one way. Consider the following:

I wonder how old Max is.

The normal reaction is to see no problem in coming up with just one interpretation. On closer inspection, however, we can find more than one way of looking at it. (Am I wondering about his age or his health?)

A rough analogy can be drawn with the visual perception of a transparent cube: (Is the shaded area at the front or the back?) The proper manipulation of this effect produces a kind of humor called punning:

"His breath came in short pants." (It is customary for speakers of English to signal recognition of the word play by groaning.) The pun **(le calembour)** is also used by the French for humor, and it is not difficult to find examples. When Louis XVIII (succeeded by Charles X in 1824) was on his death bed, he is said to have made this remark to his doctor:

Allons, finissons-en, Charles at-   *Come on, let's get it over with,*
    tend.   *Charles is waiting.*

The words *Charles attend,* pronounced /ʃaʁlatã/, may also be interpreted as *charlatan* (quack)! The French, it should be noted, are known to be suspicious of doctors.

A special form of word play, popular with children, consists of asking questions which require a pun in the answer. The following riddle **(la devinette,** from the verb **deviner,** "to guess") illustrates the technique.

De quelle couleur est un tiroir qui   *What color is a drawer that is not*
    n'est pas fermé?   *closed?*

Il est tout vert.   *It is all green.*

The answer may also be interpreted as **Il est ouvert,** *(It is open),* thus satisfying the rules of the game.

The pun and the riddle are conscious attempts to exploit ambiguity in the linguistic symbolic system for humor. They illustrate our awareness of the complexity of the system, and help to understand why it is difficult to invent a mechanical device which can simply write down what is spoken. Language is a system in which the whole is greater than the sum of its parts—interpretation of speech requires sensitivity to context in addition to the sounds themselves.

Since words are only symbols of reality, language offers the opportunity for expressing ideas which are not bound to observed reality. Thus humans may lie (if the intent is to deceive), or hypothesize (if the intent is to speculate about realities as yet unobserved). This feature of language—the separability from reality—has been explored for humor as well. A vaudeville routine has one man complain that there is a hole in his sock. The other suggests that the situation can be remedied by turning the sock inside out. This kind of verbal play can be compared to the "impossible figures" constructed by psychologists to demonstrate how symbols may be used to create illusions of reality. The lines suggest a three-dimensional object which can't exist. Language has its roots in the description of the real world around us. As a symbolic system, however, it lends itself very well to the description of fantasy as well as fact.

11.31 Imparfait / Passé Composé II

The difference in meaning between the *imparfait* and *passé composé* is sometimes difficult to translate into English. Professional translators often choose different vocabulary items in order to capture what is for the French a simple shift in tense. Note that the French system is consistent—it just doesn't match the English system. This is particularly evident with the following verbs:

imparfait (state)	*passé composé* (event)
être: **Il était** en France (pendant la guerre).	**Il a été** en France (plusieurs fois).
He was in France (during the war).	*He was in/ has been to/ went to/ France (several times).*
vouloir: **Je voulais** dire la vérité (mais je ne pouvais pas).	**J'ai voulu** lui dire la vérité (mais il a refusé de m'écouter).
I wanted to tell the truth (but I couldn't).	*I wanted/ tried/ to tell him the truth (but he refused to listen to me).*
savoir: **Je savais** qu'elle ne m'aimait pas.	À cet instant **j'ai su** qu'elle ne m'aimait pas.
I knew (all along) she didn't love me.	*At that moment I knew/ found out/ realized/ she didn't love me.*

pouvoir: Elle pouvait réparer la voiture elle-même.

She could repair/ was capable of repairing/ the car herself.

Elle a pu réparer la voiture elle-même.

She was able to repair/ succeeded in repairing/ the car herself.

avoir: Il y avait une voiture devant la maison.

There was a car in front of the house.

Il y a eu un accident devant la maison.

There was an accident/ an accident took place/ in front of the house.

EXERCICES

A. Mettez le verbe au passé d'après la traduction.

MODÈLE: He is *in France.* **Il est** en France.

He has been *to France.* **Il a été** en France.

He was *in France.* **Il était** en France.

1. How can you do that?

Comment   pouvez-vous faire ça?

How did you manage to do that? _____

How could you do that? _____

2. She doesn't want to leave.

Elle ne veut pas partir.

She refused to leave. _____

She didn't want to leave. _____

3. I know the truth.

Je sais la vérité.

I found out the truth. _____

I knew the truth. _____

4. I have a headache.

J'ai mal à la tête.

I got a headache. _____

I had a headache. _____

5. The weather is nice.

Il fait beau.

The weather turned out nice. _____

The weather was nice. _____

B. Donnez un équivalent en employant le verbe indiqué.

MODÈLE: Elle a refusé de partir. (vouloir)

Elle **n'a pas voulu** partir.

1. J'avais envie de sortir. (vouloir) *voulais*
2. Il a réussi à le faire lui-même. (pouvoir) *pu*
3. Elle se trouvait à court d'argent. (être) *était*
4. Nous sommes allés au Canada. (être) *été*
5. Ils étaient capables de le faire eux-mêmes. (pouvoir)

Pouvais

11.32 Relative Pronouns after Prepositions: *qui, lequel, dont*

In section 7.34 you saw that the relative pronoun **qui** is used as subject of a relative clause, and **que** is used as object:

la chose **qui était là**
la chose **que je vois**

Relative pronouns which follow prepositions differ in form as follows:

1. *Prep.* + **qui** (persons only)

Où est l'étudiant **à qui** vous parliez? *(to whom)*
Je ne connais pas la jeune fille **avec qui** vous êtes sorti. *(with whom)*
Voilà l'homme **pour qui** je travaille. *(for whom)*

2. *Prep.* + **lequel (laquelle, lesquels, lesquelles)**

Voici la question **à laquelle** il a répondu. *(to which)*
Je ne connais pas l'article **sur lequel** il base son opinion. *(on which)*
Ce sont des problèmes **pour lesquels** je n'ai pas de solution. *(for which)*

▲ NOTE: **Lequel** is usually limited to non-persons as in the example shown, but may be seen in literary works referring to a person. **Lequel** following the preposition **à** appears as **auquel, à laquelle, auxquels, auxquelles.**

3. **dont** *(prep.* **de** + *relative)* This form is invariable and may refer to persons or non-persons.

J'ai vu le film **dont** vous avez parlé. *(of which)*
Je ne connais pas le chansonnier **dont** vous parlez. *(of whom)*
Les choses **dont** j'ai besoin sont dans la voiture. *(of which)*

▲ NOTE: The relative **dont** cannot be used after compound prepositions such as **à côté de:**

L'hôtel **à côté duquel**...
La femme **à côté de qui**...

EXERCICES   A.   Répondez d'après le modèle.

MODÈLE: Vous parliez à cet homme, n'est-ce pas?
Oui, c'est l'homme **à qui** je parlais.

1. Vous pensiez à cette jeune fille, n'est-ce pas?
2. Vous êtes sorti(e) avec ce garçon, n'est-ce pas?
3. Vous avez donné la valise à cet homme, n'est-ce pas?
4. Vous avez une lettre pour cette dame, n'est-ce pas?
5. Vous avez parlé à cette jeune fille, n'est-ce pas?

B. Répondez d'après le modèle.

MODÈLE: Vous vous intéressez à ce problème?
          —Oui, c'est le problème **auquel** je m'intéresse.

1. Vous pensiez à cette idée?
2. Vous êtes entré dans ce café?
3. Vous avez répondu à cette lettre?
4. Vous ne pouvez pas finir votre travail sans ces livres?
5. Vous avez travaillé pour cette compagnie?

C. Répondez d'après le modèle.

MODÈLE: Vous parliez de cet accident?
          —Oui, c'est l'accident **dont** je parlais.

1. Vous avez besoin de ~~lui?~~ ~~est~~ cet ~~homme~~ homme
2. Vous parlez de cette voiture-là?
3. Vous vous souvenez de ces hommes?
4. Vous parlez de cette jeune fille?
5. Vous avez besoin de ces livres?

D. Répondez en utilisant **qui, lequel,** ou **dont.**

MODÈLE: J'ai parlé à la jeune fille. (Voilà la jeune fille . . .)
          →Voilà la jeune fille **à qui** j'ai parlé.

1. J'ai besoin d'un livre. (Voilà le livre . . .)
2. Je travaille pour cet homme. (Voilà l'homme . . .)
3. Je suis entré dans le bar. (Voilà le bar . . .)
4. Je vais déjeuner avec ces gens. (Voilà les gens . . .)
5. Je parlais de cette femme. (Voilà la femme . . .)
6. Je m'intéresse à ce livre. (Voilà le livre . . .)

11.33 The Present Participle *(Le participe présent)*

All present participles end in **-ant,** and are generally formed with the **nous** form of the present indicative as stem:

amuser:	**amusant**	*amusing*
ravir:	**ravissant**	*ravishing*
suivre:	**suivant**	*following*

The following verbs have irregular stems:

être:	**étant**	*being*
avoir:	**ayant**	*having*
savoir:	**sachant**	*knowing*

Present participles may be *adjectival* (in which case they make agreement in gender and number):

les exemples **suivants**
une histoire **amusante**
une journée **fatigante**

or they may be *verbal* (in which case they are invariable):

N'ayant pas beaucoup de temps, nous avons pris un taxi.	*Not having much time, we took a taxi.*
Étant à court d'argent, elle a pris un sandwich.	*Being short of money, she had a sandwich.*

Note the use of the present participle after the preposition **en** (by, while, upon, etc.):

Elle a gagné un peu d'argent **en travaillant** pendant les vacances.	*She earned a little money by working during vacation.*
J'ai lu l'article **en attendant** l'autobus.	*I read the article while waiting for the bus.*
Ils se sont vus **en sortant** du restaurant.	*They saw each other upon leaving the restaurant.*

EXERCICES   A.   Transformez d'après le modèle.

MODÈLE: Quand il arrive au café, il prend du café.

→**En arrivant** au café, il prend du café.

1. Quand je suis tombé, j'ai cassé mes lunettes.
2. Si on lit les journaux, on apprend beaucoup.
3. Pendant que j'attendais, j'ai étudié la carte.
4. Quand vous sortez de l'hôtel, vous allez voir le métro à gauche.

5. Quand ils sont arrivés à Paris, ils sont venus me voir.
6. Si on fait ça, on va avoir des ennuis.

B. Répondez d'après le modèle.

MODÈLE: Ce livre t'intéresse?
          —Oui, il **est intéressant.**

1. Le voyage t'a fatigué?
2. Cette histoire t'amuse?
3. La question t'a troublé?
4. Ton père vit toujours?
5. Ta soeur te surprend?

11.34   Faire + Infinitive Construction *(Faire causatif)*

J'	ai **fait**	**réparer**	la voiture.	*I had the car repaired.*
On	a **fait**	**venir**	le médecin.	*We had the doctor come.*
Tu	me **fais**	**rire.**		*You make me laugh.*
Qu'est-ce qui	te **fait**	**dire**	ça?	*What makes you say that?*

The verb **faire,** when followed by an infinitive, expresses the basic meaning of causing someone to do something. The object pronoun precedes the verb **faire,** and there is no agreement of the past participle.

On **a fait chanter** le chansonnier.   ➡On │ l'a fait │ chanter.

On **a fait réparer** la voiture.   ➡On │ l'a fait │ réparer.

▲ NOTE: If two objects are expressed with the **faire** construction, the person referred to becomes an indirect object:

On a fait chanter la chanson **au chansonnier.**➡
On **lui** a fait chanter la chanson.

Le professeur a fait réciter la leçon **aux élèves.**➡
Le professeur **leur** a fait réciter la leçon.

EXERCICES   A.   Répondez selon le modèle.

MODÈLE: Qu'est-ce qu'on te fait faire? (réciter un poème)
          —**On me fait réciter** un poème.

1. (réciter le dialogue)

2. (attendre dans le couloir)
3. (écrire une lettre)
4. (payer la réparation)
5. (décrire l'accident)
6. (raconter une histoire amusante)

B.   Substituez le pronom convenable pour les mots en italiques.

MODÈLE: Le chansonnier a fait rire *les spectateurs.*
→Le chansonnier **les** a fait rire.

1. J'ai fait réparer *la voiture.*
2. On fait expliquer sa conduite *à l'enfant.*
3. Nous faisons rire *nos amis.*
4. Le professeur fait réciter la leçon *aux étudiants.*
5. On fait venir *le médecin.*

11.40   Vocabulary Study (preparation for reading)

1. Substantifs

le **lit** bed	Je reste au **lit** le dimanche matin.	
	la descente de lit bedside rug	
la **poitrine** chest, bosom	La tuberculose est une maladie de **poitrine.**	
le **Dieu** God	**Le bon Dieu** The good Lord	
	Le Tout-Puissant The Almighty	
le **mort,** la **morte** dead person	**faire le mort** to play dead	
la **mouche** fly	**La mouche** est un insecte.	
la **glace** mirror	se regarder dans la **glace**	
le **plafond** ceiling	On voit des mouches au **plafond** en été.	
l'**oiseau** *(m.)* bird	Les **oiseaux** chantent au printemps.	
le **chant** song, birdsong	le **chant** du coq	
la **gueule** mouth of an animal, jaws	la **gueule** d'un lion	

Cognates:

un **échange**   exchange

la **piété**   piety, devoutness

un **sentimental**
    sentimental person
le **principe** principle
la **victoire** victory
le **lion** lion

2. Verbes

prier to pray, beg   **prier Dieu** to pray to God; Faites cela pour
                                       moi, je vous en **prie.**

établir to establish   (j'**établis,** nous **établissons**)
respirer to breathe   Laissez-moi **respirer** *(let me take a breath).*
s'envoler to fly away   Les oiseaux **s'envolent** en automne.
chanter to sing   **chanter** une chanson

Cognates:

régner to reign, rule
    over
désoler to desolate,
    ravage, distress
transgresser to
    transgress, violate

3. Adjectifs, participes passés

seul, -e single; only;   une **seule** fois; être **seul(e)**
    alone
utilisé, -e used, utilized   **utiliser** to utilize
étendu, -e extended,   **étendre** to extend
    stretched out
joint, -e joined   **joindre** to join
collé, -e stuck   **coller** to stick, glue
empaillé, -e stuffed   **empailler** to stuff *(an animal)*
    (with straw)

Cognates:

dangereux, -euse
    dangerous
définitif, -ive definitive,
    final
irrévocable irrevocable
énorme enormous
typique typical
joyeux, -euse joyous

à peine hardly   Le malade respire **à peine.**

READING SELECTION

11.41 L'Ironie[1]

~~to~~ *rein*

La tristesse régnait dans la chambre.   Une pauvre femme était étendue sur son lit, toute blanche, les yeux fermés, les mains jointes sur la poitrine.   Au pied du lit, sa sœur priait. *praying*

«Mon Dieu! disait-elle, je vous ai toujours aimé et servi et je ne vous ai jamais rien demandé en échange.   Je n'ai au monde que ma sœur que j'adorais.   Faites un miracle: faites rentrer la vie dans cette chambre que la mort a désolée.»

Alors elle a entendu, semblait-il, la voix du Tout-Puissant qui disait: «Tu me demandes d'établir là un précédent bien dangereux.   J'ai décidé une fois pour toutes, que la mort était un événement définitif et irrévocable.   Mais enfin, tu es, en effet, une fille d'une piété tout à fait exceptionnelle.   Je suis un sentimental.   Tu as peut-être tort de me demander de transgresser ainsi mes principes. . .   Je ne discute pas: ainsi soit-il!»

---

[1] Il n'y a pas une seule histoire humoristique dont on peut dire "c'est typiquement français": il faut en lire une centaine avant de se faire une idée précise de l'esprit français.   Nous offrons pourtant l'histoire suivante, dans laquelle on peut voir l'ironie utilisée pour son effet comique.

À peine a-t-il dit ces mots que la vie est revenue dans cette chambre: les yeux de la morte s'ouvrent, et elle recommence à respirer.

La vie est revenue dans cette chambre: les mouches mortes, collées sur la glace, s'envolent joyeusement au plafond.

La vie est revenue dans cette chambre: un petit oiseau empaillé, qui se trouvait sur un chapeau, s'envole, lui aussi, et va se poser sur une chaise, où il chante un petit chant de victoire.

Le lion de la descente de lit ouvre une gueule énorme . . . et mange tout le monde.

D'après Tristan Bernard, dans *Le Canard Enchaîné*, 2 Janvier 1918

11.42 | Résumé

1. La chambre est triste parce qu'il y a une femme sur le lit qui vient de _____.

2. Sa sœur demande à Dieu de faire un _____.

3. Elle adorait sa soeur. Elle demande à Dieu de faire rentrer _____ dans la chambre.

4. Dieu n'aime pas établir un _____ dangereux, mais il fait une exception pour elle, parce qu'elle est d'une piété _____.

5. Immédiatement, la morte recommence à _____; les mouches mortes s'envolent au _____; l'oiseau empaillé sur un chapeau chante un petit chant de _____.

6. Et le lion de la descente de lit _____ tout le monde.

UNIT 12 REVIEW

No new grammatical forms are introduced for active control in this unit, although some new uses of these forms are presented. The object is to study the interrelation of forms in the grammar. Some new forms for passive recognition are introduced in the reading passage.

Reading: A point of view concerning laughter.

12.00 Grammar Summary

This unit consists of a grammar review, hence, no new grammatical forms will be presented.

The main purpose of the unit is to systematize the elements already introduced and to explore their interrelation in the grammar. Some new forms for recognition are introduced in the reading passage.

12.10 Third Person Pronouns

(review 1.34, 4.33, 7.31, 7.32, 7.33, 8.31, 9.33, 10.31)

		DISJUNCTIVE (stress)	CONJUNCTIVE (non-stress)			
			subject	*object*		
				non-reflexive		*reflexive*
				direct	*indirect*	
singular	*Masc.*	lui	il	le l'	lui	se s'
	Fem.	elle		la l'		
plural	*Masc.*	eux	ils	les	leur	
	Fem.	elles				

246

These pronouns have a noun phrase as referent (that is, for which they may be substituted) and show systematic relationships which are discussed below.

12.11 Disjunctive / Conjunctive

Stress pronouns *(pronoms toniques,* see 4.33*)* may be separated, or disjoined, from the verb and are therefore sometimes called *disjunctive* pronouns.

Il ne sait pas ce qu'il dit, **lui.**	*He doesn't know what he is saying.*
Elle, vous savez, elle n'est jamais d'accord.	*She, you know, she is never in agreement.*
Ce sont **eux** qui nous font des difficultés.	*They are the ones who are causing us difficulties.*

▲ NOTE: The feminine forms are identical for the disjunctive and subject uses.

Conjunctive pronouns are bound (or conjoined) to the verb in fixed positions and are not ordinarily stressed. The position of the conjunctive pronouns is illustrated below.

12.12 Subject / Object

Subject pronouns occur as the first member of the verbal group, except in inversion.

		ne	...	pas		ne	...	pas	
simple tense	il		veut				veut-il?		
compound tense	il		a		voulu		a-t-il		voulu?

Object pronouns immediately precede the verb, with the single exception of the affirmative imperative: **dites-lui, cherchez-les, levez-vous** (review 5.36).

		ne	. . . . . .	pas	
simple tense	il		lui dit		
	il		les cherche		
	il		se lève		
compound tense	il		lui a		dit
	il		les a		cherchés
	il		s'est		levé

Note that, in *verb* + *infinitive* constructives, the pronoun precedes the verb for which it serves as object complement (review 6.34 and 11.34).

	ne	...	pas	
il		veut		la voir
il		la fait		chanter

12.13 Non–Reflexive / Reflexive

Non-reflexive objects have different forms for the indirect object and the direct object 3rd person pronouns (review 7.31).

Il parle **à Marie.**	Il <u>lui</u> parle. I.O.
Il voit **Marie.**	Il <u>la</u> voit. D.O.

Reflexive objects do not mark the difference between direct and indirect, although the distinction is clear in context.

direct   L'un voit l'autre.   —Ils se voient, l'un et l'autre.
indirect L'un parle à l'autre. —Ils se parlent, l'un à l'autre.

EXERCICES

A.   Remplacez les mots en italiques par un pronom.

1. Jean est sorti avec *Sophie et sa tante.*
2. *Marie et les autres* vous cherchaient.
3. Marie va téléphoner *à sa mère.*
4. Je n'ai pas regardé *les lettres.*   *Je ne les ai pas regardé*
5. A-t-il fait venir *le médecin?*   *S'a-t-il fait venir*

B.   Traduisez d'après le modèle.

MODÈLE: **lever**   a) She raises her hand.   **—Elle lève la main.**
                        b) She gets up.   **—Elle se lève.**

1. **demander** a) She asks him if it's true.
                 b) She wonders if it's true.
2. **laver** a) He washes the car.
              b) He washes up.
3. **arrêter** a) They stop the car.
                b) The car stops.
4. **intéresser** a) That interests him.
                   b) He's interested in that.
5. **trouver** a) She finds the car in front of the hotel.
                b) The car is located in front of the hotel.

Note that reflexive constructions can be interpreted a number of ways:

as reflexive: Il **se couche.** Elle **s'habille.**
as passive: Cela **se fait** partout. Le vin **se vend** cher cette année.
as reciprocal: Ils **se parlent.** On **se voit** rarement.

And some verbs occur only in the reflexive form:

Il **se souvient** du bon vieux temps.

12.14 Person / Non–Person

The *direct* object forms may refer to persons and non-persons.

Il voit **le taxi.**   Il **le** voit. *He sees it.*
Il voit **son ami.**   Il **le** voit. *He sees him.*

The *indirect* object forms refer to persons only (with rare exceptions).

Il répond **à son ami.**   Il **lui** répond. *He answers him.*

The form **y** (review 6.22) is used for non-persons.

Il répond **à la question.**   Il **y** répond. *He answers it.*

Note that the verb **penser** requires use of disjunctive forms for persons (review 6.23).

Elle pense **à lui.**   *She's thinking about him.*

12.15 Pronouns with Indefinite Reference

Not all pronouns substitute for nouns. The so-called impersonal **il** has no referent:

Il pleut.   *It's raining.*
Il faut partir.   *It is necessary to leave.*
Il vaut mieux ne pas accepter.   *It's better not to accept.*
Il lui reste très peu d'argent.   *He has very little money left.*

The pronoun **on** is indefinite in reference and is quite commonly used in place of other pronouns, especially **nous.**

On est content?   *Are you happy?*
On y va?   *Shall we go?*

▲ NOTE: **On** may be preceded by the definite article, especially in literary works and careful speech: **Si l'on veut . . .**

The object form **le** may also have no explicit noun as referent:

Elle peut rester, si elle **le** veut.	*She can stay, if she wants.*
Je ne **le** crois pas.	*I don't believe it.*
Je **le** pense aussi.	*I think so too.*

EXERCICE   A.   Traduisez.

1. Il reste beaucoup de choses à faire.
2. On va se marier, Jean et moi!
3. Elle est contente, et je le suis aussi.
4. Il se fait tard.
5. Est-ce qu'on a des nouvelles de lui?

12.16   Relative Pronouns (Review 7.34, 9.32, 11.32)

The following table summarizes the usage of the relative pronouns which you have seen:

SUBJECT	La chose La personne	**qui** est . . .
OBJECT	La chose La personne	**que** je vois . . .

PREPOSITION à, sur, dans, avec, etc.	La personne **avec qui** je sors . . .
	La chose à **laquelle** je m'intéresse . . .
de	La personne La chose **dont** j'ai besoin . . .

EXERCICE   A.   Mettez un pronom relatif d'après le modèle.

MODÈLE: Je parlais à cet homme. (C'est l'homme . . .)
→C'est l'homme **à qui** je parlais.

1. Je m'intéresse *à ce livre*. (C'est le livre . . .)
2. J'admire cet *auteur*. (C'est un auteur . . .)

3. Je parlais *de ces problèmes.* (Ce sont les problèmes . . .)
4. *Ce roman* est devenu classique. (C'est un roman . . .)
5. Je discutais le film *avec cet ami.* (C'est l'ami . . .)

Note the following use of **dont** with expressions requiring **de:**

J'ai fait la connaissance de cet homme hier.	
C'est l'homme **dont** j'ai fait la connaissance hier.	*That's the man whose acquaintance I made yesterday.*
Les pneus de cette automobile sont crevés.	
Voilà l'automobile **dont** les pneus sont crevés.	*There's the automobile whose tires are flat.*

12.17 **Demonstrative Pronouns** (Review 9.31, 9.32)

Demonstrative pronouns vary in form as follows:

noun referent	celui, celle; ceux, celles
indefinite	ceci, cela (ça)

Ceci and **cela** do not refer to a specific noun.

Cela est évident. Je n'aime pas **ça.**

Celui, celle, etc., refer to a specific noun, and may be followed by a relative pronoun.

Vous voyez ces deux hommes? **Celui qui** parle est mon père.
Ma voiture est satisfaisante, mais je préfère **celle que** tu as achetée.

Relative clauses with indefinite reference take the following form:

subject: **Ce qui** est évident, c'est qu'il ne va jamais accepter.
Je veux savoir **ce qui** se passe.

object: **Ce que** je déteste, c'est qu'il faut toujours attendre.
Est-ce qu'il a dit **ce qu'**il voulait dire?

EXERCICE   A. Traduisez.

1. Give me what you have.
2. This book is interesting, but I don't like the one I read last week.
3. What do you think of this?
4. I wonder what she wants.
5. That is going to be difficult.

12.18 Interrogative Pronouns (Review 8.32)

Interrogative pronouns vary in form to mark person or non-person. **Qui?** and **que?** may occur in combination with relative pronouns, as shown below. **Qui?** and **quoi?** are used alone and after prepositions.

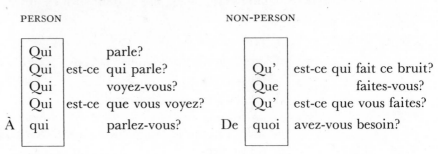

PERSON   NON-PERSON

Qui		parle?
Qui	est-ce	qui parle?
Qui		voyez-vous?
Qui	est-ce	que vous voyez?
À qui		parlez-vous?

Qu'	est-ce qui fait ce bruit?
Que	faites-vous?
Qu'	est-ce que vous faites?
De quoi	avez-vous besoin?

EXERCICE   A.   Traduisez.

1. What do you want?
2. Who is at the door?
3. What are you talking about?
4. Whom did you go out with?
5. What happened?

12.20 Verb Summary (Review 6.30–.35)

An overview of the verb system presented so far may be achieved by organizing verbs into three categories which show formal relationships.

1. INFINITIF	2. PRÉSENT (Review 6.30) Participe Présent (Review 11.33) Imparfait (Review 10.33)	3. PARTICIPE PASSÉ Passé Composé (Review 8.33, 9.34)
arriver	j'arrive/ nous arriv ons arrivant j'arrivais	je suis arrivé(e)
finir	je finis/ nous finiss ons finissant je finissais	j'ai fini
attendre	j'attends/ nous attend ons attendant j'attendais	j'ai attendu
être	je suis/ nous sommes étant* j'étais*	j'ai été

Note: Irregular stems are marked (*).

avoir	j'ai/ nous [av] ons	j'ai eu
	ayant*	
	j'avais	
aller	je vais/ nous [all] ons	je suis allé(e)
	allant	
	j'allais	
faire	je fais/ nous [fais] ons	j'ai fait
	faisant	
	je faisais	

EXERCICE A. Supply the *imparfait* and *passé composé* of the new verbs introduced in chapters 7 through 11.

1. ouvrir   j'ouvre/nous ouvrons
2. savoir   je sais/ nous savons
3. mettre   je mets/ nous mettons
4. écrire   j'écris/ nous écrivons
5. lire   je lis/ nous lisons
6. rire   je ris/ nous rions
7. vivre   je vis/ nous vivons
8. mourir   je meurs/ nous mourons (ils meurent)
9. plaire   je plais/ nous plaisons
10. croire   je crois/ nous croyons (ils croient)

You can now put the verbs you know into the present, future, or past (two aspects):

> Aujourd'hui **je parle** au directeur.
> Demain je **vais parler** . . .
> Hier j'**ai parlé** . . .
> je **parlais** . . .

EXERCICE B. Complétez.

1. Aujourd'hui il arrive à New York.
   Demain ____
   Hier ____
2. Aujourd'hui il fait beau.
   Demain ____
   Hier ____
3. Aujourd'hui il est fatigué.
   Demain ____
   Hier ____

Note: Irregular stems are marked (*).

4. Aujourd'hui il finit vers six heures.
   Demain ____
   Hier ____
5. Aujourd'hui il se couche de bonne heure.
   Demain ____
   Hier ____
6. Aujourd'hui il vend son auto.
   Demain ____
   Hier ____
7. Aujourd'hui il va au bureau.
   Demain ____
   Hier ____
8. Aujourd'hui il a du temps libre.
   Demain ____
   Hier ____

C.   Répètez l'exercice **B** au négatif.

12.21   **Infinitif / participe présent** (Review 10.32, 11.33)

The present participle may follow the preposition **en:**

en attendant

The infinitive form follows other prepositions:

sans travailler, avant de partir, après avoir parlé

12.30   **Pronoun and Verb Interaction**

The interaction of verbs and pronouns has already been pointed out with regard to pronoun placement, choice of direct or indirect object, etc. This interaction can be further illustrated in the *passé composé*.

12.31   **Agreement of Past Participle**

The past participle in compound tenses shows agreement under two conditions.
1. with *subject,* for that set of verbs referring to change of state (like **aller**) requiring *être* as auxiliary (Review 9.34):

Elle est allée en France.
Ils sont tous morts.

This agreement parallels adjectival agreement.

elle est **française**
elle est **charmante**
elle est **fatiguée**

2. with *preceding direct object,* for both reflexive and non-reflexive verbs (Review 8.33, 10.31):

Les enfants? Je **les** ai vus dans le jardin.
Marie? Elle **s'**est déjà couché**e**.

Note that preceding *indirect* objects, as well as **y,** and **en,** do not cause agreement of the past participle.

Marie? Je lui ai demandé pourquoi.
Marie? Elle s'est demandé pourquoi.

Sa lettre? Je n'y ai pas répondu.
Sa lettre? Je n'en ai pas parlé.

Agreement of the past participle extends to any construction in which a direct object precedes the compound tense:

Les monuments **que** j'ai vus ...
Quels musées avez-vous visités?

12.32 Direct / Indirect Objects: Special Cases

The **faire** construction (review 11.34) may have a single direct object:

Il <u>les</u> fait rire. *He makes them laugh.*
D.O.

When this construction is used with two objects, the person referent must be indirect:

Il <u>leur</u> fait réciter **le poème.** *He has them recite the poem.*
I.O.   D.O.

Certain other verbs may likewise have a single direct object:

Il <u>la</u> lave, la petite. *He washes her, the little girl.*
D.O.

With two objects, the person referent is indirect:

Il <u>lui</u> lave **les mains.** *He washes her hands.*
I.O.   D.O.

This pattern extends to the reflexive:

Elle se lave. *She washes up.*
D.O.

Elle se lave **les mains.** *She washes her hands.*
I.O.   D.O.

Note that agreement of the past participle reflects the kind of object which precedes in the compound tense:

Elle s'est lavé**e.** *She washed up.*
D.O.

Elle s'est lavé **les mains.** *She washed her hands.*
I.O.   D.O.

12.33   Objects with *être* Verbs (Review 9.34)

Verbs indicating a change of state may be used either with an indirect (prepositional) complement, or with no complement at all.

Il est parti (de l'hôtel).
Il est sorti (de la maison).
Il est entré (dans le café).
Il est arrivé (à la gare).

A direct object complement may only occur with verbs having **avoir** as auxiliary. Compare:

Il est parti. He left, departed.
Il a quitté le bureau. He left the office.

The following change of state verbs may also take a direct object, in which case the auxiliary **avoir** must be used.

être	avoir
Il **est sorti.**	Il **a sorti ses photos.**
He went out.	*He took out his photos.*
Il **est monté** dans l'autobus.	Il **a monté l'escalier.**
He got on the bus.	*He went up the stairs.*
Il **est descendu** au coin.	Il **a descendu le boulevard.**
He got off at the corner.	*He went down the boulevard.*

EXERCICE   A.   Mettez l'auxiliaire convenable.

1. Je _____ allé voir mes parents.
2. Le train _____ quitté la gare à l'heure.
3. Elle _____ tombée en traversant la rue.

4. Nous _____ montés dans l'ascenseur.
5. Pourquoi n'_____-tu pas sorti ton amie?
6. Ils _____ descendu l'escalier.

12.40 Miscellaneous

Negative expressions (review 4.36) are placed as follows in compound tenses:

ne . . . pas	not					
ne . . . pas	not	Je	ne	l'ai	pas	vu(e).
ne . . . jamais	never	Elle	ne	s'est	jamais	dépêchée.
ne . . . plus	no more, longer	Il	n'	a	plus	suivi le cours.
ne . . . rien	nothing	Je	n'	ai	rien	dit.

ne . . . que	only	Vous	n'	avez dormi	que	deux heures?
ne . . . personne	no one	On	n'	a vu	personne	
ne . . . ni, ni	neither, nor	Je	n'	ai parlé	ni	à Anne,
					ni	à Jean.

Note that **personne** and **rien** may serve as subject.

Personne n'est venu me voir.
Rien ne s'est passé.

EXERCICE A. Substituez le contraire des mots en italiques.

MODÈLE: *Quelqu'un* est venu me voir.

➡**Personne** n'est venu me voir.

1. J'ai *toujours* passé mes vacances dans le midi.
2. Elle a trouvé *quelque chose* dans le sac.
3. Nous avons vendu *et* la maison *et* la voiture.
4. Vous avez trouvé *tout le monde?*
5. *Tout* est simple.

The verb **manquer** requires an understanding of what is considered subject of the verb. In one meaning, the structure is like English:

Je voulais prendre l'autobus. *I wanted to take the bus.*
Je l'ai manqué. *I missed it.*

In another meaning, the structure does not parallel English:

Elle l'a quitté. *She left him.*
Elle lui manque beaucoup. *He misses her a lot.*

B. Make the person or thing missed the *subject* of the verb.

MODÈLE: Mon père est mort.
→**Il me manque.**

1. Ma chatte est morte.
2. Nos enfants sont en Europe.
3. Sa femme est partie.
4. Son mari est mort.
5. Mon fils est à l'université.

This structure may be compared to the use of **plaire.**

J'aime ça. = **Ça me plaît.**

12.50 Preparation for Reading

Our passive vocabulary usually far exceeds our active vocabulary, primarily because recognition is easier than recall. Once the general form of French words is familiar, rather sophisticated texts may be read with understanding due to the relatedness of French and English. The examples which follow in 12.51 and 12.52 are drawn from the reading passage presented in 12.60.

12.51 Cognates

A large number of French words are so similar in form and meaning to English as to offer little problem in recognition.

l'**attitude** *(f.)*	attitude	la **coloration**	coloring, coloration
le **caprice**	caprice, whim	le **spectateur**	spectator
la **ressemblance**	resemblance	la **comédie**	comedy
le **symptôme**	symptom	l'**anesthésie** *(f.)*	anaesthesia
la **sympathie**	sympathy	l'**intelligence** *(f.)*	intelligence
le **contact**	contact	le **groupe**	group
la **société**	society	la **complicité**	complicity, participation
isoler	to isolate	**danser**	to dance
se détacher	to detach oneself	**s'adresser**	to address, apply oneself

naturel, -le	natural	indifférent, -e	indifferent
magique	magic	relatif, -ve	relative
pur, -e	pure		

Cognateness is a matter of degree, however, and you may need to rely on context to recognize cognates whose spelling differs from English.

l'objet (m.)	object	un objet inanimé
le drame	drama	le drame et la comédie
le son	sound	le son de la musique
l'effet (m.)	effect	la cause et l'effet
suffire	to suffice, be enough	ça suffit
momentané, -e	momentary	une pause momentanée
accompagner	to accompany	Je peux vous accompagner?

Certain cognates, called *faux amis* or "false friends," differ enough from English in the range of their meaning as to warrant special attention.

particulier, -ière	=	particular, given	une société particulière
	(≠	exacting, meticulous	un homme méticuleux)
assister	=	be present, attend	Nous allons assister à la conférence.
	(≠	to help	Pouvez-vous m'aider?)
sensible	=	sensitive, aware	un homme sensible
	(≠	reasonable	un homme raisonnable)
insensibilité	=	insensitivity, unconsciousness, indifference	Son insensibilité nous a choqués.

12.52 Derivations

Different parts of speech are formally related to one another, and your reading vocabulary may be greatly expanded by recognizing similarities. Note, however, that it is difficult to predict the exact form of derived parts of speech.

NOUNS	VERBS	ADJECTIVES/ PARTICIPLES
le **rire** laughter le **rieur** laughing person	**rire** to laugh	**risible** laughable **ridicule** ridiculous
l'**imagination** imagination	**s'imaginer** to imagine	**imaginaire** imaginary
la **traduction** translation	**traduire** to translate	**(in)traduisible** (un)translatable
la **remarque** remark, observation, notice; la **marque** mark	**remarquer** to notice	**remarquable** remarkable
la **signification** signification	**signifier** to signify	**significatif, -ve** significant; **insignifiant, -e** insignificant
le **goût** taste	**goûter** to taste, enjoy	**dégoûtant, -e** disgusting
la **production** production	**produire** to produce	**productif, -ve** productive
la **surprise** surprise	**surprendre** to surprise	**surpris, -e** surprised
l'**animal** *(m.)* animal	**animer** to animate	**animé, -e** animated **inanimé, -e** lifeless, inanimate
l'**entente** *(f.)* agreement	**entendre** to understand	**entendu, -e** agreed, understood, heard
la **définition** definition	**définir** to define	**(in)défini, -e** (in)definite

12.53 Vocabulary Study

1. Substantifs

le **paysage** countryside, landscape   un artiste connu pour ses **paysages.**

le **moule** mould, cast   un **moule** à gâteaux

le **milieu** middle, environment	au **milieu** de la ville; le **milieu** où on vit
l'**épanouissement** opening	l'**épanouissement** d'une fleur
le **coup** blow	un **coup** de baguette *(stick)*
le **poids** weight	un **poids** lourd
l'**oreille** *(f.)* ear	dire un secret à l'**oreille**
l'**arrière-pensée** *(f.)* ulterior motive	on a une **arrière-pensée**
les **moeurs** *(f.)* customs, ways	autre temps, autre **moeurs**

2. Adjectifs

laid, -e ugly	le contraire de beau
digne worthy	un homme **digne** de respect
léger, -ère light	le contraire de lourd
plein, -e full	le contraire de vide *(empty)*

3. Expressions diverses

d'ordinaire ordinarily	Il est **d'ordinaire** chez lui le samedi.
seulement only	J'ai **seulement** trois francs.
bien des many	**Bien des** spectateurs ont applaudi.
aussitôt immediately	Il est arrivé, et puis il est parti **aussitôt**.
puisque since	Je peux partir, **puisque** vous restez.
de bon coeur heartily	On rit **de bon coeur**.
par conséquent as a result, consequently	La voiture ne marchait pas; **par conséquent** j'ai pris le métro.
en dehors de outside of	Je n'ai rien à faire **en dehors** de ça.

4. Verbes

railler to deride, laugh at	**railler** quelqu'un
boucher to stop up, block	(se) **boucher** les oreilles
attirer to attract	**attirer** les regards
se sentir to feel	Je **me sens** mieux.
raconter to tell (a story)	**raconter** une histoire
cacher to hide, conceal	**cacher** ses intentions

The future tense:

The reading passage which follows introduces the future tense, for recognition purposes only at this time. The endings of this tense are invariable and resemble the present tense of the verb **avoir;** the stem always ends in **-r.**

APPELER		
j'appellerai (I will call, etc.)		nous appellerons
tu appelleras		vous appellerez
il appellera		ils appelleront

pouvoir:	**il pourra**	he will be able
être:	**il sera**	he will be
rire:	**il rira**	he will laugh
avoir:	**il aura**	he will have
voir:	**il verra**	he will see

READING SELECTION

12.60 Le Rire

Voici le premier point sur lequel nous appellerons l'attention. Il n'y a pas de comique en dehors de ce qui est proprement *humain*. Un paysage pourra être beau, insignifiant ou laid; il ne sera jamais risible. On rira d'un animal mais parce qu'on aura surpris chez lui une attitude d'homme ou une expression humaine. On rira d'un chapeau; mais ce qu'on raille c'est la forme que des hommes lui ont donnée, c'est le caprice humain dont il a pris le moule. Plusieurs ont défini l'homme «un animal qui sait rire». On peut aussi bien le définir un animal qui fait rire, car si quelque autre animal y réussit, ou quelque objet inanimé, c'est par une ressemblance avec l'homme, par la marque que l'homme y met ou par l'usage que l'homme en fait.

Signalons maintenant, comme un symptôme non moins digne de remarque, *l'insensibilité* qui accompagne d'ordinaire le rire. L'indifférence est son milieu naturel. Le rire n'a pas de plus grand ennemi que l'émotion. Donnez, maintenant, à votre sympathie son plus large épanouissement: comme sous un coup de baguette magique vous verrez les objets les plus légers prendre du poids, et une coloration sévère passer sur toutes choses. Détachez-vous maintenant, assiste à la vie en spectateur indifférent: bien des drames tourneront à la comédie. Il suffit de boucher nos oreilles au son de la musique, dans un salon où l'on danse, et les danseurs nous paraissent aussitôt ridicules. Le comique exige donc enfin, pour produire tout son effet, quelque chose comme une anesthésie momentanée du coeur. Il s'adresse à l'intelligence pure.

Seulement, c'est une intelligence qui reste en contact avec d'autres intelligences. Voilà le troisième fait sur lequel nous désirons attirer l'attention. On ne goûte pas le comique si l'on se sent isolé. Notre rire est toujours le rire d'un groupe. Vous avez peut-être entendu des étrangers se raconter des histoires qui étaient comiques pour eux puisqu'ils en riaient de bon coeur. Mais n'étant pas de leur société, vous n'aviez aucune envie de rire. Le rire cache une arrière-pensée d'entente, presque de complicité, avec d'autres rieurs, réels ou imaginaires. Combien de fois n'a-t-on pas dit que le rire du spectateur, au théâtre, est d'autant plus large que la salle est plus pleine? Combien de fois n'a-t-on pas fait remarquer, d'autre part, que beaucoup d'effets comiques sont intraduisibles d'une langue dans une autre, relatifs par conséquent aux moeurs et aux idées d'une société particulière? Pour comprendre le rire, il faut le replacer dans son milieu naturel, qui est la société.

D'après Henri Bergson (Paris: Presses Universitaires de France, 1958)

12.61 | Résumé

1. Le premier point:
   Les choses comiques sont toujours _____. Si on rit d'un objet inanimé, c'est à cause de la forme que des _____ lui ont donnée. Si un animal nous fait rire, c'est à cause de sa _____ avec l'homme.

2. Le deuxième point:
   L'_____ est le plus grand ennemi du rire. Le milieu naturel du comique est l'_____, l'intelligence pure. La sympathie tourne la comédie au _____.

3. Le troisième point:
   Notre rire est toujours le rire d'un _____. On n'a pas envie de rire si on est isolé, s'il n'y a pas d'autres _____, réels ou imaginaires. Beaucoup d'effets comiques sont intraduisible d'une _____ dans une autre. Le milieu naturel du rire est la _____.

PART TWO

UNIT 13

LANGUAGE USE

Readings: A point of view concerning the function of good manners in French society; A hero in French folklore, Renard the fox.

Situations: Finding words to express politeness in a social encounter by being modest and by being evasive.

LANGUAGE STRUCTURE

Verbs: The future tense and its use with *quand* and *aussitôt que.*

Pronouns: The interrogative pronoun *lequel?*

13.10 L'Huile délicate

Une importance capitale est accordée en France à l'art des rapports entre les personnes. La politesse qu'on exige des enfants choque souvent les Américains, qui n'y voient qu'hypocrisie et malhonnêteté. Les Français savent fort bien que l'honnêteté et la malhonnêteté n'ont rien à voir là-dedans. Selon la phrase de Duclos, moraliste du XVIIIe siècle et sociologue avant l'heure, «les hommes savent que les gestes de la politesse ne sont que des imitations de l'estime».

Alors, à quoi bon ces gestes? L'expression populaire qui parle de «l'huile délicate» de la politesse offre la meilleure réponse.

En effet, dans un pays où les gens ont tendance à sentir de la méfiance envers «les autres», où ils ne sourient guère, cherchent peu à rendre service à leur prochain, et où l'existence est si compartimentée, un certain lubrifiant est nécessaire pour faciliter les contacts. Aux États-Unis cette «huile» est moins indispensable parce que les Américains s'efforcent constamment à une bonne entente dans le travail et dans la vie en général. En France, seuls ces raffinements de politesse maintiennent une harmonie apparente et permettent de vivre en groupe sans trop de heurts. La politesse, de plus, sert de critère pour «catégoriser» les gens et leur façon de se comporter. On juge une personne et même la situe dans une certaine «catégorie» selon les marques et les formules de politesse qu'elle utilise.

Laurence Wylie and Armand Bégué,
Les Français. Prentice-Hall, 1970.

13.11 Vocabulaire

l'**hypocrisie** *(f.)* hypocrisy	= **la malhonnêteté** *Cf. l'adj.* **(mal)honnête; le mensonge** lie ≠ **la sincérité** *Cf. l'adj.* **sincère.** **L'hypocrisie** est un hommage que le vice rend à la vertu. *(La Rochefoucauld)*
fort very	= **très** Il parle **fort** bien le français.
n'avoir rien à voir to have nothing to do with	Cela **n'a rien à voir** avec cette affaire.
là-dedans therein	Il y a des difficultés **là-dedans.**
avant l'heure before (his) time	C'était un réformateur **avant l'heure.**

la **méfiance** distrust		= **le doute, le soupçon**
		≠ **la confiance**
		Cf. l'adj. **méfiant, -e,** *le verbe* **se méfier de quelqu'un.**
envers towards		On éprouve de la tendresse **envers** ses enfants.
rendre service to do a favor		= **aider**
		Voulez-vous me **rendre un service?**
le **prochain** fellow-man		Il est parfois difficile d'aimer son **prochain.**
s'efforcer to make an effort		= **faire un effort**
		Elle **s'efforce** d'être obligeante.
l'**entente** *(f.)* agreement		≠ **le malentendu** *(misunderstanding)*
		Cf. le verbe **entendre.** C'est **entendu.** On **s'entend** très bien.
le **heurt** clash, jolt		*Cf. le verbe* **heurter.** Les gens **se heurtent** *(jostle one another)* dans le métro.
le **critère** criterion		= **le standard**
		Il faut avoir des **critères** précis pour faire une expérience scientifique.
se comporter to behave		Les enfants **se comportent** bien.
situer to situate		*Cf.* **la situation.** Paris **est situé** sur la Seine.
l'**huile** oil		**L'huile** sert à lubrifier les machines. On met **de l'huile** et du vinaigre sur une salade.

13.12 Questionnaire

1. Qu'est-ce que «l'huile délicate» dont on parle dans le passage?
2. Quelle est la différence entre la politesse et l'hypocrisie?
3. Est-il acceptable d'être impoli si on est sincère?
4. Est-ce que vous éprouvez de la méfiance envers «les autres»?
5. Les Français disent que les Américains sourient beaucoup. Qu'est-ce que cela veut dire?
6. Comment est-ce qu'on peut catégoriser les gens sans les connaître?
7. Est-ce que la politesse est indispensable pour une société complexe?
8. Est-ce que le point de vue des auteurs est français ou américain?
9. Commentez cette maxime de La Rochefoucauld: «Nous sommes si accoutumés à nous déguiser aux autres qu'enfin nous nous déguisons à nous-mêmes.»

1. La maîtresse de maison[1] vous parle à une soirée.[2] Répondez poliment et avec modestie. Soyez bien élevé(e).[3]

—Depuis quand êtes-vous en France?

(Note use of present tense after depuis. *Review dates, section 2.40.)*
huit jours   *a week;* une quinzaine de jours   *a couple of weeks*
venir d'arriver   *to have just arrived*

—Pardon? Vous dites . . . ?

(Rephrase your answer.)
Je disais que . . .   *I was saying . . .*
pas longtemps   *not long*

—Mais vous parlez couramment[4] français!

(Decline graciously.)
Vous êtes trop aimable, très gentille, etc.
Vous me flattez. Malheureusement   *unfortunately*
À vrai dire . . .   *To tell the truth . . .*

—Resterez-vous longtemps parmi nous?

(Future tense, see section 13.30.)
encore un mois, quelques jours, etc.   *another month, few days, etc.*

—J'espère que vous serez content(e) de votre séjour ici.

Je suis sûr(e) que . . .   *I am sure that . . .*

---

[1] **la maîtresse de maison** hostess [2] **une soirée** evening get-together [3] **bien élevé** well-mannered [4] **couramment** fluently

VARIATION Account for your fluency in French (years of study, a French-speaking parent, etc.). Explain that you will be studying for a year or two at a French university. Review **la famille,** 2.20, section 1, and 5.20, section 4; **les études,** 3.20, section 4.

---

2. Tranquillement assis(e) à la terrasse d'un café, vous voyez arriver un ami sympathique mais ennuyeux.[1] Répondez avec tact et patience. Soyez quand même distant(e), pas trop chaleureux(-se).[2]

—Tiens! Te voilà, toi! Qu'est-ce que tu fais là tout(e) seul(e)?

Rien de bien extraordinaire, rien d'intéressant ... Pas grand' chose ... *(Nothing much.)*
Je me reposais, prenais un verre.

—Alors, raconte! Ta vie sentimentale, ton travail, tes amis?

(Be non-committal.)
Que de questions ... *So many questions.*
La vie s'arrange.

---

[1] **sympathique mais ennuyeux** nice but boring [2] **chaleureux** warm

—On m'a dit que tu avais des problèmes de santé.	Rien de sérieux, de grave. Il n'y a pas de quoi s'inquiéter. *Nothing to worry about.* Tout cela n'a aucun intérêt.
—Écoute! Passe me voir un soir de la semaine: mardi? jeudi? Lequel préfères-tu?	*(Be evasive.)* Vérifier les dates; passer un coup de fil . . . *(To give someone a call)* lequel . . . *which one (see 13.33)*
—Tu n'oublieras pas?	Mais non, voyons! Bien sûr que non . . . *Of course not.* Je t'assure que . . .

VARIATION   Instead of being evasive, explain that it will be impossible to visit next week, for reasons which you give. Express regrets, and promise to get together in the future. Review **la formule de politesse,** 1.20, section 1.

13.30   The Future Tense *(le futur)*

The future tense endings are the same for all verbs. The future tense stems are related to the infinitive, with the result that an **r** is always pronounced before the endings.

PARTIR (I'll leave, etc.)			
je partirai	/paʀtiʀe/	nous partirons	/paʀtiʀõ/
tu partiras	/paʀtiʀa/	vous partirez	/paʀtiʀe/
il elle partira		ils elles partiront	/paʀtiʀõ/

Verbs whose infinitives end in **-e,** like **dire** and **attendre,** drop this letter in the future.

ATTENDRE (I'll wait, etc.)	
j'attendrai	nous‿attendrons
tu attendras	vous‿attendrez
il elle attendra	ils elles‿attendront

Verbs whose infinitive ends in **-er,** like **parler** and **rester,** are pronounced as follows in the future:

RESTER (I'll remain, etc.)			
je resterai	/ʀɛstəʀe/	nous resteron̸s̸	/ʀɛstəʀõ/
tu restera̸s̸	/ʀɛstəʀa/	vous restere̸z̸	/ʀɛstəʀe/
il / elle restera		ils / elles restero̸nt̸	/ʀɛstəʀõ/

The mute **e** of the stem is simply dropped when a single consonant sound precedes, as with **trouver** and **arriver.**

ARRIVER (I'll arrive, etc.)	
j'arrive̸rai	nous‿arrive̸ron̸s̸
tu arrive̸ra̸s̸	vous‿arrive̸re̸z̸
il / elle arrive̸ra	ils‿ / elles‿ arrive̸ron̸t̸

▲ NOTE: The dropping of the mute **e** results in a change of pronunciation of the stem vowel in verbs such as the following:

ache̸ter → j'achète̸rai
se le̸ver → je me̸ lève̸rai

EXERCICES

A. Mettez au futur.

MODÈLE: Je parle.
→**Je parlerai.**

1. Il passe me voir demain.
2. Vous ne restez pas ici?
3. Elles prennent un taxi.
4. Nous partons dans une semaine.
5. Je vous attends chez moi.

B. Répondez au futur.

MODÈLE: Vous avez fini?
—Non, mais **je finirai** demain.

1. Vous vous êtes levé de bonne heure?
2. Ils sont arrivés?
3. Tu lui as dit quelque chose?
4. A-t-il lu l'article?
5. Vous avez choisi?

Historical changes in the language have made the future stem of certain verbs somewhat different from the infinitive. Note that the **r** is still present before the endings.

ÊTRE	AVOIR	ALLER	FAIRE
je serai	j'aurai	j'irai	je ferai
tu seras	tu auras	tu iras	tu feras
il elle sera	il elle aura	il elle ira	il elle fera
nous serons	nous aurons	nous irons	nous ferons
vous serez	vous aurez	vous irez	vous ferez
ils elles seront	ils elles auront	ils elles iront	ils elles feront

Infinitif	*Future*
falloir	il **faudr**a
mourir	je **mourr**ai, tu **mourr**as, . . .
pleuvoir	il **pleuvr**a
pouvoir	je **pourr**ai, tu **pourr**as, . . .
savoir	je **saur**ai, tu **saur**as, . . .
venir	je **viendr**ai, tu **viendr**as, . . .
voir	je **verr**ai, tu **verr**as, . . .
vouloir	je **voudr**ai, tu **voudr**as, . . .

EXERCICES

C. Mettez au futur.

MODÈLE: Est-ce qu'il va faire le nécessaire?
→Est-ce qu'il **fera** le nécessaire?

1. Je vais le voir ce soir.
2. Ça va être difficile.
3. Quand est-ce que vous allez venir?
4. Nous n'allons pas avoir le temps.
5. Je pense qu'il va pleuvoir.

D. Répondez selon le modèle.

MODÈLE: Quand pourrez-vous le faire?
—Je pourrai le faire tout à l'heure. *(in a little while)*

1. Quand pourrons-nous partir?
2. Quand auras-tu sa réponse?
3. Quand faudra-t-il descendre?
4. Quand verrez-vous le directeur?
5. Quand sauras-tu?

13.31 The Future with *quand, aussitôt que*

Compare the following sentences:

Quand il neige, je fais du ski.   When(ever) it snows, I go skiing.
Quand il neigera, je ferai du ski.   When it snows, I'll go skiing.

The future tense is used after **quand** when referring to a particular event rather than a general situation. As a result, the verb tense is the same in both clauses: present/present; future/future.

The same pattern of tenses is used with **aussitôt que:**

Aussitôt qu'on parle de politique,   As soon as they talk about politics,
  je pars.   I leave.
Aussitôt qu'il viendra, je partirai.   As soon as he comes, I'll leave.

EXERCICE   A.   Mettez au futur.

> MODÈLE: Je lis le journal quand j'ai le temps.
>
> ➡Je **lirai** le journal quand j'**aurai** le temps.

1. Aussitôt que vous arrivez, il faut me téléphoner.
2. On va à la campagne quand il fait beau.
3. Je suis content(e) quand vous êtes là.
4. Elle prend une décision quand elle veut.
5. Ils commencent aussitôt qu'il y a assez de gens.

13.32 The Interrogative Pronoun *lequel*

The interrogative pronoun **lequel?** *which one?* corresponds to the interrogative noun marker **quel** + *noun* (see section 1.33), as follows:

Quel livre?   **Lequel** avez-vous choisi?
Quelle actrice?   **Laquelle** préférez-vous?
Quels journaux?   **Lesquels** aimez-vous lire?
Quelles étudiantes?   **Lesquelles** sont absentes?

▲ NOTE: The prepositions **à** and **de** combine with the definite article in the usual fashion:

Auquel   Duquel
À laquelle   parlez-vous?   De laquelle   avez-vous besoin?
Auxquel(le)s   Desquel(le)s

EXERCICE   A.   Posez la question qui correspond à la situation.

> MODÈLE: Je veux parler à une de ces jeunes filles.
>
> —**À laquelle** voulez-vous parler?

1. Je vais acheter une de ces nouvelles voitures.
2. J'ai besoin d'un de vos livres.
3. J'ai vu un de vos amis.
4. Trois de mes amis ont été tués dans l'accident.
5. Je pense à un de ses nouveaux films.

Reading Selection

13.40 Le Héros folklorique: Renard

middle ages/tales
wolf
fox

Voici une fable médiévale bien connue des Français. On a écrit, au Moyen Âge,° une série de contes° d'animaux qui s'appelait *Le Roman de Renard*. Nous y voyons le loup,° Isengrin, dupé par son rival, le renard.°

well/above
buckets
bottom/reflection

Renard a soif. Il trouve un puits° large et profond. Au-dessus° de l'eau, deux seaux° se balancent: quand l'un descend, l'autre monte. Renard voit au fond° du puits son reflet;° il croit que c'est sa femme, Hermeline.

voice	—Chère femme, dit-il tout triste, que fais-tu là? Sa voix° aussitôt lui
jumps	revient. Sans attendre il saute° dans l'un des seaux, et le voilà descendu.
devils/attracted	Ce sont les diables° sans doute qui l'ont attiré° dans ce piège. Il n'y a
means/clever	aucun moyen° de s'échapper. Lui, Renard le rusé,° se trouve attrapé.

—Chère femme, dit-il tout triste, que fais-tu là? Sa voix° aussitôt lui revient. Sans attendre il saute° dans l'un des seaux, et le voilà descendu. Ce sont les diables° sans doute qui l'ont attiré° dans ce piège. Il n'y a aucun moyen° de s'échapper. Lui, Renard le rusé,° se trouve attrapé. Isengrin le loup passant par là, s'arrête, lui aussi, à l'ouverture du puits. Il regarde au fond et voit son reflet; mais il voit aussi Renard, et il croit que c'est sa femme Hersent qui s'est hébergée° là avec lui. Cela ne lui plaît guère!° Il se met à hurler° de toute sa force:

—Est-ce bien toi, paillarde° prouvée? Voilà donc que je te surprends avec Renard!

Longtemps Renard reste silencieux. Enfin il murmure d'une voix caverneuse:

—Qui est là qui m'appelle?

—Qui parle? dit Isengrin, surpris.

—Je suis votre bon voisin, que vous aimiez comme un frère. Maintenant, je suis feu° Renard, autrefois° si rusé.

—Es-tu donc mort? dit Isengrin. Et depuis quand?

—Depuis quelques jours, hélas. Ainsi° mourront tous ceux qui sont en vie: il leur faudra passer par là le jour où il plaira à Dieu.° Mais le Seigneur° prend soin° de mon âme.° Et vous, je vous prie de renoncer à cette colère° que vous avez contre moi.

—Ainsi soit-il. Je te pardonne tous tes torts,° et je suis triste de ta mort.

—Triste? dit Renard. Et moi j'en suis fort content. Maintenant j'ai tout ce que je veux. Je n'ai plus faim ni soif . . .

Isengrin jure° par Saint Silvestre qu'il voudrait° bien être là aussi.

—Mon ami, dit Renard, vous ne pouvez pas y entrer. Vous avez eu sur votre femme de mauvaises pensées, à cause de moi, qui suis innocent.

—Je te crois, dit Isengrin, et une fois encore je te pardonne. Laisse-moi entrer.

—Allons, soit,° dit-il en lui montrant du doigt le seau.

Isengrin, en toute hâte,° se met dans le seau désigné et commence à descendre. Il voit Renard monter en même temps, et lui dit en passant:

—Renard, où vas-tu donc?

—Ne me fais pas si grise mine.° Quand l'un va, l'autre vient. Moi je vais au paradis, et toi, c'est en enfer° que tu descends, en compagnie des diables.

D'après la traduction en français moderne par Mme B. A. Jeanroy, *Le Roman de Renard.* Paris: E. de Boccard, 1926.

1. Racontez l'histoire de Renard et Isengrin dans le puits. (**Et puis** . . . *and then;* **ensuite** . . . *next*)

2. Pourquoi Renard commence-t-il à tutoyer Isengrin en sortant du puits?

3. Faites une comparaison entre Renard et Mickey Mouse. (Review vocabulary 3.20, section 5, **le caractère.**)

UNIT 14

LANGUAGE USE

Readings: A point of view about living in an apartment complex; A heroine who is both a part of French history and a part of French folklore, Jeanne d'Arc.

Situation: Finding words to deal with a misunderstanding, and getting assistance in purchasing an appropriate gift.

LANGUAGE STRUCTURE

Verbs: The conditional tense.

Pronouns: The possessive pronoun *le mien*.

278

14.10 Chez les habitants d'un grand ensemble

Le Français semble garder la nostalgie de la maison particulière—le pavillon—mais les nouvelles banlieues construites pour la nouvelle population des villes sont faites de grands ensembles d'immeubles. Dans tous ces appartements semblables, que devient la vie individuelle?

«Je fais une enquête sur l'enfance», a dit le jeune homme d'un ton engageant.

Mme Gomard lui a claqué la porte au nez. Une enquête sur l'enfance! Elle connaissait ce genre d'entrée en matière: «L'enquêteur» était un démarcheur qui s'efforcerait de lui vendre à crédit un lit d'enfant ou quelque chose comme ça. Déjà un tiers du salaire de son mari passait à payer des traites et ce n'était pas cette année ni la prochaine probablement qu'on pourrait partir en vacances. Mais quoi, on ne peut pas vivre comme des bêtes. Colette et Paulo, en fait, n'avaient pas encore de lits et couchaient sur un matelas. En revanche, on avait la télévision, heureusement, puisqu'on n'avait pas d'autre distraction.

Elle a entendu presque simultanément sa voisine du dessus et sa voisine du dessous sortir leurs casseroles.

«C'est vrai qu'il va être midi», se dit-elle. La voisine du dessus giflait son fils qui hurlait. «Ce qu'elle est brutale,» se dit Mme Gomard. «Brutale et mal élevée». Au début, elle l'a trouvée cordiale. Mais maintenant elle en a assez de ses visites impromptues. «Et puis toujours à m'emprunter quelque chose: du lait, de la farine; ma parole, elle me prend pour une épicerie!» Les hurlements continuaient. Mme Gomard a pris un balai et a cogné violemment le plafond avec le manche. Le silence s'est fait immédiatement. «Mais maintenant elle va m'en vouloir. Ah! là là, quelle vie.» Son couvert était mis. Elle s'est penchée par la fenêtre. Devant elle il y avait un énorme et laid terrain vague. C'est tout ce qu'elle avait comme vue. Les enfants y jouaient.
—Paulo, Colette, venez manger! Il est midi!

D'après Muriel Reed, *Visites chez les Français.* Prentice-Hall, 1966.

14.11 Vocabulaire

garder to keep, retain	= **retenir, conserver: garder** un secret Je **garde** de bons souvenirs de mon enfance.
le **pavillon** small house	= **une petite maison particulière** *(privately owned)*
la **banlieue** suburbs	= **les environs** d'un centre urbain
construit, -e constructed	*Cf. le verbe* **construire** (je construis/ nous construisons).

semblable similar, same	= **comparable, identique** ≠ **différent, unique**
l'enquête *(f.)* survey, inquiry	= **recherches** pour élucider une question *Cf.* **un enquêteur** *(survey taker, pollster).*
claquer to slam, to clap	Il est parti **en claquant** la porte. On **a claqué** des mains.
le **genre** kind	= **la catégorie, la sorte**
l'entrée *(f.)* **en matière** entrance, entering into a topic	*Cf.* **l'examen d'entrée** *(entrance exam).* **la matiere** *(matter)*
le **démarcheur** door-to-door salesman	*Cf. le verbe* **marcher.**
le **lit** bed	J'aime rester au **lit** le dimanche matin. On mets un matelas *(mattress)* sur le **lit.**
le **tiers** third	= chaque partie d'un tout divisé en trois parties *Cf.* **la moitié** *(half),* **le quart** *(quarter).*
la **traite** payment	Il faut payer la **traite** au début *(beginning)* de chaque mois.
la **bête** animal, beast	= **l'animal** Le renard est une **bête** sauvage; le chat est une **bête** domestique.
gifler to slap	= coup donné du plat *(flat)* de la main *Cf.* **donner une gifle.**
ce que ... how ...	**«Ce qu'il fait beau!»** = équivalent populaire de **«Qu'il fait beau!»** ou **«Comme il fait beau!»**
emprunter to borrow	Ne choisit pas qui **emprunte.** *(Beggars can't be choosers.)* **Emprunter de** l'argent à quelqu'un. ≠ **prêter** to lend
la **farine** flour	On fait le pain avec la **farine.**
le **balai** broom	*Cf. le verbe* **balayer** *(to sweep).*
le **manche** handle	= partie par laquelle on tient un instrument; un **manche** à balai
cogner to beat	= **frapper** très fort
le **plafond** ceiling	= surface horizontale qui forme la partie supérieure et intérieure d'une chambre
en vouloir à quelqu'un to hold a grudge against someone	Il **en veut** toujours à Pierre. Je ne vous **en veux** pas. *(I don't blame you.)*

| pencher, (se)pencher to lean | La Tour de Pise **penche** visiblement; la tour **penchée.** |
| | L'adulte **se penche** pour parler à l'enfant. |

14.12   Questionnaire

1. Comment le démarcheur a-t-il essayé d'entrer chez Mme Gomard?
2. Qu'est-ce qu'elle a fait?
3. Pourquoi les enfants n'avaient-ils pas de lits?
4. Pourquoi Mme Gomard en a-t-elle assez de sa voisine du dessus?
5. Que fait Mme Gomard pour mettre fin aux hurlements du petit?
6. Est-ce que sa voisine va lui en vouloir?
7. Où est-ce que les enfants jouaient?
8. Comment est-ce que Mme Gomard leur fait savoir que le déjeuner est prêt?
9. Faites une comparaison entre la vie dans un appartement et la vie dans un pavillon.

14.20 | Situations

1.   Un copain passe chez vous et vous apporte une bonne bouteille de vin.   Cependant[1] vous n'avez rien pour l'ouvrir et vous descendez chez l'étudiant d'en-dessous.[2]

---

[1] **cependant**   however   [2] **en-dessous**   below

—Entre. Qu'est-ce que tu veux?

(You want a corkscrew, but you don't know the word for it.)
un truc pour ouvrir une bouteille, comment ça s'appelle . . .

—Qu'est-ce qu'il te faut au juste?[1]

(Describe what it does.)
ça sert à . . .
une sorte de chose avec laquelle . . .

—Un décapsuleur?[2] Tu peux prendre le mien,[3] mais il s'appelle «reviens».

(Your neighbor misunderstands. Explain with gestures.)
Je m'excuse . . . Je m'explique mal . . .
On fait comme ça . . .

—Ah! C'est pour une bouteille de vin?

enfin, voilà, c'est ça

—Ça s'appelle tout simplement un tire-bouchon.

(Promise to bring it right back.)
rendre *to give back*

VARIATIONS 1. You want scissors (**des ciseaux** *m.*) and get a knife (**un couteau**).
2. You want an umbrella (**un parapluie**) and get a raincoat (**un imperméable**).
3. You want a needle and thread (**une aiguille et du fil**) and get a safety pin (**une épingle de sûreté**).

2. Vous avez demandé à la femme d'un de vos amis français de vous aider à acheter un cadeau pour remercier la famille chez laquelle vous étiez au pair.[4] Vous voulez éviter[5] de faire un faux pas.[6]

—Est-ce que vous savez déjà ce qui pourrait[7] bien leur faire plaisir?

(You are concerned about what would be appropriate.)
Je ne sais pas ce qui se fait.
Quelle sorte de cadeau . . .

—Donnez-moi une idée de ce que vous voudriez dépenser.
spend

(One gift for the whole family.)
J'ai de quoi faire un cadeau . . .
ne pas dépenser *(spend)* une fortune; avoir des moyens limités

—Si c'était moi, une plante verte me plairait. Des fleurs, peut-être . . .

(See if something useful would be all right.)
Je pensais à quelque chose de plus utile. Par exemple . . .

---

[1] **au juste** exactly [2] **un décapsuleur** bottle opener [3] **le mien** mine (see section 14.31)
[4] **être au pair** to room and board (in exchange for household services, tutoring, etc.) [5] **éviter** to avoid [6] **un faux pas** social error (false step) [7] **pourrait:** conditional tense (see section 14.30)

—Si vous insistez. Mais à votre place je ferais attention. Il ne faut pas offrir des choses trop personnelles.

—Vous pouvez toujours ajouter une belle boîte de bonbons.

(You get the hint, but you don't want to disappoint the children.)
déçu *disappointed*

remercier quelqu'un de ses conseils *(advice)*
excellente idée
aider quelqu'un à prendre une décision
C'est gentil de votre part de m'avoir aidé.

VARIATION   Ask for help in selecting gifts for each member of your family back at home.

14.30 The Conditional *(le conditionnel)*

The conditional stems are identical to those for the future tense, so that an **r** is always pronounced before the endings.

VOULOIR I would (I'd) like, want			
je voudrais		nous voudrions	/vudʀijõ/
tu voudrais	/vudʀɛ/	vous voudriez	/vudʀije/
il elle voudrait		ils elles voudraient	/vudʀɛ/

Note that the endings are the same as those of the imperfect.
The mute e of the stem is not dropped before the endings -ions and -iez.
This follows the principle of avoiding a three-consonant cluster in pronunciation.

AIMER	ÊTRE	FAIRE
j' aim~~e~~rais	je s~~e~~rais	je f~~e~~rais
tu aim~~e~~rais	tu s~~e~~rais	tu f~~e~~rais
il / elle aim~~e~~rait	il / elle serait	il / elle ferait
nous aimerions	nous serions	nous ferions
vous aimeriez	vous seriez	vous feriez
ils / elles aim~~e~~raient	ils / elles seraient	ils / elles feraient

The usage of the conditional is quite similar to English verb phrases with *would:*

1. to express the result of some condition

Dans ce cas-là, vous n'auriez pas de difficultés. In that case, you would have no difficulties.

À votre place, je ferais attention. In your place, I would be careful.

2. to express future action in the past

Il a dit qu'il viendrait un peu plus tard. He said he would come a little later.

Nous avons dit que nous finirions aussitôt que possible. We said we would finish as soon as possible.

3. to express requests in polite form

Je voudrais du café, s'il vous plaît. I would like some coffee, please.

Est-ce que vous pourriez m'aider? Would you be able to help me?

▲ NOTE: The verb **pouvoir** may be translated by the English *could* in more than one context.

Je pourrais le faire. I could (would be able to) do it.
Je pouvais le faire. I could (was able to) do it.

A. Mettez au conditionnel de politesse.

1. Avez-vous l'heure?
2. Je veux vous parler.
3. Savez-vous si le train est déjà parti?
4. Elle aime mieux du thé.
5. Est-ce que nous pouvons voir le directeur?

B. Mettez au passé.

MODÈLE: Il dit qu'il pleuvra.

→Il **a dit** qu'il **pleuvrait**.

1. Elle dit qu'elle ira au Canada.
2. Nous disons que ça sera difficile.
3. Ils disent qu'ils n'auront pas le temps.
4. Est-ce que vous dites que vous arriverez demain?
5. Je dis que je prendrai un taxi.

C. Répondez selon le modèle.

MODÈLE: Qu'est-ce que vous feriez à ma place? (la même chose)

—Je **ferais la même chose**.

1. Est-ce que vous accepteriez, à ma place? (non)
2. Qu'est-ce que vous choisiriez à ma place? (une boîte de bonbons)
3. Est-ce que vous en parleriez, à ma place? (non)
4. Est-ce que vous iriez avec les autres, à ma place? (oui)
5. Qu'est-ce que vous penseriez à ma place? (la même chose)

14.31 The Possessive Pronoun *le mien (le pronom possessif)*

The possessive pronouns **le mien, le vôtre** (mine, yours), etc., correspond to the possessive noun markers **mon** + *noun,* **votre** + *noun* (see section 3.32), as follows:

possessive adjectives	*possessive pronouns*
mon, ma; mes	le mien, la mienne; les miens, les miennes
ton, ta; tes	le tien, la tienne; les tiens, les tiennes
son, sa; ses	le sien, la sienne; les siens, les siennes
notre; nos	le nôtre, la nôtre; les nôtres
votre; vos	le vôtre, la vôtre; les vôtres
leur; leurs	le leur, la leur; les leurs

Voici **mon** livre. Où est **votre** livre?

Voici **le mien.** Où est **le vôtre?** *Here's mine. Where's yours?*

Sa voiture est dans la rue.

La sienne est dans la rue. *His/Hers is in the street.*

Leurs parents arriveront demain.

Les leurs arriveront demain. *Theirs will arrive tomorrow.*

▲ NOTE: The prepositions **à** and **de** combine with the definite article in the usual fashion:

> Je n'ai pas de stylo. Avez-vous besoin **du vôtre?**
> Je parle à mes amis, elle parle **aux siens.**

The accented forms **nôtre, vôtre** are pronounced /notʀ/, /votʀ/; the unaccented forms **notre, votre** are pronounced /nɔtʀ/, /vɔtʀ/.

EXERCICES

A. Répondez selon le modèle.

MODÈLE: Je ne peux pas trouver mon parapluie.
—Prenez **le mien.**

1. Je ne peux pas trouver ma cravate.
2. Je ne peux pas trouver mes cigarettes.
3. Je ne peux pas trouver mon guide.
4. Je ne peux pas trouver mes ciseaux.
5. Je ne peux pas trouver mon auto.

B. Mettez le pronom possessif qui convient.

MODÈLE: Où est votre bicyclette?
→Où est **la vôtre?**

1. Où est la voiture de Robert?
2. Où sont nos billets?
3. Où sont ses livres?
4. Où est ta bicyclette?
5. Où est leur maison?

C. Mettez le pronom possessif qui convient.

MODÈLE: Elle parle à ses amies.
→Elle parle **aux siennes.**

1. J'ai besoin de ma voiture.
2. Il va parler à ses parents.
3. Est-ce que vous aurez besoin de votre imperméable?
4. Je ne vais pas répondre à sa lettre.
5. Elle a besoin de son livre.

Possession is also expressed with the verb **être** followed by **à** plus a form of the stressed pronoun:

À qui est ce stylo? —Il est à moi.   C'est le mien.
                           à toi.   le tien.
                           à lui.   le sien.
                           à elle.   le sien.

À qui sont ces choses-là? —Elles sont à nous.   Ce sont les nôtres.
                                à vous.   les vôtres.
                                à eux.   les leurs.
                                à elles.   les leurs.

EXERCICE   D. Répondez.

MODÈLE: Elle est à toi, cette voiture?
           —Oui, **c'est la mienne.**

1. Elle est à lui, cette valise?
2. Elles sont à nous, ces places?
3. Il est à vous, cet argent?
4. Elle est à eux, cette maison?
5. Ils sont à elle, ces trucs-là?

READING
SELECTION

14.40 Une Héroïne quasi-folklorique: Jeanne d'Arc

Jeanne d'Arc a quitté son village de Domrémy en 1429 pour aider
le roi, Charles VII, à lutter° contre les Anglais. Après la victoire
d'Orléans, Charles a été couronné° dans la cathédrale de Reims.
Livrée° aux Anglais, Jeanne a été brûlée vive° à Rouen en 1431, à
l'âge de dix-neuf ans. L'historien Jules Michelet a vu en elle le
symbole de la France féminine.

struggle
crowned
turned over/burned alive

Une enfant de douze ans, une toute jeune fille, confondant° la voix de
son cœur avec la voix du ciel, a l'idée étrange, improbable, absurde, si
l'on veut, de faire la chose que les hommes ne peuvent plus faire, de
sauver° son pays. Pendant six ans elle n'en dit rien, même à sa mère.
Elle marche tout ce temps avec Dieu dans la solitude de son grand
dessein.° À l'âge de dix-huit ans elle l'exécute malgré les siens° et
malgré tout le monde. Elle traverse la France ravagée et déserte, les
routes infestées de brigands, elle s'impose à la cour de Charles VII, se

confusing

save

design, plan/her people,
  family

	jette° dans la guerre et dans les camps qu'elle n'a jamais vus, dans les
throws herself	
astonishes/swords	combats; rien ne l'étonne,° elle plonge intrépide au milieu des épées.°
wounded	Blessée° toujours, découragée jamais, elle rassure les vieux soldats. Tout
dares	le peuple devient soldat avec elle, et personne n'ose° plus avoir peur de
flesh	rien. Tout est sauvé! La pauvre fille, de sa chair° pure et sainte, de ce
broke/breast	corps délicat et tendre, a brisé° l'épée ennemie, couvert de son sein° le
	sein de la France.

La récompense, la voici. Livrée en trahison,° tentée° des pharisiens qui

betrayal/tempted

essayent en vain de la prendre par ses paroles, elle résiste en tout à ce

bursts out

dernier combat, elle monte au-dessus d'elle-même, éclate° en paroles
sublimes, qui font pleurer éternellement. Abandonnée du roi et de son
peuple qu'elle a sauvés, par le cruel chemin des flammes elle revient dans
le sein de Dieu.

homeland Souvenons-nous toujours, Français, que la patrie° chez nous est née du
tears/blood cœur d'une femme, de sa tendresse et de ses larmes,° du sang° qu'elle a
donné pour nous.

D'après Jules Michelet, *Jeanne d'Arc,* 1841.

14.41 | Discussion

1. Pourquoi n'y a-t-il pas l'équivalent d'une Jeanne d'Arc dans le folk-lore américain?
2. Qu'est-ce qu'il y a dans le style de Michelet qui indique qu'il présente sa propre interprétation des faits historiques?
3. Faites une distinction entre la réalité et le mythe de Jeanne d'Arc.

UNIT 15

LANGUAGE USE

Readings: Cross-cultural points of view concerning dating and school work in France and the United States.

Situations: Finding words to help a French friend solve a problem, and getting assistance from a Frenchman with your own problem.

LANGUAGE STRUCTURE

Verbs: Tenses used with *si* clauses; The pluperfect tense.

15.10 Rendez-vous les yeux fermés

Les étudiants américains s'intéressent moins à l'amour que les nôtres. C'est là, je le sais, un jugement bien téméraire ou, comme le diraient nos amis américains, bien français. Il me reste donc à le justifier avec prudence. Mais non sans avoir rappelé que, de toutes les branches de la sociologie, la branche amoureuse est la plus incertaine.

Inutile de le dire: garçons et filles, sur les campus, se cherchent. Le vendredi soir, toute la journée du samedi et toute celle du dimanche sont mixtes. Mais c'est ici que commence la surprise: ces jours sont mixtes obligatoirement.

Il existe en américain un mot étrange: *dating*. Et intraduisible en français. Littéralement *to date* signifie: fixer une date, la date d'un rendez-vous. En fait, ce mot *dating* est celui d'un système; ou, si l'on préfère, d'une institution.

Rien ne ressemble ici à ces manœuvres que pratiquent les jeunes Français pour se rapprocher de leurs contemporains de l'autre sexe. Dès la *high school,* le temps du *dating* commence. Ils se donnent des rendez-vous. Ils le font publiquement (presque tout est public dans ce pays). Ils le font avec l'approbation de leur famille, leur encouragement explicite. C'est que celui ou celle qui n'a pas de *dates* s'isole de la communauté des *teen-agers.* On ne voit pas (ou rarement) un groupe de cinq ou six garçons rencontrer un groupe de cinq ou six filles et faire promenade ensemble, se donnant le loisir d'observer, de faire des différences, de se tromper, de recommencer avec d'autres. Ici, on ne peut pas attendre. On est jeté d'un coup dans la familiarité.

Le garçon emmène la fille qu'il vient de croiser pour la première fois cinq minutes plus tôt. Il l'emmène dans sa voiture la plupart du temps. On part au premier rendez-vous les yeux fermés; c'est plus souvent une épreuve qu'un plaisir. C'est le tête-à-tête d'heures entières, publiquement autorisé, mais, on le devine, embarrassant.

Désespérant parfois même. Combien d'étudiantes—et d'étudiants— m'ont dit se rappeler leur première sortie avec un mélange d'agacement et de tristesse. Que peut-on faire à deux quand on ne se connaît pas? On peut s'asseoir dans quelque restaurant au bord de la route et faire tourner le *juke box,* prendre une bière. On peut aussi parler, certainement, essayer du moins. Mais les jeunes Américains ne sont pas de grands causeurs, à de rares exceptions. Tous me disent que les conversations sont alors bien courtes.

Les relations entre étudiants et étudiantes en Amérique offrent un tableau légèrement paradoxal. D'un côté elles sont plus ouvertes, plus acceptées que dans beaucoup d'autres pays. On pourrait donc les croire plus libres. Elles ne sont pas plus libres, elles sont prévues, voilà tout, organisées—si le mot n'est pas trop déplaisant. Elles répondent à une attente. Elles ne sont pas contrôlées, pourtant elles sont observées.

En troisième, en quatrième année d'études, c'est la floraison des fiançailles. On se marie par légions à la sortie du collège. La «promiscuité» est, j'en suis convaincu, assez rare. Les amours de passage ne sont pas plus fréquentes que chez nous. Peut-être moins. Le jeune Américain a presque toujours des goûts, des aspirations domestiques, et cela très tôt dans la vie. Rien n'est plus sage au fond qu'un étudiant américain, et dans le domaine de l'amour sans doute plus que dans tous les autres.

D'après Jacques Lusseyran, «L'Étudiant américain», *Esprit* (avril 1965).

15.11 Vocabulaire

s'intéresser à to be interested in	Je **m'intéresse** à cette idée. Je **m'y intéresse** beaucoup. *Cf.* **l'intérêt** *(m.);* **intéressant, -e**.
téméraire bold, rash	= **imprudent, -e** *Cf.* **la témérité.**
(se) rappeler to recall, remind	Je ne **me rappelle** pas son nom. Permettez-moi de **vous rappeler** que . . .
amoureux, -se amorous, in love	Elle est tombée **amoureuse** de lui.
mixte mixed	**une école mixte** *(co-educational school);* jouer au tennis en **mixte**
intraduisible untranslatable	*Cf. le verbe* **traduire; la traduction.**
fixer to set, fix	= **établir** *Cf.* avoir une idée **fixe.**
se rapprocher to get together	≠ **s'isoler** *(to isolate oneself)* *Cf.* **le rapprochement** *(reconciliation, drawing together).*
le **rendez-vous** meeting, appointment, date	J'ai **rendez-vous** chez le dentiste cet après-midi. *Cf.* **la rencontre** *(encounter, chance meeting);* le verbe **rencontrer** *(to run into).*
l'approbation *(f.)* approval	≠ **la désapprobation** *Cf. le verbe* **approuver.**
le **loisir** leisure	= **temps suffisant** pour faire une chose Ce n'est pas pressé; vous pouvez répondre à **loisir.**
emmener to take out, along	Il **a emmené** son amie au cinéma. *Cf.* **sortir:** Ils **sont sortis** ensemble.

croiser to pass, come across	Ils **se sont croisés** en traversant la rue. *Cf.* les bras **croisés.**
l'épreuve *(f.)* test, ordeal	**mettre quelqu'un à l'épreuve** *(to put someone to the test)*
entier, -ière entire, whole	On a passé la journée **entière** ensemble.
deviner to guess	**deviner** les intentions de quelqu'un *Cf.* **la devinette** *(riddle).*
désespérant desperate, distressing	*Cf.* **le désespoir** *(despair);* **désespérer.**
le **mélange** mixture	Résultat de plusieurs choses **mélangées** *(mixed)* ensemble.
l'agacement *(m.)* annoyance	*Cf. le verbe* **agacer** *(to annoy).* Cela m'**agace.**
essayer to try	Il faut **essayer,** même si on n'est pas sûr de réussir.
le **causeur** conversationalist	*Cf. le verbe* **causer** *(to chat);* **la causerie.**
légèrement mildly, lightly	*Cf. l'adj.* **léger, -ère** *(light).* Sans gravité: on a été **légèrement** blessé.
attente expectation	Il a réussi contre toute **attente.** Cf. **attendre:** Qu'est-ce qu'on **attend** de moi?
la **floraison** flowering	*Cf.* **la fleur** *(flower).*
les **fiançailles** *(f.)* engagement	Les promesses de mariage. *Cf. le verbe* **se fiancer** *(to get engaged);* **le fiancé, la fiancée.**
marier, (se) marier to marry	Les parents **ont marié** leur fille à son ami d'enfance. Jean **s'est marié** avec Marie.
convaincu convinced	*Cf. le verbe* **convaincre** *(to convince).*
au fond at heart, fundamentally	*Cf. l'adj.* **fondamental, -e.**

15.12 Questionnaire

1. Cet article date de 1965. Est-ce que le système de *dating* est différent aujourd'hui?
2. Pourquoi l'auteur dit-il que les jours du weekend sont mixtes obligatoirement?
3. Comment les jeunes Français se rapprochent-ils de leurs contemporains de l'autre sexe?

4. Pourquoi l'auteur dit-il qu'on part au premier rendez-vous «les yeux fermés»?
5. Pourquoi ce rendez-vous est-il souvent difficile?
6. Est-ce que les relations entre étudiants et étudiantes en Amérique sont libres?
7. D'après l'auteur, quand est-ce que les étudiants préfèrent se fiancer? Est-ce vrai aujourd'hui?
8. D'après l'auteur, est-ce qu'il y avait moins de promiscuité en France?
9. Pourquoi l'auteur dit-il que l'étudiant américain est «sage» dans le domaine de l'amour?
10. Commentez ces maximes:

À dix-huit ans, on adore tout de suite; à vingt ans, on aime; à trente, on désire; à quarante, on réfléchit.

Paul de Kock

L'amour, tel qu'il existe dans la société, n'est que l'échange de deux fantaisies et le contact de deux épidermes.

Chamfort

■■

15.20 | Situations

1. Un ami français aux États-Unis vous prend à part[1] et vous demande de l'aider à résoudre[2] son problème. La situation est délicate, mais loin d'être tragique. Répondez amicalement.

—J'ai besoin de te parler seul-à-seul. Est-ce que je peux te faire confiance?[3]

Mais oui . . . , Bien sûr . . .
Qu'est-ce qu'il y a?
Tu peux compter sur moi.

—Tu sais, mon séjour dans ma famille américaine: ça devient compliqué . . .

(You guess that it has to do with his dating the daughter.)
Laisse-moi deviner . . .
Est-ce qu'il s'agit de . . . *Does it have to do with . . . ?*
Est-ce à cause de . .? , par hasard *by chance*

—Eh bien, je sors avec elle, et maintenant papa, maman, ils prennent ça au sérieux.

(*Offer sympathy.*)
Une situation bien délicate, difficile, pénible *painful*
je comprends, c'est dommage, etc.

—Ça, je le sais; mais qu'est-ce que tu ferais à ma place?

(*Offer solutions.*)
Si j'étais à ta place . . . ; (*see 15.30*)

---

[1] **a part** aside [2] **résoudre** to solve [3] **faire confiance** to confide in, to trust

déménager *to move*
mettre les choses au point *get things straight*
parler d'une fiancée en France

VARIATION Make up problems and ask for solutions (Je ne peux parler aux filles . . . aux garçons; J'ai rendez-vous avec X samedi soir, mais nous n'avons pas de voiture).

---

2. Vous êtes chez l'épicier de votre quartier et vous profitez de sa gentillesse habituelle pour lui demander des renseignements au sujet d'une location[1] de voiture. Il est occupé, soyez bref.

—Qu'est-ce qu'il vous faut d'autre?

(Tell him nothing else, but you have something to ask.)
avoir une question à poser; vouloir demander quelque chose à quelqu'un

—Qu'est-ce que je peux faire pour vous?

louer une voiture *to rent a car*
chercher une agence de location de voitures
Je me demandais si . . . aider.

—J'en avais trouvé[2] une l'été dernier pour partir en vacances.

(See if he remembers the address.)

---

[1] **une location** rental [2] **j'avais trouvé** (pluperfect tense, see 15.31)

—J'avais mis l'adresse de côté,
mais . . .

—Écoutez: si vous pouvez repasser
demain, je vais demander à ma
femme.

(Tell him it's all right, not to bother.)
Je ne veux pas vous déranger.

Oh, si ce n'est pas trop vous demander.
Ça serait très gentil de votre part.

VARIATION   Ask for other addresses, phone numbers, information which someone will
try to get for you.

15.30 Tenses with *si* Clauses

The tenses used with **si** clauses in French parallel quite closely the
English constructions with *if*.

S'il **pleut,** je **reste** chez moi.   *If it rains, I'm staying home.*
Si Anne **téléphone, dites**-lui de
m'attendre.   *If Anne telephones, tell her to wait for
me.*
Si vous **voulez,** je **ferai** des sandwichs.   *If you like, I'll make some sandwiches.*

The conditional tense is used in the result clause when the imperfect follows **si.**

Si j'**étais** à ta place, je ne **ferais** pas ça.   *If I were you, I wouldn't do that.*

Si je **savais** son adresse, je lui **écrirais.**   *If I knew his/her address, I would write.*

English and French differ in that the conditional in French is not used after **si.**

S'il étudiait davantage, il n'**aurait** pas tant de difficultés.   *If he studied/would study more, he wouldn't have so many difficulties.*

The imperfect is used after **si** to phrase a suggestion.

Si on **allait** au cinéma ce soir?   *Suppose/What if we went to the movies this evening?*

This construction is uttered with statement or exclamation intonation.

EXERCICES

A. Complétez.

1. S'il fait beau . . .
2. Si vous avez faim . . .
3. Si vous ne savez pas . . .
4. Si j'ai le temps . . .
5. Si nous sommes libres . . .

B. Complétez.

1. S'il faisait beau . . .
2. Si vous aviez faim . . .
3. Si vous ne saviez pas . . .
4. Si j'avais le temps . . .
5. Si nous étions libres . . .

C. Continuez d'après le modèle.

MODÈLE: Si j'avais de l'argent (aller en France)
→Si j'avais de l'argent, **j'irais** en France.

1. Si j'allais en France,   (visiter Paris)
2. Si je visitais Paris,   (voir tout)
3. Si je voyais tout,   (rester longtemps)
4. Si je restais longtemps,   (parler couramment)
5. Si je parlais couramment,   (être content(e))

D. Continuez.

MODÈLE: Si j'étais intelligent (ne pas travailler)

→Si j'étais intelligent(e), je ne **travaillerais** pas.

1. Si je ne travaillais pas,   (avoir du temps libre)
2. Si j'avais du temps libre,   (pouvoir me reposer)
3. Si je pouvais me reposer,   (ne rien faire)
4. Si je ne faisais rien,   (mourir de faim)
5. Si je mourais de faim,   (ne pas être intelligent(e))

E. Répétez les exercices **C** et **D** en utilisant **vous.**

F. Transformez les phrases suivantes d'après le modèle.

MODÈLE: On va au restaurant?

→**Si on allait** au restaurant?

1. On dîne ensemble ce soir?
2. On passe le weekend à Chamonix?
3. Je viens vous chercher à huit heures?
4. Je te prête le mien?
5. On leur donne un coup de fil?

15.31 The Pluperfect tense *(Le plus-que-parfait)*

The pluperfect tense indicates time which is prior to some other event in the past. It indicates an action which is relatively "more past."

more past	*past*
Ils **avaient** déjà **commencé**	quand je **suis arrivé**(e).
(They had already begun	*when I arrived.)*

The pluperfect is formed by placing the auxiliary in the imperfect tense. As with all compound tenses, the auxiliary is either **avoir** or **être**, depending on the verb. (Review 9.34 and 10.31 for verbs with *être*.)

PLUPERFECT

parler (I had spoken)		*aller* (I had gone)		*se lever* (I had gotten up)	
j'avais	parlé	j'étais	allé(e)	je m'étais	levé(e)
tu avais	parlé	tu étais	allé(e)	tu t'étais	levé(e)
il		il	allé	il	levé
elle	avait parlé	elle	était allée	elle	s'était levée
nous avions	parlé	nous étions	allé(e)s	nous nous étions	levé(e)s
vous aviez	parlé	vous étiez	allé(e)s	vous vous étiez	levé(e)s
ils		ils	allés	ils	levés
elles	avaient parlé	elles	étaient allées	elles	s'étaient levées

EXERCICES

A. Mettez au plus-que-parfait.

MODÈLE: J'ai fini.

→J'**avais fini** avant ça.

1. Ils ont refusé.
2. Je me suis levé.
3. Tu as été absent.
4. Vous êtes sorti?
5. Elle a commencé.

B. Répondez au négatif.

1. Était-elle partie avant votre arrivée?
2. Aviez-vous déjà fini?
3. Est-ce que vous vous étiez déjà couché?
4. Est-ce que tu avais oublié?
5. Étiez-vous arrivé avant moi?

C. Complétez.

1. Quand je suis arrivé(e), le train . . . (partir)
2. Quand j'ai téléphoné, mes parents . . . (se coucher)
3. Quand je lui ai parlé, elle . . . (déjà accepter)
4. Quand je suis venu la chercher, elle . . . (ne pas s'habiller)
5. Quand j'ai reçu sa lettre, grand-père . . . (déjà mourir)

READING
SELECTION

15.40 Le Jeune Français: comment passer les vacances

Une Américaine pose des questions à un groupe de jeunes Parisiens (16 ans environ) du XVIe arrondissement, un quartier très chic.

À première vue, ce qui intéressait ces très jeunes gens, ces presque enfants qui ne semblaient se raser qu'une fois par semaine, ce qui les intéressait me semblait incroyablement° sérieux. D'abord leurs études et la réforme de l'enseignement.

— On nous fourre,° m'a dit un beau jeune homme très XVIe, un enseignement purement abstrait, livresque, scolaire. Mais un type° qui ferait peut-être un très bon ingénieur, s'il rate° son bachot, il est fini, barré. C'est injuste.

— Qu'en pensent vos parents?

— Nos parents pensent toujours et surtout qu'on ne travaille pas assez. Pourtant, nous travaillons tous plus de quarante heures par semaine, c'est-à-dire plus que nos pères dans leurs bureaux.

J'avais remarqué que, s'ils étaient en général beaux, ils avaient tous ces épaules étroites, ces pauvres corps grêles° d'enfants trop studieux. Et pensant à l'adolescence américaine si libre, sportive, je me sentais pleine de compassion pour eux.

— Aimeriez-vous mieux être élevés° comme des Américains?

— Ah! non. Les Américains, ils sont incultes,° ont-ils répondu.

Glosses (margin):
- incredibly
- cram, stuff
- guy
- fails
- slender
- raised
- uncultivated

J'avais oublié cette merveilleuse qualité de la jeunesse, la première qu'on perd: l'honnêteté intellectuelle. Nous avons passé au sujet des jeunes filles.

—Les filles, on ne les comprend pas. On ne sait pas ce qu'il faut leur dire. On a l'impression qu'elles se moquent de nous.

—Est-ce que vous aimeriez mieux des femmes plus agées, ai-je dit, des femmes vraiment mûres,° enfin des «vieilles» de trente ans?

—Oui, évidemment, les femmes mûres sont plus faciles . . . Et elles savent des tas° de choses.

Je voyais bien qu'ils avaient l'impression qu'un jeune homme doit aimer les femmes mûres. Mais, en fait, ils n'étaient pas très tentés.°

—Tout ce truc sexuel, ça pose des tas de problèmes, a dit un Marlon Brando enfant. Aucun de nous n'a envie de compromettre une jeune fille. On n'a pas très envie de fréquenter les bordels non plus. Au fond, il y a une solution.

J'étais curieuse de savoir laquelle.

—On encourage les parents à nous envoyer en vacances en Angleterre, en Suède ou en Allemagne.

Les autres approuvaient.

—Oui, les vacances en Angleterre, par exemple, c'est la grande barbe.° Mais l'article français° est très apprécié . . . là, il n'y a plus de problèmes. Cette conception du bon usage des vacances me stupéfiait.

D'après Muriel Reed, *Visites chez les Français.* Prentice-Hall, 1966.

Glosses (left margin):
- mature
- lots
- tempted
- very boring
- i.e., a Frenchman

15.41 | Discussion

1. Quel préjugé Mme Reed a-t-elle découvert chez les jeunes Français au sujet des Américains?

2. Est-ce que le «truc sexuel» pose moins de problèmes pour le jeune Français que pour le jeune Américain?

3. Selon le texte, quel est le point de vue des jeunes Français sur leurs études?

UNIT 16

LANGUAGE USE

Readings: A point of view concerning the symbolic significance of wine in French culture, and an objective look at the problem of alcoholism.

Situations: Finding words to negociate dinner when invited to a restaurant if you do not feel at ease ordering, and finding out about tipping in France in order to avoid embarassment.

LANGUAGE STRUCTURE

Verbs: The past conditional tense; The verb *devoir*.

302

16.10 Le Vin et le lait

Le vin est senti par la nation française comme un bien qui lui est propre, au même titre que ses trois cent soixante espèces de fromages et sa culture. C'est une boisson-totem, correspondant au lait de la vache hollandaise ou au thé absorbé cérémonieusement par la famille royale anglaise.

À vrai dire, le vin supporte une mythologie variée qui ne s'embarrasse pas des contradictions. Cette substance est toujours considérée, par exemple, comme le plus efficace des désaltérants, ou du moins, la soif sert de premier alibi à sa consommation. («Il fait soif», dit-on, quand on a envie de prendre un verre.) Il est avant tout une substance de conversion, capable d'extraire des objets leur contraire: de faire, par exemple, d'un faible un fort, d'un silencieux un bavard; d'où vient son pouvoir philosophique de transmuter ou de créer *ex nihilo*.

Mais ce qu'il y a de particulier à la France, c'est que le pouvoir de conversion du vin n'est jamais donné ouvertement comme une *fin*: d'autres pays boivent pour s'enivrer, et cela est dit par tous; en France, l'ivresse est conséquence, jamais finalité.

Tout cela est connu, dit mille fois dans le folklore, les proverbes, les conversations et la littérature. Mais cette universalité même comporte un conformisme: croire au vin est un acte collectif contraignant; le Français qui prendrait quelque distance à l'égard du mythe s'exposerait à des problèmes menus mais précis d'intégration, dont le premier serait justement d'avoir à s'expliquer. La société considère suspect quiconque ne croit pas au vin: elle ne le *comprend* pas (aux deux sens, intellectuel et spatial, du terme). Savoir boire est une technique nationale qui sert à qualifier le Français, à prouver à la fois son pouvoir de performance, son contrôle et sa sociabilité.

Le véritable anti-vin, c'est le lait. Le lait est contraire par sa nature crémeuse; le vin transmute, le lait restaure. De plus, sa pureté, associée à l'innocence enfantine, est un gage de force calme et blanche. Quelques films américains, où le héros, dur et pur, ne répugnait pas devant un verre de lait avant de sortir son colt justicier, ont préparé la formation de ce nouveau mythe. Mais le lait reste une substance exotique; c'est le vin qui est national.

La mythologie du vin peut nous faire d'ailleurs comprendre l'ambiguïté habituelle de notre vie quotidienne. Car il est vrai que le vin est une belle et bonne substance, mais il est non moins vrai que le capitalisme français profite de sa production. Il y a ainsi des mythes fort aimables qui ne sont tout de même pas innocents.

D'après Roland Barthes, *Mythologies*.
Éditions du Seuil, 1957.

propre à characteristic, one's own	= **particulier** *Cf.* **la propriété** *(property)*.
au même titre by the same right, reason, claim	*Cf.* **le titre** *(title)*.
l'espèce *(f.)* kind, species	= plusieurs choses d'un caractère commun: par exemple, **l'espèce humaine**
la **vache** cow	= **une bête domestique** qui donne du lait *Cf.* **le taureau** *(bull)*.
efficace effective	= qui produit l'effet désiré: par exemple, **un remède efficace** ≠ **inefficace**
le **désaltérant** thirst-quencher	*Cf. le verbe* **se désaltérer** *(to quench one's thirst)*.
du moins at least, at any rate	**Du moins,** c'est ce qu'on dit.
la **consommation** consumption	≠ **la production** = action de **consommer;** la boisson commandée dans un café: payer la **consommation**
extraire to extract	= **tirer de** *Cf.* **l'extraction** d'une dent, etc.
bavard, -e talkative	*Cf.* **bavarder** *(to gossip);* le **bavardage** *(small talk)*.
transmuter to transmute	= **transformer** *Cf.* **la transmutation.**
créer to create	= **inventer** *Cf.* **la création.**
la **fin** purpose	**La fin** justifie les moyens. *Cf.* **la finalité:** la nature d'une cause finale.
s' **enivrer** to get drunk	*Cf.* **l'ivresse** *(f.) (drunkenness, intoxication);* l'*adj.* **ivre** *(drunk)*.
comporter to bear, contain	Toute règle *(rule)* **comporte** des exceptions.
contraignant constraining, compelling	*Cf. le verbe* **contraindre** *(to constrain);* **la contrainte** *(constraint)*.
menu, -e small, petty, minor	le **menu** détail *(small detail)*. *Cf.* **le menu** *(bill of fare, menu)*.
quiconque whoever	= toute personne qui *Cf.* **quelconque** *(whatever)*.

restaurer to restore, re-establish	*Cf.* **la restauration** *(restoration);* **le restaurant,** un établissement où on se **restaure.**
le **gage** token, proof	*Cf.* **l'engagement** *(m.) (commitment, obligation);* **un gage d'amitié** *(a token of friendship).*
répugner to feel repugnance, disgust	*Cf.* **la répugnance** *(aversion).*
tout de même all the same	= **quand même** C'est incroyable, mais c'est vrai **tout de même.**

16.12 Questionnaire

1. Y a-t-il une «boisson-totem» ou boisson typique des États-Unis?
2. Qu'est-ce qui sert de premier alibi à la consommation du vin?
3. Pourquoi l'auteur dit-il que le vin est une substance de «conversion»?
4. Pourquoi, d'après l'auteur, boit-on dans les autres pays? Est-ce qu'on donne la même raison pour boire en France?
5. Quel est le premier problème auquel on s'expose si on ne prend pas de vin?
6. Qu'est-ce que le «savoir boire» sert à prouver?
7. Pourquoi le lait est-il contraire au vin?
8. Qu'est-ce qui a préparé la formation d'un nouveau mythe, celui du lait?
9. Pourquoi le vin n'est-il pas un mythe innocent?
10. Faites une comparaison entre la mythologie du vin et celle du coca-cola. Le coca-cola, est-il un mythe «innocent»?

16.20 | Situations

1. Vous êtes invité(e) à dîner au restaurant par un ami français. Vous voulez apprendre à apprécier la cuisine française. Soyez courageux(-se), mais vous devriez[1] être prudent(e).

—Ce soir on fait la fête![2] Que veux-tu commander?

(See what your host recommends.)
Je te laisse le choix. *choice*
Je te fais confiance.
Je ne m'y connais pas. *I don't know anything about it.*

[1] **devoir:** *(see* 16.31) [2] **faire la fête** celebrate

—Regardons le menu. Qu'est-ce qui te fait envie?

(Stall for time.)
Il y a tant de choses intéressantes . . .
Avec _____ on ne risque rien.
Crois-tu que j'aimerais _____?
Les _____ ont l'air bien.
(Review vocabulary, 4.20 section 3.)

—Bon, on va encore y réfléchir. Mais tu voudrais plutôt du poisson ou de la viande?

(At this point, you must make a choice.)
J'ai entendu dire que _____ est bien préparé(e) en France.
Peut-être que _____ serait une nouvelle expérience.

—Bon. Je vois ce qui va te plaire. Veux-tu choisir le vin?

(Indicate that you'd rather not choose.)
Tous ces noms de châteaux . . .
On a l'embarras du choix. *a lot to choose from*

—Tu sais, même nous, on laisse souvent choisir le maître d'hôtel.

Ça simplifie la vie!

VARIATION: Your host chooses something which you're afraid you can't eat. Renegotiate your order diplomatically.

2. Vous demandez à un ami de vous expliquer le système du pourboire.[1] Vous avez été dans de petites situations embarrassantes, et vous êtes d'assez mauvaise humeur.

_____
[1] **le système du pourboire** tipping system

—Tu m'as bien fait rire au cinéma jeudi soir.

(Express indignation.)
Si tu avais été à ma place!
Tu trouves ça drôle *(funny)*, toi!
Cette coutume *(custom)* est idiote!

—J'aurais dû[1] te prévenir:[2] on donne un pourboire à l'ouvreuse.[3]

(Explain why the situation was embarrassing.)
Mais je ne savais pas . . .; Je n'avais pas de petite monnaie sur moi.
Dans le noir, tu sais, ce n'est pas facile.

—Pour le chauffeur de taxi, tu lui demandes de te rendre[4] la monnaie pourboire compris.[5]

(See if you understand by giving an example.)
Alors, si c'est ____ francs, je dis «Rendez-moi la monnaie sur ____ .»

—C'est ça. Il faut juste faire un petit calcul mental rapide.

(Ask if there's anything else you should know.)
autre chose *anything else*
je dois *I should*

—Quant aux restaurants, le service est presque toujours compris. C'est quinze pour cent; mais on laisse un peu plus.

(Express resignation.)
Ce que vous êtes compliqués!
Bon, d'accord, mais quand même . . .
J'ai encore tant à apprendre.

VARIATION Your French friend has been embarrassed by trying to tip an usher. Explain when and how to tip in this country.

---

[1] **j'aurais dû** I ought to have (see 16.31) [2] **prévenir** to warn [3] **l'ouvreuse** usher *(f.)* [4] **rendre** to give back, to return [5] **compris** included.

16.30 The Past Conditional *(le conditionnel passé)*

The past conditional expresses some action that would have taken place relative to another past event.

À votre place, j'aurais refusé.   *If I'd been you, I would have refused.*

The past conditional is formed by placing the auxiliary in the conditional tense.

PAST CONDITIONAL

parler (I would have spoken)		*aller* (I would have gone)		*se lever* (I would have gotten up)	
j'aurais	parlé	je serais	allé(e)	je me serais	levé(e)
tu aurais	parlé	tu serais	allé(e)	tu te serais	levé(e)
il elle	aurait parlé	il elle	serait	allé allée	il elle	se serait	levé levée
nous aurions	parlé	nous serions	allé(e)s	nous nous serions	levé(e)s
vous auriez	parlé	vous seriez	allé(e)(s)	vous vous seriez	levé(e)(s)
ils elles	auraient parlé	ils elles	seraient	allés allées	ils elles	se seraient	levés levées

EXERCICES

A. Mettez au conditional passé.

MODÈLE: Je refuserais dans ce cas-là.
→ **J'aurais refusé** dans ce cas-là.

1. Ils me parleraient.
2. Je me coucherais.
3. Tu serais en retard.
4. Vous partiriez?
5. Elle répondrait.

B. Répondez au conditionnel passé.

Qu'est-ce que vous auriez fait à ma place?
1. —Moi, je (partir)
2. —Moi, je (dire «non»)
3. —Moi, je (se dépêcher)
4. —Moi, je (prendre un taxi)
5. —Moi, je (rester)

C. Répondez au négatif.

1. Est-ce qu'il aurait refusé?
2. Est-ce que vous l'auriez fait?
3. Est-ce que j'aurais réussi?

4. Est-ce qu'elle y serait allée?

5. Est-ce que nous nous serions vus?

The past conditional is used in conjunction with the pluperfect in **si** constructions:

Si elle n'avait pas eu mal à la tête, elle serait venue.   If she hadn't had a headache, she would have come.

EXERCICES   D.   Complétez.

1. S'il avait fait beau . . .
2. Si j'avais su ça . . .
3. Si nous avions eu beaucoup d'argent . . .
4. Si vous aviez été intelligent(e) . . .
5. Si elle était arrivée un peu plus tôt . . .

E.   Continuez d'après le modèle.

MODÈLE: Si j'avais eu de l'argent, je **serais allé(e)** en France.

1. Si j'étais allé(e) en France, (visiter Paris)
2. Si j'avais visité Paris, (rester longtemps)
3. Si j'étais resté(e) longtemps, (trouver un appartement)
4. Si j'avais trouvé un appartement, (dépenser beaucoup)
5. Si j'avais dépensé beaucoup, (ne plus avoir d'argent)

F.   Répétez l'exercice **E** en utilisant **vous.**

16.31   **The Verb** *devoir*

INFINITIF	*Présent*		*Passé composé*
devoir	je dois	nous devons	j'ai dû
Futur	tu dois	vous devez	
je devrai	il elle doit	ils elles doivent	
Conditionnel	*Imparfait*		*Conditionnel passé*
je devrais	je devais		j'aurais dû

The verb **devoir,** when followed by a noun, may be translated as *to owe:*

Il me doit 5 francs.   He owes me 5 francs.

Followed by an infinitive, **devoir** is more difficult to translate, as there is no single verb in English which corresponds to its range of meaning. From the French point of view, **devoir** is a single verb expressing the notion of obligation (compare the noun **le devoir,** *duty*); from the English point of view, **devoir** requires different translations in different tenses.

Présent: **Je dois partir.**   I should leave.   I am supposed to leave.

▲ NOTE: This is not as strong as:

Il faut partir.	It is necessary/ I have to leave.
Il doit y avoir une erreur.	There is probably/ There must be a mistake.

Futur: **Je devrai partir à 3 h.**   I'll have to leave at three.

Passé: The normal distinction is made between past action viewed as state of affairs *(imparfait)* and as event *(passé composé).*

Je devais partir vendredi.	I was supposed to leave Friday.
J'ai dû partir vendredi.	I had to leave Friday.

▲ NOTE: The *passé composé,* in certain contexts, expresses probability:

Il a dû oublier.   He must have forgotten.

Conditionnel: You will recall that the conditional tense may be used to express desires in polite form.

Je veux partir.	I want to leave.
Je voudrais partir.	I would like to leave.

The same effect is achieved with **devoir.**

Je dois partir.	I should leave.
Je devrais partir.	I ought to leave.

▲ NOTE: The difference in meaning here is slight; the conditional implies *if you don't mind.*

The past conditional may be translated as follows:

J'aurais dû partir.   I ought to have left.

EXERCICES   A.   Mettez le verbe **devoir** au présent.

MODÈLE: Il part bientôt.

→Il **doit partir** bientôt.

1. Qu'est-ce que je fais?
2. Nous allons au cinéma ce soir.

3. Ils étudient ce week-end.
4. Vous savez ça.
5. Il y a un taxi devant l'hôtel.

B. Mettez au futur.

MODÈLE: Aujourd'hui je dois étudier. —Et demain?

—Demain je **devrai** étudier aussi.

1. Elle doit rester au lit aujourd'hui. —Et demain?
2. Nous devons travailler vendredi. —Et vendredi prochain?
3. Tu dois te coucher de bonne heure ce soir. —Et demain soir?
4. Ils doivent venir cette semaine. —Et la semaine prochaine?
5. Je dois sortir ce soir. —Et samedi soir?

C. Mettez au conditionnel.

MODÈLE: Elle doit aider son amie.

→Elle **devrait** aider son amie.

1. Vous devez répondre à sa lettre.
2. Je dois prendre une décision.
3. Ils doivent payer la consommation.
4. Nous devons leur donner un cadeau.
5. Tu dois te reposer.

D. Mettez au passé.

a) MODÈLE: Je dois partir, mais je reste.

→Je **devais** partir, mais je **suis resté.**

1. Elle doit se reposer, mais elle travaille.
2. Ils doivent étudier, mais ils jouent au tennis.
3. Vous devez travailler, mais vous vous amusez.
4. Je dois refuser, mais je ne peux pas.
5. Nous devons rester, mais nous sortons.

b) MODÈLE: Je veux rester, mais je dois partir.

→Je **voulais** rester, mais j'**ai dû** partir.

6. Elle veut se reposer, mais elle doit travailler.
7. Ils veulent jouer au tennis, mais ils doivent étudier.
8. Je veux refuser, mais je dois accepter.
9. Vous voulez attendre, mais vous devez partir?
10. Nous voulons acheter des cadeaux, mais nous devons économiser.

E. Mettez au conditionnel passé.

MODÈLE: Je suis parti. (rester)
→**J'aurais dû** rester.

1. Nous avons accepté. (refuser)
2. Elle a attendu. (partir)
3. J'ai hésité. (prendre une décision)
4. Vous avez travaillé. (se reposer)
5. Ils ont joué aux cartes. (étudier)

READING SELECTION

16.40 **L'Alcoolisme**

shows
with regard to

La France manifeste° encore une indulgence surprenante à l'endroit des° alcooliques. L'alcoolisme tue chaque jour 120 Français. C'est la troisième cause de mortalité, après les accidents cardiaques et le cancer. La France vient toujours en tête des nations mondiales pour ce qui concerne la consommation d'alcool pur: 28 litres par adulte et par an, contre 24 en Italie, 9 aux États-Unis et 8 en Grande-Bretagne. Elle doit ce record pour une bonne part à une minorité de 2 millions d'individus

qui boivent en moyenne° 2 litres de vin par jour. L'ouvrier° qui commence la journée en buvant un café «arrosé»° de rhum et se maintient en forme à coups de «petits blancs» fait toujours partie du° folklore français, de même que° le paysan qui estime° que trois ou quatre litres de vin par jour ne peuvent lui faire de mal lorsqu'il° travaille aux champs,° et que le joyeux retraité° qui ruine sa santé° en levant trop souvent son verre à la santé des autres.... Un Français sur dix travaille d'une manière ou d'une autre à remplir les verres des autres et l'on peut voir des affiches° disant: «Luttez° contre l'alcoolisme en buvant plus de vin...» Ce n'est qu'en 1965 que fut° votée une loi punissant la conduite des voitures en état d'ivresse, après un débat à l'Assemblée Nationale au cours duquel les députés discutèrent° longuement la définition non point de l'ivresse mais de la conduite d'une automobile.

Sanche de Gramont, *Les Français: Portrait d'un Peuple.* Editions Stock, 1970.

Glosses (left margin):
- on the average/ workman
- watered
- is still a part of
- the same as/considers
- when (he)
- fields/retired person/health
- posters/struggle, fight
- was
- discussed

16.41 | Discussion

1. Quelle est l'attitude de la société française envers l'alcoolisme, d'après l'auteur?

2. Dans quelles classes sociales est-ce qu'on trouve la plupart des alcooliques?

3. Donnez des exemples du folklore de la consommation du vin présentés dans le texte. Est-ce qu'il y a chez les ouvriers américains un folklore concernant la consommation de la bière?

UNIT 17

LANGUAGE USE

Readings: De Gaulle's point of view concerning his alleged anti-americanism; The Curies make a decision in the tradition of scientific heroism.

Situations: Finding words to register a complaint, and defending your point of view.

LANGUAGE STRUCTURE

Verbs: The future perfect tense.
Pronouns: Double object pronouns.

17.10 De Gaulle: anti-américain?

(Entretien radiodiffusé et télévisé avec M. Michel Droit, le 14
décembre 1965)

M. MICHEL DROIT: Mon Général, je voudrais vous poser la question suivante. On dit, très fréquemment, que vous êtes anti-américain. Vous
avez une fois parlé de l'influence prépondérante américaine. Les
Américains ont mal pris cela, ils ont considéré que c'était péjoratif et
même beaucoup de Français considèrent que c'est péjoratif. Alors, est-
ce que vous pourriez vous expliquer sur votre anti-américanisme?

LE GÉNÉRAL DE GAULLE: Vous savez, depuis 1940 j'ai toujours entendu
dire que j'étais anti-quelque chose. Je me rappelle ce pauvre Church-
ill. Il me disait: «Vous êtes anti-britannique». C'était assez drôle puisque nous étions alors, moi et ceux qui m'entouraient, les seuls Français à
rester à combattre aux côtés de l'Angleterre. Les Américains, après, ont
dit «Vous êtes anti-américain» et alors, ils se sont présentés en Afrique du
Nord sans moi, à cause du fait qu'ils nous considéraient comme anti-
américains. En réalité, qui a été l'allié des Américains de bout en bout
sinon la France de de Gaulle? Si la liberté du monde était en cause, qui
seraient automatiquement les meilleurs alliés de nature sinon la France
et les États-Unis, comme ils l'ont été souvent en pareil cas? D'ailleurs,
moi, je ne dis pas que les Américains sont anti-français; et pourtant, si
c'est parce qu'ils ne nous ont pas toujours accompagnés qu'ils seraient
anti-français, eh bien! ils ne nous ont pas toujours accompagnés. En
1914, nous étions en guerre contre Guillaume II: les Américains n'étaient
pas là. Ils sont arrivés en 1917, et ils ont fort bien fait, pour eux et pour
tout le monde. En 1940, ils n'étaient pas là et nous avons été submergés
par Hitler; c'est en 1941, parce que les Japonais ont coulé une partie de
la flotte américaine à Pearl-Harbour, que les États-Unis sont entrés en
guerre. Loin de moi de méconnaître l'immense service qu'ils ont rendu,
à eux, au monde et à nous-mêmes, en entrant dans la guerre en 1917 et
en entrant dans la guerre en 1941. Je le sais bien, je ne dis pas qu'ils sont
anti-français parce qu'ils ne nous ont pas accompagnés toujours. Eh
bien! je ne suis pas anti-américain parce qu'actuellement je n'accompagne pas les Américains toujours, et en particulier, par exemple, dans la
politique qu'ils mènent en Asie.[1] Il est tout à fait vrai que je ne les
approuve pas. Alors, de là à dire que je suis anti-américain, je ne peux
pas l'empêcher, mais il y a le fond des choses!

D'après Charles de Gaulle, *Discours et
messages,* Vol. 4. (Paris: Plon, 1970).

---

[1] Il s'agit de la guerre du Viet-nam et du refus de reconnaître le Gouvernement de la République
populaire de Chine.

17.11 Vocabulaire

l'entretien *(m.)* interview, conversation — *Cf.* **entretenir** *(to entertain, talk to);* **entretenir quelqu'un de** *(to converse with someone about).*

radiodiffusé broadcast by radio — *Cf.* **diffuser** *(to spread, diffuse);* **la radiodiffusion,** *ou* **radio-émission** *(radio program, broadcast).*

péjoratif, -ive disparaging, unfavorable — **dans le sens péjoratif d'un mot** *(in the unfavorable sense of a word)*

entendre dire to hear it said — **J'ai entendu dire** que tu étais malade.

entourer to surround, gather about — = **être autour de**

combattre to fight, combat — *Cf.* **les anciens combattants** *(veterans).*

l'allié *(m.)* ally — *Cf.* **allier** *(to unite);* **une alliance.**

de bout en bout from start to finish — = **d'une extrémité à l'autre**

être en cause to be concerned, in question — **la liberté du monde est en cause** = **il s'agit de** la liberté du monde

de nature of a kind — = **naturel**

sinon if not, unless — Pour être heureux, que faut-il, **sinon** ne rien désirer?

pareil, -le like, similar, same — C'est **pareil.** = C'est **la même chose.**

couler to sink; to flow — **couler** un bateau; le bateau **coule** / La Seine **coule** vers l'ouest.

la flotte fleet — = **ensemble des forces navales d'un pays**

méconnaître not to recognize, deny, disregard — *Cf.* **méconnaissant, -e** *(ungrateful);* **la méconnaissance.** / ≠ **reconnaître** / *Cf.* **la reconnaissance** *(gratitude).*

actuellement at present — *Cf.* **actuel, -le: à l'heure actuelle** *(at the present moment);* **l'actualité** *(topic of present interest).*

mener to lead, conduct — Ce chemin **mène** à la ville. / **mener une vie triste** *(to lead a sad life)*

empêcher to prevent — ≠ **permettre**

le **fond d'une chose**	= **l'essence** d'une chose
the heart of the matter, the truth	≠ **la forme** d'une chose

17.12   Questionnaire

1. D'après M. Droit, est-ce que les Américains sont les seuls à croire que de Gaulle est anti-américain?
2. Est-ce qu'on a souvent traité de Gaulle d' «anti-quelque chose»?
3. Comment de Gaulle démontre-t-il qu'il n'était pas anti-britannique?
4. Quand la France et les États-Unis ont-ils été souvent alliés?
5. Pourrait-on dire que les Américains ont été anti-français? Pourquoi?
6. Est-ce que les Américains sont entrés dans les deux guerres mondiales pour sauver la France?
7. On a, depuis 1965, renoncé à la guerre au Viet-nam et reconnu le Gouvernement de la République populaire de Chine. Est-ce que de Gaulle avait raison de ne pas suivre les États-Unis en 1965?
8. Est-ce qu'on peut s'opposer à quelqu'un sans être anti-quelqu'un?
9. Commentez ces maximes:

   La raison du plus fort est toujours la meilleure.

   —La Fontaine

   Nous aurions souvent honte de nos plus belles actions si le monde voyait tous les motifs qui les produisent.

   —La Rochefoucauld

■■

17.20 | Situations

1. Le chauffage central[1] ne marche pas bien dans votre appartement. Les radiateurs ont été réparés, mais maintenant ils tapent toute la nuit. Vous appelez[2] le propriétaire.[3] Insistez malgré sa résistance.

—Vous vouliez me parler?

> (*Explain that you can't sleep because of the noise.*)
> un bruit épouvantable   *a terrible noise*

—Mais j'ai fait réparer ça la semaine dernière!

> (*You are aware of that, but the noise is even worse.*)
> encore pire   *even worse*
> devenir insupportable   *to become unbearable*

---

[1] **le chauffage central** central heating   [2] **vous appelez** (review vocabulary 7.20, section 5)   [3] **le propriétaire** landlord, owner

—Le sifflement?[1] C'est un bruit tout à fait normal.

(Make it clear that what you hear is not normal.)
J'ai l'impression que le radiateur va éclater. *explode*
un bruit fort *loud*
taper *to bang*

—Vous savez, elle n'est pas toute jeune, cette maison. Je ne sais pas ce qu'on peut faire. D'ailleurs, les réparations coûtent si cher . . .

(Don't weaken; you have your own problems.)
C'est que j'ai besoin de sommeil.
Je ne peux pas continuer à passer des nuits blanches. *sleepless nights*

—Je vous enverrai[2] quelqu'un d'ici peu.[3]

(Express gratitude, but indicate that you expect satisfaction.)
J'espère que . . . ; sinon, il faudra . . .

VARIATION You return for the third time with your car for the same noise in the engine. **Le garagiste** says it's normal. You want not only satisfaction, but the loan of a car while yours is being repaired. Review vocabulary, 11.20, sections 3 and 4.

---

[1] **le sifflement** hiss [2] **enverrai** future of **envoyer** to send [3] **d'ici peu** shortly

2. Un étranger critique la télévision américaine. Votre position est difficile: vous n'êtes pas complètement en désaccord[1] avec lui, cependant[2] vous voulez défendre la liberté d'action. Restez objectif (-ive).

—Après chaque voyage à New York j'en reviens toujours étonné du malaise[3] que l'on ressent.[4] On y voit tant de brutalité . . .

(Granted, but big cities have special problems.)
une population mixte, la pauvreté, le crime, les drogues *(f.)*
La ville de N.Y. n'est pas représentative de toute l'Amérique.

—Sans doute. Mais ne pensez-vous pas que la télévision qui montre tant de films violents est une cause de cette violence?

(It's more complicated than that. Besides, there are lots of channels to choose from.)
compliqué, ne pas simplifier les choses
la chaîne *channel*

—Les personnes chargées de la censure devraient interdire[5] certains spectacles, du moins aux petits enfants.

(It's a question of freedom of speech—American television is not under government control i.e., nationalized.)
la liberté d'expression, le contrôle du gouvernement, le droit de choisir . . .

---

[1] **désaccord** disagreement [2] **cependant** however [3] **la malaise** uneasiness, distress [4] **ressentir** to feel, be aware of [5] **interdire** to forbid

—Vous n'avez même pas le petit carré[1] blanc dans le coin qui indique que tel ou tel[2] spectacle n'est pas pour les jeunes?

C'est aux parents de décider si ... bon, mauvais; convenable *suitable*

en principe *basically, supposedly*

VARIATION Enter into a debate about the pros and cons of freedom of the press *(la presse)*. Review vocabulary 10.20, sections 2 and 5.

17.30 The Future Perfect *(le futur antérieur)*

The future perfect expresses a future event that will have taken place before some other future event.

Ils **seront partis** avant notre **arrivée.**

They will have left before our arrival.

This tense does not have a high frequency of occurrence; it is most often seen used with **quand (lorsque)** or **aussitôt que (dès que).** It is formed by placing the auxiliary in the future tense; as in all compound tenses, the auxiliary is either **avoir** or **être,** depending on the verb.

Je **te verrai** quand tu **auras fini.**

I'll see you when you (will) have finished.

Il vous **téléphonera** aussitôt qu'il **sera arrivé.**

He'll call you as soon as he has (will have) arrived.

EXERCICES

A.   Répondez d'après le modèle.

MODÈLE: Vous arriverez à midi?
—Non.   À midi je **serai** déjà **arrivé**(e).

1. Vous partirez demain?
2. Vous finirez vendredi?
3. Vous mangerez à une heure?
4. Vous commencerez en mars?
5. Vous sortirez à huit heures?

B.   Complétez en utilisant le futur antérieur.

1. Je partirai aussitôt qu'on   (finir).
2. Elle le saura quand le directeur   (répondre à sa lettre).
3. Je vous téléphonerai aussitôt que mes parents   (se coucher).
4. Tu pourras partir quand les autres   (arriver).
5. Nous en reparlerons aussitôt que vous   (prendre une décision).
6. On pourra en discuter quand je   (lire le rapport).

---

[1] **carré**   square   [2] **tel(le) ou tel(le)**   such and such

17.31 Double Object Pronouns

Certain verbs may take more than one object, usually one of which is direct and the other indirect. (Review section 7.31.)

Il a donné **un cadeau à son amie.**
D.O.   I.O.

A pronoun object may be substituted for either noun phrase depending on the emphasis:

À qui a-t-il donné **le cadeau?**   —Il **l'**a donné à son amie.
Qu'est-ce qu'il a donné **à son amie?**   —Il **lui** a donné un cadeau.

In some contexts it is appropriate to substitute a pronoun for both noun phrases:

Il va donner **un cadeau à son amie?**   —Il **le lui** a déjà donné.

Double object pronouns occur in the same position with respect to the verb as single object pronouns. (Review section 12.12.)

EXERCICE

A. Traduisez les phrases suivantes.

1. Il m'en a donné une douzaine.
2. Le professeur va le lui expliquer.
3. Montrez-les-moi.
4. Elle s'y intéresse beaucoup.
5. Je vous le dirai demain.
6. Il ne nous les donnera jamais.
7. Ne me les donnez pas—j'en ai assez.

Although a large number of double object pairs is theoretically possible, the examples shown below account for the combinations in normal use. Double object pronouns are ordered as follows:

1. Reflexive objects precede other objects.

	reflexive	*other*	
Je ne	m'	y	intéresse pas.
Tu	te	le	rappelles?
Elle	s'	en	est occupé.
Vous	vous	en	souvenez?
Ils vont	s'	en	moquer.

▲ NOTE: Double objects with imperatives in the reflexive construction are rare, except for **Va-t'en. Ne t'en va pas.**

2. The pronoun **en** follows other objects.

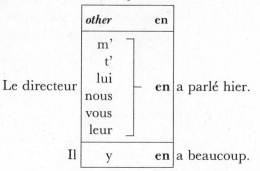

other	en

Le directeur | m' t' lui nous vous leur | **en** | a parlé hier.

Il | y | **en** | a beaucoup.

▲ NOTE: Double objects with the imperative follow the same pattern:

Donnez-**m'en**.   Ne **m'en** donnez pas.
Donne-**lui-en**.   Ne **lui en** donne pas.

3. The following 3rd person pronouns are ordered direct before indirect object.

direct	indirect
le la les	lui leur

Nous [le la les] [lui leur] donnerons, si vous voulez.

▲ NOTE: Double objects with the imperative follow the same pattern:

Montrez-**le-lui**.   Ne **le lui** montrez pas.

4. First or second person objects are ordered as follows with respect to third person objects.

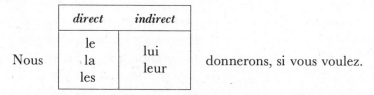

first/second	third
me nous te vous	le la les

Elle va [me nous te vous] [le la les] montrer.

▲ NOTE: 1st and 2nd person pronoun objects do not occur together; the following construction is possible, however:

Vous ne vous en souvenez pas?   On **m'**a présenté **à vous** hier soir!

Double objects with the imperative follow the same pattern only in the negative:

Ne **me le** montrez pas.   BUT: Montrez-**le-moi**.
Ne **nous la** donnez pas.   Donnez-**la-nous**.

The above presentation may be summarized with four basic patterns.

EXERCICES

A. Substituez le pronom aux mots en italiques.
[Pattern 1. (reflexive preceding): Je **m'**y intéresse.]

1. Je m'intéresse beaucoup *à la sociologie.*
2. Elle ne se rappelle pas *son nom.*
3. Est-ce que vous vous souvenez *de la guerre?*
4. Est-ce qu'ils se rendent compte *des difficultés?*
5. Tu vas t'adapter *à la routine.*

B. Substituez le pronom.
[Pattern 2. (**en** always following): Il m'**en** a parlé hier.]

1. Est-ce qu'il y a assez *d'argent?*
2. Je vous ai parlé *de ce problème* la semaine dernière.
3. Elle lui a donné *des exemples.*
4. Voulez-vous me donner une douzaine *de ces roses,* s'il vous plaît?
5. Il n'y a plus *de vin.*

C. Substituez le pronom.
[Pattern 3. (**le, la, les** before **lui, leur**): Je **le lui** ai déjà expliqué.]

1. Si vous n'avez pas besoin de votre livre, donnez-le *à Gisèle.*
2. Vous pouvez les montrer *aux autres,* si vous voulez.
3. Il ne comprend pas; expliquez-lui *la solution.*
4. Ils ne le savent pas encore; ne le dites pas *à mes parents.*
5. La lettre? Je l'ai déjà montrée *au directeur.*

D. Substituez le pronom.
[Pattern 4. (**me, nous** and **te, vous** before **le, la, les**): Il **me** l'a donné hier. but: Montrez-**le-moi.**]

1. Je vous ai donné *les billets,* n'est-ce pas?
2. Elle va nous montrer *les monuments de Paris.*
3. Donnez-moi *l'addition,* s'il vous plaît.
4. Est-ce qu'il t'a expliqué *le problème?*
5. Ne me donnez pas *la lettre;* j'en ai une photocopie.

E. Répondez en remplaçant le nom par un pronom.

MODÈLE: Elle vous a expliqué le problème?
➡Oui, elle **me** l'a expliqué.

1. On vous a donné les billets?
2. Vous avez montré la lettre aux autres?
3. Vous vous rappelez le numéro de téléphone?
4. Elle va s'occuper du dîner?
5. Tu t'intéresse à cette histoire?

READING
SELECTION

17.40 L' Héroïsme scientifique: les Curie prennent une décision

announced

Pierre et Marie Curie (1859–1906, 1867–1934) announcèrent° au monde le 18 juillet 1898 l'existence d'un élément radioactif auquel

gave/was
named

ils donnèrent° le nom de radium.   En 1903 le prix Nobel leur fut° attribué.   Après la mort de Pierre Curie en 1906, on nomma° Marie professeur à la Faculté des Sciences de Paris.   C'était la première femme admise à l'honneur de professeur à la Sorbonne. Ève Curie nous raconte la scène suivante.

Quelque temps avant le développement du traitement industriel du radium, les Curie ont pris une décision qui influera grandement sur le reste de leur vie.

created/manufacture/
factories

En purifiant la pechblende, en isolant le radium, Marie a inventé une technique et créé° un procédé de fabrication.°   Les usines° ne pourront produire le «fabuleux métal» que lorsque leurs ingénieurs connaîtront le secret de la préparation du radium pur.

Un dimanche matin le facteur a apporté une lettre venant des États-Unis.   Pierre l'a lue attentivement et l'a posée sur son bureau.

quiet, peaceful

—Il faut parler un peu de notre radium, dit-il d'un ton paisible° à sa femme.   Son industrie va prendre une grande extension, c'est mainte-nant certain.   Voici, justement, une lettre de Buffalo: des techniciens

utilization, working
procedure

désireux de créer une exploitation° en Amérique me prient de les do-cumenter.

—Alors? dit Marie, qui ne prend pas un vif° intérêt à la conversation.

—Alors nous avons le choix entre deux solutions. Décrire° sans aucune restriction les résultats de nos recherches, y compris les procédés de purification . . .

Marie a un geste d'approbation, et elle murmure:

—Oui, naturellement.

Ou bien, continue Pierre, nous pouvons nous considérer comme les propriétaires, les «inventeurs» du radium. Dans ce cas, il faudrait breveter° la technique et nous assurer des droits° sur la fabrication du radium dans le monde.

Marie réfléchit pendant quelques secondes. Puis elle dit:

—C'est impossible. Ce serait contraire à l'esprit scientifique.

Pierre insiste:

—Je le pense . . . mais il ne faut pas prendre cette décision à la légère.° Notre vie est dure—elle menace° de l'être toujours. Ce brevet° représenterait beaucoup d'argent, la richesse.

Marie considère posément° l'idée du gain, de la récompense matérielle. Presqu'aussitôt elle la rejette:

—Les physiciens° publient toujours intégralement° leurs recherches. Si notre découverte° a un avenir° commercial, c'est là un hasard dont nous ne saurions° profiter. Et le radium va servir à soigner des malades . . . Il me paraît impossible d'en tirer un avantage.

Les mots qu'elle prononce avec une entière sûreté expriment leur sentiment à tous deux, leur infaillible conception de rôle du savant.°

Dans un silence, Pierre répète, comme un écho, la phrase de Marie:

—Non . . . ce serait contraire à l'esprit scientifique.

Il est soulagé. Il ajoute, comme s'il réglait° une question de détail:

—J'écrirai donc ce soir aux ingénieurs américains en leur donnant les renseignements qu'ils demandent.

D'après Ève Curie, *Madame Curie.*
©Éditions Gallimard, Paris.

17.41 | Discussion

1. D'après les Curie, en quoi consiste l'esprit scientifique?

2. A-t-on le droit de profiter commercialement d'une découverte qui touche l'humanité entière?

3. On attribue les grandes découvertes scientifiques du dix-neuvième siècle à des efforts individuels. Pour quelles raisons y a-t-il moins de découvertes purement individuelles au vingtième siècle?

4. Qu'est-ce que vous auriez fait à la place des Curie?

Glossary (margin):
lively
describe
to patent
rights
lightly
threatens/patent
carefully
physicists/in full
discovery/future
could not
scientist
was putting in order

UNIT 18 REVIEW

Reading: A point of view concerning the difficulty of describing a national culture.

18.30 *Cultures nationales*
18.31 Discussion

STRUCTURES

18.00 Grammar Summary
18.10 Pronouns Related to Noun Markers
18.11 Order of Double Object Pronouns
18.12 Extended Usage of Indirect Objects

18.20 Verb + Infinitive: Use of *à* and *de*
18.21 Simple Tenses: Summary
18.22 Compound Tenses: Summary
18.23 Verb Summary

18.00 Grammar Summary

This unit consists of a grammar review, hence, no new grammatical forms will be presented. The main purpose of the unit is to systematize the elements already introduced and to explore their interrelation in the grammar.

18.10 Pronouns Related to Noun Markers (Review 9.31, 13.32, 14.31)

ADJECTIVES				PRONOUNS			
				Singular		Plural	
				Masc.	*Fem.*	*Masc.*	*Fem.*
Demonstrative: ce (cet), cette; ces				celui	celle	ceux	celles
Interrogative: quel, quelle; quels, quelles				lequel	laquelle	lesquels	lesquelles
Possessive:	mon	ma	mes	le mien	la mienne	les miens	les miennes
	ton	ta	tes	le tien	la tienne	les tiens	les tiennes
	son	sa	ses	le sien	la sienne	les siens	les siennes
	notre		nos	le nôtre	la nôtre	les nôtres	
	votre		vos	le vôtre	la vôtre	les vôtres	
	leur		leurs	le leur	la leur	les leurs	

EXERCICES   A.   Remplacez le nom en italiques par le pronom correspondant.

MODÈLE: *Notre maison* est blanche.

➡**La nôtre** est blanche.

326

1. Je ne peux pas trouver *mon parapluie*—voulez-vous me prêter le vôtre?
2. Je ne peux pas choisir. *Quelle robe* préférez-vous?
3. *Ce livre-là* est assez intéressant.
4. *De quel livre* aurez-vous besoin?
5. *Ces touristes* qui parlent au guide sont des Japonais.

B. Traduisez.

1. I have my passport. Marie forgot hers.
2. I like my car, but I prefer Pierre's.
3. Which ones did you buy?
4. Your idea is interesting, but what do you think of his?
5. Their house is that one there, on the left.

Note that the use of these pronouns depends upon a context in which usually some contrast is expressed or implied:

> **Lequel** (des deux films) allez-vous voir?
> **Celui** qui parle (pas l'autre) est mon père.
> Voici **le mien.** (Où est **le vôtre?**)

Otherwise one uses the normal interrogative or subject and object pronouns:

> **Qu'**est-ce que vous allez voir?
> Cet homme-là? **Il** est professeur. Je ne **le** connais pas.
> Où sont mes livres? **Ils** étaient sur la table. Ah, **les** voilà.

18.11 Order of Double Object Pronouns (Review 17.31)

Double object pairs are placed after the verb only in the affirmative imperative. In this position, direct objects precede indirect objects, with the exception that **en** is placed last:

> Donnez-**le-moi.** Donnez-**les-lui.** Donnez-**lui-en.** Donnez-**m'en.**

Double objects are otherwise placed before the verb as follows:

me nous te vous se	before	le la les	before	lui leur	before y	before en

▲ NOTE: With the exception of the expression **il y en a,** the pronoun y occurs last:

> Je **vous** y ai vu. *I saw you there.*

The adverb **là,** however, is often used instead:

Je **te** verrai **là.** Mettez-**le là.**

EXERCICES A. Mettez les phrases suivantes à l'affirmatif.

MODÈLE: Ne me le donnez pas.

Donnez-le-moi.

1. Ne la lui donnez pas.
2. Ne les leur montrez pas.
3. Ne nous en donnez plus.
4. Ne me l'envoyez pas avant la semaine prochaine.
5. Ne lui en parlez pas.

B. Traduisez.

1. There are some who say the contrary.
2. I would like to explain it to her.
3. He doesn't recall it.
4. I already gave them to you.
5. She gave me a dozen of them.

18.12 Extended Usage of Indirect Objects

You have been able, in the majority of cases, to translate indirect objects with the English preposition "to."

Le cadeau? Je **le lui** ai déjà donné.	*I have already given **it to him (to her).***

Note the following examples, however, drawn from the reading passages:

Il **leur** faudra passer par là. (13.40)	*It will be necessary **for them** to pass that way.*
Madame Gomard **lui** a claqué la porte au nez. (14.10)	*Mrs. Gomard slammed the door **on him,** in his face.*
Il **me** reste donc à le justifier. (15.10)	*It remains **for me** therefore to justify it.*
Ève Curie **nous** raconte la scène suivante. (17.40)	*Eve Curie recounts **for/to us** the following scene.*

Indirect objects, in certain contexts, may express the meaning "for" (in someone's behalf) or "on" (to someone's disadvantage).

EXERCICE A. Traduisez les phrases suivantes.

1. Il m'a payé une bière. *He treated me to a beer*
2. Regarde-moi ça! *Look at that (TAKE A LOOK)*
3. On nous a fermé la porte au nez.

4. Elle va lui chercher un tire-bouchon.
5. Ça va si je (te) prends ton stylo?

With parts of the body, possession is regularly indicated by an indirect object used with noun and definite article (review section 12.32):

Je me suis lavé les mains.	*I washed my hands.*
Elle lui a coupé les cheveux.	*She cut his/her hair.*
Il s'est cassé la jambe.	*He broke his (own) leg.*

18.20 Verb + Infinitive: Use of *à* and *de*

The following verbs are followed directly by an infinitive:

aimer: Il aime regarder la télévision.
aller: Je vais faire ça moi-même.
devoir: Vous devriez rester chez vous.
espérer: J'espère voir mes amis ce week-end.
falloir: Il faut essayer ce vin.
pouvoir: J'ai pu réparer ma voiture.
préférer: Ils préfèrent voyager en avion.
savoir: Est-ce que vous savez préparer la bouillabaisse?
sembler: Elle semble avoir des difficultés.
valoir mieux: Il vaut mieux parler de ça un peu plus tard.
vouloir: Je veux expliquer ce qui s'est passé.

The following verbs require **à** before an infinitive:

aider: Je l'ai aidé **à** trouver un appartement.
apprendre: Elle va apprendre **à** jouer du piano.
commencer: Ils commencent **à** voir le problème.
continuer: Est-ce qu'il continue **à** suivre ce cours?
hésiter: Nous hésitions **à** prendre une décision sans vous.
inviter: Il m'a invité **à** venir ce soir.
se mettre: Elle s'est mise **à** pleurer.
réussir: Mme Curie a réussi **à** purifier le radium.

▲ NOTE: No contraction is possible with the object pronoun.

Il continue **à le** faire tout seul.

A large number of verbs require **de** before an infinitive; for example:

décider: J'ai décidé **d'**accepter le poste.
demander: On lui a demandé **de** rester.
essayer: Nous essayons **de** trouver un appartement.
oublier: N'oubliez pas **de** me téléphoner.
refuser: Elle a refusé **de** me voir.

De is also used before an infinitive in a large number of expressions with adjectives; for example:

Je suis **content (étonné, triste)** d'apprendre ça.
Il est **difficile (impossible, facile)** de faire ça.

▲ NOTE: No contraction is possible with the object pronoun.

Il refuse **de le** faire.

EXERCICES   A.   Transformez d'après le modèle.

MODÈLE: Il est venu. (décider)
→Il **a décidé** de venir.

1. Elle est contente. (sembler)
2. Les invités arrivent. (commencer)
3. Jean a acheté le vin. (oublier)
4. J'écris à mes parents. (devoir)
5. J'ai fait des progrès. (réussir)

B.   Répondez.

1. Qu'est-ce que vous savez faire?
2. Qu'est-ce que vous apprenez à faire?
3. Qu'est-ce que vous avez décidé de faire?
4. Qu'est-ce que vous espérez faire?
5. Qu'est-ce que vous lui avez demandé de faire?

C.   Traduisez.

1. I am very happy to see you.
2. He's going to help me study for the exam.
3. It's better to do it yourself.
4. It's impossible to sleep—there's too much noise.
5. Tell him to come back tomorrow.

18.21   Simple Tenses: Summary

The term "simple tense" refers to single verb forms, such as **je parle, je parlais;** these may be compared to "compound tenses", which are formed with an auxiliary verb and a past participle, such as **j'ai parlé, j'avais parlé.**
The present and imperfect tenses are related formally in that the same stem occurs in both tenses. Review one-stem (6.32) and two-stem (6.33) verbs in the present and the formation of the imperfect (10.33).
The future and conditional tenses are related formally in that the same stem occurs in both tenses. Review formation of the future (13.30) and the conditional (14.30).

	présent	*imparfait*
one-stem:	je parle	je parlais
two-stem:	je finis / nous finissons	je finissais
	j'attends / nous attendons	j'attendais
irregular:	je suis / nous sommes	j'étais

infinitif	*futur*	*conditionnel*
parler	je parlerai	je parlerais
finir	je finirai	je finirais
attendre	j'attendrai	j'attendrais
avoir	j'aurai	j'aurais
être	je serai	je serais

EXERCICES A. Répondez en utilisant le futur.

1. Qu'est-ce que vous lui direz?
2. Où serez-vous l'année prochaine?
3. Est-ce que vous les attendrez?
4. Quand   partirez-vous?
5. Est-ce que vous pourrez l'aider?

B. Transformez d'après le modèle.

MODÈLE: Si elle vient, je lui parlerai.

➞Si elle **venait**, je lui **parlerais**.

1. S'il veut, il peut réussir.
2. Si j'ai de l'argent, je l'achèterai.
3. Si on est libre, on ira en ville.
4. Si vous finissez plus tôt, vous aurez assez de temps.
5. Si elle sait mon adresse, elle m'écrira.

18.22 Compound Tenses: Summary

The compound tenses are formed by changing the tense of the auxiliary verb **avoir** or **être.** (Verbs like **aller** and all reflexive constructions require a form of **être** as the auxiliary in compound tenses.) Review 15.31, 16.30, and 17.30.

présent
j'ai   *I have*
je suis

➞*passé composé*
j'ai parlé   *I have spoken, I spoke*
je suis allé(e)   *I have gone, I went*
je me suis levé(e)   *I have gotten up, I got up*

futur
j'aurai   *I will have*
je serai

➞*futur antérieur*
j'aurai pris   *I will have taken*
je serai parti(e)   *I will have left*
je me serai couché(e)   *I will have gone to bed*

imparfait	→*plus-que-parfait*
j'avais *I had*	j'avais dit *I had said*
j'étais	j'étais venu(e) *I had come*
	je m'étais demandé *I had wondered*

conditionnel	→*conditionnel passé*
j'aurais *I would have*	j'aurais lu *I would have read*
je serais	je serais arrivé(e) *I would have arrived*
	je me serais dit *I would have said to myself*

EXERCICE

A. Transformez d'après le modèle.

MODÈLE: Si elle venait, je lui parlerais.
→Si elle **était venue,** je lui **aurais parlé.**

1. S'il voulait, il pourrait réussir.
2. Si j'avais de l'argent, je l'achèterais.
3. Si on était libre, on irait en ville.
4. Si vous finissiez plus tôt, vous auriez assez de temps.
5. Si elle savait mon adresse, elle m'écrirait.

18.23 Verb Summary

An overview of the verb system presented so far may be achieved by organizing verbs into three categories which show formal relationships.

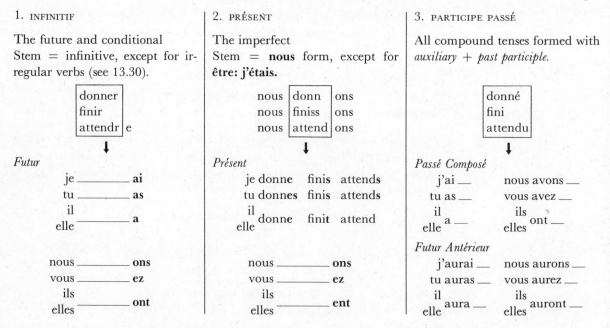

1. INFINITIF

The future and conditional Stem = infinitive, except for irregular verbs (see 13.30).

2. PRÉSENT

The imperfect Stem = **nous** form, except for **être: j'étais.**

3. PARTICIPE PASSÉ

All compound tenses formed with *auxiliary + past participle.*

Conditionnel

je _____ ais		
tu _____ ais		
il _____ ait		
elle		

nous _____ ions		
vous _____ iez		
ils _____ aient		
elles		

The future and conditional endings are invariable.

Imparfait

je _____ ais		
tu _____ ais		
il _____ ait		
elle		

nous _____ ions		
vous _____ iez		
ils _____ aient		
elles		

The present endings vary for 1 and 2 stem verbs. The imperfect endings are invariable.

Plus-que-parfait

j'avais ___	nous avions ___
tu avais ___	vous aviez ___
il avait ___	ils avaient ___
elle	elles

Conditionnel Passé

j'aurais ___	nous aurions ___
tu aurais ___	vous auriez ___
il aurait ___	ils auraient ___
elle	elles

The auxiliary for compound tenses is either **avoir** (as shown) or **être.**

EXERCICES   A.   Mettez le passage suivant au passé. Il faut changer chaque verbe en italiques.

Un jour Jean *laisse* tomber sa montre. Cela *le chagrine,* car *c'est* une bonne petite montre que sa mère lui *a donnée* pour son anniversaire. Quand il *l'examine,* elle *ne marche plus.*

Jean *va* chez l'horloger et lui *explique* ce qui *s'est passé.* L'horloger *ouvre* la montre; il *trouve* que le ressort (spring) *est* cassé. Il *demande* à Jean où il *a acheté* sa montre, car il *n'a jamais vu* de montre comme ça. Jean lui *demande* s'il *pourra* la réparer tout de même. L'horloger lui *dit* qu'il *devrait* acheter une montre française; il *ne peut pas* faire la réparation.

B.   Traduisez.

1. (pouvoir)   He can't. He won't be able to. He wasn't able to.

2. (devoir)   I ought to do it. I had to do it. I ought to have done it.

3. (demander)   We asked John. We will ask John. We would have asked John.

4. (ouvrir)   I wouldn't open it. I opened it. I had opened it.

5. (attendre)   We were waiting. We will wait. We would have waited.

6. (aller)   You went to Paris? You would go to Paris? You would have gone to Paris?

7. (examiner)   He was examining it. He will examine it. He had examined it.

8. (se passer)   What's happening? What happened? What would have happened?

9. (voir)   She will see him. She will have seen him. She sees him.

10. (vouloir)   I don't want to. I didn't want to. I wouldn't have wanted to.

READING SELECTION

18.30 Cultures nationales

Même si l'on réussit à définir une culture nationale, les spécialistes de sciences sociales nous mettent en garde contre nos informations insuffisantes: les méthodes et les instruments employés ne sont pas scientifiques, et nous resterons tout à fait incapables de définir avec précision une culture complète, et de telle sorte° qu'elle se différencie des autres cultures. Ils montrent que les sous-cultures—de certains groupes à l'intérieur d'une culture principale—sont si variées que les généralisations qui portent sur° une culture dans sa totalité n'auront aucun sens. Un mineur° français de Decazeville aura peut-être plus de choses en commun avec un mineur de Pennsylvanie qu'avec un bourgeois de Paris. En effet,° si l'on tient compte de° l'évolution historique, parle-t-on réellement de la même civilisation française quand on examine celle du XVIᵉ et celle du XXᵉ siècle?

Il n'est donc pas étonnant que peu d'études aient été° faites sur les cultures nationales. Les travaux portant sur la culture français—et quel que soit° leur titre: vie française, civilisation française, France traditionnelle—se présentent pour la plupart° sous un angle plus littéraire que scientifique; les problèmes posés y ont été simplifiés à l'excès,° et les résultats n'en sont guère probants.° Claude-Lévi Strauss, le plus important des anthropologues, a avancé que les essais portant sur le caractère national nous en apprennent d'ordinaire davantage° sur leur auteur que sur les cultures qu'ils s'efforcent de faire connaître.

Laurence Wylie and Armand Bégué,
Deux Villages. Boston: Houghton Mifflin Company, 1966.

Marginal glosses:

- in such a way
- bear upon
- (coal) miner
- indeed/takes into account
- have been
- whatever may be
- the most part
- excessively
- convincing
- usually teach us more

1. Pourquoi les descriptions d'une culture nationale ne sont-elles pas scientifiques?
2. Avec quel groupe avez-vous beaucoup de choses en commun?
3. Êtes-vous un étudiant ou une étudiante typique? Si oui, pourquoi? Si non, pourquoi pas?
4. Expliquez le point de vue de Claude Lévi-Strauss cité dans le texte.
5. Essayez de faire le portrait de l'Américain(e) typique.

UNIT 19

LANGUAGE USE

Readings: A sports hero and his point of view on competing; An example of French journalist style.

Situations: Solving a French pay phone and discussing its operation; Solving a French railroad time table and discussing a train trip.

LANGUAGE STRUCTURE

Verbs: The literary past tense *(le passé simple).*
Miscellaneous: Official time (24 hour clock).

19.10 Un Héros sportif: Eddy Merckx, coureur cycliste

La réussite de Merckx fut rapide: champion-amateur à dix-neuf ans, champion-professionnel à vingt-deux ans, quatre fois de suite il termina le Tour de France avec le maillot jaune, symbole de la victoire. Sa première victoire dans le Tour de France, en 1969, fit beaucoup pour établir sa popularité, surtout en Belgique. Il reçut une invitation du roi Baudoin, des ministres recherchèrent sa compagnie, et son buste prit place à Paris dans une galerie du musée Grévin. Merckx vous parle ici de son succès.

Dès que ma famille avait accepté de jouer à fond, avec moi, le jeu du cyclisme, un contrat moral nous liait: on m'accordait toutes les facilités, mais je n'avais pas le droit de rater. Je devais donner le meilleur de moi-même en chaque occasion. Ce fut pour moi le stimulant qui m'a apporté la fortune. Ce fut aussi une fameuse leçon, que je n'ai pas oubliée, et que je résume en une phrase: nul n'a jamais le droit de faillir quand il s'est engagé à réussir . . .

L'on dit de moi, certains jours, que je suis devenu une sorte de héros national en Belgique. Je n'aime pas beaucoup cette expression, et je préférerais que l'on dise plus simplement: Eddy Merckx est un homme qui exerce bien son métier, il peut servir d'exemple. Cette expression «héros national» est à la fois disproportionnée et impropre. Le «héros» expose délibérément sa vie; il porte souvent une certaine dose d'inconscience, et ce n'est pas mon cas, du moins je l'espère. Je veux bien l'admettre, sans céder à la tentation de la fausse modestie, que le déroulement de ma carrière me satisfait tout à fait, que ma réussite dépasse mes espérances du début. . . .

Mais puisque me voilà engagé dans la voie des confidences, j'ajouterai sans attendre que je suis égoïste. J'ai souvent entendu dire que l'égocentrisme constitue le dénominateur commun du champion véritable. Il se peut. Il est également certain que le métier de coureur cycliste reste, par-dessus tout, une affaire individuelle, je serais même tenté d'écrire: une affaire de solitaire. Celui qui aime la victoire pour la victoire, et c'est mon cas, doit penser d'abord à lui-même; et chaque nouvel exploit, en appelant un autre, le renforce dans son égocentrisme. . . .

Je désire m'expliquer sur ce que les journalistes ont nommé ma «rage de vaincre», laquelle m'a valu le surnom «le Cannibale», parce que je veux tout bouffer, dit-on. Il m'a été reproché de vouloir gagner partout et toujours, et certains se sont étonnés de ce que je luttais pour une première place dans un banal classement intermédiaire, enlevant ainsi le pain de la bouche aux autres. Je pourrais répondre que le cyclisme est un sport de compétition, pas une entreprise philanthropique, et que le devoir le plus élémentaire du coureur consiste à rechercher la victoire. Je pourrais ajouter que nul ne m'ayant fait de cadeau, je n'ai point à en faire.

D'après Eddy Merckx, *Coureur Cycliste.*
Paris: Éditions Robert Laffont, 1974.

19.11 Vocabulaire

le **coureur** racer	*Cf.* **courir** *(to run).*
	le **coureur cycliste** *(bicycle racer)*
de suite in a row, one after another	*Cf.* **suivre** *(to follow).*
	la suite *(continuation)*
terminer to finish	= **finir**
le **maillot** jersey, T-shirt, body shirt	le **maillot** de bain *(bathing suit)*
recevoir to receive	je reçois, nous recevons (ils reçoivent); j'ai reçu
	Cf. **le reçu** *(receipt).*
dès que from the moment that	= **aussitôt que**
lier to bind	*Cf.* **la liaison** *(union, connection, love affair).*
nul no one	**Nul** n'est prophète en son pays.
	Cf. **nul, -le** *(null, worthless):* **une partie nulle** *(draw game).*
faillir to fail, fall short	= **échouer**
	J'ai failli l'oublier *(I nearly forgot it).*
	= **rater** *(to bungle, misfire)*
exercer to exercise, practice	*Cf.* **s'exercer** *(to practice, train, exert oneself).*
le **métier** trade, occupation	**exercer un métier** *(follow a trade)*
	Cf. **la profession.**
l'**inconscience** unawareness	*Cf.* **inconscient, -e** *(unaware, unconscious).*
céder to give in, yield	L'intérêt privé doit **céder** à l'intérêt général.
le **déroulement** progress, development	*Cf.* **rouler** *(to roll).*

la **carrière** career	une **carrière** professionnelle
le **début** beginning	= le **commencement**
	Cf. le **débutant** *(beginner, novice)*.
véritable real, genuine	= **vrai**
	Cf. la **vérité**; un **véritable** ami.
il se peut it may be	= **peut-être**
renforcer to reinforce, strengthen	un célibataire **renforcé** *(a confirmed bachelor)*
nommer to name	*Cf.* le **nom.**
vaincre to conquer	je vaincs, nous vainquons, ils vainquent; j'ai vaincu
bouffer to eat, gobble up *(slang)*	= **manger, dévorer**
reprocher to reproach	*Cf.* la **reproche** *(reproach, blame);* **sans reproche** *(blameless).*
gagner to win; to earn	Qui **gagne** joue bien. *(Whoever wins plays well).* Il **a gagné** cent francs.
partout everywhere	≠ **nulle part** *(nowhere)*
s'étonner to be surprised	Je ne **m'étonne** de rien. *(I'm surprised at nothing).*
lutter to struggle	*Cf.* la **lutte** *(struggle; wrestling).*
banal, -e *(pl.:* **banaux)** common, trivial, unimportant	*Cf.* la **banalité** *(triviality).* Il a dit des **banalités.**

19.12 Questionnaire

1. Pourquoi Merckx est-il populaire, surtout en Belgique?
2. Quel était le «contrat moral» qui liait Merckx et sa famille?
3. Pourquoi Merckx n'aime-t-il pas qu'on l'appelle un «héros national»?
4. Qu'est-ce qu'il préférerait?
5. Est-ce que Merckx est modeste?
6. Comment Merckx défend-il son égocentrisme?
7. Pourquoi l'appelle-t-on «le Cannibale»?
8. Comment Merckx défend-il sa «rage de vaincre»?
9. Commentez cette maxime: Il ne faut jamais faire les choses à moitié *(half way).*

1. *Le téléphone public*[1]

Expliquez en détail ce qu'on doit faire pour se servir de l'appareil ci-dessous.[2] Attention: n'oubliez pas d'appuyer sur le bouton[3] quand vous entendrez la voix de votre correspondant, autrement celui-ci ne peut pas vous entendre. Si vous raccrochez avant d'appuyer sur le bouton, le jeton vous sera rendu.[4]

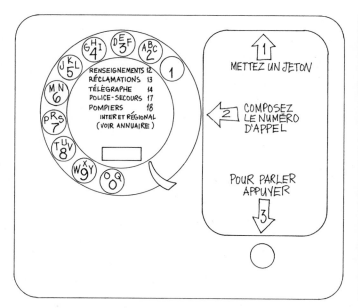

la fente *slot*	si la ligne est occupée *if the line is busy*
décrocher *to lift the receiver*	
le combiné *telephone receiver (microphone and receiver combined)*	la réclamation *complaint*
	le secours *help*
attendre la tonalité *to wait for the dial tone*	le pompier *fireman*
en cas de non réponse *in case of no answer*	la communication interurbaine *long distance call*

VARIATION Discuss what to do if you do not have a directory; if your **jeton** is not returned; if there has been an accident; if you wish to report a fire (**un incendie**). Act out the dialogue.

---

[1] **le téléphone public** (Review 7.20, section 5.) [2] **ci-dessous** below [3] **appuyer sur le bouton** to press the button [4] **rendu** returned.

2. *L'horaire*[1]

Vous projetez un voyage de Paris à Marseille en chemin de fer[2] avec un ami. Vous partez un dimanche. Vous voulez passer le moins de temps possible dans le train, mais n'oubliez pas que vous avez rendez-vous dimanche soir à sept heures. Quel train faut-il prendre?

		181 *	5089	5051 *	11 *	5013 *	5015 *	183 *	
PARIS	dép.	645	••	930	1320	1816	1819	2045	
Sens	dép.		••						
DIJON	arr.	903	••	1211	1540		2045	2351	
	dép.	906	909	1216	1541		2048	2354	
Beaune	dép.		930						
Chagny	dép.		940						
Mâcon.................	dép.		1026			2142			*Official Time,*
LYON	arr.	1035	1114	1357	1707	2221	2224	144	*see section*
	dép.	└→	1227	1405	1710	2250	2240	155	*19.30. Review*
Vienne	dép.	••	1251			2311	2259		*1.41, 1.42, 2.40.*
VALENCE	arr.	••	1349	1501	1804	2353	2336		
	dép.	••	1400	1507	1805	002	2338		
Orange	dép.	••	1506			057	033		
AVIGNON	arr.	••	1523	1611	1901	114	050		
	dép.	••	1538	1617	1903	149←			
Arles	dép.	••	1604				••		
MARSEILLE..........	arr.	••	1658	1719	1959	252	••	532	

*NOTES: (par numéro du train en tête de la colonne)
- 11 Trans-Europ Express, «Le Mistral»; wagons-restaurants *(dining cars)*.
- 181 Sauf *(except)* dimanches et fêtes *(holidays)*. Correspondance avec le train dans la colonne de droite.
- 183 Wagons-lits *(sleeping cars)*.
- 5013 Vendredis seulement.
- 5015 Voiture-bar: service de repas. Correspondance avec le train dans la colonne de gauche.
- 5051 Wagons-restaurants.

---

[1] **l'horaire** (Review 5.20 section 1.) [2] **le chemin de fer** railroad

Discuss the consequences of taking the various trains—*si on partait . . . , on arriverait . . . ; il faudrait changer de train; on aurait . . . minutes à Lyon; si on a faim, on pourra manger,* etc.

19.30 Official Time (24-hour clock)/Infinitive for Imperative

Transportation schedules, radio broadcasts and the like are usually based on a 24-hour clock, which eliminates the necessity for specifying A.M. **(du matin)** and P.M. **(de l'après-midi, du soir).** In this style of reporting time, minutes after the hour are simply added on, even after the half-hour.

03 15 = trois heures quinze	12 00 = douze heures (midi)
05 30 = cinq heures trente	24 00 = vingt quatre heures (minuit)
10 45 = dix heures quarante-cinq	0 50 = zéro heure cinquante

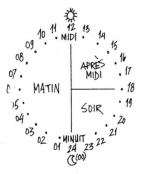

▲ NOTE: To convert official time to conversational style in the afternoon or evening, simply subtract 12:
18 00 (dix-huit heures) = six heures du soir
20 30 (vingt heures trente) = huit heures et demie du soir

EXERCICE   A. Donnez l'heure dans le style officiel, ensuite dans le style familier.

1. 08 30	3. 12 15	5. 14 58	7. 17 17	9. 23 30
2. 10 09	4. 13 11	6. 15 45	8. 21 10	10. 01 11

Instructions and official directives are often written in an abbreviated style in which the infinitive form of the verb is used as an imperative.

Voir annuaire.	See the telephone directory.
Ne pas toucher aux fruits.	Don't touch the fruit.
Écrire les adresses lisiblement en gros caractères.	Write the addresses legibly in capital letters.
Remplir au verso.	Fill out the other side.

B. Traduisez les recommandations suivantes des bureaux de Poste.

Il arrive parfois des encombrements aux guichets et des attentes assez longues. Chacun doit faciliter le travail de l'employé et se montrer aimable avec les autres usagers.

—Prendre la suite de la file des personnes qui attendent.

—Demander à la personne qui précède si elle est bien la dernière.

—Renseigner et aider une personne qui ne saurait pas remplir une formule.

—Ne pas pousser.

—Ne pas chercher à se faufiler avant son tour.

—S'expliquer clairement et poliment avec l'employé.

—Ne jamais se fâcher.

Le respect de ces recommandations permet d'effectuer les opérations postales dans une bonne ambiance, et aussi d'être mieux servi.

19.31 The Literary Past Tense *(le passé simple)*

The *passé composé* is often replaced by the *passé simple* in literary works, although the meaning is nearly identical.

CONVERSATIONAL PAST	LITERARY PAST	
il est arrivé	**il arriva**	he arrived
il a pris	**il prit**	he took
il a été	**il fut**	he was

The *passé simple* is not used conversationally, although it is heard when stories, speeches, or news reports are read aloud. Its use is thus associated with formal language.

The *passé simple* is formed as follows:

Infinitive ending in **-er:** **aller, parler,** etc.	Infinitives ending in **-ir** or **-re:** **finir, partir, attendre,** etc.	
j'all**ai**	je part**is**	j'attend**is**
tu all**as**	tu part**is**	tu attend**is**
il elle all**a**	il elle part**it**	il elle attend**it**
nous all**âmes**	nous part**îmes**	nous attend**îmes**
vous all**âtes**	vous part**îtes**	vous attend**îtes**
ils elles all**èrent**	ils elles part**irent**	ils elles attend**irent**

Apart from the above, most verbs form the *passé simple* with the past participle as stem:

avoir (il a **eu**)	vouloir (il a **voulu**)	pouvoir (il a **pu**)	prendre (il a **pris**)
j'eus	je voulus	je pus	je pris
tu eus	tu voulus	tu pus	tu pris
il elle **eut**	il elle **voulut**	il elle **put**	il elle **prit**
nous eûmes	nous voulûmes	nous pûmes	nous prîmes
vous eûtes	vous voulûtes	vous pûtes	vous prîtes
ils elles **eurent**	ils elles **voulurent**	ils elles **purent**	ils elles **prirent**

Once you know the theme vowel of the ending, all verbs (except those with infinitive in **-er**) follow the pattern:

_____ s	_____ ^mes
_____ s	_____ ^tes
_____ t	_____ rent

Other persons of the following irregular verbs may thus be predicted:

Infinitif	*Passé Simple*
être	il **fut**
faire	il **fit**
mourir	il **mourut**
naître	il **naquit**
venir	il **vint**
vivre	il **vécut**
voir	il **vit**

EXERCICE   A.   Mettez les verbes au passé composé.

1. Napoléon naquit en 1769 et mourut en 1821.
2. Les ouvriers protestèrent contre la décision du gouvernement.
3. Nous arrivâmes à la frontière sans voir l'ennemi.
4. Le général lut le rapport, le posa sur la table, et quitta la salle sans dire un mot.
5. Les immigrés vinrent au nouveau monde pleins d'espoir.
6. Le premier ministre choisit ses mots prudemment; il ne voulut pas offenser le cabinet.
7. Je me décidai: je ne pus pas leur obéir.

8. —Jamais! dit-il. Je me levai; la conversation fut terminée.
9. Elle fit ses études de médecine aux États-Unis.
10. Le président eut des difficultés avec l'opposition.

You will note in the reading passages which accompany this lesson that the author may use the *passé simple* to emphasize historical events, then switch to the *passé composé* to emphasize personal involvement.

Ce fut aussi une fameuse leçon, que **je n'ai pas oubliée . . .**

This is a matter of stylistic variation.

Note also that other past tenses, such as the *imparfait,* do not have an alternate form for literary purposes. In other words, the *imparfait* is used in both conversational and literary style.

EXERCICE B. Mettez le passage suivant au style conversationnel.

Je n'oublierai jamais le jour où nous allâmes voir des amis qui habitaient dans le village. Marie s'arrêta devant une vieille église en route. Elle voulait y entrer, mais je répondis que nous étions déjà en retard. Elle insista, pourtant, et je finis par l'accompagner. L'église avait été construite au quatorzième siècle; elle avait l'air sombre, bien médiévale, et—je ne sais pas pourquoi—sinistre. Tout à coup, Marie eut peur. Sans dire un mot, elle sortit en courant. Je la retrouvai tremblante dans la rue, incapable d'expliquer sa réaction.

READING SELECTION

19.40 Style journalistique

UNE PEINE° DE 7 ANS DE RÉCLUSION° POUR
LE MEURTRIER° D'UNE FEMME

punishment/hard labor
murderer

ugliness

extra/gives rise to

sobered
stretched out
claimed

cursed/threw

Le crime sordide de Daniel Hugon vaut un carré blanc pour ceux qui n'aiment pas les laideurs° de la vie. Mais cette affaire présente un intérêt scientifique et philosophique: on a trouvé que Hugon porte un chromosome «Y» surnuméraire° qui suscite° en général un caractère agressif.

Un soir de septembre 1965 Hugon consommait dans un bar de Montmartre. Une femme lui proposa de la suivre dans l'hôtel d'en face. Une fois la porte refermée sur le couple, l'intimité le dégrisa° en partie. Il se refusa à tout contact, s'étendit° sur le lit et s'endormit. Au petit matin, sa partenaire réclama° ses 50 francs.

—Je lui avais fait pourtant entendre que je ne pourrais pas la payer. Cinquante francs, c'est tout ce qu'il me restait une fois la chambre payée. Alors elle m'injuria,° me menaça et je lui lançai° à la figure mon dernier billet, qu'elle mit dans son sac. Au moment où elle allait quitter la chambre, j'eus une bouffée de colère.° Ce qui s'est passé ensuite, c'était comme au cinéma, je voyais la scène sans avoir l'impression d'y participer.

Vers midi, on découvrit la femme au pied du lit étranglée avec un de ses bas.

Trois mois plus tard Hugon alla se livrer° au commissariat d'Argentan. Il revoyait tous les jours «cette face convulsée et tellement° horrible qu'il avait dû mettre le drap° sur le visage du cadavre.»

Cet homme, auteur d'un crime horrible, est-il coupable° au sens où l'on entend habituellement la culpabilité, ou bien est-il victime d'une fatalité biologique? Les psychiatres consultés ont donné leur opinion. On ne peut pas poser cette équation: «chromosome supplémentaire» égale «ir- responsabilité pénale». Tout ce qu'on peut dire, c'est que ses disposi- tions au crime ont une sérieuse base biologique. Puisqu'il se souvient fort bien comment les choses se sont passées, cela signifie que son acte n'est pas en relation directe avec son état pathologique. Si l'on admet le déterminisme, il n'y a plus qu'à fermer le code pénal. Chacun a son libre arbitre,° sauf s'il est en état de démence° au moment des faits.

Les jurés° décidèrent la question dans l'intérêt de la société: sept ans de réclusion criminelle à Daniel Hugon. Si l'on admet, en effet, que c'est le chromosome qui tue et non pas celui qui le porte en lui, on ouvre la porte au crime.

D'après James de Coquet, «Daniel Hugon condamné», © *Le Figaro*, mardi 15 octobre 1968. (Texte cité dans B. N. and J. Morton, *La Presse*. D. C. Heath and Co., 1972.)

Marginal glosses (left column):
- fit of anger
- turn himself in
- so
- sheet
- guilty
- will/insanity
- members of the jury

19.41 | Discussion

1. Racontez ce qui s'est passé dans l'affaire Hugon. (Employez le *passé composé* au lieu du *passé simple*.)
2. Pourquoi la culpabilité de l'accusé a-t-elle été mise en question?
3. Précisez les termes «déterminisme» et «libre arbitre».

19.42 | Exercice de style

Écrivez un article de journal sur un sujet que vous choisirez. Votre compte rendu doit avoir un côté objectif (les faits) et un côté subjectif (l'interprétation des faits).

UNIT 20

LANGUAGE USE

Readings: A point of view on the "second sex" by Simone de Beauvoir; An example of "advice to the lovelorn" in a popular magazine.

Situations: Solving a technique for reading cards and telling someone's fortune; Giving a verbal description of a witness to the police.

LANGUAGE STRUCTURE

Verbs: The present subjunctive.

348

20.10 Championne du «Deuxième sexe»: Simone de Beauvoir

Le Mouvement de Libération de la Femme (le M.L.F.) en France date de 1970, en partie inspiré par le mouvement *Women's Lib* aux États-Unis. Mais les deux mouvements ont beaucoup profité de l'analyse de la condition de la femme publié en 1949 par Simone de Beauvoir, *Le Deuxième Sexe.* Née en 1908, Mme de Beauvoir s'intéresse toujours à l'action féministe.

Si j'écrivais aujourd'hui *Le Deuxième Sexe,* le développement du livre ne serait pas modifié: toutes les idéologies masculines visent à justifier l'oppression de la femme; elle est conditionnée par la société de manière à y consentir.

«On ne naît pas femme, on le devient»: je reprends à mon compte cette formule qui exprime une des idées directrices du *Deuxième Sexe.* Certes, il existe entre la femelle humaine et le mâle des différences génétiques, endocriniennes, anatomiques: elles ne suffisent pas à définir la féminité; celle-ci est une construction culturelle et non une donnée naturelle. Cette conviction est fortifiée par les études qui ont été consacrées à l'enfance pendant ces dernières années; toutes prouvent que ma thèse est exacte et demanderait seulement à être complétée: «On ne naît pas mâle, on le devient.» La virilité non plus n'est pas donnée au départ. . . .

Aux U.S.A. des femmes ont pris conscience de cette oppression et se sont révoltées. Betty Friedan a fait paraître en 1963 un excellent livre *The Feminine Mystique* qui a eu un immense retentissement. Elle y décrivait un malaise qui n'ose pas dire son nom: le malaise de la ménagère. Elle montrait par quels procédés le capitalisme manipule les femmes afin de les enfermer dans le rôle de consommatrices: c'est dans l'intérêt de l'industrie et du commerce d'augmenter les chiffres de vente. Elle dénonçait l'utilisation du freudisme et de la psychanalyse post freudienne afin de convaincre la femme qu'un destin singulier lui est imposé: tenir sa maison et faire des enfants. (On sait que pour Freud la différence entre l'homme et la femme s'explique tout entière par celle de leur anatomie . . .) Oui, le système écrase les hommes et les femmes et incite ceux-là à opprimer celles-ci; mais chaque homme le reprend à son compte et l'intériorise; il gardera ses préjugés, ses prétentions, même si le système change. . . .

Il y a beaucoup de points sur lesquels les féministes sont divisées. Sur l'avenir de la famille, elles hésitent. Certaines estiment que sa destruction est nécessaire à la libération de la femme et aussi à celle des enfants et des adolescents. Je déplore l'esclavage imposé à la femme à travers les enfants et les abus d'autorité auxquels ceux-ci sont exposés. Comme beaucoup de féministes, je désire l'abolition de la famille, mais sans trop savoir par quoi la remplacer. . . .

Qu'il soit nécessaire de redéfinir l'amour et la sexualité, là-dessus toutes les féministes sont d'accord. Mais certaines nient que l'homme ait un rôle à jouer dans la vie de la femme, en particulier dans sa vie sexuelle, tandis que d'autres veulent lui garder une place dans leur existence et dans leur lit. C'est du côté de celles-ci que je me range. Je répugne absolument à l'idée d'enfermer la femme dans un ghetto féminin. . . . Il ne s'agit pas pour les femmes de s'affirmer comme femmes, mais de devenir des êtres humains à part entière.

D'après Simone de Beauvoir,
Tout compte fait. Paris: © Éditions Gallimard, 1972.

20.11 Vocabulaire

viser to aim at	**viser mal** *(to aim poorly)*
reprendre à son compte to be accountable for, stand behind	**le compte** *(account, accounting)*
la **formule** expression; formula	*Cf.* les **formules** de politesse.
directeur, -trice directing, governing	**une idée directrice** *(theme, main idea)*
certes obviously, of course	= il est évident que, bien sûr
la **donnée** given fact	= **point incontestable, un fait**
prendre conscience to perceive, become aware	= **se rendre compte** *Cf.* **une prise de conscience** *(realization).*
paraître to appear	**il paraît que . . .** *(it seems that)* . . . **faire paraître** = publier **vient de paraître** *(just published)*
le **retentissement** fame, sensation	*Cf.* **retentir** *(to resound, to re-echo);* **avoir un retentissement** *(to create an impression, be talked about).*
le **malaise** discomfort, uneasiness	= **l'inquiétude** *(f.)* ≠ **le bien-être, le confort**
oser to dare	= **avoir le courage** *Cf.* **osé, -e** *(bold, daring).*
la **ménagère** housewife	*Cf.* **le ménage** *(household);* **faire le ménage** *(to clean, do housework).*
consommateur, -trice consumer	*Cf.* **consommer** *(to consume).*

accroître to increase	≠ **diminuer**
la **vente** sale	**en vente** *(for sale);* **les chiffres de vente** *(sales figures)*
afin de in order to	= **pour**
écraser to crush, overwhelm	*Cf.* **écrasé(e) de** travail; **écrasé par** une auto *(run over),* par la chaleur.
opprimer to oppress	*Cf.* **l'oppression.**
intérioriser to internalize, make one's own (a belief, etc.)	*Cf.* **intérieur.**
estimer to consider, to value, to admire	*Cf.* **l'estime** *(f.) (regard, esteem).*
l'esclavage *(m.)* slavery, bondage	*Cf.* **l'esclave** *(m., f.) (slave).*
remplacer to replace	**se faire remplacer** *(to find a substitute)*
là-dessus thereon, on that question	Il n'avait rien à dire **là-dessus.**
se ranger to place oneself, to side with	*Cf.* **ranger** *(to put in order).*
s'agir de to be a question of	Il **s'agit de** vous. *(It's about you).* Il ne **s'agit** pas **de** cela. *(That's not the point.)*
à part apart	**à part ça** *(apart from that)* **à part entière** *(individually)* **faire part entière** *(to look after one's own interests)*

20.12 Questionnaire

1. Qu'est-ce que le M.L.F.? Est-ce de récente date?
2. D'après Mme de Beauvoir, comment la femme est-elle conditionnée par la société?
3. Quelle est une des idées directrices de son livre, *Le Deuxième Sexe?*
4. Comment sa conviction a-t-elle été influencée par les études de l'enfance?
5. Qu'est-ce que «le malaise de la ménagère»?
6. Quelle solution est-ce que Mme de Beauvoir voit au «problème de la famille»?
7. Simone de Beauvoir est-elle anti-masculine?
8. Faites une distinction entre les termes «mâle/femelle» et «homme/femme».

1. *Les cartes*[1]

On dit que les cartes révèlent votre avenir amoureux. Essayez de faire une prédiction de la façon suivante:

A. D'un paquet de 52 cartes, retirez[2] tous les 2, 3, 4, 5, et 6. Vous n'en aurez plus besoin. Maintenant il reste 32 cartes dans le jeu.[3]

B. Sortez tous les as,[4] et le dix, le neuf, le huit, et le sept de cœur. Mélangez[5] ces huit cartes en pensant à celui ou à celle qui vous préoccupe. Posez-les à l'envers[6] (afin de ne pas voir) devant vous. Retournez[7] une carte, et interprétez-la d'après la table ci-dessous:

A ♥ L'AS DE COEUR	A ♠ L'AS DE PIQUE	A ♣ L'AS DE TRÈFLE	A ♦ L'AS DE CARREAU
– la famille	– des difficultés	– la bonne volonté	– la déception
– le mariage	– la maladie	– le succès	– un changement de vie
R ♥ LE ROI DE COEUR	R ♠ LE ROI DE PIQUE	R ♣ LE ROI DE TRÈFLE	R ♦ LE ROI DE CARREAU
– un homme sympathique	– un homme hostile	– un véritable ami	– un homme dangereux
– une aide	– une perte	– une promotion	– le pouvoir
D ♥ LA DAME DE COEUR	D ♠ LA DAME DE PIQUE	D ♣ LA DAME DE TRÈFLE	D ♦ LA DAME DE CARREAU
– une femme agréable	– une femme jalouse	– une amie sincère	– une femme infidèle
– un conseil judicieux	– un scandale	– un intérêt familial	– l'hypocrisie
V ♥ LE VALET DE COEUR	V ♠ LE VALET DE PIQUE	V ♣ LE VALET DE TRÈFLE	V ♦ LE VALET DE CARREAU
– un jeune homme dévoué	– un jeune homme rusé	– un jeune homme sincère	– un messager
– l'amitié chaleureuse	– la tromperie	– une alliance	– une nouvelle (une lettre, coup de téléphone, etc.)
10 ♥ LE DIX DE COEUR	10 ♠ LE DIX DE PIQUE	10 ♣ LE DIX DE TRÈFLE	10 ♦ LE DIX DE CARREAU
– une histoire d'amour	– une catastrophe	– la prospérité	– un voyage
9 ♥ LE NEUF DE COEUR	9 ♠ LE NEUF DE PIQUE	9 ♣ LE NEUF DE TRÈFLE	9 ♦ LE NEUF DE CARREAU
– la réconciliation	– la mort d'un amour	– un événement agréable	– une rencontre inattendue
8 ♥ LE HUIT DE COEUR	8 ♠ LE HUIT DE PIQUE	8 ♣ LE HUIT DE TRÈFLE	8 ♦ LE HUIT DE CARREAU
– une déclaration d'amour	– une mauvaise nouvelle	– une bonne nouvelle	– un malentendu
7 ♥ LE SEPT DE COEUR	7 ♠ LE SEPT DE PIQUE	7 ♣ LE SEPT DE TRÈFLE	7 ♦ LE SEPT DE CARREAU
– une bonne soirée	– un ennui inattendu	– un cadeau	– une invitation

C. Pour en savoir davantage concernant la personne qui vous intéresse, gardez[8] la carte que vous avez retournée, et mélangez les 31 autres. Choisissez au hasard[9] trois autres cartes, et mettez-les à côté de la première carte retournée. Faites une interprétation des quatre cartes ensemble.

---

[1](Review 11.20 section 3 and 5.) [2] **retirez** withdraw [3] **dans le jeu** in play [4] **les as** aces [5] **mélangez** shuffle, mix [6] **à l'envers** face down [7] **retournez** turn over [8] **gardez** keep [9] **au hasard** at random

Exemple: 8 ♥ La personne en question va faire une déclaration d'amour,

7 ♠ mais il y aura des problèmes, un ennui inattendu.

D ♠ Une femme jalouse

8 ♦ va provoquer un malentendu.[1]

VARIATION: Someone wishes to consult you **(consulter)** in order to get advice **(des conseils)** about their personal life. You agree to read the cards **(lire les cartes),** for a modest fee **(une somme modeste).** Make your observations remarkable by getting personal information as you proceed.

---

2. *Le témoin*[2]

Vous avez des ennuis avec la police. Vous pouvez prouver votre innocence à l'aide d'un témoin dont vous ne connaissez pas le nom. Il faut que vous fassiez une description complète.

L'étudiant(e) A, l'inspecteur, voudra savoir l'âge, le sexe, la taille,[3] la couleur des yeux et des cheveux du témoin.

---

[1] **malentendu** misunderstanding   [2] (Review 2.20, section 2, 3, 5 and 6.)   [3] **la taille** size.

L'étudiant(e) B, l'accusé(e), choisira un ou une de ses camarades de classe comme le témoin inconnu, et en fera une description.

L'étudiant(e) C, l'artiste policier, essaiera de faire un portrait au tableau que l'étudiant(e) B corrigera si nécessaire.

L'étudiant(e) D, l'agent de police, arrêtera le témoin dès qu'il l'aura reconnu.

VARIATION   Serve as a character witness for one of your classmates. (Review 3.20, section 5.)

20.30 The Present Subjunctive *(le présent du subjonctif)*

We will begin the study of the subjunctive in contexts where its use is automatic. The subjunctive is so named because verbs in the subjunctive form appear in the subordinate (or "subjoined") clause, after certain expressions in the main clause. Thus you will need to know: A) which expressions in the main clause are automatically followed by the subjunctive and B) the subjunctive forms of the verb.

subjunctive: Je préfère qu'il **soit** là.   *I prefer that he be there.*
                  main clause   subordinate clause

indicative: J'espère qu'il **est** là.   *I hope he is there.*
                 main clause subordinate clause

The examples above illustrate that **préférer** is followed by the subjunctive, but that **espérer** is not. The subjunctive follows the conjunction **que.**

▲ NOTE: The subjunctive also occurs in a few set phrases such as **ainsi soit-il,** where there is only one clause.

FORMS OF THE PRESENT SUBJUNCTIVE

The four most common irregular verbs have the following forms in the present subjunctive:

ÊTRE	AVOIR	FAIRE	ALLER
que je sois	que j'aie	que je fasse	que j'aille
que tu sois	que tu aies	que tu fasses	que tu ailles
qu'il / qu'elle soit	qu'il / qu'elle ait	qu'il / qu'elle fasse	qu'il / qu'elle aille
que nous soyons	que nous ayons	que nous fassions	que nous allions
que vous soyez	que vous ayez	que vous fassiez	que vous alliez
qu'ils / qu'elles soient	qu'ils / qu'elles aient	qu'ils / qu'elles fassent	qu'ils / qu'elles aillent

Apart from *être* and *avoir,* the present subjunctive endings for all verbs are: **-e, -es, -e, -ions, -iez, -ent.** The stem for most verbs is the same as the **nous** stem of the present indicative.

PARLER	FINIR	PARTIR	ATTENDRE
que je parle	que je finisse	que je parte	que j'attende
que tu parles	que tu finisses	que tu partes	que tu attendes
qu'il / qu'elle parle	qu'il / qu'elle finisse	qu'il / qu'elle parte	qu'il / qu'elle attende
que nous parlions	que nous finissions	que nous partions	que nous attendions
que vous parliez	que vous finissiez	que vous partiez	que vous attendiez
qu'ils / qu'elles parlent	qu'ils / qu'elles finissent	qu'ils / qu'elles partent	qu'ils / qu'elles attendent

▲ NOTE: One-stem verbs (like **parler**) contrast with the present indicative only in the **nous** and **vous** forms.

Two-stem verbs (like **finir, partir, attendre,** etc.) contrast in all but the **ils** form.

EXERCICES   A.   Complétez.

MODÈLE: Il ne finit pas?   Je préfère qu'il **finisse.**

1. Elle n'est pas là?   Je préfère qu'elle . . .
2. Il n'attend pas?   Je préfère qu'il . . .
3. Elle n'y va pas?   Je préfère qu'elle . . .
4. Il ne parle pas français?   Je préfère qu'il . . .
5. Elle ne part pas?   Je préfère qu'elle . . .
6. Il n'a pas son passeport?   Je préfère qu'il . . .
7. Elle ne le fait pas?   Je préfère qu'elle . . .

B.   Répétez l'exercice A en utilisant **vous.**

1. Vous ne finissez pas?   Je préfère que vous . . .
2. Vous n'êtes pas là?   Je préfère que vous . . .
3. Vous n'attendez pas?   Je préfère que vous . . .
4. Vous n'y allez pas?   Je préfère que vous . . .
5. Vous ne parlez pas français?   Je préfère que vous . . .
6. Vous ne partez pas?   Je préfère que vous . . .
7. Vous n'avez pas votre passeport?   Je préfère que vous . . .
8. Vous ne le faites pas?   Je préfère que vous . . .

EXPRESSIONS REQUIRING THE PRESENT SUBJUNCTIVE

The following expressions in the main clause require the verb of the subordinate clause to be in the subjunctive form.

Verbs, such as:

vouloir que	Ils veulent **que je finisse.** *They want me to finish.*
douter que	Je doute **qu'il parte.** *I doubt that he's leaving.*
regretter que	Nous regrettons **qu'il soit malade.** *We're sorry he's sick.*
falloir que	Il faut **que nous leur parlions.** *We must speak to them.*
valoir mieux que	Il vaut mieux **que vous vous reposiez.** *It's better that you rest.*

Adjectives, such as:

être content que	Elle est contente **qu'il fasse beau.** *She's happy it's nice.*
être désolé que	Je suis désolé **qu'ils aient des difficultés.** *I am very sorry they have difficulties.*

Conjunctions, such as:

jusqu'à ce que	J'attendrai **jusqu'à ce que vous soyez prêt.** *I will wait until you are ready.*
bien que	Il ne me croit pas, **bien que je dise la vérité.** *He doesn't believe me, although I'm telling the truth.*

EXERCICES

C. Mettez au subjonctif en employant les expressions indiquées.

MODÈLE: Il est là. (Je doute)
→Je doute qu'il soit là.

1. Vous avez mal à la tête. (Je suis désolé)
2. Je vais à la bibliothèque. (Il faut)
3. Il fait beau. (J'attendrai jusqu'à ce que)
4. Vous partez maintenant. (Il vaut mieux)
5. Nous allons avec elle. (Elle est contente)
6. Tu finis ce soir. (Je préfère)
7. Ils ont des difficultés. (Je doute)
8. Elle va en France. (Il faut)
9. Il est malade. (Il finira, bien que)
10. Nous partons? (Voulez-vous)

D. Répondez d'après le modèle.

MODÈLE: Tu attends ou pas? *(Are you waiting or not?)*
—**Il faut que j'attende.** *(I have to wait.)*

1. Tu dis la vérité ou pas?
2. Tu finis ou pas?
3. Tu mets ta cravate ou pas?
4. Tu pars ou pas?
5. Tu lui parles ou pas?

E. Répondez d'après le modèle.

MODÈLE: Que voulez-vous que je fasse? (attendre un peu)
—Je veux que vous **attendiez** un peu.

1. Que voulez-vous que je fasse? (avoir de la patience)
2. Que voulez-vous que je fasse? (partir tout de suite)
3. Que voulez-vous que je fasse? (dire la vérité)
4. Que voulez-vous que je fasse? (choisir)
5. Que voulez-vous que je fasse? (arriver à l'heure)

■■■

READING SELECTION

20.40 Style courrier du coeur

Voici, en bref, une lettre d'une jeune fille à *Marie Claire,* «le magazine du couple»:

awkward

J'aime mon fiancé. Nous devons nous marier bientôt. Mais j'ai si peur de le perdre, d'être ignorante, maladroite° que j'ai décidé de donner ce que je lui refuse à un autre que je n'aime pas. Pour apprendre. Maintenant, l'amour me dégoûte.

Et voici, en partie, la réponse qu'elle a reçue de Ménie Grégoire, consultante pour les affaires sentimentales:

virgin
attempted
experiment

Vous n'êtes plus vierge,° mais vous n'avez pas non plus «fait l'amour». Vous avez pris l'amour pour une science exacte et tenté° une expérience° pratique, comme en classe de physique.

Malheureusement, l'amour n'est pas du tout scientifique. Son mécanisme n'est que la conséquence d'un autre phénomène que vous n'avez pas approché. On «fait l'amour» quand on aime, ou bien ce qu'on accomplit n'est qu'un geste, qui ne vous fait même pas plaisir, si vous êtes femme et débutante. Mais ce n'est pas votre faute si vous vous êtes trompée, vous et vos petites camarades qui m'écrivez des histoires du même ordre.

Personne ne vous a rien appris. Le cinéma le plus audacieux, les romans à scandales et les plus honnêtes familles, ne vous parlent jamais que de «mécanismes», dans le climat d'un mensonge° formidable, qui vous laisse croire que le corps fonctionne à la commande. Le cinéma est criminel. Les romans coupables. Vos parents seuls ont des excuses. Votre maman a fait de son mieux.° Elle a essayé de vaincre sa propre pudeur° (votre grand-mère lui avait dit que «tout cela est sale° et on n'en parle pas»). Votre maman vous a donné une leçon d'anatomie et de physiologie animale. Or, vous aviez besoin de savoir autre chose, que les femmes adultes ne sont pas encore en mesure° d'expliquer à leurs filles: le mécanisme humain de l'amour n'est pas dans la chair° mais dans la tête.

Elle aurait dû vous dire, si elle l'avait pu: «Les corps, en amour, n'obéissent ni au commandement ni à la volonté. Tu n'as pas découvert le désir? Tu n'as pas encore senti vivre ton corps? C'est qu'il

lie

her best
modesty
dirty

ready

flesh

mature, ripe	n'est pas mûr.° Laisse-le en paix jusqu'à ce que ton cœur et celui de
awaken	l'autre l'éveillent.°
	«Les gestes? S'ils vont seuls, bien sûr, ils ont de quoi° te dégoûter!
the wherewithal	Mais quand ils répondent à un double appel, ils se transfigurent et
	deviennent beaux.

«Tu apprendras plus tard qu'il peut y avoir désir sans amour, mais ça ne vaut pas le temps qu'on y perd, et que ça ne mérite pas le même nom.»

C'est ce que votre fiancé tentait de vous faire deviner, quand il disait: «J'attendrai que tu sois prête.» C'est un garçon très bien.

gone astray	Si vous aviez su tout cela, sans doute ne vous seriez-vous pas égarée° en livrant votre corps bloqué, paralysé, à un autre corps anonyme.
rape	Vous auriez patienté, au lieu de vous violer° vous-même et de pleurer
disappointment	de déception.°

D'après Ménie Grégoire, «Les jeunes filles et l'amour la première fois», *Marie Claire,* no. 251, juillet 1973.

20.41 | Discussion

1. Ménie Grégoire écrit que la conception populaire de l'amour sexuel est «un mensonge formidable». Êtes-vous d'accord?
2. Elle pense que les gestes de l'amour deviennent beaux quand ils répondent à «un double appel». Expliquez.
3. Pensez-vous que cette discussion soit applicable aux hommes jeunes devant l'amour pour la première fois?

20.42 | Exercice de style

Écrivez une lettre et une réponse dans le style d'Ann Landers ou autre courrier du cœur.

UNIT 21

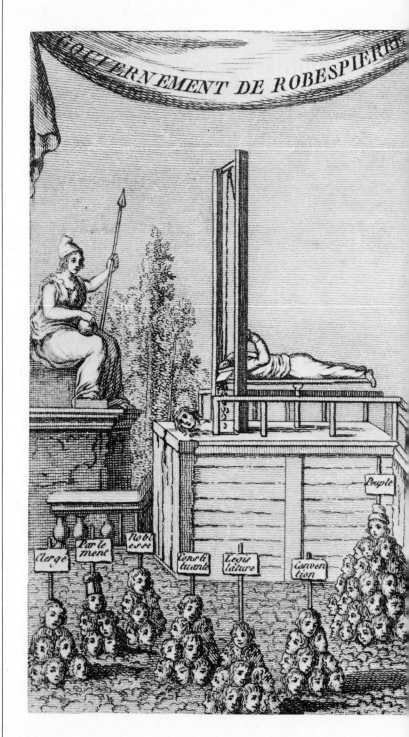

Peu avant la guerre de 1914, un assassin dont le crime était particulièrement révoltant (il avait massacré une famille de fermiers avec leurs enfants) fut condamné à mort en Alger. L'affaire eut un grand retentissement. On estima généralement que la décapitation était une peine trop douce pour un pareil monstre. Telle fut, m'a-t-on dit, l'opinion de mon père que le meurtre des enfants, en particulier, avait indigné. Il voulut assister à l'exécution, pour la première fois de sa vie. Il se leva dans la nuit pour aller à l'autre bout de la ville, au milieu d'un grand concours de peuple. Ce qu'il vit, ce matin-là, il n'en dit rien à personne. Ma mère raconte seulement qu'il rentra en coup de vent, refusa de parler, s'étendit un moment sur le lit et se mit tout d'un coup à vomir. Il venait de découvrir la réalité qui se cachait sous les grandes formules dont on la masquait. Au lieu de penser aux enfants massacrés, il ne pouvait plus penser qu'à ce corps qu'on venait de jeter sur une planche pour lui couper le cou. . .

Personne n'ose parler directement de cette cérémonie. Nous lisons ainsi, à l'heure du petit déjeuner, dans un coin du journal, que le condamné «a payé sa dette à la société», ou que «à cinq heures, justice était faite». . .

Depuis des siècles, la peine de mort essaie de tenir tête au crime; le crime pourtant s'obstine. Pourquoi? C'est que les instincts qui, dans l'homme, se combattent, ne sont pas, comme le veut la loi, des forces constantes en état d'équilibre. Il arrive qu'une de ces forces se déchaîne, et aucun instinct ne peut alors s'opposer à la tyrannie de cette force irrésistible. Pour que la peine capitale soit réellement intimidante, il faudrait que la nature humaine soit différente. Elle ne l'est pas. C'est pourquoi, si surprenant que cela paraisse à qui n'a pas observé ni éprouvé en lui-même la complexité humaine, le meurtrier, la plupart du temps, se sent innocent quand il tue. Tout criminel s'acquitte avant le jugement. Il s'estime, sinon dans son droit, du moins excusé par les circonstances. . .

Beaucoup de législations considèrent comme plus grave le crime prémédité que le crime de pure violence. Mais qu'est-ce donc que l'exécution capitale, sinon le plus prémédité des meurtres auquel aucun forfait de criminel, si calculé soit-il, ne peut être comparé? . . .

Le jury peut-il décemment dire: «Si je vous fais mourir par erreur, vous me pardonnerez sur la considération des faiblesses de notre commune nature. Mais je vous condamne à mort sans considération de ces faiblesses ni de cette nature». Il y a une solidarité de tous les hommes dans l'erreur et dans l'égarement. Faut-il que cette solidarité joue pour le tribunal et soit ôtée à l'accusé? Non, et si la justice a un sens en ce monde, elle ne signifie rien d'autre que la reconnaissance de cette solidarité; elle ne peut, dans son essence même, se séparer de la compassion. . . Il n'y a pas de justes, mais seulement des cœurs plus ou moins pauvres en justice. Vivre, du moins, nous permet de le savoir et d'ajouter à la somme de nos actions un peu du bien qui compensera, en partie, le mal que nous avons jeté dans le monde. Ce droit de vivre qui coïncide avec la chance de réparation est le droit naturel de tout homme, même le pire. . .

«L'exemple que donne toujours l'échafaud, a-t-on pu écrire, c'est que la vie de l'homme cesse d'être sacrée lorsqu'on croit utile de le tuer.» Apparemment, cela devient de plus en plus utile. Il faut donner un coup d'arrêt spectaculaire et proclamer, dans les principes et dans les institutions, que la personne humaine est au-dessus de l'État.

D'après Albert Camus, «Réflexions sur la guillotine». Autorisé par les éditions Calmann-Lévy: Paris, 1957.

21.11 Vocabulaire

l'**assassin** *(m.)* murderer	= **le meurtrier** *Cf.* **assassiner** *(to murder, assassinate)*.
le **fermier** farmer	*Cf.* **la ferme** *(farm)*.
pareil, -le such a, similar	Comment peut-on dire une chose **pareille!** C'est **pareil.** = C'est **la même chose.**
indigner to make indignant; to shock, revolt	On **s'indigne** devant un crime pareil. *(One is shocked at such a crime.)*
le **concours** concourse, crowd	**le concours des curieux** *(the crowd of the curious, on-lookers)*
en coup de vent in a rush, like a gust of wind	**le coup** *(blow, stroke, etc.)*
tout d'un coup all at once	= **soudain**
vomir to throw up, vomit	**avoir envie de vomir** *(to feel nauseous)*
venir de to have just . . .	**Il venait d'arriver.** *(He had just arrived.)*
cacher to hide, conceal	**cacher** son identité, un secret, un objet
masquer to mask, disguise	*Cf.* **un bal masqué** *(masquerade ball)*.
la **planche** plank, board	*Cf.* **le plancher** *(floor)*.
le **cou** neck	**couper le cou à quelqu'un** *(to behead someone)*

tenir tête à to stand up to, resist	= **s'opposer à**	
s'obstiner to persist, be obstinate	**s'obstiner au silence** *(to be stubbornly silent)*	
l'équilibre *(m.)* balance, equilibrium	**perdre l'équilibre** *(to lose balance)* *Cf.* **équilibrer** *(to balance).*	
se déchaîner to break loose	*Cf.* **la chaîne** *(chain).*	
paraître to appear	= **sembler** *(to seem),* **avoir l'air**	
la **plupart** the majority, most	**la plupart des gens disent** *(most people say)*	
le **droit** the right; authority	**être dans son droit** *(to be within one's rights)*	
le **forfait** serious crime	= **crime énorme, audacieux**	
décemment decently, properly	*Cf.* **décent, -e** *(decent).*	
la **faiblesse** weakness	*Cf.* **faible** *(weak).*	
la **solidarité** solidarity, mutual dependence	*Cf.* **solidaire** *(jointly responsible).*	
l'égarement *(m.)* straying, losing one's way	*Cf.* **s'égarer** *(to fall into error; become confused; get lost).*	
ôter to take away, remove	**ôter son chapeau** *(to take off one's hat)* = **enlever**	
jeter to throw, cast	**jeter une pierre** *(to throw a stone);* (je jette/nous jetons)	
la **réparation** reparation, repair	*Cf.* **réparer** *(to repair).*	
pire worst	**le pire** = **le plus mauvais**	
l'échafaud *(m.)* scaffold, gallows	= synonyme de **la peine de mort**	
cesser to cease, stop	≠ **continuer**	
sacré sacred, holy	la musique **sacrée**	
l'arrêt *(m.)* stop, halt; arrest	**l'arrêt d'autobus** *(bus stop);* **arrêté** *(under arrest);* **donner un coup d'arrêt** *(put a stop)*	

21.12 Questionnaire

1. Quelle était l'attitude du père de Camus avant l'exécution de l'assassin? Et après?

2. Quelles sont «les grandes formules» par lesquelles on masque la réalité de la peine capitale?
3. D'après Camus, est-ce que la peine de mort diminue le crime? Pourquoi?
4. À quoi compare-t-il l'exécution capitale?
5. Quel est le problème moral quand un jury fait mourir par erreur?
6. Pourquoi ne peut-on pas séparer la justice de la compassion?
7. Pourquoi le droit de vivre est-il le droit naturel de tout homme?
8. Dans quel sens la peine capitale est-elle utile?
9. Dans quel sens est-elle dangereuse, d'après Camus?
10. On dit qu'on a le droit de tuer celui qui a tué. Camus pose la question suivante: est-ce qu'on punit l'incendiaire *(arsonist)* en mettant le feu à sa maison, ou le voleur *(thief)* en prenant une somme équivalente de son compte en banque? Que pensez-vous de son raisonnement?

21.20 | Situations

Le dessin humoristique[1]

L'étudiant(e) A demande à l'étudiant(e) B pourquoi les dessins sont censés[2] être amusants. Il faut que B (l'adulte) soit extrêmement patient avec A (l'enfant), parce que celui-ci veut savoir en détail ce qui se passe. Expliquez jusqu'à ce qu'il ait compris.[3]

---

[1] **le dessein humoristique** drawing, cartoon [2] **censé** supposed [3] **ait compris** (past subjunctive, see 21.31)

les passagers *passengers*
le pilote *pilot*
le lampadaire *street light*
la barrière *barrier, fence*

conduire mal *to drive badly*
avoir peur *to be afraid*
rester interdit *to remain speechless, stunned*

le rasoir	*razor*
la lame	*blade*
se raser	*to shave*
net, nette	*neat, clean*
se couper	*to cut oneself*

l'échelle	*ladder*
le pinceau	*paintbrush*
biffer	*to cross out*
le sparadrap	*adhesive tape*
le panneau publicitaire	*advertising sign*
la publicité	*advertising*

Dessins de Hoviv, *C'est l'époque qui veut ça.* © Dargaud Éditeur, Paris 1973.

21.30 The Present Subjunctive II

You will recall that the subjunctive endings for all verbs except **être** and **avoir** are **-e, -es, -e, -ions, -iez, -ent.** Most verbs which have two stems in the indicative (**j'attends/ nous attendons**) have only one stem in the subjunctive (**que j'attende/que nous attendions**).

infinitive	*indicative*	*subjunctive*
dire	je dis	que je dise
suivre	je suis	que je suive
connaître	je connais	que je connaisse
mettre	je mets	que je mette
écrire	j'écris	que j'écrive
lire	je lis	que je lise

▲ NOTE: The verbs **voir** and **croire** alternate as follows:

| **voir:** | je vois | que je **voie** (que nous voyions) |
| **croire:** | je crois | que je **croie** (que nous croyions) |

The following verbs, like **faire,** have a subjunctive stem which is different from the indicative:

faire	je fais	que je **fasse,** etc.
pouvoir	je peux	que je **puisse,** etc.
savoir	je sais	que je **sache,** etc.

The following verbs, like **aller,** show a shift in the **nous** and **vous** forms of the subjunctive:

infinitive	*indicative*	*subjunctive*	
aller:	je vais	que j'aille	que nous **allions**
		que tu ailles	que vous **alliez**
		qu'il / qu'elle aille	qu'ils / qu'elles aillent

venir:	je viens	que je vienne	que nous **venions**
		que tu viennes	que vous **veniez**
		qu'il / qu'elle vienne	qu'ils / qu'elles viennent

prendre:	je prends	que je prenne	que nous **prenions**
		que tu prennes	que vous **preniez**
		qu'il / qu'elle prenne	qu'ils / qu'elles prennent

boire:	je bois	que je boive	que nous **buvions**
		que tu boives	que vous **buviez**
		qu'il / qu'elle boive	qu'ils / qu'elles boivent

devoir:	je dois	que je doive	que nous **devions**
		que tu doives	que vous **deviez**
		qu'il / qu'elle doive	qu'ils / qu'elles doivent

vouloir:	je veux	que je veuille	que nous **voulions**
		que tu veuilles	que vous **vouliez**
		qu'il / qu'elle veuille	qu'ils / qu'elles veuillent

EXERCICES

A. Mettez au subjonctif.

MODÈLE: Il peut le faire? Je doute. . .
→Je doute qu'il **puisse** le faire.

1. Elle vient ce soir? Je suis content(e) . . .
2. Il doit partir? Je regrette . . .
3. Elle prend sa décision? Il vaudrait mieux . . .
4. Il sait la réponse? Je doute . . .
5. Elle écrit à ses parents? Je suis content(e) . . .
6. Il boit trop? Je doute . . .
7. Elle ne peut pas venir? Je suis désolé(e) . . .
8. Il connaît les Dupont? Je doute . . .
9. Elle met sa nouvelle robe? Je préfère . . .
10. Il lit le rapport? Il faut . . .

B. Répétez l'exercice **A** en utilisant **vous.**

MODÈLE: Vous pouvez le faire? Je doute . . . .
→Je doute que vous **puissiez** le faire.

MEANING OF THE SUBJUNCTIVE

Although the use of the subjunctive has become automatic after certain expressions, one can still observe that these expressions tend to indicate a subjective opinion or feeling, or some condition that might be otherwise. Expressions which are similar in meaning to those which you have studied previously also require the subjunctive.

Il faut que vous veniez ce soir.	You must come this evening.
Il est nécessaire que . . .	It is necessary that . . .
Il est essential que . . .	It is essential that . . .
Il est important que . . .	It is important that . . .
Je préfèrerais que vous y alliez.	I would prefer that you go there.
J'aimerais que . . .	I would like that . . .
Il vaudrait mieux que . . .	It would be better that . . .
Je suis content qu'il puisse venir.	I am happy that he can come.
Je suis heureux que . . .	I am happy, fortunate that . . .
Je suis satisfait que . . .	I am satisfied that . . .
Je suis surpris que . . .	I am surprised that . . .
Je doute que vous ayez raison.	I doubt that you are right.
Il semble que . . .	It seems that . . .
Il est possible que . . .	It is possible that . . .
Il se peut que . . .	It may be that . . .
J'ai peur que . . .	I'm afraid that . . .

In spite of the general meaning of the subjunctive illustrated above, the indicative is used with the following:

J'espère qu'il **peut** venir. Je **crois** que vous **avez** raison.

Je **pense** qu'elle **est** contente. Je **sais** qu'il **viendra.** Je **suis sûr** qu'il le **fera.**

EXERCICES   C.   Répondez en employant un synonyme.

MODÈLE: Faut-il que je vienne?

—Oui, il **est nécessaire** que vous veniez.

1. Est-il important que je parte ce soir?
2. Préférez-vous que je le fasse moi-même?
3. Êtes-vous satisfait(e) que je finisse?
4. Est-il possible que j'aie tort?
5. Est-il nécessaire que je parle français?

D. Traduisez.

1. I think he can come.
2. I doubt he can come.
3. I'm sure he can come.
4. I know he can come.
5. It seems that he can come.
6. I hope he can come.
7. It may be that he can come.

21.31 The Past Subjunctive (*Le passé du subjonctif*)

The past subjunctive is formed like the *passé composé* of the indicative, except that the auxiliary is in the present subjunctive.
Compare:

Past indicative	*Past subjunctive*
Je crois **qu'elle a fini.**	Je doute **qu'elle ait fini.**
(*I think she has finished.*)	(*I doubt she has finished.*)
Je crois **qu'elle est partie.**	Je doute **qu'elle soit partie.**
(*I think she has left.*)	(*I doubt she has left.*)
Je crois **qu'elle s'est couchée.**	Je doute **qu'elle se soit couchée.**
(*I think she has gone to bed.*)	(*I doubt she has gone to bed.*)

Thus the auxiliary for the past subjunctive is either **avoir,** or **être** (for verbs like **aller** and all reflexive verbs), just as in the past indicative.

que j'	**aie**	parlé	que je	**sois**	allé(e)
que tu	**aies**	fini	que tu	**sois**	venu(e)
qu'il qu'elle	**ait**	attendu	qu'il qu'elle	**soit**	arrivé(e)
que nous	**ayons**	fait	que nous	**soyons**	parti(e)s
que vous	**ayez**	été	que vous	**soyez**	né(e)(s)
qu'ils qu'elles	**aient**	eu	qu'ils qu'elles	**soient**	mort(e)s

EXERCICES A. Mettez au passé du subjonctif.

MODÈLE: Je doute qu'elle arrive à temps. (*I doubt she'll arrive in time.*)

➔ Je doute qu'elle **soit arrivée** à temps. (*I doubt she arrived in time.*)

1. Je suis content(e) que vous veniez.
2. Il est possible que nous ayons tort.

3. Je regrette qu'il parte.
4. Elle est surprise qu'ils fassent ça.
5. J'ai peur qu'elle ait des difficultés.
6. Nous sommes contents que tu restes.
7. Il se peut qu'elle soit malade.
8. Attendez jusqu'à ce que j'arrive.
9. C'est vrai, bien qu'ils disent le contraire.
10. Il semble qu'elle doive partir.

B. Mettez au subjonctif.

MODÈLE: Tu l'as fait? Je suis surpris(e) . . .

→Je suis surpris(e) que tu l'**aies fait.**

1. Elle est partie? Je suis désolé(e) . . .
2. Ils ont attendu? Je doute . . .
3. Vous n'avez pas fini? Je regrette . . .
4. Vous êtes sortie avec lui? Je suis surpris(e) . . .
5. Il a oublié? Il se peut . . .

READING SELECTION

21.40 **Style anecdotique**

career

discoveries

essays

worldly

reach

Dans l'histoire des sciences il n'y a peut-être pas de carrière° plus brillante que celle de François Arago (1786-1853). La liste des découvertes° et travaux de cet illustre savant est assez longue. Ses essais° de vulgarisation scientifique sont clairs, précis, et d'une abondante érudition. Ce fut surtout son cours à l'Observatoire devant un public mondain° qui établit sa réputation universelle de professeur parfait, sachant mettre la science à la portée° de tous. Son exposition lucide rendit son nom célèbre dans toute l'Europe. Voici une anecdote amusante concernant le secret de son succès.

conversationalist/sparkling

surrounded

those attending

audience

mirror

Homme du monde, causeur° charmant et pétillant° d'esprit, Arago se trouvait un soir dans un salon où, très entouré,° il se vit pressé d'expliquer comment son cours à l'Observatoire était si bien compris par tous les assistants:° hommes de science, gens du monde ou simples artisans. «Mon secret le voici: je cherche, dans l'auditoire,° le visage le moins intelligent, miroir° d'un esprit paresseux ou obtus et je ne le quitte pas

renewing
flash

lively, pointed
nephew
exlaimed

silver
gold/(see *Le corbeau et le renard*, 8.10.)

des yeux pendant mon exposé; c'est mon «thermomètre»; je suis attentivement ses oscillations, renouvelant° mes explications jusqu'à ce qu'un éclair° illumine le stupide visage; à ce moment, le thermomètre a monté, tout le monde a compris et je passe à un autre sujet.»

Or, le savant avait à peine terminé sa piquante° histoire, qu'un jeune homme entra et lui fut présenté, le propre neveu° de la maîtresse de la maison. «Oh! M. Arago doit bien me connaître, s'écria° le jeune homme, car à son cours que je suis régulièrement, il ne me quitte jamais des yeux.» C'était l'infortuné thermomètre.

Arago se souvint, ce jour-là, que si la parole est d'argent° le silence est d'or,° et jura, mais un peu tard, qu'on ne l'y prendrait plus.°

> Bonfante, «Arago et son thermomètre.»
> Dans *Les grands savants français.* N.Y.:
> Appleton-Century-Crofts, 1939.

21.41 | Discussion

1. Quel était le secret du succès du professeur Arago?
2. Pourquoi a-t-il regretté son histoire piquante?
3. Que veut dire le proverbe, «Si la parole est d'argent le silence est d'or»?

21.42 | Exercice de style

Écrivez une anecdote qui raconte une expérience embarrassante où vous avez fait une gaffe *(social blunder)*. Employez le passé composé au lieu du passé simple.

UNIT 22

LANGUAGE USE

Readings: A point of view on happiness by Denis de Rougemont; An example of poetic style.

Situations: Solving verbally "how to" tasks, like building a snow man and a dog house.

LANGUAGE STRUCTURE

Verbs: Verbs like *craindre,* and more on the usage of the subjunctive.

22.10 Le bonheur: Denis de Rougemont

Le mariage moderne, cessant d'être garanti par un système de contraintes sociales, est basé sur une idée individuelle du bonheur, idée que l'on suppose commune aux deux conjoints dans le cas le plus favorable. Or s'il est difficile de définir en général le bonheur, le problème devient insoluble dès que s'y ajoute la volonté moderne d'être le maître de son bonheur, ou ce qui revient peut-être au même, de *sentir* de quoi il est fait, de l'analyser et de le goûter afin de pouvoir l'améliorer par des retouches bien calculées. Votre bonheur, répètent les magazines, dépend de ceci, exige cela—et ceci ou cela, c'est toujours quelque chose qu'il faut *acquérir,* par de l'argent le plus souvent. Le résultat de cette propagande est à la fois de nous obséder par l'idée d'un bonheur facile, et du même coup de nous rendre inaptes à le posséder. Le bonheur est une Eurydice: on l'a perdu dès qu'on veut le saisir. Il ne peut vivre que dans *l'acceptation,* et meurt dans la revendication. C'est qu'il dépend de l'être et non de l'avoir: les moralistes de tous les temps l'ont répété, et notre temps n'apporte rien qui doive nous faire changer d'avis. Tout bonheur que l'on veut sentir, que l'on veut tenir à sa merci—au lieu d'y *être* comme par grâce—se transforme instantanément en une absence insupportable.

Fonder le mariage sur un pareil «bonheur» suppose de la part des modernes une capacité d'ennui presque morbide—ou l'intention secrète de tricher. Il est probable que cette intention ou cet espoir expliquent en partie la facilité avec laquelle on se marie encore «sans y croire». Le rêve de la passion possible agit comme une distraction permanente, anesthésiant les révoltes de l'ennui. On n'ignore pas que la passion serait un malheur—mais on pressent que ce serait un malheur plus beau et plus «vivant» que la vie normale, plus exaltant que son «petit bonheur» . . .

Ou l'ennui résigné ou la passion: tel est le dilemme qu'introduit dans nos vies l'idée moderne du bonheur.

D'après Denis de Rougemont, *L'Amour et l'occident.* Paris: Librairie Plon, 1939.

22.11 Vocabulaire

garanti, -e guaranteed, protected	*Cf.* **garantir; la garantie.**
la **contrainte** constraint	*Cf.* **contraindre** *(to constrain, put restraints on).*

le **conjoint, la conjointe** wedded person	*Cf.* **conjoindre** *(to unite, conjoin).*
insoluble unsolvable	≠ **soluble** *(solvable).*
le **maître** master	*Cf.* **la maîtrise** *(mastery);* **maîtriser** *(to master).*
revenir au même to amount to the same thing	Deux semaines ou quinze jours, ça **revient au même.**
goûter to taste, to relish	*Cf.* **le goût** *(taste).*
améliorer to improve, better	*Cf.* **l'amélioration** *(f.)* *(improvement).*
la **retouche** retouching, touching up	*Cf.* **retoucher** *(to touch up, improve).*
exiger to demand, require	*Cf.* **exigeant, -e** *(exacting, hard to please).*
acquérir to acquire	*Cf.* **l'acquisition** *(f.).* ≠ **perdre**
obséder to obsess	*Cf.* **l'obsession** *(f.).*
inapte unfit, inapt	*Cf.* **l'aptitude** *(f.).*
saisir to seize, grasp	= **prendre**
la **revendication** claiming, demanding	*Cf.* **revendiquer un droit** *(to claim or demand a right).*
la **merci** mercy	**à la merci de quelqu'un** *(at someone's mercy)*
instantanément instantaneously	= **immédiatement**
insupportable unbearable	un silence **insupportable;** un enfant **insupportable**
fonder to found, base	= **baser**
l'**ennui** *(m.)* tedium, boredom	*Cf.* **ennuyer** *(to bother, bore).*
l'**espoir** *(m.)* hope	*Cf.* **espérer.**
agir to act, operate	*Cf.* **l'agent** *(agent).*
ignorer to be unaware	*Cf.* **ignorant, -e.**
pressentir to have the idea, to feel beforehand	*Cf.* **le pressentiment** *(foreboding).*
résigné, -e resigned	≠ **révolté** *(in revolt)*

| le **dilemme** dilemma, problem of undesirable alternatives | Placé devant un **dilemme,** on ne veut pas choisir. |

22.12 Questionnaire

1. D'après l'auteur, sur quoi le mariage moderne est-il basé?
2. Est-ce qu'on peut être le maître de son bonheur?
3. Quelle est la conception moderne du bonheur comme présentée dans les magazines?
4. Quel est le résultat de cette «propagande»?
5. On peut «*être* heureux»; est-ce qu'on peut «*avoir* le bonheur»?
6. Pourquoi est-ce qu'on se marie encore «sans y croire»?
7. Qu'est-ce qui agit comme une distraction dans un mariage ennuyeux?
8. La passion, est-elle une solution?
9. Quel est donc le dilemme de l'idée moderne du bonheur?
10. Eurydice, la femme d'Orphée, est morte le jour de leur mariage. Orphée est descendu en enfer chercher sa femme. Charmées par sa musique, les divinités ont accepté de rendre Eurydice à Orphée—à condition qu'il ne regarde pas derrière lui avant d'être sorti de l'enfer. Anxieux, il s'est retourné pour voir si sa femme le suivait; c'est la dernière fois qu'il la regarderait.

   Pourquoi Denis de Rougemont compare-t-il le bonheur à une Eurydice?

1. *Le bonhomme de neige*
Un ami français du Midi veut savoir comment faire un bonhomme de neige. Expliquez votre technique.

le corps *body*	une boule *ball*	rouler *to roll*
la tête *head*	la taille *shape, size*	enfoncer *to insert*
le bras *arm*	le bâton *stick*	former *to shape, form*
les yeux *eyes*	le caillou, les cailloux	le cache-nez *scarf*
le nez *nose*	*pebble, stone*	le bouton *button*
le cou *neck*	autour de *around*	la moufle *mitten*

2. *Le bricolage*[1]
Vous avez décidé de faire une niche[2] pour votre chien. Expliquez à un ami ou à une amie comment cela se fait.

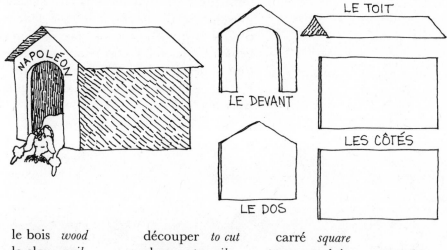

le bois *wood*	découper *to cut*	carré *square*
le clou *nail*	clouer *to nail*	rectangulaire *rectangular*
le marteau *hammer*	joindre *to join*	arrondi, -e *rounded*
la scie *saw*	scier *to saw*	le devant *front*
le coussin *cushion*	fignoler *to put*	le dos *back*
le plancher *floor*	*finishing touches*	le côté *side*
le bloc *block*	peindre *to paint*	
l'ouverture *(f.)*	retourner *to turn*	
opening	*over*	

---

[1] **le bricolage** home-repair, odd-jobs, do-it-yourself construction   [2] **la niche** doghouse

22.30 Verbs like *craindre* (two-stem)

Verbs like **craindre** *(to fear)*, **joindre** *(to join)*, and **peindre** *(to paint)* are like other **-re** verbs except for the plural stem in the present indicative and the past participle.

INFINITIF	PRÉSENT DE L'INDICATIF		PARTICIPE PASSÉ	PASSÉ SIMPLE
craindre	je crains tu crains il craint	nous craignons vous craignez ils craignent	craint	je craignis
Futur je craindrai	*Imparfait:* je craignais		*Passé Composé* j'ai craint	
Conditionnel je craindrais	*Prés. du* *Subjonctif:* que je craigne			
Infinitif **joindre** **peindre**	*Présent de l'Indicatif* je joins nous joignons je peins nous peignons		*Passé composé* j'ai joint j'ai peint	*Passé Simple* je joignis je peignis

EXERCICES   A.   Répondez à l'affirmatif.

MODÈLE: Vous **craignez** la mort?
—Oui, je **crains** la mort.

1. Vous peindrez la niche en blanc?
2. Vous joignez les deux bouts comme ça?
3. Vous craignez sa réaction?
4. Vous peignez la maison cet été?
5. Vous avez joint l'utile à l'agréable?
6. C'est ce que vous avez craint?

B.   Substituez une phrase synonyme.

MODÈLE: L'artiste va faire mon portrait.
→L'artiste va me **peindre**.

1. J'en avais peur.
2. Nous mettons les deux bouts ensemble.
3. Quelle scène est-ce que vous représentez là?
4. Avez-vous peur qu'elle ne vienne pas?
5. Je n'aurais pas peur de lui.

22.31 Usage of the Subjunctive

You will note a few expressions after which the subjunctive is not automatic—its usage depends on what is meant. Compare:

Subjunctive

C'est le seul qui **puisse** le faire.
   (*He's the only one who might do it.*)

Je travaille ce soir de sorte que je **sois** libre demain.
   (*I'm working tonight so that I may be free tomorrow.*)

Indicative

C'est le seul qui **peut** le faire.
   (*He's the only one who can do it.*)

J'ai travaillé ce soir de sorte que je **suis** libre demain.
   (*I worked this evening so I'm free tomorrow.*)

This variation is consistent with the general principle that the subjunctive tends to express conditions which might be otherwise. It is quite frequently seen in literary expression, as for example the following sentence from the reading passage:

Notre temps n'apporte rien qui **doive** nous faire changer d'avis.

Our age brings nothing which should/might make us change our mind.

The subjunctive here emphasizes the hypothetical nature of the statement.

You will also note that the subjunctive is more frequent in formal speech and writing than in informal usage. That is, one avoids using the subjunctive when possible in informal style. (See comments on speech register, section 9.30.) Compare the following, which are more or less equivalent in meaning:

Formal (Subjunctive)

Il faut que je **parte.**
   (*I must go.*)

Elle est partie avant que je ne **sois** arrivé.
   (*She left before I arrived.*)

Je ne crois pas qu'elle **vienne.**
   (*I don't think she's coming.*)

Vous devriez le faire, pourvu que vous **ayez** le temps.
   (*You should do it, provided you have the time.*)

Informal (without Subjunctive)

Il faut partir.
   (*I've got to go.*)

Elle est partie avant mon arrivée.
   (*She left before my arrival.*)

Je ne crois pas qu'elle viendra.
   (*I don't think she'll come.*)

Vous devriez le faire, si vous avez le temps.
   (*You should do it, if you have the time.*)

On partira demain, à moins qu'il
ne **fasse** mauvais.
(*We'll leave tomorrow, unless the
weather is bad.*)

On partira demain, s'il ne fait pas
mauvais.
(*We'll leave tomorrow, if the weather
isn't bad.*)

▲ NOTE: The particle **ne** in the following expressions does not negate the
verb:

à moins qu'il **ne** fasse mauvais   *unless the weather is bad*
avant que je **ne** sois arrivé   *before I arrived*
Je crains qu'il **ne** veuille partir.   *I'm afraid he wants to leave.*

This usage is characteristic of careful prose style and is sometimes om-
mitted in spoken style.

EXERCICE   A.   Exprimez les idées suivantes sans employer le subjonctif.

1. Est-ce que vous le verrez avant qu'il ne parte?
2. Faut-il que vous preniez une décision tout de suite?
3. Pourvu que je sois libre, j'irai avec vous.
4. Nous pourrions continuer, à moins que vous ne soyez fatigué.
5. Je ne crois pas que vous ayez le temps de finir.

The subjunctive is avoided in both formal and informal style when the
subject is the same for both verbs:

Je veux qu'il finisse.   Je veux finir.
(*I want him to finish.*)   (*I want to finish.*)
Je regrette qu'il soit en retard.   Je regrette d'être en retard.
(*I'm sorry he's late.*)   (*I'm sorry I'm late.*)

▲ NOTE: **Vouloir** and **préférer** are followed directly by the infinitive.

Je veux finir.   Je préfère rester.

Other expressions require **de** before the infinitive.

Je regrette **de** le dire.   Je suis content **de** rester.

EXERCICE   B.   Complétez.

MODÈLE: Je préfère qu'elle reste. Elle aussi, . . .
     ➡Elle aussi, elle **préfère rester.**

1. Je voudrais qu'il attende. Lui aussi, . . .
2. Je suis content qu'elle le fasse. Elle aussi, . . .
3. Je regrette qu'il parte. Lui aussi, . . .
4. J'ai peur qu'elle soit malade. Elle aussi, . . .
5. Je doute qu'il finisse à temps. Lui aussi, . . .

Impersonal expressions may also be followed by an infinitive rather than the subjunctive, especially when context makes clear the subject of the verb:

Que devons-nous faire?   Que devons-nous faire?
Il vaut mieux **que nous partions.**   Il vaut mieux **partir.**

▲ NOTE: The expressions **il faut** and **il vaut mieux** are followed directly by the infinitive. Other expressions, such as **il est possible** require **de** before the infinitive.

Il est possible **de** le faire tout de suite.

EXERCICE   C.   Transformez à l'infinitif.

       MODÈLE: Il faut que nous parlions.
              ➡Il faut **parler.**

1. Il est possible que nous revenions ce soir.
2. Il faut que vous étudiiez.
3. Il vaut mieux qu'on soit patient.
4. Il est essentiel que vous lisiez ce rapport.
5. Est-il nécessaire que je vienne ce soir?

READING SELECTION

22.40 **Style poétique**

Déjeuner du matin

Il a mis le café
Dans la tasse
Il a mis le lait
Dans la tasse de café
Il a mis le sucre
Dans le café au lait
Avec la petite cuiller
Il a tourné
Il a bu le café au lait
Et il a reposé la tasse
Sans me parler
Il a allumé

Une cigarette
Il a fait des ronds
Avec la fumée
Il a mis les cendres
Dans le cendrier
Sans me parler
Sans me regarder
Il s'est levé
Il a mis
Son chapeau sur sa tête
Il a mis
Son manteau de pluie
Parce qu'il pleuvait
Et il est parti
Sous la pluie
Sans une parole
Sans me regarder
Et moi j'ai pris
Ma tête dans ma main
Et j'ai pleuré.

Jacques Prévert, *Paroles.*
© Éditions Gallimard, Paris 1949.

22.41 | Discussion

1. Quel est le point de vue de la personne qui a pleuré? Est-ce un homme ou une femme?
2. Quel est le point de vue de celui qui est parti sans une parole?
3. Quel est le point de vue du poète Prévert?

22.42 | Exercice de style

Écrivez un poème en vers blancs qui exprime votre point de vue. Utilisez, comme Prévert, un vocabulaire simple.

UNIT 23  REVIEW

No new grammatical forms are introduced for active control in this unit, although some new uses of these forms are presented. The object is to study the interrelation of forms in the grammar.

Reading: An essay on what the French are like.
23.20 Comment sont les Français?
23.21 Discussion

STRUCTURES
23.00 Grammar Summary
23.10 Verb Forms
23.11 Relative Time with the Subjunctive
23.12 Summary of Verb Moods, Tenses and Aspects

23.00 Grammar Summary

This unit consists of a grammar review, hence, no new grammatical forms will be presented. The main purpose of the unit is to systematize the elements already introduced and to explore their interrelation in the grammar.

23.10 Verb Forms

You have now seen all of the verb forms used in spoken French, and the most commonly used literary form, the *Passé Simple*. The Verb Table in the back of the book is organized to show formal relationships in the verb system, as illustrated by the following sample entries.

1. INFINITIF	2. PRÉSENT		3. TEMPS COMPOSÉS	4. PASSÉ SIMPLE
arriver	(*like* parler)		il est arrivé	il arriva
être il sera	je suis tu es il est il était que je sois	nous sommes vous êtes ils sont que nous soyons qu'ils soient	il a été	il fut

1. INFINITIF	2. PRÉSENT		3. TEMPS COMPOSÉS	4. PASSÉ SIMPLE
vouloir il voudra	je veux que je veuille	nous voulons ils veulent que nous voulions qu'ils veuillent	il a voulu	il voulut

1. INFINITIF The infinitive always ends in **-r** or **-re**. The future and conditional tenses are both formed from the same stem, which always ends in **-r** and is usually similar to the infinitive (review 18.23).

2. PRÉSENT The present indicative varies in degree of regularity or predictability. Verbs like **arriver** are totally predictable, a few verbs like **être** are not predictable at all, and many verbs like **vouloir** require knowledge of their two stems, as well as whether there is a vowel shift in the **nous** and **vous** forms.

The imperfect may be derived from the **nous** form of the present with only one exception, the verb **être** (review 18.23).

Unless otherwise indicated, the present subjunctive may also be derived from this **nous** form (review 20.30 and 21.30).

3. TEMPS COMPOSÉS The compound tenses are formed with either **avoir** or **être** as auxiliary and the past participle (review 18.23).

4. PASSÉ SIMPLE The stem for the *passé simple* may be derived from the **nous** form of the present **(il arriva)** or from the past participle **(il voulut)**, or it may be related to neither **(il fut)** (review 19.31).

EXERCICES   A.   Complétez d'après le modèle.

Infinitif	*Conditionnel*	*Prés. de L'Indic.*	*Prés. du Subj.*	*Passé Comp.*
être	il serait	il est	qu'il soit	il a été
1. demander				
2. faire				
3. connaître				
4. suivre				
5. choisir				
6. dormir				
7. venir				
8. s'arrêter				
9. mettre				
10. pouvoir				

B.   Répetez l'exercice **A** en utilisant **vous**.

être	vous seriez	vous êtes	que vous soyez	vous avez été

C. Donnez l'équivalent conversationnel de la forme littéraire.

MODÈLE: Il ne voulut pas.

→Il n'a pas voulu.

1. Il ouvrit la bouteille.
2. Il dut oublier.
3. Il mourut en 1888.
4. Il ne sortit pas.
5. Il vint voir sa femme.
6. Il mit fin au débat.
7. Il alla au Canada.
8. Il ne vit pas l'automobile.
9. Il vendit sa maison.
10. Il fit une erreur.
11. Il craignit le pouvoir de l'état.
12. Il naquit en 1950.

23.11 Relative Time with the Subjunctive

You have seen that there is both a present and past tense of the subjunctive. These tenses are used to express a time relationship which is relative to the main clause.

Je **suis** content
(I am happy) . . .
- **qu'elle vienne.** . . . that she's coming (*same time, or future*).
- **qu'elle soit venue.** . . . that she came (*previous time*).

The same relative time value applies if the verb of the main clause is in the past.

J'**étais** content
(I was happy) . . .
- **qu'elle vienne.** . . . that she was coming (*same time, or future*).
- **qu'elle soit venue.** . . . that she had come (*previous time*).

Since the tenses of the subjunctive express time relative to the main clause, it is impossible to translate the subjunctive out of context.

EXERCICE   A.   Traduisez.

1. Je regrette qu'elle ne puisse pas venir; je voudrais lui parler.
2. J'ai regretté qu'elle ne puisse pas venir; je voulais lui parler.
3. Il ne peut pas venir; il faut qu'il soit à une conférence à 4 heures.
4. Il n'a pas pu venir; il fallait qu'il soit à une conférence à 4 heures.
5. Je suis désolé que vous soyez parti.
6. J'étais désolé que vous soyez parti.
7. Il semble qu'il ait menti.
8. Il semblait qu'il ait menti.

23.12 Summary of Verb Moods, Tenses, and Aspects

In this final summary, the entire verb system for the spoken language will be presented, using the verb *parler* to illustrate.

INFINITIF	Présent	**parler** to speak	
	Passé..................................	**avoir parlé** to have spoken	
PARTICIPE	Présent	**parlant** speaking	
	Passé..................................	**parlé** spoken	
		ayant parlé having spoken	
IMPÉRATIF	Présent	**parlez** speak	
CONDITIONNEL	Présent	**je parlerais** I would speak	
	Passé..................................	**j'aurais parlé** I would have spoken	
SUBJONCTIF	Présent	**que je parle**	
	Passé..................................	**que j'aie parlé**	
		(Translation depends on context.)	
INDICATIF	Présent	**je parle** I speak, am speaking	
	Futur..................................	**je parlerai** I will speak	
	Futur antérieur......................	**j'aurai parlé** I will have spoken	
	Passé: Imparfait................	**je parlais** I spoke, was speaking	
	Passé Composé	**j'ai parlé** I spoke, have spoken	
	Plus-que-parfait......	**j'avais parlé** I had spoken	

▲ NOTE: The translations into English are given as a rough guide. A particular context may require a different translation.

The following exercises exemplify the ways in which the French verb system is used to express both temporal and non-temporal concepts. The linguistic point of view, as you have learned, is often quite different from English.

1. INFINITIVES AND PARTICIPLES

EXERCICES A. Traduisez.

1. Partir sans dire au revoir n'est pas très poli.
2. Ayant quitté le bureau avant lui, je ne l'ai pas vu partir.
3. Après avoir vu le film, ils sont sortis du cinéma en riant.

4. Elle avait pris sa décision sans consulter ses parents.
5. Il a regretté de ne pas être venu avec nous.
6. Laquelle est la plus difficile, la langue écrite ou la langue parlée?

2. THE CONDITIONAL

Despite the fact that **si** clauses refer to conditions that might be otherwise, the subjunctive is never used with this construction.

B. Traduisez.

1. Je ne l'aurais jamais fait si j'avais su ça.
2. Si vous avez le temps, allez voir ce qui se passe.
3. J'irais en Europe cet été si j'avais assez d'argent.
4. Elle m'a dit qu'elle pourrait me prêter sa voiture.
5. Il n'aurait pas eu tant de difficultés s'il s'était reposé.
6. J'aimerais vous poser une question.

3. PRESENT AND FUTURE

C. Traduisez.

1. Il part demain. Il partira demain. Il va partir demain.
2. Je suis ici depuis le mois de septembre.
3. Je vous téléphonerai aussitôt que j'aurai fini.
4. Nous irons à la plage quand il fera chaud.
5. Nous allons à la plage quand il fait beau.
6. Il y a 15 jours que j'attends sa réponse.

4. PAST

D. Traduisez.

1. Ils étaient déjà partis quand je suis arrivé.
2. Nous regardions la télévision quand nous avons entendu un bruit dans la rue.
3. Je lisais toutes sortes de romans d'aventure quand j'étais jeune.
4. Elle avait mis de l'argent dans son sac avant de sortir.
5. Quand Georges n'a pas pu venir la chercher, Hélène a été furieuse.
6. Je venais de me coucher quand les enfants sont rentrés.

5. INDICATIVE AND SUBJUNCTIVE

E. Traduisez.

1. Je l'ai invitée à dîner parce que sa conversation est toujours intéressante.
2. Attendons jusqu'à ce qu'elle ait accepté avant d'inviter les autres.

3. Je crois que nous arriverons à l'heure, bien que ce train soit souvent en retard.

4. Je préfèrerais que vous preniez l'avion, si vous avez assez d'argent.

5. Je restais dans la voiture pendant que Paul cherchait un téléphone public.

6. Je n'ai rien pu faire avant qu'il ne soit revenu.

READING SELECTION

23.20 Comment sont les Français?

Les Français sont . . . Peut-on vraiment décrire quarante-neuf millions de personnes? Comment sont les Français? Ils sont différents les uns des autres, naturellement. On souligne parfois des différences ethniques ou sociales: on dit que les habitants du Nord sont lents° et placides, ceux du Midi exhubérants; que les Parisiens sont moqueurs, les Lyonnais austères, les Bretons contemplatifs. Les ouvriers° ont la réputation d'être généreux, et radicaux en politique, les paysans économes et conservateurs. Est-ce vrai? Oui et non. Quelle généralisation aussi vaste pourrait être exacte? De plus, les Français ont souvent des tendances contradictoires . . .

Une caractéristique des Français souvent mentionnée est leur joie de vivre, le talent qu'ils ont de tirer° de tous les aspects de la vie le maximum d'intérêt et, si possible, de plaisir. Ils aiment rire; ils aiment aussi se moquer, non seulement des autres, mais d'eux-mêmes à l'occasion. Pourtant, ils ne sont ni si gais ni si légers° qu'ils le paraissent. Ils ont au contraire tendance au pessimisme, ou du moins à un réalisme désenchanté. Ils n'attendent° pas grand'chose des événements, et encore moins de la nature humaine; ils prennent donc choses et gens comme ils le sont, en haussant les épaules et avec beaucoup d'ironie. C'est à cette attitude sans doute qu'ils doivent leur tolérance, qui est remarquable, mais aussi parfois leur apathie résignée.

Les Français travaillent beaucoup, et ils travaillent avec soin° parce qu'ils désirent tirer satisfaction de ce qu'ils font. Ils «fignolent». «Fignoler», dans la langue populaire, signifie «perfectionner minutieusement».° Si la France est fameuse pour ses produits de luxe, c'est que justement ceux-ci sont fabriqués par des ouvriers patients et attentifs.

Marginal glosses:
slow
workers
to draw
light-hearted
expect
care
in detail

Pour la même raison, le bricolage est populaire; et non seulement on bricole, mais on répare, on improvise, on invente toutes sortes de choses. On aime être son propre maître . . .

cooks

La cuisine est devenue un art parce que tous les Français—cuisiniers° et consommateurs—accordent aux aliments l'attention qu'ils méritent. Ce n'est pas seulement dans les grands restaurants que la perfection est demandée. Le plus simple fermier s'intéresse à sa soupe, à la fraîcheur du pain, au goût du café. Et le plus américanisé des Parisiens refuse de prendre un cocktail avant le dîner parce que cela «tue le goût». Va-t-on

ears

à l'Opéra avec du coton dans les oreilles? . . .°

praises

Quand on n'aime pas les Français, on dit qu'ils sont indisciplinés. Quand on les aime, on vante° leur indépendance d'esprit et leur passion pour la liberté individuelle. Le Français estime qu'il a le droit de penser, de dire, de faire presque tout ce qui lui plaît. Ce n'est pas toujours plaisant. Il est aimable s'il en a envie, mais il n'hésitera pas à vous contredire violemment ni à vous critiquer. Il exaspère souvent les étrangers, qui peuvent se consoler en se rappelant qu'il exaspère aussi ses compatriotes . . .

En général, les Français semblent avoir sur l'amitié la même opinion que les chats: c'est un sentiment magnifique et profond, qu'il faut développer lentement et limiter à un petit nombre de personnes. Cela ne les

prevent

empêche° pas d'être sociables, et même souvent d'une grande gentillesse. Le Français, dit-on, ne vous invite pas tout de suite chez lui. Mais, au café ou dans un restaurant, il ne demande qu'à vous écouter, et à vous parler. Il adore parler, et de tout, sauf de ses affaires personnelles. Il aime jouer avec les idées générales et les théories. Et il ne déteste pas du tout les sujets de conversation explosifs. Au contraire. Le Français essaye de s'exprimer clairement et, si possible, élégamment. Même celui qui ne respectera pas toujours la grammaire admirera ses orateurs: «Il parle bien, hein?» D'ailleurs la langue française est à peu près sacrée; on l'enseigne dans les écoles avec un soin féroce, et les enfants apprennent dès les petites classes à se servir du mot juste. Nombre d'articles de journaux sont régulièrement consacrés à la grammaire et à l'orthographe.

Personne ne critique la France plus vigoureusement que les Français.

run down
faults

Personne ne peut, mieux que les Français, dénigrer° le pays, ses habitants, ses défauts° (qui sont les leurs) et même ses réussites. Mais en même temps, leur chauvinisme peut devenir parfaitement insupportable. Ils sont fiers non seulement de leur langue, mais de toute leur culture . . .

Peu de pays ont autant de respect pour l'intelligence. Savants, artistes, écrivains ont un grand prestige. Les contemporains de Rousseau, de Gide, et de Malraux, les ont considérés non seulement comme des auteurs, mais comme des guides, en morale aussi bien qu'en politique. Bien des politiciens sont plus admirés pour le livre, ou les livres, qu'ils ont pu écrire, que pour leur rôle dans le gouvernement de la France, même si celui-ci est considérable.

Nous avons déjà mentionné une certaine répugnance à parler d'affaires personnelles. C'est que la vie privée en France est très privée. Le rêve du Français qui va acheter une maison, ce n'est pas une belle pelouse° admirée par ses voisins et envahie° par leurs enfants; c'est un jardin entouré de murs. Il veut être chez lui; il veut garder ses distances; il veut aussi, en général, que ses voisins en fassent autant ... Le Français plaisante, critique et veut paraître cynique sur tout. C'est pourquoi il vaut mieux le juger sur ses actes que sur ses paroles.

lawn
invaded

The selection from *Chez les Français* by Lucette Rollet Kenan. © 1967 by Harcourt Brace Jovanovich is abridged, adapted and reprinted here by permission of the publishers.

23.21 | Discussion

Faites une comparaison entre le caractère français et le caractère américain en discutant les éléments suivants:

1. la joie de vivre
2. la tolérance
3. le travail
4. la cuisine
5. l'indépendance d'esprit
6. l'amitié
7. l'intelligence
8. la vie privée

Trouvez-vous ces généralisations satisfaisantes?

Il est plus aisé de connaître l'homme en general, que de connaître un homme en particulier.

La Rochefaucauld

APPENDIX

VOCABULARY

INDEX

APPENDIX

REGULAR VERBS

INFINITIF: Summary future and conditional endings, 18.23
PRÉSENT: Summary present and imperfect endings, 18.23; present subjunctive, 20.30
TEMPS COMPOSÉS: Summary, 18.23; past subjunctive, 21.31
PASSÉ SIMPLE: Summary, 19.31

* **parler** (*and similar verbs*)

INFINITIF	PRÉSENT		TEMPS COMPOSÉS	PASSÉ SIMPLE
il parlera	je parle (1.35)		il a parlé	il parla

1) *Stem Vowel Alternation*

acheter (achever, lever, mener, peser)

il achètera	j'achète	nous achetons	il a acheté	il acheta

appeler (jeter)

il appellera	j'appelle	nous appelons	il a appelé	il appela

espérer (exagérer, exaspérer, obséder, pénétrer, posséder, précéder, préférer, répéter)

il espérera	j'espère	nous espérons	il a espéré	il espéra

2) *Spelling Changes*

payer (employer, essayer)

il paiera	je paie	nous payons	il a payé	il paya

manger (changer, juger)

il mangera	je mange	nous mangeons	il a mangé	il mangea

commencer (lancer, forcer)

il commencera	je commence	nous commençons	il a commencé	il commença

* **finir (agir, applaudir, choisir, définir, envahir, établir, ravir, remplir, réunir, réussir, rougir, saisir)**

il finira	je finis (5.34)	nous finissons	il a fini	il finit

* **partir (dormir, mentir, sentir [pressentir, ressentir], servir, sortir)**

il partira	je pars (4.34)	nous partons	il est parti	il partit

* **attendre (confondre, dépendre, descendre, entendre, étendre, perdre, prétendre, rendre, répondre, vendre)**

il attendra	j'attends (3.34)	nous attendons	il a attendu	il attendit

IRREGULAR VERBS

INFINITIF	PRÉSENT		TEMPS COMPOSÉS	PASSÉ SIMPLE
acquérir				
il acquerra	j'acquiers	nous acquérons	il a acquis	il acquit
		ils acquièrent		
aller				
il ira	je vais	nous allons	il est allé	il alla
	tu vas	vous allez		
	il va	ils vont		
	j'aille	nous allions		
	(20.30)	ils aillent		
apprendre (*see* **prendre**)				
s'asseoir				
il s'assiéra	je m'assieds	nous nous	il s'est assis	il s'assit
	(7.33)	asseyons		
avoir				
il aura	j'ai	nous avons	il a eu	il eut
	tu as	vous avez		
	il a	ils ont		
	j'aie	nous ayons		
	tu aies	vous ayez		
	il ait	ils aient		
battre (**combattre**)				
	je bats	nous battons	il a battu	il battit
boire				
	je bois	nous buvons	il a bu	il but
	(4.35)	ils boivent		
	je boive	nous buvions		
	(21.30)	ils boivent		
combattre (*see* **battre**)				
comprendre (*see* **prendre**)				
conduire (**construire, produire, traduire**)				
	je conduis	nous conduisons	il a conduit	il conduisit
connaître (**méconnaître, paraître, reconnaître**)				
	je connais	nous connaissons	il a connu	il connut
	il connaît	(3.35)		
construire (*see* **conduire**)				
courir				
il courra	je cours	nous courons	il a couru	il courut
couvrir (*see* **ouvrir**)				

INFINITIF	PRÉSENT		TEMPS COMPOSÉS	PASSÉ SIMPLE
craindre (joindre, peindre)				
	je crains (22.30)	nous craignons	il a craint	il craignit
croire				
	je crois (10.35)	nous croyons ils croient	il a cru	il crut
	je croie	nous croyions ils croient		
décrire (*see* **écrire**)				
devenir (*see* **venir**)				
devoir				
il devra	je dois (16.31)	nous devons ils doivent	il a dû	il dut
	je doive (21.30)	nous devions ils doivent		
dire				
	je dis tu dit il dit	nous disons vous dites ils disent	il a dit	il dit
écrire (décrire, inscrire)				
	j'écris (7.36)	nous écrivons	il a écrit	il écrivit
envoyer				
il enverra	j'envoie	nous envoyons ils envoient	il a envoyé	il envoya
	j'envoie	nous envoyions ils envoient		
être				
il sera	je suis tu es il est	nous sommes vous êtes ils sont	il a été	il fut
	il était			
	je sois (20.30)	nous soyons ils soient		
extraire				
	j'extrais	nous extrayons ils extraient	il a extrait	——
faire				
il fera	je fais tu fais il fait	nous faisons vous faites ils font	il a fait	il fit
	je fasse (20.30)	nous fassions		

INFINITIF	PRÉSENT		TEMPS COMPOSÉS	PASSÉ SIMPLE
falloir				
il faudra	il faut		il a fallu	il fallut
	il faille			
inscrire (*see* **écrire**)				
joindre (*see* **craindre**)				
lire				
	je lis	nous lisons	il a lu	lut
	(8.34)			
méconnaître (*see* **connaître**)				
mettre (permettre)				
	je mets	nous mettons	il a mis	il mit
	(7.36)			
mourir				
il mourra	je meurs	nous mourons	il est mort	il mourut
	(9.35)	ils meurent		
	je meure	nous mourions		
		ils meurent		
naître				
	je nais	nous naissons	il est né	il naquit
	il naît			
obtenir (*see* **venir**)				
offrir (*see* **ouvrir**)				
ouvrir (couvrir, offrir, souffrir)				
	j'ouvre	nous ouvrons	il a ouvert	il ouvrit
	(7.35)			
paraître (*see* **connaître**)				
peindre (*see* **craindre**)				
permettre (*see* **mettre**)				
plaire				
	je plais	nous plaisons	il a plu	il plut
	il plaît	(10.35)		
pleuvoir				
il pleuvra	il pleut		il a plu	il plut
	il pleuve			
pouvoir				
il pourra	je peux	nous pouvons	il a pu	il put
	(puis-je)	ils peuvent		
	(5.35)			
	je puisse	nous puissions		
	(21.30)			

prendre (apprendre, comprendre)

	je prends (4.35)	nous prenons ils prennent	il a pris	il prit
	je prenne (21.30)	nous prenions ils prennent		

prévenir (*see* **venir**)

produire (*see* **conduire**)

recevoir

il recevra	je reçois	nous recevons ils reçoivent	il a reçu	il reçut
	je reçoive	nous recevions ils reçoivent		

reconnaître (*see* **connaître**)

résoudre

	je résous	nous résolvons	il a résolu	il résolut

retenir (*see* **venir**)

revenir (*see* **venir**)

rire (sourire)

	je ris (8.34)	nous rions	il a ri	il rit
	je rie	nous riions		

savoir

il saura	je sais (7.36)	nous savons	il a su	il sut
	je sache (21.30)	nous sachions		

souffrir (*see* **ouvrir**)

sourire (*see* **rire**)

se souvenir (*see* **venir**)

suivre

	je suis (3.35)	nous suivons	il a suivi	il suivit

tenir (*see* **venir**)

traduire (*see* **conduire**)

vaincre

	je vaincs il vainc	nous vainquons	il a vaincu	il vanquit

INFINITIF	PRÉSENT		TEMPS COMPOSÉS	PASSÉ SIMPLE
valoir				
il vaudra	je vaux	nous valons	il a valu	il valut
	je vaille	nous valions		
		ils vaillent		
venir (devenir, prévenir, revenir, se souvenir; obtenir, retenir, tenir)				
il viendra	je viens (5.35)	nous venons ils viennent	il est venu	il vint
	je vienne (21.30)	nous venions ils viennent		
vivre				
	je vis (9.35)	nous vivons	il a vécu	il vécut
voir				
il verra	je vois	nous voyons ils voient	il a vu	il vit
	je voie	nous voyions ils voient		
vouloir				
il voudra	je veux (4.35)	nous voulons ils veulent	il a voulu	il voulut
	je veuille (21.30)	nous voulions ils veuillent		

VOCABULARY

FRENCH–ENGLISH

(Numbers in parentheses refer to location of first occurrence.)

A

à to (1.01), at, *etc.*

abandonner to abandon (5.01)

académie *f.* academy (8.30)

accent *m.* accent (2.11)

accepter to accept (4.01)

accident *m.* accident (3.20)

accompagner to accompany (12.51)

accorder to accord, grant (10.41)

accord *m.* agreement; **d'accord** O.K. (3.01)

accroître to increase (20.11)

accuser to accuse; **l'accusé** *m.* the accused (8.40)

achat *m.* purchase (2.01); **faire des achats** to go shopping

acheter to buy (2.01)

achever to finish (off) (9.01)

acquérir to acquire (22.11)

acteur *m.* actor (10.20)

actrice *f.* actress (10.20)

actuellement at present (17.11)

addition *f.* (restaurant) bill, check (7.33)

administratif, -ive administrative (7.41)

admirer to admire (7.34)

adorer to adore (10.35)

adresse *f.* address (7.01)

s'adresser to apply, to address oneself (12.51)

aéroport *m.* airport (5.20)

affaire *f.* matter, business, affair (7.10)

affiche *f.* poster, notice (16.40)

afficher to post (7.20); **affiché** posted (7.01)

affirmer to affirm (10.20)

affreux, -se frightful (9.40)

afin de in order to (20.11)

agacement *m.* annoyance, irritation (15.11)

âge *m.* age (2.01); **plus âgé** older (2.20); **le moyen âge** the middle ages (3.20)

agent *m.* **de police** policeman (3.01)

agir to act, operate (22.11); **il s'agit de** it's about, it's a question of (20.11)

agréable pleasant, agreeable (1.20)

agrégation *f.* doctorate (8.00)

aider to aid, help (4.01)

aiguille *f.* needle (14.20)

ailleurs elsewhere (5.01); **d'ailleurs** moreover, besides (2.01)

aimable nice, friendly (3.20)

aimer to like, love (2.01)

ainsi thus, so; **et ainsi de suite** and so on (10.01); **ainsi soit-il** so be it (11.20); **pour ainsi dire** so to speak (9.20)

air *m.* appearance, air; **avoir l'air** to seem (4.01)

aisé, -e easy (10.20)

albanais, -e Albanian (6.50)

Albanie *f.* Albania (6.50)

alcool *m.* alcohol (16.40)

alléché, -e enticed (8.10)

allemand, -e German (1.20)

aller to go (1.01); **aller bien** to go well (9.20); **je vais bien** I am well; **allez-y** go ahead (1.20)

aller-retour *m.* roundtrip (ticket) (5.01)

allié *m.* ally (17.11)

allô hello (telephone) (7.20)

allumer to light (22.40)

alors so, then (7.10); well, then, so

améliorer to improve (22.11)

amener to bring forth (10.40)

amer, amère bitter (9.40)

américain, -e American (9.10)

ami *m.,* **amie** *f.* friend (1.32)

amitié *f.* friendship (9.20); **(mes) amitiés à . . .** my regards to . . . (1.01)

avis *m.* opinion; **à mon avis** in my opinion (3.01)

amour *m.* love (9.20)

amoureux, -se amorous, in love (15.11)

amusant, -e amusing (8.34)

amuser to amuse; **s'amuser** to have a good time (7.33)

an *m.* year (unit of time); **j'ai 20 ans** I am 20 years old (2.01)

anesthésie *f.* anaesthesia (12.51)

analyser to analyze (10.20)

anecdote *f.* anecdote (11.20)

anglais, -e English (1.20)

animal *m.* animal (12.52)

animé, -e animated (10.01)

année *f.* year (period of time) (8.33); **l'année passée** last year

anniversaire *m.* birthday (2.01)

annoncer to announce (17.40)

annuaire *m.* (telephone) directory (7.20)

août *m.* August (2.40)

apéritif *m.* (before meal) drink (4.00)

appareil *m.* apparatus, camera (2.20); phone (7.20)

appeler to call (7.20); **s'appeler** to be called, named (1.11), (7.33)

applaudir to applaud (5.34)

apporter to bring (6.50)

apprendre to learn (4.35); **apprendre à** to teach (11.01)

apprentissage *m.* apprenticeship; **école d'apprentissage** trade school (8.00)

approbation *f.* approval (15.11)

après after (1.01); **d'après** according to (3.03); **après-midi** *m.* afternoon (1.40)

aptitude *f.* aptitude (8.00)

arbitrairement arbitrarily (10.41)

arbitre *m.* will; **libre arbitre** free will (19.40)

arc-en-ciel *m.* rainbow (2.20)

archer *m.* archer (7.40)

argent *m.* money (5.01); silver (21.40)

armer to arm (7.40)

arrêt *m.* stop, halt, arrest (21.11)

arrêter to stop (something); **s'arrêter** to come to a stop, to stop (10.31)

arrière-pensée *f.* ulterior motive (12.53)

arrivée *f.* arrival (5.20)

arriver to arrive (1.01); to happen (11.20)

arrondi, -e rounded (22.20)

arrondissement *m.* (postal) zone, administrative division of a city (3.40)

arrosé, -e watered (16.40)

art *m.* art (10.20)

article *m.* article (8.34)

artiste *m.* artist, performer (9.41)

as *m.* ace (in cards) (20.20)

ascenseur *m.* elevator (4.01)

assaillant *m.* assailant (7.40)

assassin *m.* murderer (21.11)

s'asseoir to sit down (7.01)

assez somewhat (3.12); **assez (de)** enough (5.31); **assez bien** rather well (8.00)

assiette *f.* plate (4.01)

assis, -e seated, sitting (7.40)

assister to be present, attend (12.51); **les assistants** those attending (21.40)

attendre to wait (for) (3.01); **attendre quelque chose de** to expect something of (23.20)

attente *f.* expectation (15.11)

attention *f.* attention; **faire attention** to pay attention (5.36)

attirer to attract (12.53)

attitude *f.* attitude (12.51)

aucun, -e no, not any (2.01)

auditoire *m.* audience (21.40)

aujourd' hui today (1.20)

auparavant beforehand (11.01)

aussi also (4.35); **aussi . . . que** as . . . as (5.40)

aussitôt immediately (12.53); **aussitôt que** as soon as (13.31)

autant as much (as ever) (9.01)

auteur *m.* author (9.31)

autobus *m.* bus (3.01)

autocar *m.* interurban bus (5.20)

automne *m.* fall, autumn (2.41)

automobile *f.* car, automobile (3.20)

auto-stop *m.* hitch-hiking (5.01); **faire de l' auto-stop** to hitch-hike

autour (de) around (5.20)

autre other (1.32)

autrement otherwise (8.03)

avaler to swallow (11.20)

avance *f.* advance; **d'avance** ahead of time, beforehand (7.41)

avant before (7.01)

avantage *m.* advantage (7.40)

avenir *m.* future (17.40)

aventure *f.* adventure, story (11.20)

avenue *f.* avenue (3.01)

avion *m.* airplane (3.20)

avocat *m.* lawyer (2.34)

avoir to have (2.01); **avoir besoin de** to need (5.01); **avoir envie de** to feel like (4.20); **avoir faim** to be hungry (4.20); **avoir l'intention de** to intend to (4.20); **avoir raison** to be right, correct (10.35); **avoir soif** to be thirsty (4.20); **avoir sommeil** to be sleepy (4.01); **avoir tort** to be wrong (4.20)

avril *m.* April (2.40)

B

baccalauréat bachelor's degree (secondary school); **bachot** (abbrev.) (8.00)

bagages *m.* bags (10.33); **faire ses bagages** to pack one's bags

baguette *f.* stick; loaf of bread (4.00)

bain *m.* bath (8.20); **bain de soleil** sunbath (5.20)

balai *m.* broom (14.11)

banal, -e trivial (19.11)

banane *f.* banana (4.20)

banc *m.* bench (8.01)

bande *f.* bunch, group, band (5.01)

banlieue *f.* suburbs (14.11)

banque *f.* bank (3.20)

bar *m.* bar (11.32)

barbe *f.* beard; **c'est la barbe** (pop.) it's boring (15.40)

barrière *f.* barrier, fence (21.20)

bas, -se low (5.20); **là-bas** down there, over there (3.01)

bas *m.* stocking (2.20)

baser to base (11.32)

bâtiment *m.* building (3.20)

bâton *m.* stick (22.20)

batterie *f.* battery (11.20)

battre to beat (6.50)

bavard, -e talkative (16.11)

beau, belle beautiful, handsome (3.33)

beaucoup very much, a lot (2.01); **beaucoup de** many, a lot of (5.31)

bébé *m.* baby (4.20)

bec *m.* beak (8.10)

belge Belgian (6.50)

Belgique *f.* Belgium (6.50)

belle-fille *f.* daughter-in-law (5.20)

besoin *m.* need (9.20)

bête stupid (8.40)

beurre *m.* butter (4.20)

bibliothèque *f.* library (3.01)

bicyclette *f.* bicycle (3.20)

bien well (1.01); **bien des** many (12.53); **bien que** although (20.30); **bien sûr** of course (4.01)

bientôt soon (7.33); **à bientôt** see you soon (1.01)

bière *f.* beer (4.01)

biffer to cross out (21.20)

billet *m.* ticket (5.20); **un billet de 100 francs** a 100 franc bill

bistro *m.* bistro, café (4.01)

bizarre strange, bizarre (9.32)

blanc, blanche white (2.20)

blesser to wound (14.40)

bleu, -e blue (2.20)

bloc *m.* block (wood, etc.) (22.20)

blond, -e blond (2.20)

boeuf *m.* beef (4.20); ox

boire to drink (4.01)

bois *m.* wood(s) (8.10)

boisson *f.* drink (4.03)

boîte *f.* box; **boîte de conserve** can (food) (8.32)

bon, -ne good; **bonne nuit** good night (1.40); **bon marché** inexpensive, cheap (2.01); **le bon usage** correct usage (9.30)

bonbon *m.* candy (8.10)

bonheur *m.* happiness (9.20); good fortune

bonjour hello (1.01)

bonsoir good evening (1.40)

bord *m.* edge; **le bord de la mer** seashore (5.20)

boucher to stop up, block (12.53)

boucherie *f.* butcher shop (4.20)

bouchon *m.* stopper, cork (14.20)

bouffée *f.* gust; **bouffée de colère** fit of anger (19.40)

bouffer to eat, gobble up (slang) (19.11)

bouillabaisse *f.* bouillabaisse (seafood stew) (4.20)

boulangerie *f.* bread store, bakery (4.20)

boule *f.* ball (8.01)

boulevard *m.* boulevard (3.01)

bout *m.* end (3.35); **au bout de** at the end of (7.20); **de bout en bout** from start to finish (17.11)

bouteille *f.* bottle (9.01)

bouton *m.* button (22.20)

bras *m.* arm (7.40); **avoir le bras long** to have a long arm, influence (7.40)

brevet *m.* patent (17.40)

breveter to patent (17.40)

bricolage *m.* home repair, odd-jobs, do-it yourself construction (22.20)

briser to break (14.40)

se brosser (les dents) to brush one's teeth (8.20)

bruit *m.* noise (11.20)

brûler to burn; **brûler un feu rouge** to go through a red light (11.20); **brûler vif** to burn alive (14.40)

brun, -e brown; brunette (2.20)

bureau *m.* office (3.20), desk; **le bureau de poste** post office (3.01)

bureaucratie *f.* bureaucracy (7.20)

C

ça that, it (1.03)

cache-nez *m.* scarf (22.20)

caillou *m.* pebble (22.20)

cacher to hide, conceal (12.53)

cadeau *m.* gift, present (2.01)

café *m.* coffee (2.20); café, coffee shop (9.31); **café-théâtre** (kind of nightclub) (11.01)

cahier *m.* notebook (8.20)

caisse *f.* fund, office, cashier's desk (7.40)

calembour *m.* pun (11.30)

camion *m.* truck (11.01)

calme calm (7.01)

caméra *m.* (motion picture) camera (2.20)

campagne *f.* country, countryside (10.33)

canard *m.* duck (4.00)

cancer *m.* cancer (9.35)

cancre *m.* poor student (8.32)

candidat *m.* candidate (8.40)

capable capable (11.31)

caprice *m.* whim, caprice (12.51)

car for, because (4.01)

caractère *m.* disposition, temper (3.20)

cardinal, -e cardinal (8.03)

carnet *m.* notebook (7.41)

carotte *f.* carrot (2.20)

carré, -e square (22.20)

carreau *m.* square; pane; diamond (cards) (fig. 20.1)

carrière *f.* career (19.11)

carte *f.* map (5.03); **carte de séjour** residence card (7.01); **carte d'identité** identification card (7.03); **carte postale** post card (5.20)

cas *m.* case; **dans ce cas** in that

case (10.01); **en cas de** in case of (19.20)

casser to break (11.20)

cassette *f.* cassette (tape) (2.20)

catholique catholic (3.20)

cause *f.* cause; **à cause de** because of (8.34); **être en cause** to be concerned, in question (17.11)

causer to cause (8.10); to chat

causeur *m.* conversationalist (15.11)

céder to yield, give in (19.11)

célèbre famous (4.20)

célibataire *m. f.* unmarried person (7.03)

cendres *m.pl.* ashes (22.40)

cendrier *m.* ashtray (22.40)

censé, -e supposed to be (21.20)

centime *m.* centime (one hundredth of a franc) (2.40)

centimètre *m.* centimeter (3.30)

central, -e central (7.20)

cependant however (14.20)

certain, -e certain (7.41)

certainement certainly (3.01)

certes obviously, of course (20.11)

certificat *m.* certificate (7.00); **certificat d'assiduité** certification of attendance (7.00); **certificat d'inscription** registration certificate (7.01); **certificat d'études primaires** certificate of primary studies (8.00); **certificat d'aptitudes professionnelles** certificate of professional aptitude (8.00)

cesser to stop, cease (21.11)

chacun, -e each one (10.01); **chacun à son goût** each to his own taste (10.40)

chaîne *f.* chain (10.40)

chagrin *m.* distress (9.40)

chair *f.* flesh (14.40)

chaise *f.* chair (without arms) (1.20)

chambre *f.* bedroom (3.01)

champion *m.* champion (5.20)

champ *m.* field (16.40); **sur le champ** on the spot (7.01)

chance *f.* luck (10.10)

changer to change (4.01)

chansonnier *m.* singer (satirical) (11.01)

chanter to sing (11.40)

chapeau *m.* hat (2.20)

charcuterie *f.* delicatessen (4.20)

charlatan *m.* charlatan (11.30)

charmant, -e charming (9.41)

châtain, -e chestnut (2.20)

chaud, -e hot (2.41)

chauffage *m.* heating (17.20)

chausette *f.* sock (2.20)

chaussure *f.* shoe (2.20)

chef *m.* head, chief (7.20)

chemin *m.* path, road, way (3.01); **chemin de fer** railroad (19.20)

chemise *f.* shirt (man's) (2.20)

chemisier *m.* blouse, shirt (woman's) (2.20)

cher, chère dear (1.01); expensive

chercher to look for, go get (1.01)

chéri *m.* **chérie** *f.* dear (4.01)

cheval *m.* **chevaux** *pl.* horse (11.20)

cheveu *m.* **cheveux** *pl.* hair (2.20)

chez at the home of (1.01)

chic chic, elegant (3.01)

chiffre *m.* number, figure (8.40); **les chiffres de vente** sales figures (20.11)

chimie *f.* chemistry (3.20)

chimiste *m.* chemist (3.20)

chinois, -e Chinese (2.20)

chocolat *m.* chocolate (2.20)

choisir to choose (5.34)

choix *m.* choice (16.20)

chose *f.* thing (2.01)

ciel *m.* sky (2.20)

cigarette *f.* cigarette (7.34)

cinéma *m.* movie theater; movies (1.20)

circulation *f.* traffic (3.20)

ciseaux *m. pl.* scissors (14.20)

citoyen *m.* citizen (7.40)

citron *m.* lemon (2.30)

civilisation *f.* civilization (8.00)

clair, -e clear, light (9.30)

claquer to slam; to clap (14.11)

clin d'oeil *m.* wink (9.20)

cloche *f.* bell (8.01)

clou *m.* nail (22.20)

clouer to nail (22.20)

cocktail *m.* cocktail (2.30)

coeur *m.* heart (7.30); **par coeur** by heart (8.01); (cards) (fig. 20.1); **de bon coeur** heartily, gladly (12.53)

cogner to hit, beat (14.11)

coin *m.* corner (3.01)

colère *f.* anger (9.20)

collège *m.* college (secondary school) (8.00)

coloration *f.* coloring (12.51)

combattre to battle, combat (17.11)

combien how much (2.01); **combien de** how much, many (5.31)

combiné *m.* telephone receiver (19.20)

combiner to combine (7.34)

comédie *f.* comedy (12.51)

comique comical, funny (8.34)

comité *m.* committee (7.40)

commander to order (16.20)

comme as, like (1.01); **comme les années passent** how time flies (9.01)

commencer to begin (4.20)

comment how (1.01)

commercial, -e commercial; **école commerciale** business school (8.00)

commissariat *m.* **de police** police station (3.20)

commun, -e common (9.40)

communication *f.* communication (9.41)

communiste communist (9.34)

compagnie *f.* company (11.32)

complet, -ète full, complete (7.20)

complexe complex, complicated (10.41)

complexité *f.* complexity (10.41)

complicité *f.* complicity (12.51)

comporter to bear, contain (16.11)

composer to compose; **composer un numéro** to dial a number (7.20)

comprendre to understand (4.35)

compris understood; included (16.20)

compte *m.* account; **reprendre à son compte** to be accountable for (20.11)

compter to count, matter (10.01)

concerner to concern (10.20); **en ce qui me concerne** as far as I'm concerned

concierge *m. f.* building superintendent (3.31)

concours *m.* contest (21.11)

condition *f.* condition (9.00)

conduire to drive (21.20)

conduite *f.* conduct, behavior (8.20)

confiance *f.* confidence (8.31); **faire confiance** to confide, trust (15.20)

confondre to confuse (14.40)

confortable comfortable (7.40)

confus, -e confused, embarrassed (8.10)

conjoint, -e wedded (22.11)

connaître to know, be acquainted with (1.20); **Je ne m'y connais pas** I don't know anything about it (16.20)

conquête *f.* conquest (2.40)

conscience *f.* conscience, consciousness (20.11)

conseil *m.* advice (14.20)

conséquence *f.* consequence, result (10.40)

conserves *f. pl.* preserves, canned goods (4.20)

consister (de) to consist of (4.20)

consolation *f.* consolation (9.00)

consommateur *m.* **-trice** *f.* consumer (20.11)

consommation *f.* consumption (16.11)

constamment constantly (4.40)

constant, -e constant (4.40)

construire to construct, build (14.11)

constituer to constitute (10.40)

consulter to consult (10.32)

contact *m.* contact (12.51)

content, -e happy, pleased (3.01)

continent *m.* continent (3.41)

continuer to continue (4.10)

continuité *f.* continuity (10.01)

contraignant, -e constraining, compelling (16.11)

contrainte *f.* constraint (22.11)

contraire m. contrary, opposite (10.01)

contravention f. ticket, summons (11.20)

contre against (7.40); **le pour et le contre** the pros and the cons (5.01); **par contre** on the other hand (11.01)

contretemps m. unexpected difficulty (11.20)

convaincu, -e convinced (15.11)

convenable proper, appropriate (3.32)

conversation f. conversation (1.20)

copain m. **copine** f. friend, pal (5.01)

copie f. copy, written paper (8.20)

copier to copy (8.01)

corbeau m. crow, raven (8.10)

corps m. body (9.40)

correct, -e correct (8.40)

côte f. coast (5.20)

côté m. side (22.20); **à côté de** beside, next to (3.20)

cou m. neck; **couper le cou à quelqu'un** to cut off someone's head (21.11)

se coucher to go to bed (7.33)

coude m. elbow (8.01)

couler to flow (17.11)

couleur f. color (2.20)

couloir m. hallway (7.20)

coup m. blow; **coup de téléphone** telephone call (7.20); **en coup de vent** like a gust of wind, in a rush (21.11); **tout d'un coup** all of a sudden (21.11); **donner un coup d'arrêt** to put a stop (21.11)

coupable guilty (19.40)

couper to cut (21.11)

courage m. courage (10.20)

cour f. court; yard; **cour de récréation** playground (8.01)

couramment fluently (13.20)

coureur m. runner (6.50)

courir to run; **courir après** to run after (11.00)

couronner to crown (14.40)

courrier m. mail (7.20)

cours m. course (3.35)

court, -e short (5.20); **à court d'argent** short of money (11.20)

cousin m. **cousine** f. cousin (5.20)

coussin m. cushion (22.20)

couteau m. knife (4.20)

coûter to cost (2.03)

coutume f. custom (16.20)

couvert m. table setting (4.20)

couvrir to cover (7.35)

craie f. chalk (8.20)

craindre to fear (22.30)

cravate f. tie (2.20)

créer to create (16.11)

crème f. cream (4.31)

crèmerie f. dairy store (4.20)

crever to burst; **un pneu crevé** a flat tire (11.20)

crevette f. shrimp (4.20)

critique critical (10.00); **critique** f. criticism (10.20)

croire to believe (2.01); **je ne crois pas** I don't think so (1.20); **je crois que oui/non** I think so/not

croiser to cross (15.11); **les bras croisés** arms crossed (8.01)

croissant m. crescent roll (4.00)

cruel, -le cruel (9.01)

cuiller/cuillère f. spoon (4.20)

cuir m. leather (7.00)

cuisine f. kitchen, cooking (4.20)

cuisinier m. **-ière** f. cook (23.20)

curieux, -se curious (2.01)

cynique cynical (9.20)

D

dactylo m. f. typist (7.20)

dame f. lady (1.32); queen (cards) (fig. 20.1)

dans in, into (1.01)

danser to dance (12.51)

date f. date (1.20); **date de naissance** birthdate (7.03)

davantage more, further (18.30)

de of, from, *etc*. (1.01)

debout standing (8.42)

débrouillard, -e resourceful (7.00)

débrouiller to disentangle; **se débrouiller** to get out of difficulty (7.00)

début m. beginning (19.11)

décapsuleur m. bottle opener (14.20)

décembre m. December (2.40)

décemment decently, properly (21.11)

déception f. disappointment (20.40)

se déchaîner to break loose (21.11)

décider to decide (3.01); **se décider** to make up one's mind (10.32)

décision f. decision (8.33)

découper to cut out (22.20)

découverte f. discovery (17.40)

décrire to describe (11.34)

décrocher to lift the receiver, to unhook (19.20)

déçu, -e disappointed, deceived (5.01)

défaite f. defeat (2.40)

défaut m. fault, defect (23.20)

définir to define; **défini, -e** definite (12.52)

définition f. definition (12.52)

dégoût m. disgust (9.20)

dégriser to sober (19.40)

dehors outside; **en dohors de** outside of (12.53)

déjà already (8.33)

déjeuner m. lunch; **(petit) déjeuner** breakfast; **déjeuner** to have lunch, breakfast (4.01)

délicat, -e delicate (7.10)

délicieux, -se delightful, delicious (9.40)

demain tomorow (1.20)

demander to ask (1.01); **se demander** to wonder (7.33)

démarcheur m. door-to-door salesman (14.11)

déménager to move (household) 15.20)

démence f. insanity (19.40)

dément, -e mad, crazy (slang) (8.20)

demoiselle f. young lady (1.03)

démontrer to demonstrate, prove (10.01)

dénigrer to run down, disparage (23.20)

dent f. tooth (8.20)

dénuer to denude; **dénué, -e** stripped, bare (10.40)

départ *m.* departure (5.20)

se dépêcher to hurry (8.01)

dépendre to depend (3.01)

dépens *m. pl.* costs, expense; **aux dépens de** at the expense of (8.10)

dépenser to spend (14.20)

déprimé, -e depressed (11.20)

depuis since (3.01); **depuis quand** since when (3.36)

déranger to disturb, bother (1.20); **se déranger** go to trouble, bother (7.33)

dernier, -ère last (10.01)

déroulement *m.* progress, development (19.10)

derrière behind (3.20)

désaccord *m.* disagreement (17.20)

désagréable disagreeable, unpleasant (3.20)

désaltérant *m.* thirstquencher (16.11)

désastre *m.* disaster (10.35)

descendre to descend (9.34)

désespérant, -e desperate, distressing (15.11)

désespoir *m.* despair (9.20)

désir *m.* desire (9.41)

désirer to want, desire (2.01)

désolé, -e very sorry (1.20)

dès que from the moment that (19.11)

dessein *m.* design, plan (14.40)

dessert *m.* dessert (4.20)

dessin *m.* drawing (21.20)

dessiner to draw (8.42)

dessous below; **en dessous** underneath (14.20)

dessus upon, above; **là-dessus** thereon (20.11); **par dessus le marché** above, into the bargain (8.40)

destin *m.* destiny (9.00)

se détacher to detach oneself (12.51)

devant in front of (3.20)

développer to develop (9.41)

devenir to become (5.35)

deviner to guess (11.30)

devinette *f.* riddle (11.30)

devoir *m.* duty; homework (8.20); **devoir** to have to, should, *etc.* (16.31)

dévorer to devour (6.50)

dialogue *m.* dialogue (7.03)

dictée *f.* dictation (8.41)

Dieu *m.* God (11.40)

différent, -e different (7.41)

difficile difficult (3.20)

difficulté *f.* difficulty (7.10)

digne worthy (12.53)

dilemme *m.* dilemma, problem of undesirable alternatives (22.11)

dimanche *m.* Sunday (2.40)

dimension *f.* dimension (5.20)

diminuer to diminish (9.20)

dîner *m.* dinner (4.20); **dîner** to have dinner (10.33)

dire to say (7.01)

directeur *m.* -**trice** *f.* director (7.20); **directeur, -trice** directing, governing; **idée directrice** theme, main idea (20.11)

direction *f.* direction (3.01)

diriger to direct (6.50)

discussion *f.* discussion (10.11)

discutable debatable (10.20)

discuter to discuss, argue (9.03)

dispenser to dispense with; to exempt (7.40)

disque *m.* record (music) (2.01)

distribuer to distribute (7.20)

dit, -e so-called (10.40)

diviser to divide (10.41)

divorcer to divorce (6.50)

dizaine *f.* about ten (6.50)

document *m.* document (7.20)

doigt *m.* finger, digit; **doigt du pied** toe (2.30)

dommage *m.* injury, wrong; **quel dommage** what a pity (1.01)

donc therefore (5.01)

donnée *f.* given fact (20.11)

donner to give (1.01)

dormir to sleep (4.34)

dos *m.* back (22.20)

doubler to pass (a car) (11.01)

doucement quietly, softly, slowly (4.40)

douche *f.* shower (8.20)

doué, -e gifted (8.20)

doute *m.* doubt; **sans doute** no doubt (2.01)

douter to doubt (20.30)

doux, -ce kind, sweet, gentle (3.20)

douzaine *f.* dozen (5.31)

drame *m.* drama (12.51)

drap *m.* sheet (19.40)

dresser draw up, organize (8.40)

droit *m.* right (7.40); law (21.11); **droit, -e** direct, right (hand); **tout droit** straight ahead (3.01); **à droite** on the right (hand) (3.01)

drôle funny (11.20)

dur, -e hard (10.10)

durer to last (9.20)

E

eau *f.* water; **eau minérale** mineral water (4.01)

échafaud *m.* scaffold, gallows (21.11)

échange *m.* exchange (11.40)

échapper to escape (11.20)

échelle *f.* ladder (21.20)

échouer to fail (4.10)

éclair *m.* flash (21.40)

éclater to burst (14.40); **éclater de rire** to burst out laughing (11.20)

école *f.* school (8.00)

économie *f.* economy (2.01)

écossais, -e Scottish; Scotsman, Scotswoman (6.50)

Écosse *f.* Scotland (6.50)

écouter to listen (to) (1.13)

écraser to crush, overwhelm (20.11)

s'écrier to exclaim, cry out (21.40)

écrire to write (7.01)

écriture *f.* writing, handwriting (8.20)

écrivain *m.* writer (10.20)

effacer to erase (8.20)

effet *m.* effect (12.51); **en effet** in effect, in fact (9.40)

efficace effective (8.40)

égal, -e equal; **cela m'est égal** it's all the same to me (9.31)

égard *m.* regard, consideration; **à cet égard** in this matter, respect (9.20)

égarement *m.* straying, losing one's way (21.11)

s'égarer to wander, go astray (20.40)

élise *f.* church (3.20)

égoïste egotistical (5.35)

élevé, -e educated, brought up (11.00)

embarrassant, -e embarrassing, awkward (9.20)

embrasser to embrace, kiss (5.01)

emmener to convey, take way, take out (11.01)

émotion *f.* emotion (1.01)

empêcher to prevent (17.11)

employer to use, employ; **en employant** using (7.34)

emprunter to borrow (14.11)

en in, *etc.;* **en retard** late (1.01); **en français** in French (1.03); **en solde** on sale (2.01); **en France** in, to France (3.40)

enchaînement *m.* interconnection (10.40)

enchanté, -e delighted, charmed (1.20)

encore again (7.01); **pas encore** not yet; **encore pire** even worse (17.20)

encre *m.* ink (8.20)

endroit *m.* place, spot, position (3.20); **à l'endroit** with regard to (16.40)

énerver to exasperate, upset (7.01)

enfant *m. f.* child (1.01)

enfantin, -e infantile, childish (8.03)

enfin finally (7.01)

enfoncer to insert (22.20)

s'enivrer to get drunk (16.11)

ennemi *m.* enemy (7.40)

ennui *m.* nuisance, trouble (11.20); boredom

enquête *f.* survey, inquiry (14.11)

enseignement *m.* instruction, teaching, education (8.00)

enseigner to teach (8.20)

ensemble together (9.33)

ensuite next, then, following that (3.01)

entendre to hear, understand (3.01); **entendre dire** to hear it said (17.11); **entendu** heard, understood (6.50)

entente *f.* agreement (12.52)

enthousiasme *m.* enthusiasm (10.01)

entier, -ère whole, entire (15.11)

entourer to surround, gather about (17.11)

entre between (3.20)

entrée *f.* entrance (4.20)

entrer to enter (4.01)

entretien *m.* interview, conversation (17.11)

envahir to invade (23.20)

envers *m.* reverse side; **à l'envers** face down (cards) (20.20)

envie *f.* wish, desire (4.20)

environner to surround (6.50)

s'envoler to fly away (11.40)

envoyer to send (5.20)

épanouissement *m.* opening, blossoming (12.53)

épaule *f.* shoulder (3.01)

épée *f.* sword (14.40)

épicerie *f.* grocery store (4.20)

épingle *f.* pin (14.20)

épouvantable terrible (3.20)

épreuve *f.* ordeal; test, trial (15.11)

éprouver to feel, experience (9.20)

équilibre *m.* balance, equilibrium (21.11)

équivalent *m.* equivalent (11.31)

erreur *f.* error, mistake (2.36)

escalier *m.* staircase (4.01)

escargot *m.* snail (4.20)

esclavage *m.* slavery, bondage (20.11)

espace *m.* space, interval (9.00)

espagnol, -e Spanish (1.20)

espèce *f.* kind, species (16.11)

espérer to hope (1.01)

espoir *m.* hope (22.11)

esprit *m.* spirit, wit (9.40); **esprit critique** critical spirit, mind (10.00); **esprit d'escalier** belated wit (11.20)

essai *m.* essay (21.40)

essayer to try (15.11)

essence *f.* gasoline; **faire le plein d'essence** to fill up with gas (11.20)

essoufflé, -e out of breath (4.01)

est *m.* east (5.03)

estimer to consider, to value, to admire (20.11); **estimé, -e** well thought of (4.20)

et and (1.01)

établir to establish (11.40)

étage *m.* floor (3.40)

été *m.* summer (2.41)

s'étendre to stretch out (19.40)

étonner to surprise, astonish (11.01); **s'étonner** to be surprised (19.11)

étranger, -ère foreign (3.20); *m. f.* stranger, foreigner; **à l'étranger** abroad, out of the country (5.01)

être to be (1.01)

étroit, -e narrow (5.20)

étude *f.* study (3.20)

étudiant, -e *m. f.* student (1.32)

étudier to study (3.20)

éveiller to awaken (20.40)

événement *m.* event (10.40)

évidemment evidently, obviously (4.40)

évident, -e evident (4.40)

éviter to avoid (14.20)

exactement exactly (7.10)

exagérer to exagerate (6.50)

examen *m.* examination (7.32)

examiner to examine (7.01)

exaspérer to exasperate (10.01)

excellence *f.* excellence (8.01)

excellent, -e excellent (4.01)

exceptionnel, le exceptional (5.40)

excès *m.* excess; **à l'excès** excessively (18.30)

excuse *f.* excuse; **les excuses** apologies (5.01)

excuser to excuse (2.01); **s'excuser** to apologize (8.01)

exemple *m.* example; **par exemple** for example (2.01)

exercer to exercise, practice (19.11)

exiger to require, demand (7.40)

expérience *f.* experience (9.03); experiment (20.40)

explication *f.* explanation (7.41)
expliquer to explain (7.10)
exploitation *f.* utilization, working procedure (17.40)
expression *f.* expression (9.20)
extraire to extract (16.11)
extraordinaire extraordinary (10.20)

F

fabrication *f.* manufacture (17.40)
face *f.* face, surface; **en face (de)** facing, opposite (3.01)
facile easy (3.35)
facilement easily (4.40)
façon *f.* way, manner, sort (7.33)
facteur *m.* mailman (7.20)
faible weak (3.20)
faiblesse *f.* weakness (21.11)
faillir to fail, fall short (19.11)
faim *f.* hunger (4.20)
faire make, do (2.01); **faire attention** to pay attention (5.36); **faire ses bagages** to pack one's bags (10.33); **faire un clin d'oeil** to wink (9.20); **faire confiance** to confide, trust (15.20); **faire la fête** to celebrate (16.20); **faire le joli coeur** to flirt (with a woman) (11.01); **faire partie de** to be a part of (16.40); **faire le plein d'essence** to fill up (with gas) (11.20); **faire la queue** to wait in line (7.01); **faire sa toilette** to clean up (8.20); **faire un voyage** to take a trip (5.01); *expressions of weather* (2.41): **il fait beau** it's nice, beautiful, . . .**chaud** hot, . . .**froid** cold, . . .**mauvais** bad, . . .**du soleil** sunny, . . .**du vent** windy
fait *m.* fact (10.40)
falloir to be necessary (2.01)
fameux, -se famous (4.20)
famille *f.* family (1.01)
farine *f.* flour (14.11)
fatigant, -e tiring (3.01)
fatigue *f.* fatigue (9.20)
fatigué, -e tired (1.01)
faute *f.* mistake, fault (8.20)

fauteuil *m.* armchair (2.30)
faux, fausse false; **faux pas** social error, false step (14.20)
favorable favorable (10.20)
favori, -ite favorite (10.20)
femme *f.* woman; wife (1.20)
fenêtre *f.* window (house) (2.30)
fente *f.* slot (19.20)
fermer to close (7.01)
fermier *m.* farmer (21.11)
fête *f.* holiday (19.20); **faire la fête** to celebrate (16.20)
feu *m.* fire; **feu rouge** red light, stoplight (3.01)
feuille *f.* leaf; **feuille de papier** piece of paper (7.20)
février *m.* February (2.40)
fiançailles *f. pl.* (marriage) engagement (15.10)
fier, -ière proud (6.50)
fignoler to put finishing touches, finish off (22.20)
figure *f.* face (human) (8.20)
fil *m.* wire; thread (14.20)
fille *f.* girl; daughter (2.01)
film *m.* film (7.34)
fils m. son (2.01)
fin *f.* end, conclusion (5.01)
finir to end, finish (5.34)
fixer to set, fix (15.11)
flatteur *m.* flatterer (8.11)
flèche *f.* arrow (7.40)
fleur *f.* flower (2.20)
fleuve *m.* river (5.20)
floraison *f.* flowering (15.11)
flotte *f.* fleet (17.11)
foie *m.* liver (1.01)
fois *f.* time, instance (4.01); **à la fois** at the same time (9.40)
fonctionnaire *m.* bureaucrat, civil servant (7.00)
fond *m.* depth, bottom; **le fond d'une chose** the heart of the matter (17.11); **au fond** at heart, fundamentally (15.11)
fonder to found, base (22.11)
force *f.* force (9.41)
forfait *m.* serious crime (21.11)
formalité *f.* formality (7.40)
forme *f.* form (8.01)
former to form (22.20)

formidable terrific, formidable (8.20)
formulaire *m.* form (7.01)
formule *f.* formula; expression (1.20)
fort, -e strong (3.20)
fou, folle mad, crazy; **le fou rire** mad laughter (8.40)
fourchette *f.* fork (4.20)
fourrer to stuff, cram (15.40)
frais, fraîche fresh; cool (6.50)
franc *m.* franc (2.01); **franc, franche** frank (5.01)
français, -e French (1.20)
frapper to knock, strike (10.01)
frère *m.* brother (2.20)
frigidaire *m.* refrigerator (4.31)
froid, -e cold (2.41)
fromage *m.* cheese (4.01)
froncer les sourcils to frown (9.20)
front *m.* forehead (9.01)
frontière *f.* border, frontier (5.01)
fruit *m.* fruit; **les fruits de mer** seafood (4.20)
fumée *f.* smoke (22.40)
fumer to smoke (1.20)
furieux, -se furious (9.20)

G

gage *m.* token, proof (16.11)
gagner to earn (11.33); to win (19.11)
gai, -e gay, light; happy (9.03)
garagiste *m.* garage-owner (17.20)
garanti, -e guaranteed, protected (22.11)
garçon *m.* boy (2.20); waiter
garder to keep (14.11)
gare *f.* train station (3.20)
gâteau *m.* cake (4.20)
gâter to spoil (5.20)
gauche left; **à gauche** to, on the left (3.01)
gaulois, -e gallic; **esprit gaulois** gallic humor (11.00)
gelé, -e frozen (5.20)
gendre *m.* son-in-law (5.20)
génie *m.* genius (8.40)
genou *m.* **genoux** *pl.* knee (2.30)
genre *m.* kind, type (14.11)

gens *m. f.* people (2.01)

géographie *f.* geography (5.20)

gérant *m.* gérante *f.* manager (3.01)

geste *f.* gesture (3.01)

gifler to slap (14.11)

glace *f.* ice cream (4.20); ice (9.34)

glisser to slip (6.50)

golf *m.* golf (5.20)

gomme *f.* eraser (7.20)

goût *m.* taste (2.01)

goûter to taste (12.52)

gouvernement *m.* government (7.20)

grammaire *f.* grammar (10.10)

grand, -e big, tall (2.01)

grands-parents *m. pl.* grandparents (5.01)

grand-père *m.* grandfather (7.33)

grave serious (1.01)

grêle slender (15.40)

grève *f.* strike; en grève on strike (7.20)

grimace *f.* grimace (8.34)

gris, -e gray (2.20)

gronder to scold (8.20)

gros, -se stout, big (3.33)

groupe *m.* group (12.51)

Guatemala *m.* Guatemala (6.50)

guatémaltèque Guatemalan (6.50)

guêpe *f.* wasp (7.30)

guerre *f.* war (2.40)

gueule *f.* mouth (of an animal), jaws (11.40)

guichet *m.* ticket window (5.20)

guide *m.* guide (3.01)

H

Note: Words beginning with 'h' which do not permit elision or liasion are marked by an asterisk (*).

habiller to dress; s'habiller to get dressed (7.33)

habiter to live at a place, dwell (9.35)

habitude *f.* habit, use, practice, custom (11.00); d'habitude usually (4.01)

habituel, -le habitual (9.20)

*haine *f.* hatred (9.20)

haïtien, -ne Haitian (6.50)

*haricot *m.* bean; les haricots verts green beans (4.20)

*hasard *m.* chance; par hasard by chance (15.20); au hasard at random (20.20)

*hausser to shrug (3.01)

*haut, -e high (5.20); là-haut up there (3.37)

herbe *f.* grass (2.20)

héroïne *f.* heroine (14.40)

héroïsme *m.* heroism (17.40)

*héros *m.* hero (13.40)

hésiter to hesitate (3.01)

heure *f.* hour, time (1.01); de bonne heure early (7.01)

heureusement happily, fortunately (4.40)

heureux, -se happy, fortunate (9.20)

hier yesterday; hier soir last night, yesterday evening (8.33)

histoire *f.* history, story (3.20)

historien *m.* historian (10.41)

hiver *m.* winter (2.41)

*homard *m.* lobster (4.12)

homme *m.* man (2.20)

*Hongrie *f.* Hungary (6.50)

*hongrois, -e Hungarian (6.50)

*honte *f.* shame (8.20)

*honteux, -se ashamed (8.10)

horaire *m.* timetable (5.20)

horizon *m.* horizon (8.01)

horrible horrible (9.41)

hôte *m.* inhabitant (8.10)

hôtel *m.* hotel (3.01)

*huée *f.* jeer, hoot (8.42)

huile *f.* oil (11.20)

humain, -e human (9.00)

humeur *f.* humor, mood (2.01)

humour *m.* humor (11.00)

I

ici here (3.01)

idéal *m.* ideal (9.41)

idée *f.* idea (2.01)

identité *f.* identity (7.03)

idiot, -e stupid (8.20)

île *f.* island (5.20)

ignorer to be unaware (22.11)

imaginaire imaginary (12.52)

imagination *f.* imagination (10.41)

s'imaginer to imagine (9.41)

imbécile *m. f.* imbecile (10.00)

immédiatement immediately (8.01)

immeuble *m.* apartment, office building (3.20)

impartial, -e impartial (10.41)

impatient, -e impatient (5.35)

imperméable *m.* raincoat (14.20)

importance *f.* importance (10.01)

important, -e important (9.10)

impossible impossible (7.01)

inapte unfit, inapt (22.11)

inattendu, -e unexpected (11.20)

incendie *m.* fire (19.20)

inconscience *f.* unawareness (19.11)

inconnu, -e unknown (19.41)

incrédule unbelieving, incredulous (10.01)

incroyable incredible (10.11)

incroyablement incredibly (15.40)

inculte uncultivated (15.40)

indication *f.* instruction, direction (3.01)

indifférence *f.* indifference (7.40)

indignation *f.* indignation (8.01)

indigner to make indignant, shock, revolt (21.11)

indiquer to indicate (7.01)

indispensable indispensable (1.20)

infiniment infinitely (10.41)

influence *f.* influence (7.40)

ingénieur *m.* engineer (2.34)

inscription *f.* registration (7.01)

s'inscrire to enroll, register (7.01)

insecte *m.* insect (9.32)

insensibilité *f.* insensitivity, unconsciousness, indifference (12.51)

insistance *f.* insistence (10.11)

insoluble unsolvable (22.11)

inspiré, -e inspired (8.01)

s'installer to establish oneself, settle (9.01)

instant *m.* moment (11.31)

instantanément instantaneously (22.11)

instituteur *m.* **institutrice** *f.*
teacher (in elementary schools)
(8.01)

insulte *f.* insult (11.20)

insupportable unbearable (9.40)

intégralement integrally (17.40)

intelligent, -e intelligent (4.01)

interdire to forbid (17.20)

interdit, -e speechless (21.20); for-
bidden

intéressant, -e interesting (7.34)

intéresser to interest (2.01); **s'intéresser** to take an interest in
(11.32)

intérêt *m.* interest (10.01)

intérioriser to internalize, make
one's own (a belief, etc.) (20.11)

international, -e international
(8.30)

interroger to interrogate, question
(8.40)

interview *f.* interview (6.50)

intraduisible untranslatable
(15.11)

invité, -e *m. f.* guest (7.33)

inviter to invite (4.01)

ironie *f.* irony (11.20)

ironique ironical (10.01)

isoler to isolate (12.51)

J

(ne) jamais never (4.33)

jambon *m.* ham (4.20)

janvier *m.* January (2.40)

jardin *m.* garden (1.33)

jaune yellow (2.20)

jean *m.* jeans (2.01)

jeter to throw, cast (21.11); **se jeter**
to throw oneself (14.40)

jeton *m.* telephone token (7.20)

jeu *m.* game (20.20); **jeu de mots**
play on words (11.20)

jeudi *m.* Thursday (2.40)

jeune young (2.01)

jeune fille *f.* young lady, girl (2.01)

joie *f.* joy (8.10); **joie de vivre**
joy of living (life) (9.20)

joindre to join (22.20)

joli, -e pretty; **faire le joli coeur**
to act cute, to flirt (with a woman)
(11.01)

jouer to play; **jouer à** to play (a
sport, game) (5.20)

jour *m.* day (unit of time) (2.01)

journal *m.* **-aux** *pl.* newspaper
(8.34)

journée *f.* day (period of time)
(9.40)

juger to judge (10.20)

juillet *m.* July (2.40)

juin *m.* June (2.40)

jupe *f.* skirt (2.20)

juré *m.* member of a jury (19.40)

jurer to swear (8.10)

jusque until, as far as; **jusque là**
up to there, until then; **jusqu'ici**
up to here, until now (5.01);
jusqu'à la place as far as the
square (3.01); **jusqu'à minuit**
until midnight (10.01)

juste right, just, fair (9.30)

K

kilo *m.* kilo; **kilogramme**
kilo(gram) (3.30)

L

là there (1.32); **là-bas** over there,
down there (3.01); **là-haut** up
there (3.37); **là-dessus** thereon,
on that question (20.11)

lac *m.* lake (5.20)

laid, -e ugly (12.53)

laideur *f.* ugliness (19.40)

laisser to let, leave behind (8.10)

lait *m.* milk (4.20)

lame *f.* blade (21.20)

lamentable lamentable, deplor-
able, pitiable (10.10)

lampadaire *m.* street light (21.20)

lampe *f.* lamp (3.20)

lancer to throw (19.40)

langage *m.* language (8.10)

langue *f.* tongue, language (1.20)

langueur *f.* languor (7.30)

large broad, wide (5.20)

larme *f.* tear (14.40)

latin *m.* Latin (7.36)

laver to wash; **se laver** to wash
up (7.33)

leçon *f.* lesson (8.01)

léger, -ère light (12.53); **à la légère**
lightly (17.40)

légèrement mildly, lightly (15.11)

légume *m.* vegetable (4.20)

lendemain *m.* next day, day after
(11.01)

lent, -e slow (4.40)

lentement slowly (4.40)

lettre *f.* letter (7.31)

lever to raise; **se lever** to get up
(7.01); **lever les sourcils** to raise
one's eyebrows (9.20)

librairie *f.* bookstore (3.01)

libre free (1.20)

licence *f.* master's degree (8.00)

lier to bind (19.11)

lieu *m.* place; **au lieu de** instead
of (8.40)

ligne *f.* line (8.01)

lire to read (8.34)

liste *f.* list (7.34)

lit *m.* bed (11.40)

litre *m.* liter (5.31)

littérature *f.* literature (3.20)

livre *m.* book (1.20)

livrer to turn over, give up; **se
livrer** to turn oneself in (19.40)

location *f.* rental (15.20)

logique logical (10.00)

loi *f.* law (7.20)

loin far (3.01)

loisir *m.* leisure (15.11)

long, longue long (5.20)

longtemps a long time (9.20)

lorsque when (16.40)

louer to rent (15.20)

lundi *m.* Monday (2.40)

lunettes *f. pl.* (eye)glasses (11.20)

lutte *f.* struggle (9.40)

lutter to struggle (14.40)

lycée *m.* secondary school (high
school) (8.00)

M

machine *f.* machine; **machine à
écrire** typewriter (7.20)

Madame *f.,* **Mesdames** *pl.* Madam
(1.01); **Mme** (abbrev.) Mrs.

Mademoiselle *f.,* **Mesdemoiselles** *pl.*
Miss (1.01); **Mlle** (abbrev.)

magasin *m.* store (2.01); **magasin d'alimentation** food store (4.20)

magique magic (12.51)

magnétophone *m.* tape-recorder (2.20)

magnifique magnificent (5.20)

mai *m.* May (2.40)

maillot *m.* jersey, T-shirt, body shirt, swim suit (19.11)

main *f.* hand; **en main** in hand (7.01)

maintenant now (1.20)

maire *m.* mayor (7.40)

mairie *f.* town hall (7.00)

mais but (1.01)

maître *m.* master (8.11); **maître d'hôtel** head waiter (16.20)

mal *m.* evil, harm, pain; **avoir mal à la tête** to have a headache (8.33)

maladie *f.* illness (1.01)

maladroit, -e awkward (20.40)

malaise *m.* uneasiness, distress (17.20)

malentendu *m.* misunderstanding (20.20)

malgré in spite of (2.01)

malheur *m.* unhappiness, misfortune (8.42)

malheureusement unhappily, unfortunately (5.01)

malheureux, -se unhappy, unfortunate (9.41)

maman *f.* mother, mom (9.01)

manche *m.* handle (14.11)

manger to eat (4.01)

manifester to show, manifest (16.40)

manquer to miss (9.01)

manteau *m.* coat (2.20)

marché *m.* market, bargain; **bon marché** inexpensive (2.01)

marcher to walk (3.01)

mardi *m.* Tuesday (2.40)

mari *m.* husband (1.20)

mariage *m.* marriage (9.20)

marier to marry; **se marier** to get married (15.11)

marque *m.* mark, trademark (12.52)

marquer to mark (5.01)

mars *m.* March (2.40)

martini *m.* a brand of vermouth (4.00)

masquer to mask, disguise (21.11)

match *m.* match (sports), game (6.50)

mathématique *f.* mathematics (3.20); **les maths** math (8.20)

matière *f.* matter, material; **entrée en matiere** entering into a topic, approach (14.11)

matin *m.* morning (1.40)

mauvais, -e bad (2.01)

méchant, -e bad, mean, naughty (8.20)

méconnaître not to recognize, deny, disregard (17.11)

mécontent, -e discontent (3.20)

médecin *m.* doctor (2.34)

médiéval, -e medieval (3.20)

méfiant, -e distrustful, suspicious (2.01)

se méfier (de) to distrust (8.31)

meilleur, -e better (5.40)

mélancolie *f.* melancholy (9.20)

mélange *m.* mixture (15.11)

mélanger to shuffle, mix (20.20)

membre *m.* member (5.20)

même *(with noun)* same (2.36); *(with verb)* even (8.01); **moi-même, lui-même,** *etc.* myself, himself, *etc.* (8.01); **quand même** anyway, just the same (2.01); **de même que** the same as (16.40)

menace *f.* threat (8.40)

ménagère *f.* housewife, housekeeper (20.11)

mener to lead, conduct (17.11)

mensonge *m.* lie (20.40)

mentalité *f.* way of thinking (10.00)

mention *f.* distinction (honorable mention) (8.42)

mentir to lie (8.10)

menu *m.* menu (4.03); **menu, -e** small, petty, minor (16.11)

mer *f.* sea (5.01)

merci thank you (1.01)

mercredi *m.* Wednesday (2.40)

mère *f.* mother (2.20)

mériter to deserve (11.01)

mesure *f.* measure, capacity; **être en mesure de** to be ready, prepared to (20.40)

méthode *f.* method (8.40)

métier *m.* trade, occupation (19.11)

mètre *m.* meter (3.30)

métro *m.* subway (3.20)

metteur en scène *m.* movie director (10.01)

mettre to put; put on (7.32); **se mettre à** to begin, start (7.36); **se mettre d'accord** to reach an agreement (5.01); **se mettre en colère** to get angry (9.20); **se mettre en route** to set out on a trip (7.36); **mettre fin à** to put an end to (10.01); **mettre les pieds dans le plat** to make a blunder (to put one's feet in the plate) (9.20)

meurtrier *m.* murderer (19.40)

midi *m.* noon (1.41); **le Midi** the south of France (5.01)

mie *f.* center of bread (4.00)

mieux better; **mieux que** better than (5.40); **de son mieux** one's best (20.40)

milieu *m.* middle; environment (12.53)

mineur *m.* (coal)miner (18.30)

minuit *m.* midnight (1.41)

minute *f.* minute (8.01)

minutieusement in detail (23.20)

miracle *m.* miracle (11.20)

miroir *m.* mirror (21.40)

mixte mixed (15.11)

modèle *m.* model (2.01)

moderne modern (2.01)

modeste modest (20.20)

moeurs *f. pl.* customs, ways (12.53)

moins less (2.01); **du moins** at least, at any rate (16.11)

moment *m.* moment (8.41); **au moment où** at the moment when (10.34); **au moment même** at the very moment (11.01)

momentané, -e momentary (12.51)

mondain, -e worldly (21.40)

monde *m.* world (6.50); **tout le monde** everyone (4.01)

mondial, -e world-wide; **la deuxième guerre mondiale** the second world war (2.40)

monsieur *m.* sir, Mister; **messieurs** *pl.* gentlemen (1.01); **le**

monsieur the gentleman; **M.** (abbrev.)

montagne *f.* mountain (5.01)

monter to go up, get on (4.01)

montre *f.* watch (1.01)

montrer to show (7.31)

monument *m.* monument (3.20)

se moquer de to make fun of, mock (8.31)

moqueur, -se mocking (8.40)

morceau *m.* piece (4.01)

mort *f.* death (2.40); **mort, -e** dead (9.01)

mortel, -le mortal; deadly; boring (8.20)

mot *m.* word (6.50); **le mot juste** the exact word (9.30); **jeu de mots** play on words (11.20)

moteur *m.* motor (11.20)

moto *f.* motor-bike (2.20)

mouche *f.* fly (11.40)

moufle *f.* mitten (22.20)

moule *m.* mold (12.53)

mourir to die (9.01)

moutarde *f.* mustard (9.20)

moyen *m.* means; **moyen de transport** means of transportation (3.20)

moyenne *f.* average; **en moyenne** on the average (16.40)

multiplication *f.* multiplication (8.20)

mur *m.* wall (7.40)

mûr, -e mature, ripe (15.40)

musée *m.* museum (3.20)

musicien *m.* musician (10.20)

musique *f.* music (2.01)

mutiler to mutilate (10.41)

N

naissance *f.* birth (7.03)

naître to be born (2.40)

narrateur *m.* narrator (1.01)

natation *f.* swimming (5.20)

nationalité *f.* nationality (2.34)

nature *f.* nature (10.41); **de nature** of a kind (17.11)

naturel, -le natural (12.51)

nazi nazi (9.20)

nécessaire necessary (7.01)

nécessiter to necessitate (7.20)

négatif, -ve negative (7.32)

neiger to snow (2.41)

nerf *m.* nerve (9.20)

nerveux, -se nervous (9.20)

n'est-ce pas isn't it (so)? (2.37)

net, -te neat, clean (21.20)

neveu *m.* nephew (21.40)

nez *m.* nose (9.20)

ni . . . ni neither . . . nor (10.01)

noir, -e black (2.20)

nom *m.* name (2.20)

nommer to name (17.40)

non no (1.20); **moi non plus** me neither (10.35)

nord *m.* north (5.03)

notable notable, important (10.41)

note *f.* note, grade (8.20)

nourriture *f.* food (4.20)

nouveau, -elle new, novel (3.33); **de nouveau** again (1.01)

nouvelle *f.* news (9.20)

novembre *m.* November (2.40)

nuit *f.* night (1.40); **une nuit blanche** a sleepless night (17.20)

nul . . . ne no one (19.11)

numéro *m.* number (7.03)

O

objet *m.* object (12.51)

obséder to obsess (22.11)

obsession *f.* obsession (9.20)

s'obstiner to persist, be obstinate (21.11)

obtenir to get, obtain (7.01)

océan *m.* ocean (5.01)

occuper to occupy (1.20); **s'occuper (de)** to take care (of), to occupy oneself (with) (7.01)

octobre *m.* October (2.40)

odeur *f.* odor (8.10)

oeil *m., yeux pl.* eye (2.20)

oeuf *m.* egg (4.20)

officiel, -le official (7.20)

offrir to offer (7.35)

oiseau *m.* **oiseaux** *pl.* bird (11.40)

ombre *f.* shade, shadow (11.01)

oncle *m.* uncle (5.20)

opinion *f.* opinion; **avoir le courage de ses opinions** to have the courage of one's convictions (10.20)

opprimer to oppress (20.11)

or *m.* gold (21.40)

or now, well (10.40)

orange *f.* orange (2.20); orange color

ordinaire ordinary; **d'ordinaire** ordinarily (12.53)

oreille *f.* ear (12.53)

orthographe *f.* spelling (8.20)

oser to dare (14.40)

ôter to remove, take away (21.11)

où where (1.03)

ou or (1.40); **ou . . . ou** either . . . or

oublier to forget (8.31)

ouest *m.* west (5.03)

oui yes (1.20)

ouvert, -e open (11.30)

ouverture *f.* opening (7.01)

ouvreuse *f.* usherette (16.20)

ouvrier *m.* worker (16.40)

ouvrir to open (7.01)

P

page *f.* page (8.20)

pain *m.* bread (4.20)

pair *m.* equal, peer; **au pair** room and board (in exchange for household services, tutoring, *etc.*) (14.20)

paisible peaceful (17.40)

paisiblement peacefully (11.01)

pâle pale (10.10)

panne *f.* breakdown; **en panne** out of order (4.01)

panneau *m.* panel; **panneau publicitaire** advertising sign (21.20)

pan *m.* flap, side (of a jacket) (2.30)

pantalon *m.* pants, trousers (2.01)

papa *m.* Dad (7.31)

paperasserie *f.* paperwork, red tape (7.20)

papier *m.* paper (7.01)

papillon *m.* butterfly (7.30)

par by (2.01); **par conséquent** consequently (10.41)

paraître   to appear (8.01); **faire paraître**   to publish (20.11)

parc *m.*   park (1.01)

parce que   because (3.01)

pardon *m.*   pardon, excuse me (1.01)

pardonner   to pardon (2.35)

pare-brise *m.*   windshield (11.20)

pareil, -le   same, similar; **une chose pareille**   such a thing (21.11)

parent *m.*   parent, relative (2.20)

paresse *f.*   laziness (8.40)

parfois   sometimes (3.20)

parier   to bet; **parier pour**   to bet on (11.00)

parler   to speak (1.01)

part *f.*   part; **à part**   apart (20.11)

particularité *f.*   peculiarity, distinguishing trait (10.41)

particulier, -ère   particular, given (12.51)

partie *f.*   match, game (5.20); **faire partie de**   to be part of

partir   to leave, depart (1.01)

partout   everywhere (19.11)

pas *m.*   step; **faux pas**   false step, blunder (14.20)

ne . . . pas   not (1.37); **pas de**   no, not any/a (4.32); **pas du tout**   not at all (1.20); **pas mal**   not bad (1.01)

passable   passable (8.00)

passager *m.*   passenger (21.20)

passé *m.*   past (8.33)

passeport *m.*   passport (5.20)

passer   to spend (time) (5.01); **se passer**   to take place, happen (8.01); **passer un examen**   to take an exam (8.20); **la semaine passé**   last week

passion *f.*   strong emotion, passion (9.20)

passionnant, -e   exciting (10.01)

patiemment   patiently (4.40)

patience *f.*   patience (5.36)

patient, -e   patient (2.01)

patin *m.*   skate; **le patin à glace**   iceskating (5.20)

patiner   to skate (5.20)

pâtisserie *f.*   pastryshop (4.20)

patrie *f.*   homeland (9.20)

pauvre   poor (11.01)

pavillon *m.*   small house (14.11)

payer   to pay (for) (2.01)

pays *m.*   country (3.41)

paysage *m.*   countryside, landscape (12.53)

peau *f.*   skin, peel (6.50)

pêche *f.*   peach (4.20)

pédagogique   pedagogical (8.00)

se peigner   to comb one's hair (8.20)

peindre   to paint (22.20)

peine *f.*   punishment (19.40); **ce n'est pas la peine**   it's not worth the trouble

peintre *m.*   painter (10.20)

péjoratif, -ve   disparaging, unfavorable (17.11)

pencher   to learn (11.01)

pendant   during (8.01)

pendule *f.*   clock (7.01)

pénétrer   to penetrate (7.30)

pénible   painful (9.20)

pensée *f.*   thought (9.40)

penser   to think (2.01)

perché, -e   perched (8.10)

perdre   to lose (6.50)

perdu, -e   lost (9.40)

père *m.*   father (2.20)

permettre   to permit; **vous permettez?**   may I? (1.20)

permanent, -e   permanent (7.01)

perplexe   puzzled, perplexed (3.01)

personnage *m.*   character (movie, novel) (10.01)

ne . . . personne   nobody (4.36); **personne** *f.*   person (8.10)

personnel, -le   personal (9.03)

peser   to weigh (5.01)

pétanque *f.*   a kind of bowling, boccie (5.20)

pétillant, -e   sparkling (21.40)

petit, -e   little, small (3.01); **petit déjeuner**   breakfast (4.00)

petit-fils *m.*   grandson (5.20)

petite-fille *f.*   granddaughter (5.20)

pétition *f.*   petition (7.20)

peu   little, few; **un peu**   a little; **un peu de**   a little bit of (5.31) **peu de**   few (6.15); **d'ici peu**   shortly from now (17.20)

peur *f.*   fear; **de peur de**   for fear of (11.00); **avoir peur**   to be afraid (21.20)

peut-être   perhaps (1.20)

phare *m.*   headlight (11.20)

pharmacie *f.*   pharmacy, drugstore (3.01)

phénix *m.*   phenix, unique person (8.10)

philosophe *m.*   philosopher (3.20)

philosophie *f.*   philosophy (3.20)

photo *f.*   photo (9.31)

photographique   photographic (2.20)

phrase *f.*   sentence (7.34)

physicien *m.*   physicist (17.40)

pièce *f.*   play (theater) (10.20)

pied *m.*   foot; **à pied**   on foot (3.01)

piège *m.*   trap (8.42)

piété *f.*   piety, devoutness (11.40)

pilote *m.*   pilot (21.20)

pinceau *m.*   paintbrush (21.20)

piquant, -e   lively, pointed (21.40)

pique *m.*   spades (cards) (fig. 20.1)

pire   worst (9.00)

place *f.*   square, plaza (3.01)

plafond *m.*   ceiling (11.40)

plage *f.*   beach (5.01)

plaire   to please (10.01); **s'il vous (te) plaît**   please (1.01)

plaisanter   to joke (11.20)

plaisanterie *f.*   joke (11.20)

plan *m.*   street map (3.01)

planche *f.*   plank, board (21.11)

plancher *m.*   floor (22.20)

plat, -e   flat (8.01)

plein, -e   full (12.53)

pleurer   to cry (7.30)

pleuvoir   to rain (2.41)

pluie *f.*   rain (9.40)

plumage *m.*   plumage (8.10)

plupart *f.*   the most part, majority (18.30)

plus   more, plus (2.01); **plus tard**   later (1.20); **plus ou moins**   more or less (7.10); **ne . . . plus**   no more, no longer (4.32); **moi non plus**   me neither (10.35)

plusieurs   several (5.31)

plutôt   rather, sooner (9.01)

pneu *m.* tire (11.20)

poème *m.* poem (11.34)

poids *m.* weight (12.53)

poignée *f.* handful (1.01); **la poignée de main** handshake

point *m.* point (1.01); **au point** to the point, clear (15.20); **ne . . . point** not (9.40)

pointe *f.* peak; **heure de pointe** rush hour (11.01)

poire *f.* pear (4.20)

pois *m.* pea; **les petits pois** green peas (4.31)

poisson *m.* fish (4.03)

poitrine *f.* chest, bosom (11.40)

poivre *m.* pepper (4.00)

poli, -e polite (7.01)

police *f.* police (8.40)

politesse *f.* politeness (1.01)

politique *f.* politics (10.33)

pomme *f.* apple (4.20); **pommes de terre** potatoes (4.01)

portatif, -ve portable (2.20)

porte *f.* door, gate (7.01)

portée *f.* reach (21.40)

porter to carry, wear (2.20)

portière *f.* (car)door (11.20)

portrait *m.* portrait (11.03)

posément carefully (17.40)

poser to place; **poser une question** to ask a question (7.01)

position *f.* position (10.01)

posséder to possess (7.40)

possible possible (7.10)

postulant *m.* applicant, candidate (7.41)

pouce *m.* thumb (4.01)

poulet *m.* chicken (4.01)

pour for (2.01); **pour ainsi dire** so to speak (9.20); **pour cent** per cent (2.01)

pourboire *m.* tip (16.20)

pourquoi why (3.03)

pourtant however, yet, still (8.41)

pourvoir to provide (7.40)

pourvu provided (7.40)

pousser to push (8.01); **pousser un soupir** to heave a sigh (9.01)

pouvoir to be able, can (5.35); **il se peut** it may be (19.11)

pratique practical (2.01)

pratiquement practically (4.40)

précédent *m.* precedent; preceding case, person, or thing (7.40)

précéder to precede (11.01)

précis, -e precise; **six heures précises** six o'clock sharp (7.01)

préciser to make precise, clarify (10.20)

préfecture *f.* **de police** police headquarters (7.40)

préférer to prefer (7.32)

premier, -ère first (7.20)

prendre to take, have (4.01); **prendre une douche** to take a shower (8.20); **prendre au sérieux** to take seriously (8.40); **prendre une décision** to make a decision (10.20); **prendre conscience** to perceive, become aware (20.11)

prénom *m.* first name (7.00)

préparation *f.* preparation (8.01)

préparer to prepare (4.01)

près near (3.01); **à peu près** nearly so, almost (8.10)

présenter to introduce (1.20); to offer (5.01); **se présenter** to appear, to present oneself (7.01)

presque almost (1.01)

pressé, -e in a hurry (1.01)

pressentir to have the idea, to feel beforehand (22.11)

prêt, -e ready (4.01)

prétendre to maintain (10.01)

preuve *f.* proof (6.50)

prévenir to forewarn (5.35)

prier to pray, beg (11.40); **je vous en prie** I beg you; you're welcome; please do (1.20)

primaire primary; **école primaire** elementary school (8.00)

principe *m.* principle (11.40); **en principe** basically, supposedly (17.20)

printemps *m.* spring (2.41)

prix *m.* price (2.01); **à tout prix** at any cost (10.01)

probable probable (10.41)

probant, -e convincing (18.30)

problème *m.* problem (7.32)

prodige *m.* prodigy (8.42)

productif, -ve productive (12.52)

production *f.* production (12.52)

produire to produce (12.52)

professeur *m.* professor (1.35)

profond, -e deep, profound (10.01)

programme *m.* program (10.20)

proie *f.* prey (8.10)

projet *m.* project, plan (5.01)

promenade *f.* walk (2.36)

promener to take for a walk, to lead (7.40); **se promener** to take a walk

prononciation *f.* pronunciation (8.34)

propre own (10.40); **propre à** characteristic, one's own (16.11); proper, clean

propriétaire *m. f.* proprietor, owner (17.20)

prouver to prove (6.50)

prudent, -e prudent, cautious (5.36)

psychologie *f.* psychology (3.20)

psychologique psychological (10.01)

psychologue *m.* psychologist (3.20)

public, -ique public (1.33)

publicité *f.* advertising (21.20)

publier to publish (10.20)

pudeur *f.* modesty (20.40)

puisque since (12.53)

pull-over *m.* pull-over sweater (2.01)

pur, -e pure (12.51)

Q

quai *m.* platform (5.20)

qualité *f.* quality (2.01)

quand when (1.01); **quand même** anyway, just the same (2.01)

quant à as for (10.40)

quart *m.* quarter; **un quart d'heure** a quarter of an hour (8.33)

quartier *m.* quarter, neighborhood (3.01)

quel, -le what, which (1.33); **quel que soit** whatever may be (18.30)

quelconque whatever (10.40)

quelque chose something (1.03); **quelques** a few (3.01); **quelqu'un** someone (1.03)

quelquefois sometimes (10.33)

question question (7.03)

questionnaire *m.* questionnaire (7.03)

questionner to question (7.40)

queue *f.* line (7.01); tail (10.01)

quiconque whoever (16.11)

quitter to leave (3.20); **ne quittez pas** stay on the line (7.20)

R

raccrocher to hang up (7.20)

raconter to tell (a story) (12.53)

radio *f.* radio (2.20)

radiodiffuser to broadcast by radio (17.11)

ragoût *m.* stew (4.20)

railler to deride, laugh at (12.53)

raison *f.* reason (8.10); **avoir raison** to be right (10.35)

ramage *m.* singing of birds (8.10)

ranger to arrange, put in order; **se ranger** to place onself, to side with (20.11)

rapide quick (1.01)

se rappeler to recall (15.11)

rapport *m.* report (7.20)

se rapporter to correspond (8.10)

se rapprocher to get together (15.11)

rarement rarely (3.20)

se raser to shave (8.20)

rasoir *m.* razor (21.20)

rater to fail (15.40)

ravi, -e delighted (5.01)

ravir to ravish, delight (11.33)

ravissant, -e ravishing (11.01)

réaction *f.* reaction (5.03)

réalité *f.* reality (9.41); **en réalité** in fact (10.41)

réception *f.* reception (6.50)

recevoir to receive (19.11)

réciter to recite (11.34)

réclamer to claim (19.40)

réclusion *f.* hard labor (19.40)

reconnaître to recognize, acknowledge (8.01)

recopier to copy over again (8.20)

récréation *f.* play, recess (8.01)

rectangulaire rectangular (22.20)

réel, -le real (10.01)

refaire to do again (8.41)

refuser to refuse (4.01)

regarder to look at (1.01)

régler to put in order (17.40)

réglement *m.* ruling (7.00)

règne *m.* reign (2.40)

regretter to regret (10.01)

régulièrement regularly (7.36)

relatif, -ve relative (12.51)

relation *f.* relation (10.41)

remarque *f.* remark, observation, notice (12.52)

remarquable remarkable (12.52)

remercier to thank (3.01)

remplacer to replace (9.33)

remplir to fill (5.34)

renard *m.* fox (8.10)

rencontre *f.* encounter, meeting (1.20)

rendez-vous *m.* meeting, appointment, date (15.11)

rendre quelqu'un (adj.) to make someone (adj.) (9.20); to give back (14.20)

renforcer to reinforce, strengthen (19.11)

renouveler to renew (21.40)

renseignements *m. pl.* directions, information (3.01)

rentrer to go back (home) (4.01)

réparation *f.* repair (11.34)

réparer to repair (11.31)

répartie *f.* retort, witty reply (11.20)

repas *m.* meal (11.00)

répéter repeat (1.01)

répondre to answer (1.03)

réponse *f.* answer (8.01)

reposer to put down, replace (22.40)

représentation *f.* performance (10.41)

reprocher to reproach (19.11)

république *f.* republic (6.50)

répugner to feel repugnance, disgust (16.11); **répugnant, -e** repugnant, repulsive (9.20)

résoudre to solve (15.20)

résigner to resign (22.11)

respect *m.* respect (11.00)

respirer to breathe (11.40)

ressemblance *f.* resemblance (12.51)

ressembler (à) to resemble (2.20)

ressentir to feel, be aware of (17.20)

restaurant *m.* restaurant (7.31)

restaurer to restore, re-establish (16.11)

rester to remain, stay (4.01)

résumer to sum up (11.01)

retard *m.* delay; **en retard** late (1.01)

retenir to retain, reserve (5.35)

retentissement *m.* fame, sensation, impression (20.11)

retirer to withdraw (20.20)

retouche *f.* retouching, touching up (22.11)

retourner to return (9.34); to turn over, turn around (20.20)

retraité, -e retired (16.40)

réunir to unite (9.40)

réussir to succeed (5.34)

réussite *f.* success (10.20)

revanche *f.* revenge (7.00)

rêve *m.* dream (9.40)

réveiller to wake (someone) up; **se réveiller** to wake up (7.33)

revendication *f.* claiming, demanding (22.11)

revenir to come back, return (5.35); **revenir au même** to amount to the same thing (22.11)

rêver to dream (8.40)

revoir to see again; **au revoir** goodbye (1.01)

rez *m.* **de chausée** ground floor (7.01)

ridicule ridiculous (12.52)

ne . . . rien nothing (3.01); **de rien** it's nothing, you're welcome (1.20); **ça ne fait rien** it doesn't

matter (9.31); **rien du tout**
nothing at all (4.01)

rieur *m.* laughing person (12.52)

rire to laugh (8.34); **rire** *m.*
laughter (8.40)

robe *f.* dress (9.31)

rock *m.* rock music (2.01)

roi *m.* king (fig. 20.1)

roman *m.* novel (8.34)

rond *m.* circle, ring (22.40); **rond
de cuir** round leather cushion
(7.00)

rose *f.* rose (9.00)

rouge red (2.20)

rougir to blush (5.34)

roue *f.* wheel (11.20)

rouler to roll, drive along (11.01)

roux, rousse red (hair) (2.20)

rue *f.* road, street (3.01)

russe Russian (1.20)

S

sac *m.* bag, book bag, hand bag
(1.20)

sacré, -e sacred, holy (21.11)

sacrifier to sacrifice (6.50)

sage good, well-behaved (8.01)

saisir to seize (22.11); **se saisir de**
to snatch (8.10)

saison *f.* season (2.41)

salade *f.* salad (4.01)

sale dirty (20.40)

salle *f.* (public) room (7.01); **la
salle de classe** classroom (1.20)

salon *m.* living room (9.01)

salutaire beneficial (9.40)

samedi *m.* Saturday (2.40)

sanction *f.* sanction, punishment
(8.40)

sandwich *m.* sandwich (4.20)

sang *m.* blood (14.40)

sans without (1.01)

santé *f.* health (16.40)

sarcasme *m.* sarcastic comment
(7.40)

savant *m.* scientist, scholar (17.40)

satisfaction *f.* satisfaction (7.41)

sauf except (19.20)

sauté, -e fried (4.01)

sauver to save (14.40)

savoir to know (how) (5.01)

savoir-vivre *m.* know-how of life
(11.00)

sceau *m.* **sceaux** *pl.* seal (7.20)

scène *f.* scene; stage (8.40)

sceptique skeptical (5.01)

scie *f.* saw (22.20)

science *f.* science (10.41)

scientifique scientific (8.03)

scier to saw (22.20)

scotch *m.* scotch tape (2.30)

sculpture *f.* sculpture (3.20)

seau *m., -x* *pl.* bucket, pail (13.40)

second, -e second (3.40)

secondaire secondary; **école
secondaire** secondary school
(8.00)

secrétaire *m. f.* secretary (7.20)

sécurité *f.* security (7.20)

sein *m.* breast (14.40)

séjour *m.* stay, visit (7.01)

sel *m.* salt (4.20)

sélection *f.* selection (2.01)

selon according to (7.35)

semaine *f.* week (2.40)

semblable similar, same (14.11)

sembler to seem (8.10); **il me
semble que** it seems to me that
(10.20)

semestre *m.* semester (7.32)

sens *m.* meaning (8.41)

sensationnel, -le fantastic,
sensational (8.20)

sensible sensitive (9.20)

sentiment *m.* feeling (9.20)

sentimental *m.* sentimental person
(11.40)

(se) sentir to feel (8.10)

séparer to separate (5.01)

septembre *m.* September (2.40)

sérieusement seriously (4.40)

sérieux, -se serious, genuine (4.01)

serrer to clasp (1.01)

service *m.* service (2.01)

serviette *f.* napkin (4.20)

servir to serve (4.01); **servir à** to
be used for, serve (8.32)

seul, -e only, alone (7.40)

seulement only (12.53)

sévère stern (2.01)

si if (1.01); so (9.40); yes (4.37)

siècle *m.* century (9.35)

siège *m.* seat (11.20)

siens *m. pl.* one's people, family
(14.40)

sifflement *m.* hissing (17.20)

signaler to point out (10.20)

significatif, -ve significant (12.52)

signification *f.* signification,
meaning (12.52)

signifier to mean, signify (10.20)

signature *f.* signature (7.20)

signer to sign (7.20)

silence *m.* silence (1.01); **en silence**
silently, in silence (8.34)

sinon if not, unless (17.11)

situation *f.* situation (8.41)

situer to situate (8.31)

ski *m.* skiing (5.20)

self service *m.* self service cafeteria
(4.00)

social, -e social (7.20)

société *f.* society (12.51)

soeur *f.* sister (2.20)

soif *f.* thirst; **avoir soif** to be
thirsty (4.20)

soigné, -e careful (8.40)

soin *m.* care (23.20)

soir *m.* evening (1.40)

soirée *f.* evening (as a period of
time, event) (9.01)

solde *m.* sale (reduced price); **en
solde** on sale (2.01)

sole *f.* sole (fish); **les filets de sole**
filet of sole (4.00)

soleil *m.* sun (2.20)

solidarité *f.* solidarity, mutual de-
pendence (21.11)

solution *f.* solution (11.32)

somme *f.* sum, amount (20.20)

sommeil *m.* sleep; **avoir sommeil**
to be sleepy (4.01)

son *m.* sound (12.51)

sort *m.* fate (11.20)

sorte *f.* sort, way; **de telle sorte** in
such a way (18.30)

sortir to go out (4.34)

soucieux, -se concerned (1.01)

soudain   suddenly (8.42)

souffrant, -e   ill, not well (1.01)

souffrir   to suffer (7.35)

soulager   to relieve, soothe (9.20)

souligner   to underline (7.32)

soupçonneux, -se   suspicious (7.01)

soupe f.   soup (4.20)

soupir m.   sigh (5.01)

sourcil m.   eyebrow (9.20)

sourire   to smile (5.01)

sous   under (3.20)

souvent   often (4.20)

souvenir m.   memory (9.01)

se souvenir de   to remember (8.31)

sparadrap m.   adhesive tape (21.20)

spécialiste m. f.   specialist (3.20)

spectacle m.   show (11.01)

spectateur m.   spectator (11.34)

spirituel, -le   witty (11.20)

sport m.   sport (5.20)

standardiste m. f.   telephone operator (7.20)

steak m.   steak (4.00)

stupide   stupid (8.41)

stylo m.   pen (1.20)

substantif m.   noun (6.50)

succès m.   success (9.20)

sucre m.   sugar (4.20)

sud m.   south (5.01)

suffire   to suffice, be enough (12.51)

suite f.   continuation; de suite following, in a row, one after another (19.11)

suivant m.   following person; au suivant   next! (7.01)

suivre   to follow (3.03)

superficiel, le   superficial (10.01)

supériorité f.   superiority (7.40)

super-marché m.   supermarket (4.20)

supposer   to suppose (10.41)

sur   on (1.01)

sûr, -e   sure (8.01)

sûrement   surely (4.40)

sûreté f.   safety (14.20)

surnuméraire   extra (19.40)

surprendre   to surprise (11.33)

surpris, -e   surprised (1.01)

surtout   especially (5.20)

surveiller   to watch over (8.20)

susciter   to give rise to, to stir up (19.40)

sympathie f.   sympathy (12.51)

symptôme m.   symptom (12.51)

système m.   system (7.00)

T

table f.   table (4.01); table de multiplication   multiplication table (8.20)

tableau m. noir   blackboard (1.20)

tache f.   spot (8.20)

tâche f.   task (8.01)

taille f.   size (20.20)

tandis que   whereas, while (10.40)

tant (de)   so much, many (5.31)

tante f.   aunt (5.20)

taper   to type (7.20); taper sur les nerfs   to get (strike) on one's nerves (9.20)

taquin, e   teasing (10.01)

tard   late (8.10); plus tard   later (1.20)

tas m.   pile, heap; un tas de   a lot of (15.40)

tasse f.   cup (4.20)

taxi m.   taxi (3.20)

technique   technical; école technique   technical school (8.00)

tel, -le   such a (10.40)

téléphone m.   telephone (7.03); un coup de téléphone   telephone call (7.20)

téléphoner   to telephone (3.20)

télévision f.   television (7.31)

tellement   so, to such a degree (5.01)

téméraire   bold, rash (15.11)

témoignage m.   testimony (10.40)

témoin m.   witness (8.40)

temps m.   weather (2.36); de temps en temps   from time to time (8.31)

tendresse f.   tenderness (10.33)

tenir   to hold (5.01); tenir à   to be eager to, to count on (5.35); tenir tête à   to stand up to, resist (21.11); tenir compte de   to take into account (18.30)

tennis m.   tennis (5.20)

tenter   to tempt (14.40)

terminer   to finish (19.11)

terrain m.   terrain, ground (7.40)

terrasse f.   terrace (7.40)

terre f.   earth (5.20)

terrible   terrible (9.10)

tête f.   head (2.20)

thé m.   tea (4.20)

théâtre m.   theater (3.20)

ticket m.   ticket (3.20)

tiens   well! (1.01)

tiers m.   third (14.11)

timide   timid, shy

tire-bouchon m.   corkscrew (14.20)

tirer   to draw, pull (23.20)

tiroir m.   drawer (11.30)

titre m.   title; au même titre   by the same right, reason, claim (16.11)

toilettes f. pl.   rest rooms (7.20)

tomate f.   tomato (4.20)

tomber   to fall (8.10); tomber en panne   to break down (11.20)

tonalité f.   dial tone (19.20)

tort m.   wrong, injustice; avoir tort   to be wrong (4.20); à tort   wrongfully (8.01)

totalement   totally (11.01)

toucher   to touch (8.34)

toujours   always (1.01); still (10.33)

tour m.   turn (7.01)

tour f.   tower (10.35)

touriste m. f.   tourist (2.34)

tourment m.   torment (8.10)

tourne-disque m.   record-player (2.20)

tourner   to turn (3.01); stir (22.40); se tourner les pouces   to twiddle one's thumbs (9.20)

tout, toute, tous, toutes   all (6.50); tous les jours   every day (8.31); tout à l'heure   just now (10.20); tout à fait   absolutely, entirely; tout de même   all the same (16.11); tout de suite   right away, immediately (3.01); tout droit   straight ahead (3.01); tout le monde   everybody (4.01)

traduction f.   translation (12.52)

traduire   to translate (1.32)

traduisible   translatable (12.52)

tragédie f.   tragedy (9.03)

tragique   tragic (8.34)

trahison f.   betrayal (14.40)

train m.   train (3.20); en train de in the act of, engaged in (10.32)

traite f.   payment (14.11)

traiter   to treat; traiter quelqu'un de tous les noms   to call someone all sorts of names (11.01)

transformer   to transform (2.31)

transistor m.   transistor radio (2.01)

transmuter   to transmute (16.11)

travail m.   work (3.20)

travailler   to work (8.40)

travailleur, -se   hard-working (8.20)

(à) travers   across; à tort et à travers   at random, thoughtlessly (8.01)

traverser   to cross (3.01)

trèfle m.   club (cards) (fig. 20.1)

très   very (1.01)

tricher   to cheat (8.20)

triste   sad (3.20)

tristement   sadly (4.40)

tristesse f.   sadness (9.20)

trombone m.   trombone; paperclip (7.20)

tromper   to deceive (9.40); se tromper (de)   to be mistaken (about) (8.31)

trop   too (2.01); trop de   too much, too many (5.31)

trottoir m.   sidewalk (6.50)

troubler   to disturb, trouble (11.33)

trouver   to find (2.01); se trouver to find oneself, to be (7.01)

truc m.   thing, gadget (2.20)

U

universitaire   university, academic (8.00)

universel, -le   universal (9.41)

université f.   university (1.33)

usage m.   usage (9.30)

usine f.   factory (17.40)

utile   useful (3.01)

V

vacances f. pl.   vacation (5.01)

vache f.   cow (16.11)

vague   vague (3.01)

vaguement   vaguely (4.40)

vaincre   to conquer (19.11)

vaisselle f.   dishware; faire la vaisselle   to do the dishes

valet m.   jack (cards) (fig. 20.1)

valise f.   suitcase (11.32)

valoir   to be worth (8.10); il vaut mieux   it is better to (11.01); valoir la peine de   to be worth the trouble to (10.01)

vanter   to praise (23.20)

vaste   vast (7.20)

veau m.   veal (4.20)

veille f.   eve, day before (11.01)

vendeuse f.   salesgirl, saleslady (2.01)

vendre   to sell (3.01)

vendredi m.   Friday (2.40)

venir   to come (5.01); venir de   to have just (6.50)

vent m.   wind; il fait du vent   it's windy (2.41)

vente f.   sale; en vente   for sale (20.11)

ventre m.   stomach (9.20)

verbe m.   verb (7.36)

vérifier   to verify (8.42)

véritable   real, genuine (19.11)

vérité f.   truth (9.40)

verre m.   glass (4.20)

vers   towards, about (1.41)

vert, -e   green (2.20)

veste f.   jacket (2.20)

vêtements m. pl.   clothing (2.20)

vexer   to annoy (11.20)

viande f.   meat (4.20)

victoire f.   victory (11.40)

vie f.   life, living (6.50)

vierge f.   virgin (20.40)

vieux, vieille   old (2.20)

vif, -ve   lively (17.40)

village m.   village (5.20)

ville f.   city (3.41)

vin m.   wine (4.01)

violer   to rape (20.40)

violet, -te   purple (2.20)

visage m.   face (8.42)

viser   to aim (at) (20.11)

visiteur m.   visitor (8.40)

vite   quickly (4.40)

vitrine f.   store-window (2.30)

vivre   to live (8.10)

vocabulaire m.   vocabulary (1.20)

voici   here is, are (1.20)

voie f.   track (5.20)

voilà   there is, are (1.32)

voir   to see (2.01); voyons   let's see (1.01)

voisin m. voisine f.   neighbor (8.01)

voiture f.   car (9.31)

voix f.   voice; à voix basse   in a low voice (8.01); à haute voix aloud (8.34)

volant m.   steering wheel (11.20)

volontiers   gladly, willingly (4.01)

vomir   to throw up, vomit (21.11)

voter   to vote

vouloir   to want (4.20); vouloir bien   to be willing (11.00); vouloir dire   to mean (10.11); en vouloir à quelqu'un   to hold a grudge against someone (14.11)

voyage m.   trip; faire un voyage to take a trip (5.01)

vrai, -e   true (9.01)

vraiment   truly, really (4.01)

vu, -e   seen, viewed (6.50)

W

wagon-restaurant m.   dining car (19.20)

week-end m.   weekend (7.34)

whisky m.   (scotch)whiskey (2.30)

Y

yeux m. pl.   eyes (2.36)

Z

zéro m.   zero (8.20)

A

a un, une
to abandon abandonner
able capable; **to be able to** pouvoir
about vers; à peu près, environ; **what about you?** et vous?
above dessus; **above all** surtout
abroad à l'étranger
absent absent, -e
absolutely tout à fait
academy académie f.
accent accent m.
to accept accepter
accident accident m.
to accompany accompagner
accord accord m.; accorder
according to d'après; selon
account compte m.; **to take into account** tenir compte de
to accuse accuser
ace as m.
to acknowledge reconnaître
acquaintance connaissance f.; **to make one's acquaintance** faire sa connaissance
to be acquainted with connaître
to acquire acquérir
across en face de; à travers
to act agir; **in the act of** en train de
active actif, -ve
actor, actress acteur, actrice
address adresse f.; **to address (oneself)** s'adresser
adhesive tape sparadrap m.
adjective adjectif m.
administrative administratif, -ve
to admire admirer; estimer
to adore adorer
advantage advantage m.

adventure aventure f.
advertising publicité f.
advice conseil m.
to affirm affirmer
affirmative affirmatif
affirmatively affirmativement
to be afraid (of) avoir peur (de)
Africa Afrique f.; **North Africa** l'Afrique du Nord
after après
afternoon après-midi m.
afterwards après, ensuite
again de nouveau, encore
against contre
age âge m.; **how old are you?** quel âge avez-vous?
ago: **five years ago** il y a cinq ans; **a while ago** tout à l'heure
to agree être d'accord
agreeable agréable
agreed entendu
agreement entente f.; **to reach an agreement** se mettre d'accord
ahead: **straight ahead** tout droit; **ahead of time** d'avance
to aid aider
air air m.
to aim at viser; **to aim poorly** viser mal
airplane avion m.
airport aéroport m.
Albania Albanie f.
Albanian albanais, -e
alcohol alcool m.
all tout, toute, tous, toutes; **that is all** c'est tout; **not at all** pas du tout; **it is all the same to me** cela m'est égal; **all the same** tout de même
ally allié m.

all right bon; bien; entendu
almost presque, à peu près
alone seul, -e
to go along accompagner
aloud à haute voix
Alps Alpes f. pl.
already déjà
also aussi
although bien que, quoique
always toujours
America Amérique f.
American américain, -e
among entre, parmi; **among others** entre autres
amorous amoureux, -se
to amount to the same thing revenir au même
to amuse amuser
amusing amusant, -e
anaesthesia anesthésie f.
to analyze analyser
and et
anecdote anecdote f.
anger colère f.
angry fâché, -e; **to get angry** se mettre en colère
animal animal m.
to announce annoncer
annoyance agacement m.
annoyed vexé, -e
another un autre, encore un
answer réponse f.; **to answer** répondre
anyone quelqu'un
anything quelque chose; **not . . . anything** ne . . . rien
anyway quand même
apartment appartement m.
apart à part; **apart from that** à part ça

apologies   excuses f. pl.
apparatus   appareil m.
to appear   paraître; avoir l'air
appearance   air m.
appetite   appétit m.
to applaud   applaudir
apple   pomme f.
applicant   postulant m.
to apply (oneself)   s'adresser
appointment   rendez-vous m.
approval   approbation f.
April   avril m.
aptitude   aptitude f.
arbitrarily   arbitrairement
archer   archer m.
arm   bras m.; to arm   armer
armchair   fauteuil m.
around   vers; autour de
arrest   arrêt m.
arrival   arrivée f.
to arrive   arriver
arrow   flèche f.
art   art m.
article   article m.
artist   artiste m.
as   comme; as . . . as   aussi . . .
   que; as always   comme toujours;
   as for   quant à; as much   autant
ashamed   *honteux, -se
to ask   demander, poser une question
aspect   aspect m.
aspirin   aspirine f.
assaillant   assaillant m.
to astonish   étonner
at   à, chez; at random   au hasard
Atlantic   atlantique
to attend   assister à
attention   attention f.; to pay attention   faire attention
attitude   attitude f.
to attract   attirer
audience   auditoire m.
August   août m.
aunt   tante f.
author   auteur m.
auto   auto f.
autumn   automne m.
avenue   avenue f.
average   moyenne f.
to avoid   éviter

to awaken   éveiller
aware   conscient, -e; to become
   aware   prendre conscience
to go away   partir, s'en aller; right
   away   tout de suite
awkward   maladroit, -e

B

baby   bébé m.
back   dos m.; to go back (home)
   rentrer
bad   mauvais, -e; méchant, -e; it is
   too bad   c'est dommage
badly   mal
bag   sac m.
bakery   boulangerie f.
balance   équilibre m.
ball   boule f.
banana   banane f.
bank   banque f.
bar   bar m.
bargain: into the bargain   par
   dessus le marché
barrier   barrière f.
to base   baser
bath   bain m.; bathroom   salle de
   bain f.
battery   batterie f.
to be   être; how are you?   comment allez-vous?; I am well   je
   vais bien; there is, there are   il y
   a; to be hungry   avoir faim; to
   be right   avoir raison; to be
   wrong   avoir tort; to be
   (located)   se trouver; to be
   (used) for   servir à
beach   plage f.
bean   *haricot m.; green beans
   les haricots verts
to bear   supporter
beard   barbe f.
to beat   battre, cogner
beautiful   beau, belle
because   parce que; because of   à
   cause de
to become   devenir
bed   lit m.; to go to bed   se
   coucher; to stay in bed   rester
   au lit
beef   boeuf m.

beer   bière f.
before (time)   avant, avant que;
   auparavant; (place)   devant
to beg   prier
to begin   commencer, se mettre à
beginning   commencement m.;
   début m.
behavior   conduite f.
behind   derrière
Belgian   belge
Belgium   Belgique f.
to believe   croire, penser
bell   cloche f.
to belong to   être à
bench   banc m.
beneficial   salutaire
beside   à côté de
besides   d'ailleurs
best   le meilleur, la meilleure; le
   mieux; one's best   de son mieux
to bet   parier
betrayal   trahison f.
better   meilleur, meilleure; mieux;
   I am better   je vais mieux; it is
   better to   il vaut mieux
between   entre
bicycle   bicyclette f.; to bicycle
   aller à bicyclette
big   grand, -e; gros, -se
bill   addition f.; a fifty-franc bill
   un billet de cinquante francs
to bind   lier
bird   oiseau m.
birth   naissance f.
birthday   anniversaire m.
bistro   bistrot m.
bit: a bit   un peu
bitter   amer, -ère
bizarre   bizarre
black   noir, -e
blackboard   tableau (noir) m.
block   bloc m.
blond   blond, -e
blood   sang m.
blow   coup m.
blue   bleu, -e
blunder   faux pas m.; to blunder
   mettre les pieds dans le plat
to blush   rougir
board   planche f.
body   corps m.

bold téméraire
book livre *m.*
bookstore librairie *f.*
border frontière *f.*
born né, -e; **to be born** naître
to borrow emprunter
to bother déranger, se déranger
bottle bouteille *f.*
bottle opener décapsuleur *m.*
bottom fond *m.*
boulevard boulevard *m.*
bowling pétanque *f.*
box boîte *f.*
boy garçon *m.;* jeune homme *m.*
bread pain *m.*
to break casser, briser; **to break down** tomber en panne; **to break loose** se déchaîner
breakfast petit déjeuner *m.*
breast sein *m.*
breath souffle *m.;* **to be out of breath** être essoufflé, -e
to breathe respirer
to bring apporter; **to bring forth** amener
broad large
to broadcast radiodiffuser
broom balai *m.*
brother frère *m.*
brown brun, -e; marron; **to have brown eyes** avoir les yeux marron
brunette brune *f.*
to brush brosser; **to brush one's teeth** se brosser les dents
to build construire
building bâtiment *m;* **apartment, office building** immeuble *m.*
building superintendant concierge *m. f.*
bureaucracy bureaucratie *f.*
to burn brûler
to burst éclater
to burst out (with laughter) éclater de rire
bus autobus *m.;* autocar *m.*
busy occupé, -e
but mais
butcher boucher *m.;* **butcher shop** boucherie *f.*
butter beurre *m.*

butterfly papillon *m.*
button bouton *m.*
to buy acheter
by par, de

C

café café *m.*
cake gâteau *m.*
California Californie *f.*
to call appeler; **to be called** s'appeler
camera appareil *m.;* caméra *m.*
can (to be able) pouvoir
can boîte *f.* de conserve
Canada Canada *m.*
cancer cancer *m.*
candidate candidat *m.*
candy bonbon *m.*
capable capable
capital capitale *f.*
caprice caprice *m.*
car automobile *f.,* voiture *f.;* **train car** wagon *m.*
card carte *f.;* **identity card** carte d'identité; **residence card** carte de séjour; **to play cards** jouer aux cartes
care soin *m.;* **to take care of** s'occuper de
career carrière *f.*
careful soigné, -e; **to be careful** faire attention
carefully posément
caretaker concierge *m. f.*
carrot carotte *f.*
to carry porter; **to carry away, to carry along** emmener
case cas *m.;* **in case of** en cas de; **in that case** dans ce cas
cashier: cashier's window caisse *f.*
cassette cassette *f.*
to catch attraper
Catholic catholique
cause cause *f.;* **to cause** causer
to cease cesser
to celebrate faire la fête
center of bread mie *f.*
centime (one hundredth of a franc) centime *m.*
centimeter centimètre *m.*

central central, -e
century siècle *m.*
certain certain, -e
certainly certainement; volontiers
certificate certificat *m.*
chain chaîne *f.*
chalk craie *f.*
champion champion *m.,* championne *f.*
chance *hasard *m.;* **by chance** par hasard; **to have a chance to** avoir l'occasion de
change monnaie *f.*
character story personnage *m.*
characteristic propre à
charlatan charlatan *m.*
charming charmant, -e
cheap bon marché
to cheat tricher
cheese fromage *m.*
chemist chimiste *m.*
chemistry chimie *f.*
chest poitrine *f.*
chestnut châtain, -e
chic chic
chicken poulet *m.*
chief chef *m.*
child enfant *m. f.*
childish enfantin, -e
Chinese chinois, -e
chocolate chocolat *m.*
choice choix *m.*
to choose choisir
church église *f.*
cigarette cigarette *f.*
cinema cinéma *m.*
citizen citoyen *m.*
city ville *f.*
civil servant fonctionnaire *m.*
civilization civilisation *f.*
to claim réclamer
claiming revendication *f.*
to clap claquer
to clarify préciser
to clasp serrer
class classe *f.*
clean net, nette; **to clean up** faire sa toilette
clear clair, -e
clock pendule *f.*
to close fermer

clothing vêtements *m. pl.*
club (cards) trèfle *m.*
coast côte *f.*
coat manteau *m.*
coffee café *m.*
cold froid, -e; **it is cold** il fait froid; **I am cold** j'ai froid
to collide with rentrer dans
color couleur *f.*
coloring coloration *f.*
to comb one's hair se peigner
to combat combattre
to combine combiner
to come venir; **to come back** revenir, rentrer; **to come in** entrer; **to come for, come to get** venir chercher; **to come along** accompagner
comedy comédie *f.*
comfortable confortable
comical comique
committee comité *m.*
common commun, -e
communist communiste
complex complexe
complexity complexité *f.*
complicity complicité *f.*
to compose composer
to concern concerner; **as far as I'm concerned** en ce qui me concerne
concerned soucieux, -se
condition condition *f.*
conditional conditionnel *m.*
to conduct mener
to confide faire confiance
confidence confiance *f.;* **to have confidence** avoir confiance
to confuse confondre
confused confus, -e
connection correspondance *f.*
to conquer vaincre
conquest conquête *f.*
to consent (to) consentir à
consequence conséquence *f.*
consequently par conséquent
to consist of consister de
consolation consolation *f.*
constant constant, -e
constantly constamment
to constitute constituer
constraining contraignant, -e

constraint contrainte *f.*
to construct construire
consul consul *m.*
to consult consulter
consumer consommateur *m.*
consumption consommation *f.*
contact contact *m.*
to contain comporter
contest concours *m.*
continent continent *m.*
to continue continuer
continuity continuité *f.*
contrary contraire *m.;* **on the contrary** au contraire
conversation conversation *f.*
conversationalist causeur *m.*
to convey emmener
to convince convaincre
convincing probant, -e
cook cuisinier *m.*
cool frais *m.,* fraîche *f.*
copy copie *f.;* **to copy** copier; **to copy over again** recopier
corkscrew tire-bouchon *m.*
corner coin *m.*
to cost coûter; **at any cost** à tout prix
to count compter; **to count on** tenir à
country pays *m.;* **in the country** à la campagne
countryside paysage *m.*
courage courage *m.*
courageous courageux, -se
course cours *m.;* **of course** bien sûr
cousin cousin *m.,* cousine *f.*
to cover couvrir
cow vache *f.*
to cram fourrer
crazy fou, folle; **to be crazy about** adorer
cream crème *f.*
to create créer
creek rivière *f.*
crime crime *m.;* **serious crime** forfait *m.*
critical critique
criticism critique *f.*
to cross out biffer
crow corbeau *m.*
to crown couronner

cruel cruel, -le
crusade croisade *f.*
to crush écraser
to cry pleurer; **to cry out** s'écrier
cup tasse *f.*
curious curieux, -se
cushion coussin *m.*
custom coutume *f.*
to cut couper; **to cut out** découper
cynical cynique

D

Dad papa *m.*
dairy crémerie *f.*
to dance danser
to dare oser
darling chéri, -e
date date *f.;* rendez-vous *m.*
daughter fille *f.;* **daughter-in-law** belle-fille *f.*
day jour *m.,* journée *f.;* **every day** tous les jours; **the next day** le lendemain; **the day before** la veille
dead mort, -e
deal: a great deal of beaucoup de
dear cher, chère
death mort *f.*
debatable discutable
to deceive tromper
December décembre *m.*
decently décemment
to decide décider, prendre une décision
decision décision *f.*
to dedicate dédier
deep profond, -e
defeat défaite *f.*
to define définir
definite défini, -e
definition définition *f.*
delicate délicat, -e
delicatessen charcuterie *f.*
delicious délicieux, -se
delighted enchanté, -e; ravi, -e
to demand exiger
to demonstrate démontrer
to denude dénuer
departure départ *m.*
to depend dépendre

to descend descendre
to describe décrire
to deserve mériter
design dessein *m.*
desire désir *m.;* envie *f.;* to desire desirer
desk bureau *m.*
despair désespoir *m.*
desperate désespérant, -e
dessert dessert *m.*
destiny destin *m.*
to detach oneself se détacher
in detail minutieusement
to develop développer
to devour dévorer
devoutness piété *f.*
to dial (a number) composer (un numéro)
dial-tone tonalité *f.*
dialogue dialogue *m.*
dictation dictée *f.*
to die mourir
difference différence *f.*
different différent, -e
difficult difficile
difficulty difficulté *f.;* contretemps *m.*
dilemma dilemme *m.*
dimension dimension *f.*
to diminish diminuer
to dine dîner; dining room salle à manger *f.;* dining car wagon-restaurant *m.*
dinner dîner *m.*
to direct diriger
direction direction *f.*
directions renseignements *m. pl.*
director directeur *m.*
directory annuaire *m.*
dirty sale
disagreeable désagréable
disagreement désaccord *m.*
disappointment déception *f.*
disaster désastre *m.*
discontent mécontent, -e
discovery découverte *f.*
to discuss discuter
discussion discussion *f.*
to disentangle débrouiller
disgust dégout *m.*
dishware vaisselle *f.;* to do the dishes faire la vaisselle *f.*

disparaging péjoratif, -ve
to dispense (with) dispenser (de)
disposition caractère *m.*
distance distance *f.*
distinction (honorable mention) mention *f.*
distress chagrin *m.*
to distribute distribuer
to distrust se méfier (de)
distrustful soupçonneux, -se
to disturb déranger, troubler
to divide diviser
to divorce divorcer
to do faire; how do you do? comment allez-vous?; to do again refaire
doctor médecin *m.*
doctorate agrégation *f.*
document document *m.*
dollar dollar *m.*
door porte *f.;* car door portière *f.*
door-to-door salesman démarcheur *m.*
doubt doute *m.;* no doubt, doubtless sans doute; to doubt douter
down en bas; to go down descendre
dozen douzaine *f.*
drama drame *m.*
to draw dessiner
to draw up dresser (une liste)
drawer tiroir *m*
drawing dessin *m.*
dream rêve *m.;* to dream rêver
dress robe *f.;* to get dressed s'habiller
drink: boisson *f.;* (before meal) apéritif *m.;* to drink boire
to drive: conduire; to drive along rouler
to drop laisser tomber
drunk ivre; to get drunk s'enivrer
drugstore pharmacie *f.*
duck canard *m.*
during pendant
duty devoir *m.*

E

each chaque; each one chacun, chacune

eager: to be eager to tenir à
ear oreille *f.*
early de bonne heure
to earn gagner
earth terre *f.*
easily facilement
east est *m.*
easy facile; aisé, -e
to eat manger; bouffer (slang)
economy économie *f.*
edge bord *m.*
education enseignement *m.*
effect effet *m.;* in effect en effet
effective efficace
egg oeuf *m.*
egotist égoïste *m.*
eight *huit
eighty quatre-vingts
either . . . or ou . . . ou
elbow coude *m.*
elevator ascenseur *m.*
eleven onze
else: something else autre chose; nothing else rien d'autre
elsewhere ailleurs
embarrassing embarrassant, -e
to embrace embrasser
emotion émotion *f.*
to employ employer
employee employé *m.;* government employee fonctionnaire *m.*
end fin *f.;* bout *m.;* at the end of au bout de; to end finir, terminer; to put an end to mettre fin à
enemy ennemi *m.*
engagement (marriage) fiançailles *m. pl.*
engineer ingénieur *m.*
England Angleterre *f.*
English anglais, -se
to enjoy aimer
enough assez (de); to be enough suffire
to enroll s'inscrire
to enter entrer
enthusiasm enthousiasme *m.*
entire entier, -ière
entirely tout à fait
entrance entrée *f.*
environment milieu *m.*
equal égal, -e

equivalent équivalent, -e
to erase effacer
eraser gomme f.
error erreur f.
to escape échapper
especially surtout
essay essai m.
to establish établir; **to establish oneself** s'installer
Europe Europe f.
European européen, -ne
eve veille f.
even même; **even worse** encore pire
evening soir m.; soirée f.; **good evening** bonsoir
event événement m.
ever jamais
every chaque, tout; **every day** tous les jours
everyone tout le monde
everything tout
everywhere partout
evident évident, -e
evidently évidemment
exactly exactement
to exaggerate exagérer
examination examen m.
to examine examiner
example exemple m.; **for example** par exemple
to exasperate énerver
excellence excellence f.
excellent excellent, -e
except sauf
exceptional exceptionnel, -le
excessively à l'excès
to exchange échanger
exciting passionnant, -e
to exclaim s'écrier
excuse excuse f.; **to excuse** excuser
exercise exercice m.; **to exercise** exercer
exit. sortie f.
to expect attendre, s'attendre à
expectation attente f.
at the expense of aux dépens de
expensive cher, chère
experience expérience f.
experiment expérience f.
to explain expliquer

explanation explication f.
expression expression f.; formule f.
extra surnuméraire
to extract extraire
extraordinary extraordinaire
eye oeil m. yeux pl.
eyebrow sourcil m.

F

face figure f.; visage m.
face down à l'invers
facing en face de
fact fait m.
in fact en réalité
factory usine f.
to fail échouer; rater; faillir
fall automne m.; **to fall** tomber
fame retentissement m.
family famille f.
famous célèbre; fameux, -se
fantastic sensationnel, -le
far loin; **as far as** jusqu'à
farmer fermier m.
fast vite
fate sort m.
father père m.
fatigue fatigue f.
fault faute f.; défaut m.
favorable favorable
favorite favori, -te
fear peur f.; **to fear** avoir peur; **for fear of** de peur de
February février m.
fee somme f.
feel: sentir, se sentir; ressentir; éprouver; **to feel like** avoir envie de; **to feel beforehand** pressentir
feeling sentiment m.
few peu de, quelques
field champ m.
fifteen quinze
fifty cinquante
figure chiffre m.
to fill remplir
film film m.
finally enfin
to find: trouver; **to find out** apprendre
to finish: finir; terminer; achever
fire feu m.; incendie m.

first premier, -ière
fish poisson m.
fit of anger bouffée f. de colère
five cinq
to fix fixer
flap pan m.
flash éclair m.
flat plat, -e
flatterer flatteur, -euse
fleet flotte f.
flesh chair f.
to flirt faire le joli coeur
floor plancher m.
flour farine f.
to flow couler
flower fleur f.
flowering floraison f.
fluently couramment
fly mouche f.
to fly voler; **to fly away** s'envoler
to follow suivre
following suivant; de suite
food nourriture f.; (cooking) cuisine f.
foot pied m.; **on foot** à pied
for pour; depuis; **(because)** car
to forbid interdire
force force f.
forehead front m.
foreign étranger, -ère
foreigner ètranger m.
to forewarn prévenir
to forget oublier
fork fourchette f.
form forme f.; formulaire m.; **to form** former
formality formalité f.
fortunately heureusement
forty quarante
to found fonder
four quatre
fourteen quatorze
fox renard m.
franc franc m.
frank franc, -che
free libre
French français, -e
fresh frais, fraîche
Friday vendredi m.
friend ami m., amie f.; **(pal)** copain m., copine f.

friendly aimable

friendship amitié f.

frightful effrayant, -e; affreux, -se

from de, depuis; **from the moment that** dès que; **from start to finish** de bout en bout

in front of devant

to frown froncer les sourcils

frozen gélé, -e

fruit fruit m.

full plein, -e

fun: to make fun of se moquer de

fundamentally au fond

funny drôle

furious furieux, -se

further plus loin

future avenir m.; futur m.

G

gadget truc m.

Gallic gaulois, -e

game partie f.; jeu m.

garage garage m.; **garage-owner** garagiste m.

garden jardin m.

gasoline essence f.; **fill it up (with gas)** faire le plein d'essence

gay gai, -e

genius génie m.

gentle doux, -ce

gentleman monsieur m.; **gentlemen** messieurs

geography géographie f.

genuine sérieux, -se

German allemand, -e

gesture geste m.

to get prendre, obtenir; **to go to get** aller chercher; **to get out of difficulty** se débrouiller; **to get up** se lever; **to get on** monter; **to get off** descendre

gift cadeau m.

gifted doué, -e

girl (jeune) fille f.; **little girl** petite fille; **girl friend** amie f.

to give donner

given fact donnée f.

glad content, -e; heureux, -se

gladly volontiers

glass verre m.; **glasses** lunettes f. pl.

to go aller; **to go in** entrer; **to go out** sortir; **to go up** monter; **to go down** descendre; **to go to bed** se coucher; **to go away** partir; **to go with** accompagner; **to go back (home)** rentrer; **go ahead** allez-y; **to go through a red light** brûler un feu rouge

God Dieu m.

good bon, -ne

good-bye au revoir

good-evening bonsoir

good-night bonne nuit

government gouvernement m.

grade note f.

grammar grammaire f.

grand-daughter petite-fille f.

grandmother grand-mère f.; **grandfather** grand-père m.; **grandparents** grands-parents m. pl.

grandson petit-fils m.

grass herbe f.

gray gris, -e

green vert, -e

grimace grimace m.

grocery épicerie f.

ground terrain m.

ground floor rez-de-chaussée m.

group bande f.; groupe m.

to hold a grudge against someone en vouloir à quelqu'un

guaranteed garanti, -e

Guatemala Guatemala m.

Guatemalan guatémaltèque

to guess deviner

guest invité m.

guide guide m.

guilty coupable

H

habit habitude f.

habitual habituel, -le

hair cheveu m.; **to have blond hair** avoir les cheveux blonds

Haitian haïtien, -ne

half demi, -e; **a half hour** une demi-heure

hallway couloir m.

halt arrêt m.

ham jambon m.

hand main f.; **in hand** en main; **on the other hand** par contre

handful poignée f.

handshake poignée de main

handle manche m.

to hang up raccrocher

to happen arriver, se passer

happily heureusement

happiness bonheur m.

happy heureux, -se; content, -e; gai, -e

hard dur, -e; difficile; **hard labor** réclusion f.

hard-working travailleur, -se

hat chapeau m.

hate *haine f.

to have avoir; **to have to** devoir; falloir; **to have just** venir de

head tête f.

headache: to have a headache avoir mal à la tête

headlight phare m.

headquarters préfecture f.

health santé f.

to hear entendre; **to hear of** entendre parler de; **to hear it said** entendre dire

heart coeur m.; **by heart** par coeur

heartily de bon coeur

heat chaleur f.

heating chauffage m.

hello bonjour; allô (**telephone**)

to help aider

here ici; **here is, here are** voici

to hesitate hésiter

to hide cacher

high *haut, -e

hissing sifflement m.

historian historien m.

history histoire f.

hitch-hiking auto-stop m.

to hold tenir

holiday fête f.

home maison f.; **to go home** rentrer

homeland patrie f.

hope espoir m.; **to hope** espérer

horizon   horizon *m.*

horrible   horrible

hors d'oeuvres   *hors-d'oeuvre *m.*

horse   cheval *m.,* chevaux *pl.*

hospital   hôpital *m.,* -aux *pl.*

hot   chaud, -e; **it is hot**   il fait chaud

hotel   hôtel *m.*

hour   heure *f.;* **a half hour**   une demi-heure

house   maison *f.;* **at my house**   chez moi; **small house**   pavillon *m.*

housekeeping   ménage *m.*

housewife   ménagère *f.*

how   comment; **how much, how many**   combien; **how goes it?**   comment ça va?

however   pourtant; cependant

human   humain, -e

humor: (mood)   humeur *f.;* (wit) humour *m.*

Hungary   *Hongrie *f.*

Hungarian   *hongrois, -e

hunger   faim *f.*

to be hungry   avoir faim

to hurry   se dépêcher; **in a hurry** pressé, -e

to hurt   avoir mal à; blesser

husband   mari *m.*

I

ice   glace *f.;* **ice cream**   glace *f.*

iceskating   patin à glace *m.*

idea   idée *f.*

ideal   idéal, -e

identification   identité *f.*

if   si; **if not**   sinon

ill   souffrant, -e; malade

illness   maladie *f.*

imaginary   imaginaire

imagination   imagination *f.*

to imagine   s'imaginer

imbecile   imbécile

immediately   tout de suite; immédiatement; aussitôt

impartial   impartial, -e

impatient   impatient, -e

importance   importance *f.*

important   important, -e

impossible   impossible

to improve   améliorer

in   dans, en

included   compris, -e

incredible   incroyable

incredibly   incroyablement

indeed   en effet

to indicate   indiquer

indifference   indifférence *f.*

to make indignant   indigner

indignation   indignation *f.*

indispensable   indispensable

inexpensive   bon marché

infantile   enfantin, -e

infinitely   infiniment

influence   influence *f.*

information   renseignements *m. pl.*

ink   encre *m.*

inquiry   enquête *f.*

insect   insecte *m.*

insensitivity   insensibilité *f.*

to insert   enfoncer

insistence   insistance *f.*

inspired   inspiré, -e

instantaneously   instantanément

instead of   au lieu de

instruction   indication *f.*

insult   insulte *f.*

to intend to   avoir l'intention de

interconnection   enchaînement *m.*

interest   intérêt *m.;* **to interest** intéresser; **to take an interest in** s'intéresser à

interesting   intéressant, -e

to internalize   intérioriser

international   international, -e

to interrogate   interroger

interview   entretien *m.;* interview *f.*

to introduce   présenter

to invade   envahir

to invite   inviter

ironical   ironique

irony   ironie *f.*

island   île *f.*

Italian   italien, -ne

Italy   Italie *f.*

J

jack (cards)   valet *m.*

jacket   veste *f.*

jeans   jean *m.*

jeer   *huée *f.*

jersey   maillot *m.*

to join   joindre

joke   plaisanterie *f.;* **to joke** plaisanter

joy   joie *f.;* **joy of living**   joie de vivre

to judge   juger

July   juillet *m.*

June   juin *m.*

juror   juré *m.*

just   seulement, **to have just**   venir de; **just now**   tout à l'heure

K

to kill   tuer

kilo   kilo *m.*

kilometer   kilomètre *m.*

kind   espèce *f.;* sorte *f.;* genre *m.*

king   roi *m.*

to kiss   embrasser

kitchen   cuisine *f.*

knee   genou *m.,* -x *pl.*

knife   couteau *m.,* -x *pl.*

to knock   frapper

to know   savoir; connâitre; **to know how**   savoir

known   connu, -e; célèbre

L

ladder   échelle *f.*

lady   dame *f.*

lake   lac *m.*

lamentable   lamentable

lamp   lampe *f.*

landscape   paysage *m.*

language   langue *f.*

languor   langueur *f.*

large   grand, -e; gros, -se, vaste

last   dernier, -ère; **last week**   la semaine passée; **last night**   hier soir; **last Saturday**   samedi dernier; **to last**   durer

late   tard, en retard; **later**   plus tard

Latin   latin, -e

to laugh   rire; **mad laughter**   fou rire *m.;* **to laugh at**   railler

law   droit *m.*

lawyer   avocat *m.*
laziness   paresse *f.*
to lead   mener
leaf   feuille *f.*
to lean   pencher
to learn   apprendre
least: at least   du moins
leather   cuir *m.*
to leave   partir; quitter
lecture   conférence *f.*
left   gauche; **to the left**   à gauche
leg   jambe *f.*
leisure   loisir *m.*
lemon   citron *m.*
to lend   prêter
less   moins; **more or less**   plus ou
   moins
lesson   leçon *f.*
to let   permettre; laisser
letter   lettre *f.*
library   bibliothèque *f.*
to lie   mentir; **to lie down**   se
   coucher; **lie**   mensonge *m.*
to lift the receiver   décrocher
light   léger, -ère; **(color)**   clair, -e
lightly   légèrement
likeable   aimable
like   comme; **to like**   aimer; **I
   would like**   je voudrais; **do you
   like that?**   ça vous plaît?
lime   citron vert *m.*
line   ligne *f.;* **to wait in line**   faire
   la queue
list   liste *f.*
to listen (to)   écouter
liter   litre *m.*
literature   littérature *f.*
little   petit, -e; peu; **a little**   un
   peu (de)
to live   vivre; **to live at**   habiter à
lively   piquant, -e; vif, -ve
liver   foie *m.*
lobster   *homard *m.*
logical   logique
long   long, longue; longtemps; **no
   longer**   ne . . . plus;
look   regard *m.;* **to look**   regarder;
   (seem)   avoir l'air
to lose   perdre
lost   perdu, égaré
lot: lots of   beaucoup de; **a lot of**
   un tas de

love   amour *m.;* **in love**   amoureux,
   -se; **to love**   aimer
low   bas, -se
luck   chance *f.;* **to be lucky**   avoir
   de la chance
lunch   déjeuner *m.;* **to have lunch**
   déjeuner

M

Madam   madame *f.*
magazine   magazine *m.*
magic   magique
magnificent   magnifique
mail   courrier *m.*
mailman   facteur *m.*
to maintain   prétendre
to make   faire; rendre
man   homme *m.*
manager   gerant *m.;* gérante *f.*
manufacture   fabrication *f.*
many   beaucoup; bien des; **so
   many**   tant; **too many**   trop;
   how many?   combien?
map   carte *f.*
March   mars *m.*
mark   marque *f.;* **to mark**
   marquer
marriage   mariage *m.*
to marry   marier; **to get married**
   se marier
to mask   masquer
master   maître *m.*
Master's degree   licence *f.*
match (in sports)   match *m.;*
   partie *f.*
material   étoffe *f.*
mathematics   mathématiques *f. pl.*
matter   affaire *f.;* **what is the matter?**   qu'est-ce qu'il y a?; **what is
   the matter with you?**   qu'est-ce
   que vous avez?; **it doesn't matter**
   ça ne fait rien; **in this matter**   à
   cet égard
May   mai *m.*
may I?   vous permettez?; **it may be**
   il se peut
mayor   maire *m.*
meal   repas *m.*
mean   méchant, -e; **to mean**   vouloir dire, signifier
meaning   sens *m.*

means   moyen *m.*
medieval   médiéval, -e
to meet   rencontrer; faire la connaissance de
meeting   rendez-vous *m.;* rencontre
   f.
melancholy   mélancholie *f.*
member   membre *m.*
memory   souvenir *m.*
menu   menu *m.*
meter   mètre *m.*
method   méthode *f.*
Mexico   Mexique *m.*
middle   milieu *m.;* **in the middle of**
   au milieu de; **Middle Ages**
   moyen âge *m.*
mildly   légèrement
milk   lait *m.*
million   million *m.*
mind   esprit *m.*
miner (coal)   mineur *m.*
minute   minute *f.*
miracle   miracle *m.*
mirror   glace *f.;* miroir *m.*
misfortune   malheur *m.*
Miss   mademoiselle *f.;* mesdemoiselles *pl.*
to miss   manquer
mistake   erreur *f.;* faute *f.*
mistaken: to be mistaken (about)
   se tromper (de)
misunderstanding   malentendu *m.*
mitten   moufle *f.*
to mix   mélanger
mixed   mixte
mixture   mélange *m.*
mocking   moqueur, -se
model   modèle *m.*
modern   moderne
modest   modeste
modesty   pudeur *f.*
mold   moule *m.*
moment   moment *m.;* instant *m.;*
   a moment ago, in a moment
   tout à l'heure; **at the moment
   when**   au moment où; **at the very
   moment**   au moment même
Monday   lundi *m.*
money   argent *m.*
month   mois *m.*
monument   monument *m.*
mood   humeur *f.*

more plus, davantage; **not . . . any more** ne . . . plus; **more or less** plus ou moins; **some more** encore de

moreover d'ailleurs

morning matin *m.*

mortal mortel, -le

most plupart *f.*

mother mère *f.;* maman *f.*

motive: **ulterior motive** arrière pensée *f.*

motor moteur *m.*

motor-bike moto *f.*

mountain montagne *f.*

mouth bouche *f.;* **(of an animal)** gueule *f.*

to move déménager

movie film *m.;* **movie director** metteur en scène *m.;* **movie house** cinéma *m.*

Mr. Monsieur *m.*

much beaucoup; **so much** tant; **too much** trop; **how much?** combien?; **not much** pas beaucoup, pas grand-chose

multiplication multiplication *f.*

murderer assassin *m.;* meurtrier *m.*

museum musée *m.*

music musique *f.*

musician musicien *m.*

must falloir; **there must be** il doit y avoir

mustard moutarde *f.*

mutilated mutilé, -e

N

name nom *m.;* **to name** nommer; **to be named** s'appeler; **family name** nom de famille; **first name** prénom

napkin serviette *f.*

narrator narrateur *m.*

narrow étroit, -e

nationality nationalité *f.*

nature nature *f.*

natural naturel, -le

naughty méchant, -e

near près de

nearly presque, à peu près

neat net, nette

necessary nécessaire; **to be necessary** falloir

to necessitate nécessiter

neck cou *m.*

need: besoin *m.;* **to need** avoir besoin de

needle aiguille *f.*

negative négatif, -ve

neighbor voisin *m.;* voisine *f.*

neighborhood quartier *m.*

neither . . . nor ne . . . ni . . . ni . . . ; **neither head nor tail** ni queue ni tête

nephew neveu *m.*

nerve nerf *m.;* **to get on one's nerves** taper sur les nerfs

nervous nerveux, -se

never jamais

new nouveau, nouvelle

news nouvelles *f. pl.*

newspaper journal *m.* journaux *pl.*

next prochain, -e; **next week** la semaine prochaine; **the next day** le lendemain; **next** au suivant

next ensuite, puis

next to à côté de

nice aimable

night nuit *f.;* **last night** hier soir; **tonight** ce soir

nine neuf

ninety quatre-vingt-dix

no non; pas de; **no one** personne; nul, -e

nobody personne

noise bruit *m.*

none aucun *m.,* aucune *f.*

noon midi *m.;* **at noon** à midi

nor ni; **neither . . . nor** ne . . . ni . . . ni . . .

North nord *m.;* **North Africa** Afrique du Nord

nose nez *m.*

not ne . . . pas; **not at all** pas du tout; **not much** pas beaucoup; **not bad(ly)** pas mal

notable notable

notebook cahier *m.*

nothing ne . . . rien; **nothing interesting** rien d'intéressant

notice remarque *f.*

noun substantif *m.*

novel roman *m.*

now maintenant; actuellement; or

number numéro

O

to obey obéir(à)

object objet *m.*

observation remarque *f.*

to obsess obséder

obsession obsession *f.*

to be obstinate s'obstiner

obviously certes

occasionally quelquefois

occupation occupation *f.;* métier *m.*

to occupy occuper; **to occupy oneself (with)** s'occuper (de)

ocean océan *m.*

October octobre *m.*

odor odeur *f.*

of de

to offer offrir

office bureau *m.;* **office building** immeuble *m.*

official officiel, -le

often souvent

oil huile *f.*

O.K. entendu; d'accord

old vieux *m.,* vielle *f.,* vieux *m. pl.;* vieilles *f. pl.;* **how old are you?** quel âge avez-vous? **old man** mon vieux

older plus âgé, -e

on sur; **on the bus** dans l'autobus; **on time** à l'heure; **on arriving** en arrivant

once une fois; **once a week** une fois par semaine

one un, une

only seul, -e; seulement, ne . . . que

open ouvert, -e; **to open** ouvrir

opening ouverture

operator standardiste *m., f.*

opinion opinion *f.;* avis *m.;* **in my opinion** à mon avis

opposite en face (de)

to oppress opprimer

or ou

orange orange *f.*

order: **in order to** pour, afin de; **to order** commander; **out of**

order en panne; **to put in order** régler

ordinarily d'habitude; d'ordinaire

other autre

otherwise autrement

ought devoir

out: to go out sortir

outside dehors, en dehors

over sur; **over there** là-bas

to owe devoir

own propre

ox boeuf *m.*

P

to pack one's bags faire ses bagages

page page *f.*

pain mal *m.;* peine *f.*

painful pénible

to paint peindre

paintbrush pinceau *m.,* -x *pl.*

painter peintre *m.*

painting peinture *f.*

pal copain *m.;* copine, *f.*

pale pâle

pants pantalon *m.*

paper papier *m.;* **newspaper** journal *m.,* -aux *pl.*

paperclip trombone *m.*

paperwork paperasserie *f.*

pardon pardon *m.;* **to pardon** pardonner

parent parent *m.*

Parisian parisien, -ne

park parc *m.;* **public park** jardin public

part partie *f.;* **part of a town** quartier *m.;* **to be a part of** faire partie de

partly en partie

party soirée *f.*

to pass (automobile) doubler; **(exam)** réussir

passable passable

passenger passager *m.*

passion passion *f.*

passport passeport *m.*

pastry pâtisserie *f.;* **pastryshop** pâtisserie *f.*

patent brevet *m.;* **to patent** breveter

patience patience *f.*

patient patient, -e

patiently patiemment

to pay (for) payer

payment traite *f.*

pea pois *m.;* **green peas** petits pois

peaceful paisible

peacefully paisiblement

peach pêche *f.*

pear poire *f.*

pebble caillou *m.,* -x *pl.*

peculiarity particularité *f.*

pedagogical pédagogique

peel peau *f.,* -x *pl.*

pen stylo *m.*

to penetrate pénétrer

people gens *pl.;* **one's people** les siens

pepper poivre *m.*

to perceive prendre conscience *f.*

perched perché, -e

performance représentation *f.*

perhaps peut-être

permanent permanent, -e

to permit permettre

to persist s'obstiner

person personne *f.*

personal personnel, -le

petition pétition *f.*

pharmacy pharmacie *f.*

philosopher philosophe *m.*

philosophy philosophie *f.*

photograph photographie *f.;* photo *f.*

photographic photographique

physicist physicien *m.*

piece morceau *m.,* -x *pl.;* **piece of paper** feuille *f.* de papier

piety piété *f.*

pilot pilote *m.*

pin épingle *f.*

pity: what a pity quel dommage *m.*

place endroit *m.;* place *f.;* **in your place** à votre place; **to place** poser

plan projet *m.*

plane avion *m.*

plank planche *f.*

plate assiette *f.*

platform quai *m.*

play pièce *f.;* **to play tennis** jouer

au tennis; **to play cards** jouer aux cartes; **play on words** jeu *m.* de mots

playground cour de récréation *f.*

pleasant agréable

please s'il vous plaît; **to please** plaire à; **please do** je vous en prie

plus plus

poem poème *m.*

point point *m.;* **point of view** point de vue *m.;* **to point out** signaler

police police *f.;* **police headquarters** préfecture *f.* de police

policeman agent *m.* de police

polite poli, -e

politeness politesse *f.*

politics politique *f.*

poor pauvre

poor student cancre *m.*

portable portatif, -ve

portrait portrait *m.*

position position *f.*

to possess posséder

possible possible

to post afficher

post-office bureau *m.* de poste; poste *f.*

postcard carte postale *f.*

posted affiché, -e

poster affiche *f.*

postman facteur *m.*

potato pomme de terre *f.*

practical practique

practically à peu près; pratiquement

to praise vanter

to pray prier

to precede précéder

preceding précédent, -e

precise précis, -e

to prefer préférer, aimer mieux

preparation préparation *f.*

to prepare préparer

present présent, -e; **at present** actuellement; **to be present** assister

president président *m.*

pretty joli, -e; **pretty well** assez bien

to prevent   empêcher
prey   proie f.
price   prix m.
principle   principe m.
probable   probable
probably   sans doute
problem   problème m.
prodigy   prodige m.
to produce   produire
production   production f.
productive   productif, -ve
profession   profession f.
professor   professeur m.
profound   profond, -e
program   programme m.
progress   progrès m.
project   projet m.
pronunciation   prononciation f.
proof   preuve f.
proper   convenable
proprietor   propriétaire m. f.
proud   fier, fière
to prove   prouver
to provide   pourvoir
provided   pourvu, -e
prudent   prudent, -e
psychological   psychologique
psychologist   psychologue m.
psychology   psychologie f.
public   public m.; publique f.
to publish   publier; faire paraître
to pull   tirer
pull-over sweater   pull-over m.
pun   calembour m.
punishment   peine f.
pupil   élève m. f.
purchase   achat m.; to purchase
   acheter
pure   pur, -e
purple   violet, -te
to put   mettre; to put on (clothes)
   mettre
puzzled   perplexe

Q

quality   qualité f.
quarter   quart m.; quarter of an
   hour   quart d'heure; (of a city)
   quartier m.
queen (cards)   dame f.

question   question f.; to be a
   question of   s'agir de
questionnaire   questionnaire m.
quick   rapide
quickly   vite
quietly   doucement, tranquillement

R

radio   radio f.
railroad   chemin de fer m.;
   railroad station   gare f.
rain   pluie f.; to rain   pleuvoir
rainbow   arc-en-ciel m.
raincoat   imperméable m.
to raise   lever; raise one's eyebrows
   lever les sourcils
to rape   violer
rarely   rarement
rash   téméraire
rather   plutôt; assez
to ravish   ravir
ravishing   ravissant, -e
razor   rasoir m.
reach   portée f.
reaction   réaction f.
to read   lire
ready   prêt, -e
real   réel, -le; véritable
reality   réalité f.
to realize   se rendre compte de
   (que)
really   vraiment
reason   raison f.
to recall   se rappeler
to receive   recevoir
reception   réception f.
recess   récréation f.
to recite   réciter
to recognize   reconnaître; not to
   recognize   méconnaître
record   disque m.
record-player   tourne-disque m.
rectangular   rectangulaire
red   rouge; red light   feu rouge
   m.; red (hair)   roux, -sse
refrigerator   frigidaire m.
to refuse   refuser
regards to   (mes) amitiés à . . . f.
region   région f.
registration   inscription f.

to regret   regretter
regularly   régulièrement
reign   règne m.
to reinforce   renforcer
relation   relation f.
relative   parent m.; relatif, -ve
relieved   soulagé, -e
to remain   rester
remark   remarque f.
remarkable   remarquable
to remember   se rappeler, se
   souvenir de
to remove   ôter
to renew   renouveier
to rent   louer
rental   location f.
repair   réparation f.; to repair
   réparer; to have repaired   faire
   réparer
to repeat   répéter
to replace   remplacer
reply   réponse f.; to reply
   répondre
report   rapport m.
to reproach   reprocher
to feel repugnance   répugner
repugnant   répugnant, -e
request   demande f.
to require   exiger
resemblance   ressemblance f.
to resemble   ressembler à
to resist   tenir tête à, resister
resourceful   débrouillard, -e
to rest   se reposer
rest rooms   toilettes f. pl.
restaurant   restaurant m.
to restore   restaurer
to retain   retenir
retired   retraité, -e
retort   répartie f.
to retouch   retoucher
to return: (come back)   revenir;
   (go back)   retourner; (return
   home)   rentrer; (give back)
   rendre
revenge   revanche f.
rich   riche
riddle   devinette f.
ridiculous   ridicule
right   juste; on, to the right   à
   droite; to be right   avoir raison;

all right bon, d'accord, entendu; **right away** tout de suite

ripe mûr, -e

to rise se lever; **to give rise to** susciter

river fleuve *m.*

road route *f.*

rock music rock *m.*

roll croissant *m.;* **to roll** rouler

roof toit *m.*

room salle *f.;* **classroom** salle de classe; **bedroom** chambre *f.;* **bathroom** salle de bain; **dining room** salle à manger; **living room** salon *m.;* **(space)** place *f.*

rose rose *f.*

round rond, -e

round-trip aller-retour *m.*

rounded arrondi, -e

ruling règlement *m.*

to run courir

to run down dénigrer

runner coureur *m.*

rush: in a rush en coup de vent; **rush hour** heure de pointe *f.*

Russia Russie *f.*

Russian russe

S

sacred sacré, -e

to sacrifice sacrifier

sad triste

sadly tristement

sadness tristesse *f.*

safety sûreté *f.*

salad salade *f.*

sale vente *f.;* **(reduced price)** solde *m.*

salesgirl vendeuse *f.*

salesman vendeur *m.*

salt sel *m.*

same même; **it's all the same to me** cela m'est égal; **all the same** tout de même; **the same as** de même que

sanction sanction *f.*

sandwich sandwich *m.*

sarcasm sarcasme *m.*

satisfaction satisfaction *f.*

Saturday samedi *m.*

sauteed sauté, -e

to save sauver

saw scie *f.;* **to saw** scier

to say dire; **that is (to say)** c'est-à-dire

scaffold échafaud *m.*

scarcely à peine, ne . . . guère

scarf cache-nez *m.*

scene scène *f.*

school école *f.;* **secondary school** lycée *m.;* collège *m.*

science science *f.*

scientific scientifique

scientist savant *m.*

scissors ciseaux *m. pl.*

to scold gronder

Scotland Écosse *f.*

Scottish écossais, -e

sculpture sculpture *f.*

sea mer *f.;* **seashore** le bord de la mer

sea food les fruits de mer *m.*

seal sceau *m.,* -x *pl.*

season saison *f.*

seat place *f.;* siège *m.*

seated assis, -e

second second, -e; **on the second floor** au premier (étage); **second class** seconde, deuxième (classe) *f.;* en seconde

secondary secondaire; **secondary education** enseignement secondaire *m.;* **secondary school** lycée *m.,* collège *m.*

secretary secrétaire *m. f.*

security sécurité *f.;* **social security** sécurité sociale *f.*

to see voir; **let's see** voyons; **see you soon** à bientôt

to seem avoir l'air de, sembler; **it seems to me that** il me semble que

to seize saisir

selection choix *m.;* selection *f.*

self service cafeteria self service *m.*

to sell vendre

semester semestre *m.*

to send envoyer

sensitive sensible

sentence phrase *f.*

sentimental sentimental, -e

to separate séparer

September septembre *m.*

serious grave, sérieux, -se; **to take seriously** prendre au sérieux

seriously sérieusement

to serve servir

service service *m.*

to set mettre, poser; **to set out** se mettre en route

to settle s'installer

seven sept

seventy soixante-dix

several plusieurs; **several times** plusieurs fois

shade ombre *f.;* **in the shade** à l'ombre

shadow ombre *f.*

shame *honte *f.*

to shave se raser

sheet drap *m.*

shirt chemise *f.;* chemisier *m.*

shoe chaussure *f.*

shop magasin *m.;* **to shop** faire des achats

short court, -e; **short of money** à court d'argent

shortly d'ici peu

shoulder épaule

show spectacle *m.;* **to show** montrer; manifester

shower douche *f.;* **to take a shower** prendre une douche

shrimp crevette *f.*

to shrug *hausser

to shuffle (cards) mélanger

sick malade, souffrant, -e

side côté *m.;* **to side with** se ranger avec

sidewalk trottoir *m.*

sigh soupir *m.;* pousser un soupir

to sign signer

signature signature *f.*

significant significatif, -ve

signification signification *f.*

to signify signifier

silence silence *m.*

silently en silence

silver argent *m.*

similar semblable

simple simple
since depuis; puisque
to sing chanter
singer chansonnier m.
single seul, -e
Sir Monsieur
sister soeur f.
to sit s'asseoir
situated situé, -e
situation situation f.
six six
sixteen seize
sixty soixante
size taille f.
to skate patiner
skeptical sceptique
to ski faire du ski
skiing ski m.
skin peau f., -x pl.
skirt jupe f.
sky ciel m.
to slam claquer
to slap gifler
slavery esclavage m.
sleep sommeil, m.; to sleep dormir; sleepless night une nuit blanche
to be sleepy avoir sommeil
slender grêle
to slip glisser
slippery glissant, -e
slot fente f.
slow lent, -e
slowly lentement
small petit, -e; menu, -e
smile sourire m.; to smile sourire
smoke fumée f.; to smoke fumer
snail escargot m.
to snatch se saisir de
snow neige f.; to snow neiger
so si, ainsi, tellement; so to speak pour ainsi dire; so much, many tant de; and so on et ainsi de suite; so then alors; so be it ainsi soit-il; so called dit, -e
to sober dégriser
social error faux pas m.
society société f.
sock chaussette f.
solidarity solidarité f.
solution solution f.

to solve résoudre
someone quelqu'un
something quelque chose; something else autre chose
sometimes quelquefois, parfois
somewhat assez
son fils m.
son-in-law gendre m.
soon bientôt, tôt; sooner plus tôt; as soon as possible le plus tôt possible
sorry désolé, -e; to be sorry regretter
sort espèce f.; sorte f.
sound son m.
soup soupe f.
South sud m.; south of France Midi m.
space espace m.
spade (cards) pique m.
Spain Espagne f.
Spanish espagnol, -e
sparkling pétillant, -e
to speak parler
specialist specialiste m. f.
species espèce f.
spectator spectateur m.
speechless interdit, -e
spelling orthographe f.
to spend (time) passer; (money) dépenser
spirit esprit m.
in spite of malgré
to spoil gâter
spoon cuiller f.
sport sport m.
spot tache f.; on the spot sur le champ
spring printemps m.; in the spring au printemps
square (city) place f.; (shape) carreau m., carré, -e
stage scène f.
staircase escalier m.
standing debout
to start commencer, se mettre à
station gare f.
stay séjour m.; to stay rester
steering wheel volant m.
step pas m.; steps escalier m.
stern sévère

stew ragoût m.
stick bâton m.
still toujours, encore; pourtant
stockings bas m. pl.
stomach ventre m.
stop arrêt m.; to stop arrêter, s'arrêter
stoplight feu rouge m.
store magasin m.; food store magasin d'alimentation
store-window vitrine f.
story histoire f.
stout gros, -se
straight droit, -e; straight ahead tout droit; to get things straight, in order mettre les choses au point
strange bizarre
straying égarement m.
street rue f.; street light lampadaire m.; street map plan m.
strengthen renforcer
to stretch out s'étendre
strike grève f.; on strike en grève; to strike (hit) frapper
stripped denué, -e
strong fort, -e
structure bâtiment m.
student étudiant m.; étudiante f.
studies études f. pl.
to study étudier
struggle lutte f.; to struggle lutter
stupid bête; idiot, -e; stupide
style style m.
suburb banlieue f.
subway métro m.
to succeed (in) réussir (à)
success réussite f., succès m.
such a un tel, une telle
sudden: all of a sudden tout d'un coup
suddenly tout à coup, soudain
to suffer souffrir
to suffice suffire
sugar sucre m.
suitable convenable
suitcase valise f.
to sum up résumer
summer été m.; in summer en été

sun soleil *m.;* **it's sunny** il fait du soleil

sunbath bain *m.* de soleil

Sunday dimanche *m.*

superficial superficiel, -le

superiority supériorité *f.*

supermarket super-marché *m.*

to suppose supposer; **to be supposed to** devoir; être censé, -e

supposedly en principe

sure sûr, -e

surely sûrement

surface surface *f.*

surprise surprise *f.;* **to surprise** surprendre; étonner; **to be surprised** être surpris, -e; s'étonner

to surround environner; **to surround with** entourer de

survey enquête *f.*

suspicious soupçonneux, -se

to swallow avaler

to swear jurer

sweater pull-over *m.*

sweet doux *m.,* douce *f.*

swimming natation *f.*

sword épée *f.*

sympathy sympathie *f.*

symptom symptôme *m.*

system système *m.*

T

table table *f.;* **table setting** couvert *m.*

tail queue *f.*

tailor tailleur *m.*

to take prendre; **to take a walk** faire une promenade; **to take place** avoir lieu; **to take along, out** emmener; **to take an examination** passer un examen; **to take place** se passer

to talk parler

talkative bavard, -e

tall grand, -e

tape-recorder magnétophone *m.*

task tâche *f.*

taste goût *m.;* **to taste** goûter

taxi taxi *m.*

tea thé *m.*

to teach enseigner

teacher (in elementary schools) instituteur, -trice

tear larme *f.*

teasing taquin, -e

telephone téléphone *m.;* **telephone call** coup de téléphone; **telephone receiver** combiné *m.;* **to telephone** téléphoner

television télévision *f.*

to tell dire; **to tell (a story)** raconter

to tempt tenter

ten dix

tenderness tendresse *f.*

tennis tennis *m.;* **to play tennis** jouer au tennis

terrace terrasse *f.*

terrain terrain *m.*

terrible épouvantable; terrible

terrific formidable

test épreuve *f.*

testimony témoignage *m.*

text texte *m.*

to thank remercier; **thank you** merci

theater théâtre *m.*

then alors, ensuite

there là; **there is, there are** voilà; **thereon** là-dessus; **therefore** donc

thing chose *f.;* truc *m.*

to think penser, croire

thinking mentalité *f.*

(a) third tiers *m.*

thirst soif *f.;* **to be thirsty** avoir soif

thirstquencher désaltérant *m.*

thirteen treize

thirty trente

thought pensée *f.*

thousand mille

thread fil *m.*

threat menace *f.*

three trois

to throw jeter, lancer

thumb pouce *m.*

ticket billet *m.;* ticket *m.;* **ticket window** guichet *m.;* **(traffic)** contravention *f.*

tie cravate *f.*

time: **what time is it?** quelle heure est-il?; **several times** plusieurs fois; **at the same time** à la fois; **to have time to** avoir le temps de; **on time** à l'heure; **at that time** à ce moment-là; **to have a good time** s'amuser; **from time to time** de temps en temps; **in time** à temps; **at the time when** au moment où

timetable horaire *f.*

timid timide

tip pourboire *m.*

tire pneu *m.;* **a flat tire** un pneu crevé

tired fatigué, -e

tiring fatigant, -e

title titre *m.*

to à, en, chez; **to Paris** à Paris; **to the right** à droite; **to France** en France; **to the United States** aux Etats-Unis; **to go to the Duponts'** aller chez les Dupont

today aujourd'hui

toe doigt *m.* du pied

together ensemble

token (telephone) jeton *m.*

tomato tomate *f.*

tomorrow demain; **day after tomorrow** après-demain

tongue langue *f.*

tonight ce soir

too (also) aussi; **too much, many** trop

tooth dent *f.*

top *haut *m.;* **at the top of** en *haut de

torment tourment *m.*

totally totalement

to touch toucher

tourist touriste *m., f.*

town ville *f.;* **downtown** en ville

town hall mairie *f.*

track voie *f.*

trade métier *m.*

traffic circulation *f.*

tragedy tragédie *f.*

tragic tragique

train train *m.;* **on the train** dans le train; **train station** gare *f.*

to transform transformer

transistor radio transistor *m.*
to translate traduire
translatable traduisible
translation traduction *f.*
to transmute transmuter
trap piège *m.*
to travel voyager
trip voyage *m.;* **round trip** aller
  et retour; **to take a trip** faire un
  voyage
trivial banal, -e
trouble peine *f.,* ennui *m.;* **it is
  not worth the trouble** ce n'est
  pas la peine
truck camion *m.*
true vrai, -e
truly vraiment
truth vérité *f.*
to try essayer
Tuesday mardi *m.*
turn tour *m.;* **to turn** tourner;
  to turn over, around retourner;
  to turn oneself in se livrer
twelve douze; **twelve o'clock
  (noon)** midi; **twelve o'clock
  (midnight)** minuit
twenty vingt
twice deux fois
to twiddle one's thumbs se tourner
  les pouces
two deux
type taper
typewriter machine à écrire *f.*
typist dactylo *m., f.*

U

unbearable insupportable
ugliness laideur *f.*
ugly laid, -e
(to be) unaware ignorer
unawareness inconscience *f.*
unbelieving incrédule
uncultivated inculte
under sous
to underline souligner
underneath en-dessous
to understand comprendre
understood compris, -e
uneasiness malaise *m.*
unexpected inattendu, -e

unfit inapte
unfortunately malheureusement
unhappily malheureusement
unhappiness malheur *m.*
unhappy malheureux, -se
to unite réunir
United States États-Unis *m. pl.;*
  in the United States aux États-
  Unis
universal universel, -le
university université *f.*
unknown inconnu, -e
unless à moins que
unmarried person célibataire *m., f.*
unsolvable insoluble
until jusqu'à, jusqu'à ce que; **until
  now, then** jusqu'ici, jusque là
untranslatable intraduisible
up: **up there** là-haut; **to go up**
  monter; **up to** jusqu'à; **up to
  here, there** jusqu'ici, là
upset énervé, -e
usage usage *m.*
use: **what's the use?** à quoi bon?;
  to use employer, se servir de;
  to be used for servir à; **to be
  used to** avoir l'habitude de; **to
  get used to** s'habituer à
useful utile
usherette ouvreuse *f.*
usual: **as usual** comme d'habitude
usually d'habitude, d'ordinaire
utilization exploitation *f.*

V

vacation vacances *f. pl.;* **on vacation** en vacances
vague vague
vaguely vaguement
value valeur *f.;* **to value** estimer
vast vaste
veal veau *m.*
vegetable légume *m.*
verb verbe *m.*
to verify vérifier
very très
victory victoire *f.*
view vue *f.;* **point of view** point
  de vue *m.*
village village *m.*

violet violette *f.*
virgin vierge *f.*
visit visite *f.;* **to visit** visiter; aller
  voir quelqu'un
visitor visiteur *m.*
vocabulary vocabulaire *m.*
voice voix *f.;* **in a low voice** à
  voix basse
to vomit vomir
to vote voter

W

to wait attendre
waiter garçon *m.*
to wake up (se) réveiller
walk promenade *f.;* **to walk**
  marcher, aller à pied, se promener
wall mur *m.*
to wander s'égarer
to want vouloir, désirer, avoir
  envie de
war guerre *f.*
warm chaud, -e; **it is warm** il fait
  chaud; **I am warm** j'ai chaud
to wash laver; **to wash up** se
  laver
wasp guêpe *f.*
watch montre *f.;* **to watch (over)**
  surveiller; **(look at)** regarder
water eau *f.;* **to water** arroser
way moyen *m.,* façon *f.;* **this way**
  par ici; **to lose one's way**
  s'égarer; **in such a way** de telle
  sorte
weak faible
weakness faiblesse *f.*
to wear (clothing) porter
weather temps *m.;* **how is the
  weather?** quel temps fait-il?
wedding mariage *m.*
Wednesday mercredi *m.*
week semaine *f.;* **last week** la
  semaine dernière
weekend week-end *m.*
to weigh peser
weight poids *m.*
welcome: **you are welcome** de rien,
  je vous en prie, à votre service
well bien; **I am well** je vais bien;
  well thought of estimé, -e

west   ouest *m.*

whatever   quelconque; **whatever may be**   quel que soit

wheel   roue *f.*

when   quand, lorsque

whenever   quand

where   où

whereas   tandis que

while   tandis que, pendant que; **a while ago, in a while**   tout à l'heure

whiskey   whisky *m.*

white   blanc, blanche

whoever   quiconque

whole   entier, -ère

why   pourquoi; **why not?**   pourquoi pas?

wide   large

wife   femme *f.*

will   arbitre *m.*

willing: **I am willing**   je veux bien

willingly   volontiers

to win   gagner

wind   vent *m.;* **it is windy**   il fait du vent

window   fenêtre *f.;* **ticket window**   guichet *m.;* **cashier's window**   caisse *f.;* **store window**   vitrine *f.*

windshield   pare-brise *m.*

wine   vin *m.*

to wink   faire un clin d'oeil

winter   hiver *m.;* **in winter**   en hiver

wish: **if you wish**   si vous voulez

wit   esprit *m.;* **belated wit**   esprit d'escalier

with   avec

to withdraw   retirer

without   sans

witness   témoin *m.*

witty   spirituel, -le

woman   femme *f.*

to wonder   se demander

wood   bois *m.*

word   mot *m.;* **the exact word**   le mot juste

work   travail *m.;* **to work**   travailler; **school work**   devoir *m.*

worker   ouvrier *m.*

world   monde *m.*

world-wide   mondial, -e

worldly   mondain, -e

worse   pire

worth: **to be worth**   valoir; **it is not worthwhile**   ce n'est pas la peine; **it's worth the trouble**   ça vaut la peine

worthy   digne

to wound   blesser

to write   écrire

writer   écrivain *m.*

writing   écriture *f.*

wrong: **to be wrong**   avoir tort; **what's wrong?**   qu'est-ce qu'il y a?

wrongfully   à tort

Y

year   an *m.,* année *f.;* **last year:** l'année passée

yellow   jaune

yes   oui; si

to yield   céder

yesterday   hier

yet   encore; **not yet**   pas encore; **and yet**   et pourtant

young   jeune

young lady   jeune fille *f.;* demoiselle *f.*

young woman   jeune femme *f.*

Z

zero   zéro *m.*

zone (postal)   arrondissement *m.*

INDEX

438

PHOTOGRAPH CREDITS

391 (Top Left) English class at the Sorbonne *Photo by Owen Franken for Stock, Boston, Inc.*
     (Top Right) Woman Talking *Photo by Owen Franken for Stock, Boston, Inc.*
     (Bottom Left) Grocer *Photo by Owen Franken for Stock, Boston, Inc.*
     (Bottom Right) Student *Photo by Owen Franken for Stock, Boston, Inc.*
392 (Top Left) Farmer *Photo by Owen Franken for Stock, Boston, Inc.*
     (Bottom Left) Student with Bread and Wine *Photo by Owen Franken for Stock, Boston, Inc.*
     (Right) Pompidou en vacances a Carjac *Sipa-Press, Paris and Editorial Photocolor Archives, Inc.*
393 (Top) Monsieur Pascal, waiter at Café Flore *Photo by Coster for Monkmeyer Press Photo Service*
     (Bottom Left) Students at a Café *Photo by Owen Franken for Stock, Boston, Inc.*
     (Bottom Right) Sunday Lunch, Orleans, France *Photo by Owen Franken for Stock, Boston, Inc.*
394 (Top Left) André Malraux *Almasy and Editorial Photocolor Archives, Inc.*
     (Bottom Left) Postmen *Courtesy of the French Embassy Press and Information Service*
     (Right) Students near Pont St. Michel *Photo by Owen Franken for Stock, Boston, Inc.*

1 2 3 4 5 6 7 8 9 10

a voice
was
chanting